보 이 스 4

메이킹 스토리 & 대본집

Chapter 1

보이스 4 메이킹 스토리

Chapter 2

보이스 4 대본

작가의 말

〈보이스〉는 우리 인생의 골든타임, 결코 포기해서는 안 되는
그 순간의 용기에 대한 이야기입니다. 때론 타협하고 외면하고 싶을지라도
마지막까지 지켜내야 하는 가치, 그것을 지키고자 용기낸 순간들이 모여
우리 인생뿐 아니라 사회의 골든타임 역시 지켜진다고 믿고 있습니다.
그리고… 그 마음이 〈보이스〉 시즌4까지 만들 수 있는
힘이 되지 않았을까 생각해봅니다.

〈보이스〉 시즌4를 의미있는 드라마로 만들어주신 신용휘,
윤라영 감독님과 스튜디오드래곤의 강철구, 김영규 대표님,
이혜영, 이찬호 책임프로듀서님, 최경주 팀장님, 전윤지 이사님,
옆에서 묵묵히 최선을 다해준 김정현 작가 및 모든 제작진과
이하나, 송승헌, 이규형 배우와 모든 배우 분들께 진심으로 감사를 전합니다.
더불어 〈보이스〉 시리즈를 사랑해주신 시청자 분들께
마음 깊이 감사드립니다.

2021년 8월

마 진 원

Chapter 1.

보이스4 메이킹 스토리

Making story

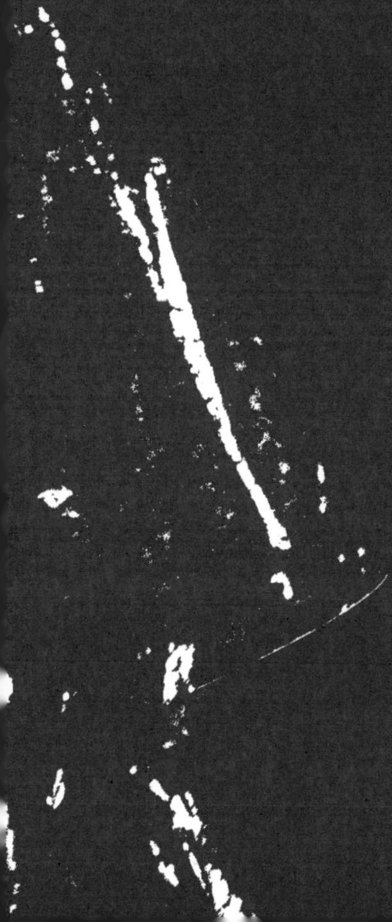

01 보이스 4 : 심판의 시간

Voice 4 : Time of Judgment

Season 4 prologue

이 드라마는 대한민국 최대의 관광지 비모도에서 일가족을 잔혹하게 살해하는 다중인격 연쇄살인마 서커스맨과 대안 가족 마을 소낭촌의 극악무도한 범죄에 맞서 싸우는 112 신고센터 요원들의 치열한 네 번째 범죄와의 기록이다.

경찰 조직의 변방이라고 불리던 112 신고센터가 〈보이스〉 시즌 1, 2, 3을 거쳐 '3분 도착, 5분 현장 확인, 10분 검거'라는 범죄 골든타임을 지켜내며 초동수사의 중심이 되는 부서로 당당히 자리매김했다. 지난 시즌에서 〈보이스〉는 권력형 살인마와 다크웹 속 혐오 살인마들을 검거하는 등 골든타임이 범죄를 예방하는 가장 중요하고 필수적인 안전장치임을 이야기했다면 이번 〈보이스〉 시즌 4는 행락철 범죄를 예방하기 위해 비모도로 간 강권주와 골든타임팀, 그리고 자신의 여동생을 잔혹하게 살해한 범인을 수사하는 한국계 미국인 형사인 LAPD 데릭 조 경감이 일가족 살인마 서커스맨(가족 해체로 인해 태어난 괴물) 및 그를 비호하는 비인륜적인 소낭촌(대안 가족 공동체 마을)을 추적하는 과정을 통해 건강한 사회를 유지하는 가장 중요한 기본은 가정이며 가족 속 골든타임의 중요성을 강조하는 드라마를 그려낸다.
뛰어난 청력을 가진 여성 범죄자로 인해 궁지에 몰린 강권주와 시즌 4까지 베일에 싸여 있던 그의 청력에 대한 비밀, 그리고 한국계 미국인 형사로서 아픔을 안고 사는 데릭 조 경감의 충격적인 과거사를 통해 〈보이스〉 시리즈의 근간, '작은 소리에도 귀를 기울이는 일'이 얼마나 중요한 것인지를 다시 한 번 전한다. 또한 너, 나, 우리가 가족이라는 공동체를 연대해 굳건하게 지키는 것이 바로 우리 사회를 지키는 안전망임을 강조하고자 한다.

2021년, 더욱 글로벌해진 골든타임팀의 세 번째 공조가 시작된다.
귀로 수사하는 따스한 보이스 프로파일러와
〈보이스〉 시즌 1, 2, 3의 무진혁, 도강우 형사에 이어
세 번째 파트너인 원칙주의 한국계 미국인 형사 LAPD 캡틴
데릭 조와의 국경을 뛰어넘는 컬래버레이션!

목숨을 내던진 사투 끝에 풍산시에서 옥션파브르란 천인공노할 공범들의 카르텔을 해결한 도강우 형사의 희생으로 깊은 여운을 남겼던 〈보이스〉 시즌 3의 골든타임팀. 이번 시즌에서는 대한민국 최초 한국계 미국인 형사와의 공조를 통해 5개의 인격을 자유자재로 이용하는 일가족 연쇄살인마와 물러설 수 없는 한판 승부를 다시 시작한다.
도강우의 죽음 이후 아픈 상처를 딛고 더욱 굳건해진 보이스 프로파일러 강권주와 유일한 혈육인 여동생을 죽인 범인을 잡기 위해 비모도에 건너온 LAPD 범죄현장감식반 출신 데릭 조 캡틴, 출동팀장으로 승진한 박중기 형사와 환상 팀플레이를 펼치는 구광수 형사, 재활에 성공해 다시금 골든타

얼굴 쓰다듬어준 외할머니 잔혹 살해한 손녀…'징역 25년' 동아닷컴 2019.11.12.
아들에 살해된 어머니의 마지막 말 "옷 갈아입고 도망가라" 중앙일보 2018.12.17.
'또 다른 n번방' 디스코드 성착취물 유포자 10명 검거… 8명이 미성년자 경인일보 2020.04.07.
만 12세, 초등학생 때부터 '제2 n번방' 디스코드서 성착취물 유포 서울경제 2020.04.07.
중학생 친딸 수차례 성폭행한 비정한 30대 아버지 징역 5년 아시아경제 2019.12.05.
"의붓아버지가 성폭행" 알리자 12살 친딸 폭행한 엄마 서울신문 2020.01.21.

임팀에 복귀한 시즌 1의 심대식 형사, 출동팀에 자청해 여성 캐릭터의 약진을 보여줄 박은수 형사, 그리고 새롭게 합류한 초절정 개인주의 사이버 요원 한우주 등 멤버들의 다양한 매력뿐만 아니라 기존 '현장증거분석관', '사이버수사대' 등 과학수사 자문단에 '언어치료청각학' 자문까지 더해 수사물의 리얼리티와 세계관의 긴박감을 더한다.

존속 살인, 아동 학대까지... 패멕시트(Familexit : 가족 해체)범죄를 다룬다!
가족붕괴로 인해 오갈 데 없는 사람들이 살고 있는 소낭촌 마을에서 탄생한 5가지 인격 살인마 서커스맨과 그중 한 인격인 초청력 살인마. 생명을 구하는 보이스 프로파일러, 원칙주의 형사가 〈보이스〉 시리즈 중 최고의 클라이맥스 초청력 대결을 시작한다.

대한민국 드라마상 가장 현실적 사이코패스 〈보이스〉 시즌 1의 모태구를 거쳐 〈보이스〉 시즌 2, 3의 혐오 범죄 커뮤니티 닥터파브르, 옥션파브르까지. 〈보이스〉 시즌 1, 2, 3이 '오늘의 범죄'를 심도 있게 다루어 경종을 울렸다면 〈보이스〉 시즌 4는 오늘날 많은 뉴스에서 보이는 비이성적이고 패륜적인 가족 붕괴에서 태어난 끔찍한 괴물에 관한 이야기다. 〈보이스〉 시즌 4에서는 해체된 가족의 구성원들을 포용하겠다며 만들어진 기괴한 대안 가족(공동체) 마을에서 태어난 다중인격질환(해리성정체감장애)을 앓는 빌런의 일가족 살인 사건을 통해 가족 공동체의 붕괴란 단지 가족 구성원만의 책임이 아닌 사회 전체가 함께 위험을 감지하고 해법을 제시해야 함을 전한다. 또한 대한민국 드라마에서 한 번도 나오지 않은 초청력 간의 대결과 5개의 인격이 협력해 범죄를 저지르는 상상 초월의 빌런 캐릭터를 통해 장르적 스릴 역시 선사할 것이다. '듣는다'는 것은 소리가 아닌 '진심'에 귀를 기울이는 것임을, 나의 소리를 줄이고 세상과 다른 이들의 소리에 귀 기울여야만 들을 수 있음을, 살리는 청력과 죽이는 청력의 대결을 통해 진정성 있게 그리고자 한다.

이번엔 비모도다! 하루 평균 4만 명이 오가는 우리나라 최대 관광지,
비모도를 배경으로 한 112 신고 에피소드 퍼레이드!
각종 행락철 범죄 에피소드들을 골든타임 안에 해결하며 다양한 에피소드 속
반전과 메시지로 2021년 여름을 감동적으로 접수한다.

배경이 되는 지역 도시를 바꿔 그에 따른 범죄적 특성을 그려낸 국내 최초 도시별 시즌제 드라마 〈보이스〉! 이번엔 대한민국 최대 관광지 '비모도'라는 가상의 섬을 배경으로 한다. 비모도는 한 해 1,500만 명 이상의 관광객이 다녀갈 정도로 매력적인 섬이지만 그 이면엔 각종 행락철 범죄, 토착민과 외지인 갈등, 무사증 제도로 인한 외국인 관광객 범죄 위험이 수위를 넘어서고 있다.

〈보이스〉 시즌 1, 2, 3이 '성운시'와 '풍산시'라는 대도시의 초강력 사건에 집중한 에피소드에 주력했다면 〈보이스〉 시즌 4는 가족과 친구, 연인과 여행을 떠난 관광지에서 골든타임팀이 시범 운영되면서 겪는 〈저승개가 사는 길-모심길 관광객 살인 사건〉, 〈해녀할망의 숨비소리-스킨스쿠버 강사 살인 사건〉, 〈유채꽃 밭 그 사나이-관광지 노인 유기 사건〉, 〈사랑꾼이란 이름의 집착-스토킹범죄〉 등 오늘날 실제 사건을 냉철하게 조명한 에피소드를 통해 범죄 예방에 앞장서고자 한다.

이 드라마는 골든타임을 사수하기 위해 최선을 다하는 경찰이면서도 실은 매 순간이 두렵고 실수하는 평범한 우리 이웃으로 그들이 사랑하고 용서하며 살아가는 이야기다.

〈보이스〉 시즌 3가 청력을 잃은 강권주의 분투와 아픈 상처로 인해 사이코패스가 된 도강우가 인간성을 지키기 위한 고뇌와 투쟁을 통해 인간다움을 지키는 것에 화두를 던졌다면 〈보이스〉 시즌 4는 한국계 미국인으로 자아 정체성을 고민하는 데릭 조 형사와 특별한 청력이 어떻게 생기게 되었는지 상상치도 못한 비밀을 알게 된 후 갈등하는 강권주를 통해 어떤 능력이나 기술도 인간을 대체할 수 없고, 현대사회에서 개인이 겪는 정체성 혼란은 대부분 사회가 원하는 모습과 비교해서 생기는 것임을 이야기하고자 한다. 또한, 출동팀으로 지원해 여성 경찰로서 갖는 한계에 대한 고민하는 박은수, 자신의 잘못을 참회하며 골든타임팀으로 돌아왔지만 PTSD(외상 후 스트레스 장애)로 감정 장애를 겪는 심대식, 출동팀장으로 승진했지만 위험천만한 현장 속에서 가장으로서 갈등하는 박중기, 범죄자인 아내에 대한 사랑과 경찰

로서의 직업윤리 사이에서 성장해가는 구광수, 90년대생의 아이콘으로 경찰 조직 속에서 좌충우돌하는 사이버요원 한우주의 이야기를 담았다.
각자의 위치에서 어떻게든 최선을 다하는 이들의 모습을 통해 때론 웃음이, 때론 눈물이 나는 우리네 사는 이야기를 담담하게 담아 인간이라면 누구나 자신의 마음속에 귀 기울여야 할 소리가 있으며 함께 풀어갈수록 세상은 가치 있단 희망 어린 메시지 또한 흔들림 없이 전하려 한다.

비모지방경찰청 112 신고센터장
골든타임팀 콜팀 팀장

강권주 이하나

원칙과 감성을 안배해 골든타임팀을 통솔하는 부드러운 카리스마의 여장부! 부친이 범죄의 희생자였던 만큼, 모든 피해자를 진심 어린 마음으로 대한다. 7년 전 112 신고센터에서 요원으로 근무 중 자신의 부친을 살해하는 연쇄살인범의 목소리를 듣고 2년간 미국 유학 후 보이스 프로파일러가 되어 돌아온다. 이후 성운지청에 골든타임팀(신고센터와 연계된 긴급 출동팀 형사들이 실시간 공조 수사를 해 3, 5, 10 골든타임 내 사건을 해결하고 범죄 예방을 하겠단 목적아래 만들어진 특별팀)을 만들어 같은 범인에게 아내를 잃은 무진혁과 공조해 범인 모태구 체포에 성공했다.

그 뒤 장경학 골든타임팀장과 힘을 합쳐 전국적인 팀 시범 운영이 확정되었으나 바로 며칠 후 장 팀장이 풍산시 강오산에서 끔찍한 누명을 쓰고 사망하자 범인에 대한 유일한 단서를 가진 풍산지방경찰청 도강우 형사와 공조한다. '닥터파브르'란 혐오사이트를 운영하는 해경 방제수를 검거하는 과정에서 심한 외상을 입었으나 6개월의 사투 끝에 재활에 성공한다. 방제수 검거 후 사라진 도강우를 일본에서 찾아 도강우와 함께 마침내 혐오 범죄의 배후이자 옥션파브르의 실소유주, 도강우의 형이었던 카네키 마사유키를 체포하려는 순간, 자신을 구하기 위해 형을 처단하고 죽음이라는 비극적 희생을 선택한 도강우를 목도한다. 두 번째 파트너마저 사망하자 경찰 트라우마 센터에서 치료를 받을 정도로 깊은 PTSD에 시달리지만 끝까지 고통을 견디며 여성 경찰 리더로서 자리매김해 살아가던 어느 날, 일가족을 잔혹하게 살

•

“저와 똑같은 청력을 가진 가족 살인마가 거릴 활보하고 있습니다.
불우한 가정의 일가족 몰살을 즐기고 있다구요!”

•

인하는 연쇄살인마 서커스맨으로부터 수수께끼 같은 메일을 받는다.

아이피(IP) 추적 결과 범인이 비모도에서 메일을 보냈음을 알게 되자 골든타임팀 발령지를 비모도로 정하고 다급히 비행기에 몸을 싣는다. 그러나 비모도에서 골든타임팀을 기다린 것은 상개동 일가족 살인 사건으로 여동생을 잃은 한국계 미국인 형사 데릭 조 팀장이었다. 그를 통해 범인이 자신과 같은 초청력을 이용, 자신을 사칭하고 있단 사실을 알게 된 권주는 충격에 휩싸인다.

범인을 잡기 위해 데릭과 사상 초유의 국제 공조를 시작하고, 치열하게 범인을 추적하던 중 자신의 청력에 관한 끔찍한 비밀과 충격적인 데릭의 과거사를 알게 되는데!

비모지방경찰청 112 신고센터 골든타임팀 출동팀 협력형사

데릭 조 송승헌

(본명 조승호)

차분한 태도가 몸에 배인 댄디한 외모. 뛰어난 지성과 단련된 체력의 소유자로 어떤 상황에서도 원칙을 고수하는 원칙주의자!

어린 시절 미국인 경찰 간부 집에 입양되어 뼛속까지 미국인으로 성장한 이후 현장 통솔능력과 건장한 체격을 바탕으로 LAPD 산하 범죄현장감식반(CSU) 근무를 시작, 현재 LA 한인타운을 담당하는 올림픽 경찰서 갱 전담 팀장(Police Captain, 경감)을 맡고 있다.

긴급 응급처치가 필요한 현장이면 의전원에서 배운 의술로, 즉각적 감식이 필요하면 CSU 경험을 활용하는 압도적 카리스마로 갱 전담팀을 이끌지만, 한국인 입양아라는 편견을 지우기 위해 작은 실수도 용납 못하는 강박과 원칙주의로 팀원들의 원망을 사기도 한다. 실수에 대해 지독한 강박을 갖게 된 숨은 이유가 있다. 바로 살해당한 후 바로 자살로 치부된 친모 살인 사건에 대한 울분 때문인데...

시설로 보내진 남매는 몇 번의 파양 끝에 미국인 경찰 간부 집에 기적처럼 입양되었다. 하지만 자애롭기 그지없던 양부는 백인우월주의자로, 다인종이 모여 사는 도시에 입지를 다지기 위해 데릭 남매를 입양한 것이다. 아빠라고 부르라던 온화한 미소 아래 폭력이 이어졌고, 그로 인해 언어 장애를 갖게 된 동생을 성적으로 학대하려던 양부에게 맞서다 왼팔을 다치면서 무통각 증상이 생겼다.

그 후 자신의 증상을 숨기고 동생과 독립해 양부의 학대를 고발하지만, 백인

•

"대신 이거 하나만 명심해요.
만에 하나 그 서커스맨...
당신과 관계가 있다면 내가 당신부터 처넣을 거란 거!"

•

사회에서 입지를 다진 양부가 처벌을 피하는 모습을 보자 한국계 입양아의 한계를 깨닫고, 모든 것을 묻었다. 자신이 힘을 길러야 여동생을 지킬 수 있다는 신념으로 UCLA 의전원에 들어가 의학을 공부한 후 LAPD 범죄현장감식반을 거쳐 갱 전담 팀장으로 성장했다.

LAPD에선 영리하고 강한 리더 '맘바(코브라과에 속한 뱀, 맹독을 지니며 민첩하다)'로 이름을 날리지만 언어 장애인인 여동생을 위해 한국어, 영어 수화를 능통할 수준까지 배우고 쉬는 날이면 데프네이션(미국청각장애인 단체) 수화통역 자원봉사를 나가 범죄 예방과 간단한 호신술을 가르쳐주기도 하는 인간적인 면모도 갖고 있다. 그러던 중 이 세상에서 가장 소중했던 동생이 잔혹하게 살해되자 범인 추적에 나선다.

비모도로 도주한 범인을 쫓아 자신을 버린 모국에 27년 만에 돌아오게 되고, 범인이 권주를 사칭했으며 권주에게 특별한 청력이 있단 것을 알게 되자 공조를 시작한다. 단 한 순간도 쉬운 인생을 살지 않았기에 어떤 악조건과도 싸워나갈 각오가 돼 있다고 자신하지만 서커스맨이 다중인격질환자(해리성정체감장애자)라는 사실과 28년 전 사망한 친모와 서커스맨이 소낭촌이란 대안 가족 공동체 마을에 연결되어 있단 충격적 사실에 망연자실하는데!

'뉴웨이브'
스튜디오 (전)대표

동방민 이규형

우수에 젖은 갈색 눈동자와 웃으면 반달이 되는 눈, 순하고 선한 인상의 훈남이다.

중저가 티셔츠도 딱히 가리지 않고 센스있게 매치해 입지만 시계만은 명품을 고집한다. 관광객들이 버리고 간 유기동물을 거둬 키우는 동물애호가로 조부의 병간호를 위해 인근 호젓한 비모 북동쪽 해변에 자연 친화적인 목조주택을 짓고 살고 있다. 아직은 건설 중인 '비모 돌챙이(석공)박물관'의 대표이사가 될 예정인데 첫인상은 비모 유지 조부 덕에 먹고 사는 금수저 한량 같아 보이지만, 한때 서울과 뉴욕을 오가며 SFX 특수분장 '뉴웨이브' 스튜디오를 운영한 대표이자 수백억 원대 자산가로 한국보다 미국에서 더 유명한 아티스트로 인정받았었다. 그러나 훈훈한 외모에 능력 있는 욜로족 같은 그에겐 치명적인 비밀이 있는데, 바로 〈마스터〉, 〈센터장〉, 〈서커스맨〉, 〈착한 동방민〉 그리고 〈소년 동방민(마지막에 밝혀지는 설정)〉이라는 5가지 인격을 가진 다중인격질환자이자 총 3가족 10명을 죽인 일가족 연쇄살인마란 것이다.

그의 조부는 부친을 판사나 대통령 같은 명예로운 인물로 키우려고 집착했지만 실패하고 조부가 자랑으로 여기는 소낭촌을 극도로 거부한 부친이 외지인 여성과 결혼까지 하자, 조부는 손주를 무릎에 앉힌 채 아들과 며느리에게 가

•

"내 안엔 허기진 괴물 넷이 살아.
마스터가 외로운 아이한테 접근해 말을 걸면 센터장이
그 아이 얘길 들어주고 문을 열게 만들지.
마침내 문이 열리면 서커스맨이 등장해 가족들을 토막 내.
마지막 괴물은 누구냐고? 큭큭...그건 비밀이야... 직접 봐야 재밌잖아."

•

혹한 학대를 가하는 것을 지켜보게 했다. 살해당한 부친과 모친을 보며 패륜적 가정환경에서 자신을 보호하기 위해 잔혹한 인격들을 창조하게 된 것이다. 마치 유희처럼 일가족 연쇄살인을 즐기던 중 상개동 일가족 살해 현장에서 LAPD 데릭의 여동생 승아를 예기치 못하게 살해하고, 자신의 인격 중 하나인 센터장 인격이 남몰래 보낸 메일로 인해 데릭과 권주의 추적을 받기 시작한다.

마침내 아무도 예상치 못한 마지막 인격이 드러나면서 권주 청력의 비밀 역시 밝혀지는데...

비모지방경찰청 112 신고센터
골든타임팀 출동팀 팀장

박중기 김중기

•

"여서는 고마 자알 뛰당기기만 하믄 될낍니다.
아무리 물 건너왔다캐도
요 땅에서는 출동팀장인 내 말이 더 멕힌다 아입니까."

•

강력팀에서 잔뼈가 굵은 중견 형사. 자칭 무뚝뚝한 경상도 싸나이라지만 퉁명스런 말과는 달리 행동이나 속내는 살갑기 그지없다.

아내와 딸 박소민(14세)을 애지중지하게 여기며, 딸내미 교육을 위해 좋은 집으로 이사 가느라 허리띠 졸라매는 자타공인 짠돌이 형사다. 무진혁과 장경학 팀장을 사수로 모시던 중 장경학 팀장이 갑작스럽게 보복살인을 당했다는 사실에 누구보다 격분해 풍산시로 한달음에 달려간 의리파다. 풍산청에서 만난 도강우(시즌 2, 3) 팀장마저 사망하고 다리에 총상까지 입자 출동팀 일이 예전 같지 않다. 이후 출동팀장으로 승진하고, 일가족 살인마 서커스맨을 추적하기 위해 비모도 112 신고센터 골든타임팀에서 근무하지만 빽하면 죽어 나가는 출동팀장 징크스도 은근 신경 쓰인다. 그러던 중 상개동에서 벌어진 일가족 연쇄살인 사건의 범인을 잡기 위해 한국계 미국인 형사 데릭이 출동팀에 들어오자 미국 경찰이 대수냐며 거침없는 성격대로 기싸움을 시작한다. 한창 아이돌 덕질에 빠진 딸내미가 엄마랑 싸웠단 이유로 홀랑 비모도로 와 데릭을 보고 우월한 피지컬에 홀딱 반해 '덕질' 할 기세로 들이대자 눈앞이 캄캄해진다. 우연한 기회에 데릭의 아픈 입양사를 알게 되자 국경을 뛰어넘어 그의 강박과 원칙주의를 이해해가던 중 데릭 모친의 비밀을 알게 되자 충격에 빠진다.

비모지방경찰청 112 신고센터 골든타임팀 출동팀 형사

구광수 송부건

•

"어떻게 티나를 포기해요! 내가 사랑하는 여잔데!
전 끝까지 티나 찾을 겁니다."

•

체대 유도학과 출신으로 몸에 밴 묵묵한 태도에 숨겨진 승부욕이 대단하다. 어린 시절부터 국가대표 오직 한 길만 바라보며 걸어오다 심각한 부상 이후 경찰로 진로변경! 운동할 때의 우직함으로 공부만 파 경찰 공채 시험에 합격했다. 바위처럼 보였던 사수 장경학이 살해당하고, 복귀한 강우 역시 사망하자 충격을 받지만 그럴수록 온몸을 던져 출동팀 업무에 매진한다.

워낙 사명감 강한 성격 때문에 시즌 1에서 경찰로서 해서는 안 될 실수를 한 후배형사 심대식의 복귀가 반갑지만은 않고 다행히 스킨스쿠버 강사 살인 사건을 통해 오해를 풀지만 내부협력자가 있단 정황이 생기자 심대식을 가장 먼저 의심하기도 한다. 결혼을 약속한 미모의 우즈베키스탄 여성인 티나가 대리모 범죄(시즌 3)로 감옥에 투옥되자 최선을 다해 티나 옥바라지를 하는 순정남이기도 하다. 검은 머리 외국인 차별에 대해 누구보다 이해하기에 데릭을 이방인으로 대하지 않으려 노력하지만 가석방으로 나온 티나가 감쪽같이 사라지자 다시 한 번 배신감에 휩싸인다.

비모지방경찰청 112 신고센터
골든타임팀 콜팀 지령팀장,
출동팀 형사 박은수 손은서

•

"출동팀에서 함께 뛰겠습니다.
현장에서 여성 피해자에게 귀 기울여줄 사람,
누구보다 필요합니다!"

•

당당한 말투와 늘씬한 몸매, 인형같이 예쁜 얼굴. 성운외국어대학 영어학과 수석 졸업에 걸어 다니는 번역기라는 별명의 자타공인! 엄친딸이지만 부친의 불륜 이후 이혼한 부모가 세상을 뜨자 외할머니 밑에서 여동생과 어렵게 지낸 어린 시절이 있다.

여동생 박은별 납치사건(시즌 1)을 계기로 들어와 손호민과의 데이트 폭력 사건(시즌 2)을 겪으며 호된 경험을 쌓은 후 지금은 노련한 콜팀 지령팀장으로 다시 태어났다.

경찰 인생의 첫 멘토인 권주에 대한 애정과 존경심이 깊어 누구보다 권주를 챙긴다. 성운시와 풍산시에 이어 비모도로 근무가 결정되자 망설임 없이 따라나선다. 그러던 중 외할머니가 지병을 숨기고 있단 사실을 알게 되고, 자신의 활약을 자랑했다는 병원 관계자 얘길 들으며 가족에 대한 미안함과 고마움에 결의를 다진다. 그러던 중 비모 해변에서 걸려온 갑작스러운 데이트 폭력 신고 전화!

하지만 출동팀에 여성 팀원이 없어서 피해 여성의 신뢰를 얻지 못하는 상황이 발생하자, 출동팀 내 여성 경찰의 필요성을 확신하고 출동팀 업무를 자청한다. 그러나 현장에서 미처 몰랐던 체력적 한계를 느끼고 자존심 때문에 이를 감추다가 동료들을 위험에 빠지게 하는 상황을 자초하는데!

비모지방경찰청 112 신고센터
골든타임팀 출동팀 형사

심대식 백 성 현

•

"비리 형사.. 그게 나한테 붙은 꼬리표인데 감당할 수 있겠어요?
골든타임팀 명성에 스크래치 나게 하지 말고
다른 경찰 찾으세요. 센터장님."

•

유쾌하고 할 말은 하는 스타일이었으나 긴 혼수상태 후 재활을 끝내고 돌아온 뒤 냉소적이고 과묵한 남자로 변했다. 아버지의 교통사고와 조직폭력배 사망 사건을 은폐하는 대가로 모태구 목소리가 담긴 녹취파일을 빼돌렸단 지워지지 않는 죄책감을 홀로 견디고 있다. 권주와 진혁이 모태구 검거에 큰 역할을 했음을 역설해 파면징계 대신 강등으로 경찰직을 유지할 수 있었단 사실에 이를 악물고 복귀했으나 동료 경찰들의 따가운 시선을 견디지 못하고 결국 휴직 후 비모도 우미 해변에서 스킨스쿠버 강사(이는 모태구에게 살해당할 뻔한 이후 폐소공포증을 극복하기 위해 선택한 것)를 하며 지낸다. 아버지가 코마 상태인 자신을 돌보다 돌아가셨단 것을 알게 되자 불효한 기억에 늘 가슴이 답답하다. 그러던 중 오랜만에 자신을 찾아온 권주로부터 권주와 같은 특별한 청력을 가진 여성 살인마가 일가족을 살인하고 그녀에게 누명을 씌웠단 얘기를 듣자 장고 끝에 골든타임팀에 합류한다.

다이버 실력을 발휘해 스킨스쿠버 강사 살인 사건 피해자를 극적으로 구출하고 협력형사 신분으로 팀에 합류한 데릭의 아메리카식 개인주의 방식과 사사건건 부딪친다. 하지만 급박한 현장 상황 속 호흡이 절묘하게 맞아가며 무진혁에 버금가는 브로맨스가 점차 생겨나는데! 그러던 중 골든타임팀 안에 내부협력자가 있단 정황이 생기자 전적이 있는 대식을 의심하는 팀원들의 불신 앞에 애써 숨기고 있던 외상 후 스트레스 장애가 재발하고 갑자기 모습을 감춘 뒤 동방민을 죽인 용의자로 지목되는데!!

비모지방경찰청 112 신고센터 골든타임팀 콜팀 요원

한우주 강승윤

•

"개명을 왜 해요? 말 그대로 우주처럼 판타지하게 살고 싶은데.
지금부터 찐경찰 함 해볼라구요."

•

사이버수사대에 특채(순경)로 들어온 4차원 사이버요원으로 디지털 포렌식 전문가다. 3대 공학자 집안에서 특출한 두뇌로 주목을 받았지만 워라밸을 중요시해 박사 과정을 버린 공학계의 이단아이기도 하다. 대학 졸업 후 사이버 의경을 지원, 성인 웹툰을 불법으로 유통한 사건을 손가락 하나로 해결하면서 사이버 수사에 첫 재미를 느꼈다. 그러나 수직적 경찰 조직문화의 비합리성을 지적하는 민원 글을 올리거나 정시 퇴근하는 등 개인주의의 끝판왕이기도 하다. 골든타임팀에 투입되어 피해자들의 간절한 목소리를 들으면서 처음으로 진정한 경찰이 되기 위해선 사명감이 필요하다는 것을 깨닫고 없는 사명감을 어떻게 만들어야 할지, 4차원적인 고민에 빠진다.

비모지방경찰청 112 신고센터 골든타임팀 콜팀 요원

천상필 권재환

무뚝뚝하지만 사실 속정 깊은 충청도 남자. 성운지방경찰청 112 신고센터의 터줏대감이었던 덕분에 골든타임팀의 시범 운영이 시작되던 초창기를 함께 했다. 비록 경찰이지만 그간 늘 내근직을 지원하며 '안전빵' 인생을 살아온 그에게 골든타임팀의 적극적 초동대처 경험은 인생의 전환점이 되었다. 장경학 팀장의 사망사건을 계기로 골든타임팀이 풍산지방경찰청으로 옮겨간 이후에도 언제나 마음으로 응원하던 그였는데, 3년 전 긴 노총각생활을 끝내고 비모도 여자와 결혼에 골인, 비모지청 신고센터 팀장으로 자리 잡던 차 골든타임팀이 오게 되자 누구보다 반갑다!

비모지방경찰청 형사과 과장

양복만 이 열

•

"하이고 우리 섬에는 그런 흉악범 어수다.
삼무 모르수과? 거지, 도둑, 대문 없는 섬이란 마씸.
내 손바닥 안처럼 훤한 곳이라 어떤 놈이든 그런 짓허민 단박에 전화 옵니다게."

•

허허실실 돌하르방 닮은 호인. 술고래다. 비모도 토박이 출신이자 인맥의 끝판왕. 재당숙 어른은 고월 경찰서장, 제수씨는 같은 청에서 근무하는 과학수사대 직원! 뿐이랴. 밑에 형사들 역시 사돈의 팔촌 관계, 사석에서는 그를 삼촌(비모에서 촌수에 상관없이 손 웃어른을 부르는 호칭, 성별무관) 이라고 부르는 사이다. 물 좋고 사람 좋은 비모도는 다 자기 손바닥 안이라 근무 시간에 종종 사라져 음주 가무를 즐기는 한량 중에 한량이다. 사방팔방 쏟아지는 학연, 지연, 동네 민원들 덕분에 비모청 형사과보다 민원실에 자주 출몰하지만, 비모도 곳곳을 손금 보듯 알고 있어 도내 굵직한 강력 사건을 해결한 베테랑 형사다. 주민 친화적이며 권위를 내세우지 않아 대다수의 사람들은 호탕한 경찰 정도로 알고 있지만 그는 과거 부친을 잃은 아픔이 있어, 마음 깊은 곳에서는 외지인 배척이 강하다. 타향살이하는 골든타임팀에게 비모살이 힐링을 알려준다며 밤낚시 강요는 물론 토박이만 아는 비경을 안내해주는 등 나름 사이좋게 지내지만, 유력 용의자로 자신의 사위가 체포되자 골든타임팀과 대립각을 세우며 설전을 벌이기도 한다.

자신에게 냉소적으로 대하는 데릭이 신입순경 시절 친모의 자살로 도움을 요청한 아이였단 사실을 알게 된 후 그때 발견한 단서가 이번 사건 해결의 키포인트라는 것을 깨닫게 된다. 28년간 캐비넷 서랍 속에 간직했던 증거물을 데릭에게 건네주며 사건 해결을 위해 다방면으로 지원을 아끼지 않던 중 딸이 희귀병(골육종)에 걸린 외손녀의 치료를 위해 남몰래 소낭촌의 공동체 생활을 하고 있단 걸 알게 되자 큰 충격에 빠지는데...!

민족노인회 비모연합회장, 소낭촌 촌장

동방헌엽 장 항 선

•

"사람은 말이야 참으로 신기하씸.
혼자신디선 광기 찾아보기 힘들지만,
여럿이 모인디서, 몬딱 광기가 이서."

•

365일 전통 옷차림의 백발노인. 검버섯 많은 얼굴임에도 점잖은 인상이다. 헛기침만 하는데도 어딘가 형형한 눈빛에 위압감이 느껴진다.

"동방헌엽의 땅을 밟지 않으면 신명산을 오를 수 없다."란 소문의 주인공으로 비모도에 수십만 평의 임야와 노른자 땅을 소유했고 개발붐이 불자 천문학적 재산을 형성했다.

그간 일반인들에게 부당하게 빼앗은 재산을 내놓은 뒤 개과천선한 척하며 오직 돈과 도내 영향력을 위해 오갈 데 없는 사람들만을 모아 신명산 꼭대기에 소낭촌 마을을 만들기에 이른다.

겉으로는 비모도 돌챙이(석공을 뜻하는 비모어)의 전통 석공예와 석부작(자연석에 식물을 활착시켜 하나의 작품으로 만든 것)으로 유명한 대안 가족(공동체) 마을로 보이지만 실상은 수광대신(인형극, 놀이굿을 하는 광대의 우두머리를 모시는 민간신앙)을 숭배하는 사이비 공동체로 '대안 가족'이라는 명목 하에 강제노역, 구타, 성착취 등을 저지르는 악의 근원이다. 후일 손주(실상은 아들)가 다중인격질환을 앓는 일가족 연쇄살인마임을 알게 되자, 증거를 조작해 바지 범인을 내세움은 물론 섬 언론을 장악해 가짜 뉴스로 분위기 전환을 시도한다. 하지만 통하지 않고 소낭촌의 악행마저 낱낱이 까발려질 위기에 처하자 살인을 불사하며 범죄증거들을 모두 폐기하지만 결국 손주에게 잔혹한 죽음을 맞는다.

비모지방경찰청
강력팀 형사 　　　　　　　　　　부귀남 홍상표

비모 토박이 백년초 농사꾼의 외아들이자 양 과장의 내종질(사촌형제의 아들)이다. 외지인에게는 강력팀 형사라며 거드름을 피우지만 삼촌들이 보기엔 그저 어수룩한 두룽머리(바보)다. 돌하르방 보러왔다는 사람들에게 널린 게 돌인데 뭘 여기까지 왔냐는 보골치기(퉁박주기)의 달인이기도 하다.

답답한 비모도를 벗어나 육지청 발령이 인생 목표다 보니 골든타임팀에 편승해 공치사를 누리기로 야무지게 결심한다. 행락철 신고나 단속할 거라 여기던 중 상상치도 못한 연쇄살인 사건이 현실로 닥쳐오자 진짜 육지로 도망가고 싶은 마음뿐이다.

비모지방경찰청
청장 　　　　　　　　　　감종숙 길해연

서울 출생. 경찰대 8기로 경찰에 입문, 서울청 여성청소년계장과 생활안전부 부장 역임. 성범죄, 학교폭력 등에 특화된 경력으로 지방청 주요 요직을 거친 후 지방청장인 비모지방경찰청장으로 부임했다. 한국 최초 여성 치안총감(경찰청장)이 될 야망이 있어 비모 일보단 서울 일에, 비모지청 일보단 경찰청 행사나 캠페인에 집중하며, 인맥 관리 또한 열심이다.

골든타임팀의 능력은 인정하지만 양날의 검이라는 것을 꿰뚫어 보고 있어 비모청 입성을 남몰래 막기도 했다. 그러던 중 미국 시민을 살해한 용의자가 한국인이라는 미국 경찰의 수사요청이 들어오자 난감해 하며 조용히 사건이 해결되도록 수단과 방법을 가리지 않는다.

비모지방경찰청

조직도

112 신고센터
종합상황실

골든타임팀

112 신고센터장
(골든타임팀 팀장)
강 권 주
경감

골든타임팀 출동팀
협력형사
데 릭 조
LAPD 올림픽 경찰서
갱 전담 팀장

콜팀 요원
천 상 필
경위

콜팀 지령팀장,
출동팀형사
박 은 수
경사

콜팀 요원
한 우 주
순경

비모지방경찰청 청장
감 종 숙
치안감

출동팀

형사과

골든타임팀 출통팀 팀장
박 중 기
경감

골든타임팀 출동팀 형사
구 광 수
경위

비모지방경찰청 형사과
양 복 만
경정

골든타임팀 출동팀 형사
심 대 식
경장

비모지방경찰청 형사과
부 귀 남
경장

*해당 내용은 〈보이스〉 시즌 4의 초기 시놉시스[1]로 방영된 내용과 차이가 있습니다.

#1

2020년 12월 24일 밤 11시 50분

양영시 월덕 마을 외곽, 마을에서 멀리 떨어진 외딴 양계 농가

"하이고 범태야 왜 이러니.. 정신 차려라!"

슬레이트 지붕 덮인 낡은 집 안방, 극도의 불안감에 눈빛이 흔들리던 주범태(손자, 17세)가 한 손엔 칼, 한 손엔 폴라로이드 카메라를 든 채 크리스마스용 알전구로 칭칭 묶인 조부(주철만, 78세)와, 조모(노옥순, 75세)에게 닭 오물을 먹으라고 미친 듯이 악을 쓰는데!

"범태야, 하이고 그게 무슨... 진정해라... 내가 다 잘못했다... 이 할애비가 잘못했어......"
"닥쳐! 미안하다면 다야! 뒤지기 싫으면 빨리 처 넣어!"

너무나 무섭게 돌변한 손주의 모습에 놀라 결국 실신해 버리는 조모.
조부 역시 한탄스러움에 '아이고 범태 이놈아..!' 울부짖는 순간 끼익 문 열리는 소리와 함께 판초우의를 입은 누군가 들어와 범태의 급소에 흉기를 꽂고 자살처럼 위장한다!! 공포에 얼어붙은 조부 앞으로 습.....습..... 거리는 불쾌한 남자의 숨소리가 들려오는데.. 순간 뒤이어 서늘한 여성의 목소리가 울린다.

"버릴 수도 없고 그렇다고 키우기도 힘든 손자 땜에 속상했죠?
그래서 내가 대신 죽여 줬어요. 고맙죠?"

기괴한 아코디언 소리 커지면 공포와 고통 속 처절하게 이어지는 조부모의 비명!!!!

1 간단한 줄거리 또는 드라마의 개요를 이르는 말. 시놉시스-트리트먼트-대본의 과정을 거친다.

#2

2021년 3월 25일 월덕 마을 존속 살인 사건 세 달 후

"도, 도 팀장님!! 안 돼요! 헉!!"

외마디 비명과 함께 자신이 총으로 강우를 쏘는 악몽 속에서 눈을 뜨는 권주.
다급히 주변을 둘러보면 자신의 방안, 다행히 꿈이다.

'내가 그날 인질이 되지 않았다면 도 팀장님을 살릴 수 있지 않았을까...'

2년 전 그날을 생각할수록 안타깝고 아픈 한숨을 내쉬는 권주.
그러나 강우의 희생을 무의미하게 만들지 않기 위해 마음을 다잡고 출근하는데.
오늘은 전국 5개 시로 확대된 골든타임팀이 그간의 노력을 인정받아
권주는 유공 표창, 다른 팀원들은 1계급 특진이라는 성과를 얻는 날이다.
경찰청 대강당, 선후배 동료 경찰들의 박수 속에서
뿌듯한 미소로 돌아서는 골든타임팀과 권주!
순간 자신의 핸드폰에 '서커스맨'이 보낸 메일이 또 들어와 있자 불안함에
눈빛이 흔들린다!! 다급히 음성파일을 켜자 온갖 잡음 사이로
권주만 겨우 들을 수 있는 작은 (여성의) 음성이 흘러나오는데....

으 으지직 사 으지직 사각 사각 으지직 으지직 사각 으지직 사각 사각

센터장님 우리는 샴쌍둥이에요.

으지직 사각 사각 으지직 으지직 사각

센터장님 우리는 샴쌍둥이에요.

으지직 사각 사각 으지직 으지직 사각

대체 그 귀로 뭘 하고 있는 거야. 너무 멀어서 안 들리기라도 하는 거야?

마지막 기회를 줄게. 〈25, 천사의 도시, 405호〉

혼자만 노는 것 같아 재미없어서....이번엔 특별 힌트를 하나 더 추가했어.

잊지 마. 우리는 아주 특별한 운명을 타고 났다는 걸.

이를 악무는 권주, 자신의 청력을 알고 있는 사람은 골든타임팀과
죽은 방제수뿐인데...
순간 옆에서 서커스맨이란 닉네임을 본 박은수!
걱정스러운 표정으로 전날 공항경찰대 동기 모임에서 들은 얘기를 전하며
세 달 전, 월덕마을에서 분노조절장애로 조부모를 죽이고 자살한 손자가
죽기 직전 경찰에게 '서커스맨이 시키는 대로 했을 뿐'이라 말했었다는데.

"..서커스맨이 귀가 밝은 여자라고 했대요. 그쪽 경찰은 과다출혈 쇼크로 온 섬망 같은 거라 그러는데... 설마.. 센터장님한테 메일 보내는 놈 짓은 아니겠죠?"

권주는 박은수의 말과 협박 메일 속 '센터장님 우리는 샴쌍둥이예요.' 라는
말이 비수처럼 가슴에 꽂히는데...

#3

까다로운 원칙주의자 LAPD 형사 데릭 조, 끔찍한 소식을 듣다.

“꺼져!!! holy shit! Fuck you! 꺼지라고! Do you want to die?”

LA 센트럴 스트리트 뒷골목, 거구의 강도와 대치중인 LAPD 올림픽 경찰서 갱 전담팀 팀장 데릭 조.
실수한 팀원이 인질로 잡힌 일촉즉발 대치국면 속 강도의 코크네일(coke nail)[2] 상태를 재빨리 파악, 강도의 칼을 무통각증인 왼팔로 막아내며 150kg 거구를 바닥에 내리꽂는다. 피범벅이 된 왼팔은 개의치 않고 실수한 팀원에게 독설을 날리며 검거를 마무리하는 데릭.
“인질이 되고 싶다면 LAPD 배지부터 반납해.” 차갑게 내뱉는 말에 “암튼 저 맘바. 지가 아이언맨인 줄 아나.” 라는 팀원들의 수군거림에도 무심히 돌아서는 데릭. 30분 전에 들어온 여동생 승아의 문자를 그제야 확인한다.

“오늘 엄마 기일인 거 알지? 꼭 7시까지 들어와야 해.
나도 곧 현민이네서 출발해.”

아무에게도 말하진 않았지만 경찰 간부였던 양부의 폭행과 성적 학대를 피해 동생 승아를 데리고 홀로 선 데릭이 엇나가지 않고 경찰이 될 수 있었던 건 승아 덕분이었다. 자신들을 버린 친모의 기일을 꼭 챙기는 승아의 등쌀에 결국 데릭은 일 년에 딱 한 번 정시 퇴근을 하기로 하는데...
순간 경찰차 무전기에서 다급한 무전이 들려온다!

2 코카인 덩어리를 새끼손톱으로 떼어 흡입할 때 생기는 중증 마약 중독자의 흔적.

"1-8-7 193 Wilson street!! Pinetree Bay and the Boulevard. 사이에 위치한 한인가정, 코리아 세탁소 주인 이종박, 공숙희 씨가 살해당했단 신고 전화가 접수되었다. 현재 신고자 승아 조 씨는 복부에 자상을 입은 채 2층 아이 방 옷장 안에 숨어있으며 언어 장애인으로 원활한 의사소통이 불가능한 상태!
용의자는 아들인 휘트니 공립고등학교 15세 이현민으로 보이며 마약 소지죄 및 폭력전과가 있다. 빠른 출동 바란다!"

충격에 휩싸인 채 동료 경찰들과 다급히 현장으로 출동하는 데릭!
문을 박차고 들어선 집안엔 알전구로 온몸이 묶인 채 흉기로 처참하게 난자당한 부부와 자살한 것으로 보이는 아들의 사체가 뒹굴고 있는데...
벽면에 형성된 이탈 혈흔(피 묻은 흉기를 휘두를 때 날아간 혈흔)을 날카롭게 주시하다 다급히 2층으로 뛰어 올라간 데릭,
작은 방 옷장 문을 열자 잔혹한 자상으로 숨이 끊어져 가는 승아가 보이고!
피투성이 동생을 끌어안은 채 고통에 차 절규하는 데릭.

"승아야... 움직이지 마! 오빠가 살릴 테니까 움직이지 마!!"
"오빠... 범인은 귀가 밝은 동양 여자야...
헉.. 헉.....옷장에 숨었는데....숨소리만 듣고 찾아냈어.
나.....이렇게 죽기 ....싫어. ..헉...우리 오빠... 나 없음.... 외로운데..."

얼룩이 묻은 손으로 힘겨운 수화를 남긴 후 절명하고 마는 승아를 부여잡고 오열하는 데릭!
순간 뒷문이 열려 있는 것을 본 데릭은 다급히 뛰쳐나가고
뒷골목 사이로 도주하는 검은 판초 차림의 여성 용의자를 필사적으로 추적하지만 뛰어난 청력으로 데릭을 따돌리고 유유히 사라지고 마는데!

#4

모든 소리를 듣는 의문의 여성 살인마!

승아를 잃은 슬픔과 고통 속에서도 데릭은 현장감식 능력을 발휘하여 이현민의 지인을 통해 이현민이 범행 전 마약 문제와 관련해 여자 경찰로부터 협박을 받았단 증언을 확보한다.
'범인은 청력이 뛰어난 동양인 여성으로 마약 중독 아들을 협박해 부모를 전구 줄로 묶게 한 후, 아들이 마약에 취해 부모를 살해한 것처럼 꾸몄지만 모든 자상이 급소를 정확히 찔렀던 것으로 보아 살인을 즐기는 전대미문의 여성 살인마'라고 주장하는 데릭!
온 경찰이 동원되어 인근 탐문이 시작된다. 그러던 중 몽타주와 유사한 용의자가 LA 공항 비모행 비행기 카운터 CCTV에 찍혔고 그녀가 탄 것으로 추측되는 비행기가 대한민국 비모 공항에 방금 도착했다고 한다.
반드시 범인을 잡겠단 날 선 결의로 다급히 팀원들과 함께 비모도로 떠나는 데릭!

#5

서커스맨을 추적해 비모청으로 향하는 권주와 골든타임팀!

한편 팀원들에게 서커스맨이 어쩌면 월덕 마을 존속 살인 사건의 진범일지도 모른다고 이야기하는 권주!
한우주의 분석 결과 그 메일이 비모도의 한 작은 체인 피시방에서 보내졌단 사실을 알게 된다. 당황하는 권주와 골든타임팀.
범인치곤 너무 쉽게 자신을 노출시켰단 박중기 형사의 말이 이해가 안 되는 것은 아니지만 권주는 범인의 교활함을 경고하며 비모청 근무를 강행한다.

"하이고 우리 섬에는 그런 흉악범 어수다. 내 손바닥 안처럼 훤한 곳이라 어떤 놈이든 그런 짓허민 단박에 전화 옵니다게. 내 정보통이 112 신고센터보다 빨라마씸."

좀도둑을 잡아줘서 고맙다고 닭을 잡아 온 도민과 수다를 떠는 112 신고센터 등 소박한 섬마을 분위기에 당황하는 권주와 골든타임팀.
게다가 민원 수집을 핑계로 마을 사람들과 대작하는 게 형사들 하루 일과인 평화로운 섬 모습은 연쇄살인과는 거리가 멀어 보이고,
권주는 비모도 피시방에서 보낸 이메일 IP가 거짓일지 모른단 생각마저 드는데...
한편 비모도에 도착한 데릭은 감종숙 비모청장을 만나 비모 공항 입국자 CCTV 영상을 요청한다. 갑작스런 LA 경찰의 등장에 놀라는 감 청장.
그들의 말대로 만에 하나 미국 시민 일가족과 LA 경찰의 여동생을 살인한 용의자가 정말 대한민국 비모도민이기라도 한다면 섬 이미지며 관광객 수까지 수직 하락은 뻔한 일, 은밀히 해결을 돕겠다 제안하는 감 청장!

#6

데릭과 권주, 불쾌한 첫 만남을 하다.

한편 다급히 권주에게 달려온 박중기 팀장은 'LA 한인 일가족 살인 사건'을 수사하러 LA 경찰이 왔는데 아무래도 우리나라 월덕 마을 사건과 유사하다고 전한다. 게다가 범인한테 여동생을 잃은 팀장이 자기가 직접 목격한 귀가 밝은 여성 용의자를 찾고 있다는데! 게다가 그 한국계 팀장, 친부모가 한국인이라 어린 시절을 여기서 보내놓고도 빡빡하게 굴어 청장이 보통 골치가 아니란다. 다급히 사건 기록을 확인한 권주, 용의자 탐문 수사를 가려는 데릭과 LA 팀원들을 막아선다.

"112 신고센터 골든타임팀 강권주 경감입니다. 미국 LA 한인 일가족 살인 사건 어느 정도 수사가 진척됐는지 알 수 있습니까?
"Don't care because the US police take care of it.
(남의 업무에 끼어들 시간에 당신 업무나 챙겨요.)"

겉으론 예의 바르지만 차가운 시선으로 권주 명찰을 훑고 나가는 데릭의 태도가 불쾌한 권주!

"사람 살리는 일에 국경이나 업무 구분이 필요한가요?
그리고 한국어 이해하는 걸 보면 말할 줄도 안다는 건데...
계속 그런 식이면 제 단서 들을 자격이 없는 듯하네요."

거침없이 독설을 내뱉는 권주를 불쾌한 듯 노려보는 데릭, 권주 역시 팽팽하게 바라보는데

"오케이. 들어나 보죠!"

"두 사건의 공통점은 첫째, 피해 가족들이 조부모나 재혼부모 가정과 같은 사회적 취약계층이며 마을에서 홀로 떨어진 고립 주택에서 범행이 이루어진 점! 둘째, 범죄전력이 있는 아이들에게 누명을 씌운 점! 셋째, 부모를 알전구로 묶고 서커스 배경화면인 사진이 현장에 있고 귀가 밝은 여성이 용의자라는 점이며 한국에선 다른 정황이 없어 아이들이 저지른 존속 살인 사건으로 종결처리 됐단 점만 다릅니다."

그러나 데릭은 업무소관이 다른 112 신고센터장이 이미 끝난 강력 사건을 어떻게 이토록 구체적으로 알고 있는지 날 선 의구심이 드는데...
순간 달려온 다른 팀원 하나가 LA 경찰국에서 방금 전송받았다며 고해상도로 확대한 용의자 사진을 내민다.
그런데, LA 공항 용의자의 얼굴이 권주와 쌍둥이처럼 닮아있지 않은가!
충격에 눈빛이 격하게 흔들리는 데릭과 LA 팀원들!
권주 역시 자신과 너무나도 비슷한 용의자의 모습에 온몸이 떨려오는데!!
순간 데릭의 머릿속에 여자 경찰이 이현민을 협박했단 이현민 지인의 말이 뇌리를 스친다.
범인의 계략임을 확신한 권주가 오해를 풀기 위해 다가서자 오해한 데릭과 팀원들이 총을 꺼내 권주를 조준하기에 이른다.(감 청장의 용인 하에 LAPD팀 권총 소지 중)

#7

권주와 쌍둥이처럼 닮은 용의자의 등장!

"꼼짝 마! 움직이면 쏜다!"
"잠시만요! 총부터 내려놓으면 설명하죠! 범인이 절 사칭한 겁니다!"
"두 번 말 안 한다, 강권주 경감."
"그 사건 당시 전 비모청에 있었습니다.
청사 CCTV 영상 확인하면 알 겁니다.
그리고 전 범인한테 협박 메일을 받고 있습니다.
그 내용은 데릭 조 형사님과 단둘이서만 이야기하겠습니다."
"Captain I don't think that's the situation to believe? Act like a captain. (캡틴 저 말 믿을 상황이 아닌 것 같은데요?)"

권주에 대한 불신으로 분위기가 험악해지는 순간,
데릭의 핸드폰으로 LA 과학수사대 요원의 전화가 걸려온다.
좀 전에 보낸 용의자 사진에서 코를 인위적으로 높이기 위한
실리콘 접착 부위에 갈라진 흔적(스킨크랙), 즉 분장한 단서를 찾았단 것인데!!
순간 긴장한 팀원들 사이 홀로 안도의 한숨을 쉬는 권주를 보자 더욱 의구심이
싹트는 데릭! 독대를 만류하는 팀원들을 내보내곤 권주와 마주 서는데.

"Tell me about the clues! (아까 말한 단서가 뭔지 말 해봐요!)"
"............전 범인과 똑같이 남들이 듣지 못하는 소릴 듣습니다."
"!!!!"
"범인은 여성의 목소리로 저와 샴쌍둥이라는 메시지를 계속 보내고 있어요.
그전 메일은 12월 24일, 즉 월덕 마을 일가족 살인 사건을 벌이기 전!
이번 메일은 데릭 형사 여동생이 사망한 사건이 벌어지기 전에 보냈구요."
"...빠져나가려고 아무 말이나 뱉는 모양인데.."
"방금 전화에서 과학수사대 요원이 말하지 않았나요?

용의자가 얼굴에 코를 높이는 분장을 했다구요."

"!!!! 그 소리가 들렸다고...?"

"범인은 초청력을 이용해서 사람을 살인하고 있어요.
이 사건을 해결할 수 있는 사람은 범인의 특별한 청력을 믿는 저와
범인을 직접 목격한 데릭 조 당신, 뿐입니다. 우리가 힘을 합쳐야 해요.
단, LA 경찰이 여길 활보하면 범인은 숨을 겁니다.
최대한 비밀 수사로 하죠."

권주의 말이 틀리지 않단 걸 아는 데릭이지만 경계를 늦추지 않은 날 선 목소리로 내뱉는다.

"하지! 공조! 대신 이거 하나만 명심해요. 만에 하나 그 서커스맨...
당신과 관계가 있다면 내가 당신부터 처넣을 거란 거!"

마침내 권주 청력의 비밀을 지켜주겠단 약속 하에 공조하기로 한 데릭과 권주!

#8

데릭, 글로벌 협력형사로 출동팀에 합류하다!

데릭은 권주와의 약속대로 자신을 도울 팀원 한 명만 남기고
나머지 팀원들을 미국으로 돌려보낸다.
데릭의 능력을 익히 아는 LAPD 올림픽 경찰서 국장은 모든 것을 일임하고.
한편 골든타임팀은 범인이 권주의 얼굴로까지 변장했단 사실을 알게 되자
사태의 심각성을 실감하고 공조를 받아들이는데!
마침내 불편한 공조가 시작된 첫날, 112 신고센터로 다급한 첫 번째 신고
전화가 걸려온다!

episode 1 **저승개가 사는 길 (모심길 관광객 살인 사건)**

등장인물 : 장예숙(48세) / 이하진(22세) / 감탱(32세) / 관리인(38세) / 동보협(45세)
배경장소 : 모심길 + 숲 + 게스트하우스 + 도로 + 동굴 + 아지트 지하실

비모의 순례 성지길, 울창한 삼나무 숲속 모심길을 비 오는 늦은 오후에
걷던 여대생 이하진으로부터 걸려온 신고 전화! 비모도 설화에 나오는
저승개(어둠 속에서 나타나 인간을 잡아먹는 저승길 짐승)가 같이 걷던
등산객 언니 장예숙을 끌고 갔단 내용인데..
출동한 골든타임팀은 현장에서 정말로 물어뜯긴 듯한 혈흔을 발견하자
당혹감에 차 실종된 장예숙을 찾아 나선다.
그러던 중 장예숙이 묵었던 게스트하우스 주인이자 유명 유튜버인
감탱이 실은 성범죄자이며 장예숙이 모심길에 오도록 유인했다는
사실이 밝혀진다.

감탱은 소위 몰카를 찍기 위해서였을 뿐이라고 자신이 한 짓이 아닌 진짜 저승개 짓이라며 찍은 영상을 보여준다. 영상을 보면 모심길을 혼자 걷던 여성이 어둠 속으로 빨려가듯 사라지는데!
그러나 데릭의 과학수사기법과 골든타임팀의 초동대처 노하우로 수화망상증 범인이 혼자 길을 걷는 여성만을 납치한 것임을 밝혀내고 불 속에서 타 죽기 직전의 장예숙을 구하는 데 성공한다.

한편 데릭은 권주의 특별한 청력을 자신의 눈으로 직접 목도하자 내심 충격에 휩싸이는데.. 뒤이어 걸려온 두 번째 신고 전화!

episode 2 해녀할망의 숨비소리 (스킨스쿠버 강사 살인 사건)

등장인물 : 해녀 고순례(74세) / 고가은(20세) / 범인 구창구(29세) / 어촌계장 고수동(48세) / 그 외 연령별 해녀와 다이버들
배경장소 : 바닷가 + 해녀의 집 + 스킨스쿠버 업체 + 수중동굴

전복을 따던 해녀가 바닷속 버려진 무쇠솥 안에서 시신을 발견한다. 물속에서 부패된 듯 성별도 신원도 알 수 없는 시신 손목엔 고순례 할머니의 손녀 고가은이 차고 다니는 팔찌가 있었다. 고순례 할머니는 영등굿 현장에 난입해 어촌계장에게 빗창을 휘두른다. 평소 해녀들과 사이가 좋지 않던 어촌계장이 며칠 전 양귀비 키우는 현장을 목격 했단 손녀와 크게 말다툼을 했고, 그 이후 손녀가 사라졌기 때문인데.
빗창으로 어촌계장을 찌르는 고순례 할머니를 간신히 막아선 출동팀에 의해 살해시도는 미수에 그치고! 그 순간 무쇠솥에 담긴 시신은 고가은이 아닌 스킨스쿠버 강사로 밝혀진다.

조사 과정에서 마약 판매 전과가 있던 강사가 고가은과 친했다는 증언이 나오지만 진실을 알고 있는 고가은의 행방은 어디서도 찾을 수가 없는데...출동팀은 마침내 수중동굴에서 죽어가는 고가은과 진짜 범인을 찾아낸다. 바로 공황장애 치료를 위해 스킨스쿠버를 즐기다 질소 환각에 중독된 벤처사업가 구창구다! 범인을 왼팔로 막으며 대치하는 데릭을 구하려다 박중기가 큰 사고를 당할 뻔한다. 박중기의 부상에 평정심을 잃고 화를 내는 권주에게 현장은 원래 위험하다며 대립하는 데릭.
그러나 구광수를 통해 권주가 과거 파트너를 잃고 힘들어했단 사실을 알게 되자 미안해진다. 권주 역시 데릭의 왼팔에 있는 무통각 증상이 어린 시절 여동생을 학대한 양부모에게 맞서다 당한 지속적인 폭행 때문이란 사실을 알게 되자 아차 싶은데...

"그렇게 팔을 함부로 쓰다니...미국 경찰들은 조 형사님 상태 알고 있습니까?"
"알든 말든 상관없어요. 통증을 못 느끼게 된 건 행운이라고 생각하니까."
"......고통을 못 느낀다고 남 일처럼 말할 필요까지 있나요?
다 느끼는 것처럼 보이는데요."
"피차 마찬가지 아닌가. 모든 소릴 다 듣고도 못 들은 척하는 당신이 더 대단해 보여요, 난."

서로에게 묘한 공통점을 느끼는 두 사람. 한편 권주는 협박 메일 속 **"그 사고(어렸을 적 겪은 트럭 음주 운전자에 의한 차사고로 시력을 잃은 후 특별한 청력이 생김)로 인해 세상의 작은 소리까지 듣게 된 게 아니에요. 진짜 이유는 따로 있어요. 우리가 같이 누워있던 그 차가운 날을 기억해 봐요."** 라며 범인이 남긴 말이 자꾸만 귓전을 맴도는데... 그러던 중 112 신고센터로 사망한 부친이 자신을 죽이려 한다는 한 남자, 강만호의 다급한 신고 전화가 걸려온다!

episode 3　유채꽃 밭 그 사나이 (관광지 노인 유기 사건)

등장인물 : 아들 강만호(50대) / 아버지 강석춘(70대) / 브로커 '석 씨'(40대) / 요양원 직원들

배경장소 : 비모 요양원 + 오름 + 호텔 + 유채꽃밭

신고자는 5년 전 뉴질랜드로 이민 간 강만호, 비모에 사업차 왔다가 죽은 아버지가 유령이 되어 자신을 죽이려 해서 신고를 했다는데.
다급히 출동한 골든타임팀은 지하 주차장에서 도망치다 다리를 크게 다친 패닉 상태의 강만호를 구조한다.
확인 결과 강만호의 아버진 3년 전, 비모도의 열악한 요양원에서 사망한 것으로 나오는데...
강만호가 죄책감으로 환상을 본다고 생각한 골든타임팀은 일단 강만호를 진정시키고 철수한다.
다음날 유채꽃 밭에 어떤 치매 노인이 폭주하고 있단 신고 전화를 받는다.
죽은 강만호의 부친인 강석춘과 똑같이 생긴 이 노인을 병원으로 이송하려는 순간, 검은 봉고차에 탄 남자들에 의해 '석 씨 농장'으로 끌려갔다는데..
골든타임팀과 데릭은 추적 끝에 인근 섬, '검은 돌 염전' 노역을 하던 치매 노인이 실은 강석춘이며 살아있는 부친을 유기한 아들의 패륜적인 범죄를 밝혀내기에 이른다.

#9

여자가 아니라고?? 드디어 밝혀지는 서커스맨의 진면모!

이렇듯 일련의 사건을 해결하며 조금씩 비모도에서 자리 잡아가는 골든타임팀이지만 비모행 비행기에 탄 여성 탑승객 중 용의점을 발견하는 데는 실패한다. 한우주 역시 죽은 주범태와 이현민이 '서커스 삐에로'라는 VR게임과 게임 커뮤니티에 가입했던 기록을 찾아내는 데는 성공하지만 커뮤니티에 접근한 여성 용의자의 흔적은 찾기 어려운데.

어느 날, 협박 메일 속 어딘가 이상하던 여성 음성 가운데 남성만이 낼 수 있는 베이스(bass)가 섞여 있단 것을 깨달은 권주는 다급히 데릭에게 범인이 여성으로 변장한 남자일지 모른다고 외치는데!

권주의 말이 일리가 있다고 생각한 데릭은 다급히 남성 탑승객 중 변장에 능하거나 범인과 유사한 체격의 남성 용의자, 황미나(치위생사, 33세), 동방민(특수분장 회사 대표, 36세), 장수철(바당 석공공예품 사장, 40세)을 추려낸다.

권주는 혹시 이 세 사람 중 자신이 들었던 협박 메일 속 '서커스맨'의 목소리와 유사한 음성을 지닌 사람이 있는지 찾아보지만 일치한 사람이 없는데...!

#10

가장 유력한 용의자인 장수철, 양 과장의 사위로 밝혀지다!

트랜스젠더인 황미나는 명확한 알리바이가 있었고 특수분장 회사를 운영했단 이유로 용의선상에 오른 동방민은 범인과 체격이 달라 제외되자 소지품에서 여성 물품이 나온 데다 사건 당일 알리바이가 불확실한 장수철이 유력한 용의자로 진술을 받게 된다. 그 순간 진술 녹화실을 밀고 들어오는 날 선 양 과장.

"니들... 저 놈 내 사위인 건 알고 이러는 거야? 경찰 가족 연행할라믄 적어도 나한테 언질은 줘야지! 조사해도 내가 할 테니 니들은 빠져!
내가 사위 놈이 살인잔지 구분도 못할 거 같나?"
"죄가 없으면 혐의를 벗겠죠. 이런 당신 행동이 이 섬을 병들게 하는 겁니다."

흥분한 양 과장이 데릭의 멱살을 거칠게 잡는 순간 견디지 못한 장수철이 출장 마지막 날인 사건 당일, LA에 있는 크로스 드레서 업소에 있었다며 눈물로 자백한다! 장수철의 은밀한 취향고백으로 결국 혐의는 벗겨지지만 비모청 형사들과 골든타임팀 사이 묘한 감정의 골이 생긴다. 한편, 데릭에게 용의자 중 하나였던 동방민이 찾아와 작은 도움이라도 주고 싶다며 사진 속 스킨크랙에 대해 조언하는데.

"특수분장이란 게 단순히 피부 위에 화장을 하는 게 아니에요.
뼛속까지 알아야 하는 거라 해부학도 공부하거든요.
그런데 아무리 분장을 해도 이상하게 눈빛은 바꿀 수가 없어요.
전 그래서 눈빛이 주는 정직함을 믿어요.
형사님 눈빛이 진짜인 것처럼... "

마치 자신을 관찰하듯 바라보는 동방민의 말과 찰나적으로 '습습'거리던 숨소리가 묘하게 신경 쓰이는 데릭.

#11

데릭과의 과거 인연을 기억해낸 양 형사과장!

한편 자신에게 유난히 냉소적으로 대하는 데릭의 태도가 마음에 걸렸던 양 과장은 28년 전 고월 파출소에서 근무하던 신입순경 시절, 엄마를 살려달라며 경찰서로 뛰어 들어온 11살짜리 아이가 데릭이었던 것을 기억해낸다.
자신의 처지를 비관한 유서로 인해 자살로 보였지만 모친의 사체에 죽기 바로 전 새긴 듯한 기하학적인 문신 흔적으로 타살의혹 가능성이 제기되었던 사건이었다.
그러나 외지인 사건을 키우지 말란 소장의 엄포에 자살로 종결했단 사실을 차마 데릭에게 꺼내지 못하는 양 과장인데..
그리고 바로 그때 걸려온 네 번째 신고 전화!
한 남성이 자신의 반 제자가 무인모텔에 납치되어 있다고 구해달라는데!

기획 단계에서 마진원 작가와 함께 논의했던 부분은 <보이스> 시리즈의 포맷과 형식은 유지하되 새로운 인물, 새로운 이야기를 탄탄하게 구축하여 시청자들에게 식상하지 않은 새로움을 보여드리고 싶다는 것이었다. 실제 사건을 모티프로 재해석하여 시청자분들에게 공감할 수 있는 메시지를 전달해 온 <보이스> 의 정체성을 흔들지 않는 범위 내에서 새로운 이야기와 캐릭터를 구축하는 데 공을 쏟았다.
그 결과물로 나온 캐릭터가 바로 마진원 작가가 탄생시킨 데릭 조 형사와 동방민이라는 다중인격 살인자였다. <보이스> 시즌 3가 종영된 직후부터 기획에 들어갔던 <보이스> 시즌 4의 기획안 (메인 플롯과 새로운 캐릭터, 에피소드 줄거리) 및 대본이 나온 후 제작 준비에 들어갈 즈음 코로나19라는 대이변을 맞이하게 되었다. 이미 해외촬영 대본이 나온 것은 물론, 해외촬영 준비에 들어갈 즈음이었다. 당시(2019년 말~2020년 초) 코로나 사태가 지속되어 해외 촬영은 불가할 것이라는 판단아래 긴급하게 대본을 수정했고, 그 과정 중 방송 채널이 OCN에서 tvN으로 변경되면서 채널 컬러에 맞게 이야기의 톤을 다시 한번 수정해 지금의 <보이스> 시즌 4의 톤을 찾게 되었다.

보이스 프로덕션 전윤지 이사

일가족 연쇄살인 사건일지

2020년 9월 25일 21:00경

주광시 도정구 도정동 행복빌 아파트 204호 일가족(부자) 살인 사건 발생

센터장으로 분한 서커스맨 인격의 동방민이 고등학생 문하람(18세)과 그의 부친 문동진(55세)을 양날 도끼로 살해한 사건이다.
동방민은 '서커스 삐에로' 게임 커뮤니티에서 범죄 전력이 있는 문하람에게 커뮤니티 쪽지로 접근하였다. 이후 그루밍을 통해 친밀감을 쌓고 심리적으로 저항할 수 없는 상황에서 협박을 통해 사건 당일 부친을 알전구로 결박할 것을 지시하였다. 21시 00분경 침입해 살해한 후 증거를 조작하여 현장에 있던 중식도로 문하람이 부친을 살해하고 자살한 존속 살인 사건으로 둔갑시켰다. 당시 모친 한미선(50세)은 근무하는 중학교에서 숙직 중이던 상황으로 범행을 피할 수 있었고 아들의 범행이라는 수사결과를 부정하였다.

주광시 도정동 존속 살인 사건

사 건 번 호	20200925-15448
담 당 수 사 관	박 성 훈
담 당 경 찰	정 민 수

도정 경찰서
DOJUNG PROVINCAL POLICE AGENYC

사 건 보 고 서

제 20 - 271 호

2020. 09. 25.

수 신 퐁산 지방 검찰청

제 목 주광시 도정동 존속 살인 사건

다음과 같이 사건 보고합니다.

1. 발생일시 및 장소	- 2020. 9. 25. 21:00 경 - 주광시 도정구 도정3로 150 지번 주소 : 도정동 125) 행복빌 아파트 204호
2. 피해자 인적사항	- 문동진 - 가해자 문하람의 아버지
3. 피해자 특이사항	- 존속 살인으로 타인에 의한 타살 가능성 없음.
4. 사 건 개 요	- 2020년 9월 25일, 21시 00분 행복빌 아파트에서 아들(18세)이 부친(55세)을 흉기(중식도)로 여러 차례 자창을 내어 살해하고 본인의 손목 요골동맥을 손상시켜 자살한 사건.
5. 건 의	
6. 발생 및 조사국서	도정 경찰서 강력계 경 사 박 성 훈

도 정 경 찰 서 장

수 사 결 과

<사건개요>
- 2020. 9. 25. 21:00 경 주거지인 주광시 도정구 도정3로 150(지번주소 : 도정동 125) 행복빌 아파트 204호에서 가해자 문하람(18세, 남)이 중식도(날길이 20cm, 총길이 32cm)로 피해자인 부친 문동진(55세, 남, 교사)의 몸통과 목 부분을 여러 번 공격하여 살해하고 본인의 손목 요골동맥을 손상 시켜 자살하였다.

<현장 상황 및 감식>
- 쓰레기통 속 컵라면 용기, 피해자 문동진의 자창과 일치 하는 흉기(중식도)에서 문하람의 지문 다수 발견.
- 사건 현장 인근 침입흔적 없음. (CCTV 미설치)

<모친 진술>
- 모친 한미선(50세, 여, 중학교 교사)은 사건 당시 근무지(운산 중학교)에서 숙직 중이었고 문하람의 범죄 가능성을 부정. 피해자 문동진의 몸에 묶여 있던 전구는 몇 년 전 크리스마스 장식용으로 구매하였지만 망가져 있던 것으로 진술.
  가해자 문하람은 2018년 절도로 소년법상 보호처분(2호)을 받았으나 이후 개근상을 받는 등 원만한 학교생활을 했고 가족관계 역시 양호하였으며 비록 2020년 7월 15일 정신건강센터 상담 후 우울증 고위험군진단을 받았으나 적극적 회복 노력을 하며 지속적 상담 중이었다고 함.

<계좌 및 통신 분석>
- 문하람의 통화 내역 발췌 및 최근 통화자 분석 결과 특이사항 없음.

<타 사건과의 관련성>
- 피해자인 부친 문동진이 가해자 문하람을 엄하게 대해 부자간 갈등이 있었고, 가정불화가 존속살인으로 이어진 것으로 조사되어 타 사건과의 관련성은 없음.

현장 증거 사진

2020년 12월 25일 00:00경

강원도 양영시 소혜읍 월덕 마을 일가족 살인 사건 발생

센터장으로 분한 서커스맨 인격의 동방민이 양계장을 운영하며 마을에서 홀로 떨어진 고립 주택에 살고 있는 취약계층 주범태(17세)와 조부모 주철만(78세), 노옥순(75세)을 양날 도끼로 살해한 사건이다.
동방민은 '서커스 삐에로' 게임 커뮤니티에서 학교 폭력을 당하는 주범태에게 경찰을 사칭해 접근하였다. 가해자의 학교폭력을 대신 고발한 후 주범태를 고발자로 밝히겠다며 사건 당일 조부모를 알전구로 결박하고 닭 오물을 먹는 사진을 보내라고 협박하였다. 00시 00분경 침입해 일가족을 살해한 후 증거를 조작하여 주범태가 조부모를 죽이고 자살한 존속 살인 사건으로 둔갑시켰다. 사건 다음 날 오전 9시까지 살아있던 주범태는 현장에 도착한 경찰에게 '서커스맨은 귀가 밝은 여자'라는 말을 남기고 사망하였다.

양영시 월덕 마을 존속 살인 사건

사 건 번 호	20201225-31248
담 당 수 사 관	안 정 욱
담 당 경 찰	김 성 태

양영 경찰서
YANGYEONG PROVINCAL POLICE AGENCY

사 건 보 고 서

제 367 호

2020. 12. 26.

수 신 풍산 지방 경찰청
제 목 양영시 월덕 마을 존속 살인 사건
다음과 같이 사건 보고합니다.

1. 발생일시 및 장소	- 2020년 12월 25일, 00시 00분경 - 강원도 양영시 소혜읍 월덕로 1
2. 피해자 인적사항	- 주철만, 노옥순 - 가해자 주범태의 조부모
3. 피해자 특이사항	- 크리스마스 트리용 컬러 앵두 알전구 50구로 결박 되어 있었음.
4. 사 건 개 요	- 2020. 12. 25. 00:00 경 자신의 주거지인 강원도 양영시 소혜읍 월덕리1 양계농가에서 가해자 주범태(17세, 남)가 피해자인 주철만(78세, 남, 조부), 노옥순(75세, 여, 조모)을 크리스마스 트리용 컬러 앵두알전구 50구로 결박 후 집에 있던 도끼칼 (닭뼈 절단용, 날길이 18cm, 총길이 35cm)로 살해한 뒤 동일한 흉기로 경동맥을 손상시켜 자살하였다.
5. 건 의	
6. 발생 및 조사국서	양영 경찰서 강력계 경 감 안 정 욱

양 영 경 찰 서 장

수 사 결 과

<현장상황 및 감식>

- 사건현장 인근 침입 흔적 없음. (CCTV 미설치)
- 피해자 주철만, 노옥순의 자창과 일치하는 흉기에서 주범배 지문 다수 발견.
- 가해자 주범배의 핸드폰(주철만 명의) 및 유언장을 발견하지 못함.

<주변인 진술>

- 가해자 주범배가 게임에 집착해 조부모의 걱정이 많았다는 이웃의 진술.
- 목격자(현장 근처 슈퍼 주인)가 있으며 25일 00시경 트럭 운전 중 검은 비옷을 입은 여성을 보았다는 진술.

- 양영정신병원장에 따르면 2020년 10월 25일 일시적 환각으로 반친구를 폭행한 사건을 계기로 조부모와 내원, 학교생활의 정신적 압박(왕따) 및 잔인한 살상 게임중독으로 인한 중증의 피해망상 진단. 주범배 본인이 치료를 거부함.

<계좌 및 통신 분석>

- 2016년 3월 절도 기록 있음. (소년법상 보호 처분 3호 적용 대상임)
- 조부모의 신분을 도용해 약 50만 원 가량의 게임 아이템, 게임기 등 구매한 이력.
- 주범배의 통화내역 및 최근 통화자 분석 결과 특이사항 없음.
- 인터넷 이용 분석 결과 성인용 잔혹한 살상게임에 접속 다수.

<타 사건과의 관련성>

- 주변인들의 진술과 통신 분석을 통해 가해자가 심한 게임중독 상태이며 부모나 자식을 살해하는 패륜범죄 가운데 최근 중가량의 절반가량이 가정불화가 가장 큰 원인인 것과 관련이 있을 가능성이 높으나 타 사건과의 관련성은 없음.

현장 증거 사진

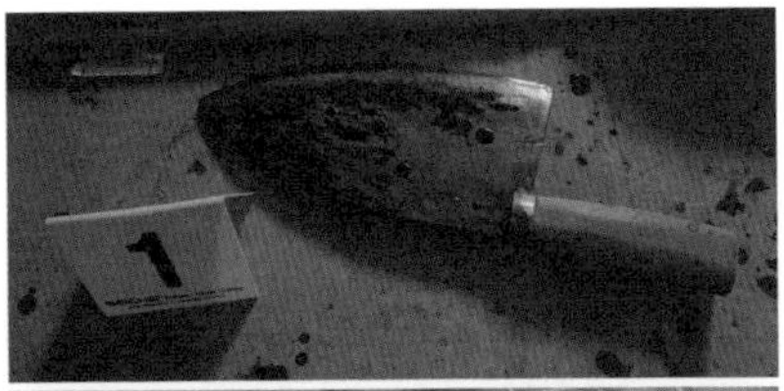

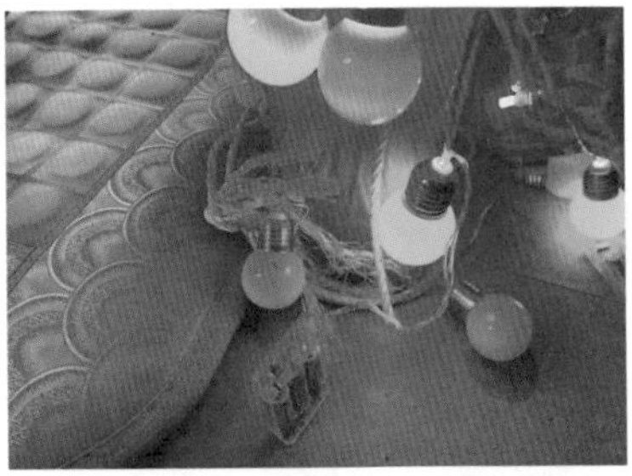

2021년 3월 25일 19:05경

서울시 서암구 상개동 수완 아파트 205호 일가족 및 미국인 살인 사건 발생

센터장으로 분한 서커스맨 인격의 동방민이 재개발 예정 지역으로 철거 농성 중인 수완 아파트에 거주하는 고등학생 이현민(17세)과 그의 부모 이종박(47세)과 공숙희(45세), 목격자 리사 조(36세)를 양날 도끼로 살해한 사건이다.

동방민은 '서커스 삐에로' 커뮤니티에서 알코올중독자 부친으로 인해 장래를 비관하는 이현민에게 접근하여 그루밍하였다. 사건 당일 결혼반지를 끼고 있는 부모의 손가락을 자를 것을 지시한 뒤 19시 05분경 현장에 침입해 일가족을 살해하였다. 또한 현장을 목격하고 신고한 미국인 리사 조를 납치하고 인근 마을버스 차고지 근처 쓰레기통에 시신을 유기하였다.

상개동 철거 아파트 일가족 및 미국인 살인사건
- 중간 결과 보고서 -

서울 지방 경찰청
- 광역 수사대 -

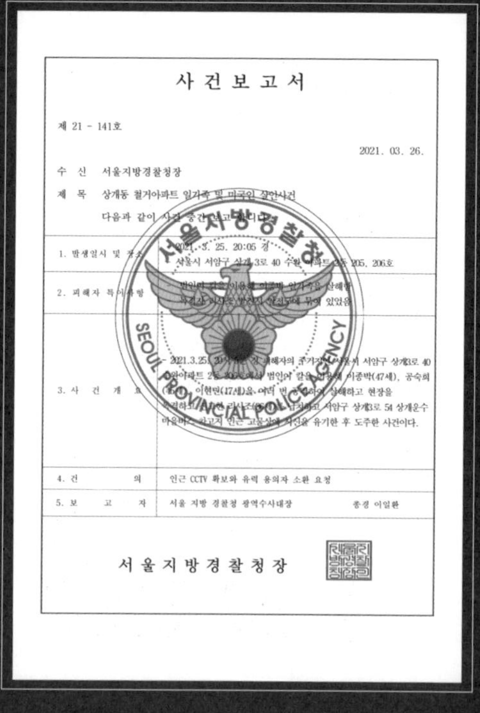
사 건 보 고 서

제 21 - 141호

2021. 03. 26.

수 신 서울지방경찰청장

제 목 상개동 철거아파트 일가족 및 미국인 살인사건

다음과 같이 사건 중간 보고 합니다.

1. 발생일시 및 장소	- 2021. 3. 25. 20:05 경 - 서울시 서암구 상개 3로 40 수완 아파트 2동 205, 206호
2. 피해자 특이사항	- 범인이 [illegible] [illegible] 있었음
3. 사 건 개 요	- 2021.3.25. 20시 [illegible] 피해자의 주거지인 서울시 서암구 상개3로 40 수완아파트 2동 [illegible]에서 범인이 칼을 [illegible] 이종박(47세), 공숙희([illegible]), 이현민(17세)을 여러 번 [illegible] 살해하고 현장을 목격하고 [illegible] 리사조([illegible])를 납치하고 서암구 상개3로 54 상개운수 마을버스 차고지 인근 고물상에 시신을 유기한 후 도주한 사건이다.
4. 건 의	인근 CCTV 확보와 유력 용의자 소환 요청
5. 보 고 자	서울 지방 경찰청 광역수사대장 총경 이일환

서 울 지 방 경 찰 청 장

관련 인물 인적사항

- 피해자1
피해자 이름 : 이종박 (750614-102354)
직업 : 무직
가해자와의 관계 : 채무관계가 있던 지인
피해정도 : 사망

- 피해자2
피해자 이름 : 공숙희 (771102-230457)
직업 : 가정주부
가해자와의 관계 : 남편의 지인
피해정도 : 사망

- 피해자3
피해자 이름 : 이현민 (051024-357628)
직업 : 학생
가해자와의 관계 : 아버지의 지인
피해정도 : 사망

- 피해자4
피해자 이름 : 리사조 (한국이름 : 조승아, 사회보장번호 : 412-54-3842)
직업 : 미국 LA 시에라 비스타 특수학교 교사
가해자와의 관계 : 관련성 없음
피해정도 : 사망

- 용의자
가해자 이름 : 신창섭 (751108-104573)
직업 : 무직
피해자와의 관계 : 피해자 이종박의 지인

수 사 결 과

<현장상황>
- 205호, 206호, 고물상 사건현장 cctv 미설치.
- 206호 사건 현장에서 미상의 고무 [illegible]국·혈흔 발견(사진첨부).
- 피해자들을 살해한 흉기로 추정되는 손도끼를 거실에서 발견함.
- 도주하던 용의자의 얼굴이 아파트 입구 부동산 CCTV에 찍힘.
- 이종박과 공숙희는 알전구 전선에 묶인 [illegible] 바닥에 쓰러진 채 사망.
- 마을버스 차고지 인근 고물상에서 알전구에 묶인 채 조승아 사망.

<목격자 및 주변 이웃 진술>
- 사건 발생 전 이종박 집 앞에서 칼을 들고 [illegible] 신창섭을 목격했다는 이웃 증언 확보.
- 이종박에게 보증을 선 용의자 신창섭이 [illegible] 채무 금액을 [illegible] 자주 난동을 피웠다는 증언 확보.
- 수완아파트 2동 403호 거주자 [illegible]의 증언에 따르면 <사단법인 사랑의 뿌리찾기> DNA 검사 결과에 따라 친부를 찾기 위해 [illegible] 20시 경 집에서 나섰다는 증언 확보.

<계좌 및 통신 분석>
- 용의자 신창섭이 피해자 이종박을 연대보증 사기로 고소한 이력이 있음.
- 용의자 신창섭은 주거지가 일정치 않고 휴대폰이 없어 현재 소재파악 중에 있음.

<계좌 및 통신 분석>
- 용의자 신창섭이 피해자 이종박을 연대보증 사기로 고소한 이력이 있음.
- 용의자 신창섭은 주거지가 일정치 않고 휴대폰이 없어 현재 소재파악 중에 있음.

<타사건과의 관련성>
- 없음.

현장 증거 사진

현장 증거 사진

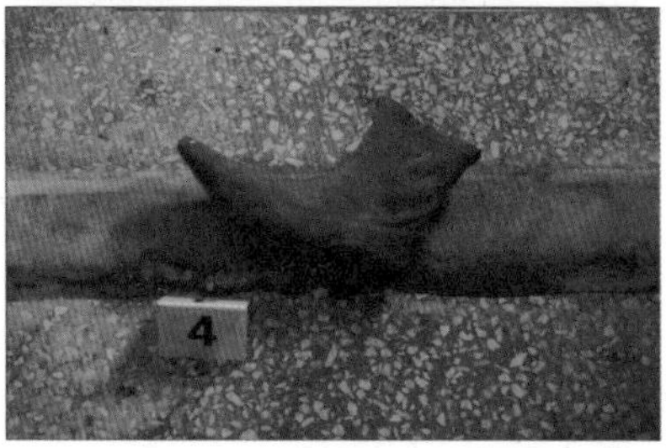

<보이스 4: 심판의 시간>은 한국형 시즌제 드라마의 가능성과 확장성을 보여준 작품이다. <보이스>는 이전 시즌부터 범죄를 다루면서 특히 인간 내면의 심리와 연관된 측면에 관심을 가져왔다. 무척 민감할 수 있는 문제를 드라마 전체에 던짐으로써, 우리가 간과할 경우 크게 위험해질 수도 있는 심리적 문제를 자각하게 만든다는 점에 주목할 필요가 있다. 마진원 작가는 처음 이야기하려고 했던 것을 끝까지 밀고 가는 지구력과 뚝심을 가졌을 뿐만 아니라, 변화에 적응하면서도 초심을 잃지 않으려는 유연성을 가지고 있다.

천상욱 기자

과학수사
경찰
경찰
경찰

SAMSUNG

도봉산역
161
시흥사거리
38오 6890

02 보이스 4의 디테일

Details of Voice 4

대본의 디테일

드라마 한 편을 만드는 데에 있어 '디테일'은 빼 놓을 수 없는 단어다. 대본은 물론이고, 대본이 영상화되는 그 순간까지, 정교한 사실 관계를 짜 맞추는 건 드라마에서 가장 중요한 부분이다. 이를 통해 드라마 속 캐릭터와 스토리는 현실성을 부여받게 되면서 설득력을 갖춘다.

처음에 가족 범죄란 주제를 잡고 다수의 실제 사건과 관련 서적, 자문뿐 아니라 경찰청 자료까지 수집한 뒤 작가적 상상력을 합쳐 빌런 캐릭터에 대한 가닥을 잡았다. 그 과정에서 실제 피해자분들에게 상처를 줄 수 있는 소재들은 제외했고, 병명 역시 가상의 질병으로 수정해서 진행했다.

줄거리에 맞춰 각 디테일에 필요한 문서 소품들은 실제 문서에 가깝게 만들되 경우에 따라 내용전개에 필요한 정보를 임의로 가감한다. 이 과정에서 소품팀과의 소통과 상호간 협조가 매우 중요하다. 이러한 과정들을 통해 마침내 5가지 인격의 일가족 연쇄살인범 동방민, 사이비 대안 가족 공동체인 소낭촌과 동방헌엽이란 캐릭터까지 생생하게 손에 잡힐 듯 만들어졌다.

● 사건의 시작, 소낭촌

소낭촌 돌가족 마을

오갈 데 없는 가족 해체 피해자들을 위해 설립된 신명산 자락 대안 가족 공동체 마을. 비모도 돌챙이(석공) 전통석공예와 석부작(자연석에 식물을 활착시켜 만드는 작품)으로 유명한 관광민속마을이기도 하다. 하지만 기괴한 민간신앙인 수광대신(首廣大神) 숭배를 통해 공동체 구성원을 세뇌시키고 극악무도한 악행을 저지르고있다.

비모 민속 신앙을 기반한 대안가족. 현재 사회적으로 가족이라는 시스템은 핏줄로 이어져 있지만 이상적인 사회는 핏줄이 아닌 다른 의미에서의 가족이 된다는 의미다.

소낭촌의 규칙

1. 모든 구성원은 탐진치(貪瞋癡)와 고(苦: 불교에서 말하는 고통) 및 모든 구속에서 벗어나 수광대신의 즐거움을 추구할 권리가 있다.

2. 10년 주기에 맞춰 생의 의식을 진행하며 실패한 구성원은 공동체의 결정 사항을 따른다.

   2-1. 넋들임 의식을 통과한 모든 15세 소년, 소녀는 성인으로 인정되며 모든 것에 자기 결정권을 가진다.

   2-2. 칠월칠석에 한 번씩 모든 구성원이 정화 축제에 참여해 몸과 영혼의 속죄함을 얻는다.

   2-3. 생명의 잉태와 생의 의식은 공동체의 의견에 따른다.

3. 공동체의 명예를 훼손하는 가족 구성원은 통곡의 폭포에서 죄사함을 받는다.

소낭촌 돌가족 마을 주요 구성원

동 방 헌 엽

민족노인회 비모연합회장, 소낭촌 촌장

소낭촌 돌가족마을을 만든 사람으로 실상은
마을 구성원들을 강제노역, 구타, 성착취를 저지르는 악의 근원이다.

동 방 민

소낭촌 촌장의 손주

어릴 적부터 조부에 의해 부모가 학대 당하는 것을 보며 자랐으며
이러한 가정환경에서 자신을 보호하기 위해 다양한 인격을 창조한다.

곡 연 희

소낭촌 어머니 대표이자 무속인

염 병 철

소낭촌 아버지 대표

일동	(초롱한 눈빛으로) 그 다음은 순결한 몸과 마음입니다. 더러운 몸엔 새 넋을 들이지 못하니까요.
곡연희	(웃으며) 그래, 새사람이 되는 그날은 너희가 가장 순결해야 하는 날이니 그때까지 정갈하게 몸을 지키거라.
동방헌엽	(흐뭇한 미소로) 너희들을 보니 연희가 새사람 되던 날이 생각나는구나. 곱고 깨끗해서 대신님도 무척이나 기뻐하셨지.
일동	(기대에 찬 눈으로 곡연희를 보면)
곡연희	(미소로 동방헌엽에게) 이만 갈게요. 의식 전에 아이들 옷이랑 속옷, 태워놔야 해서요. (동방헌엽에게 인사하고 아이들과 함께 나가면)

소낭촌민 생활 기록 카드

1998년 4월 20일 입촌

성 명	곽연희	핸드폰번호		주민번호	750926-244516
주소 (등본상)	서울시 제옥구 오희동 44-8			성 별	여
최종학력	고등학교 졸업			질 병	-
음주 및 흡연	0병	0갑		혈 액 형	A
자산	유동자산	차량	부동산	혼인 관계	
	6,000,000	-	-	직업	무속인

사 진

가족관계	관 계	성 명	연 령	학 력
	사망			
	사망			

신장	체중	병역
165cm	50kg	-

입촌 경위	① 지인소개 ② 추천 ③ 기타 선택 번호 : (③)	종교	① 무교 ② 불교 ③ 기독교 ④ 천주교 ⑤ 기타 선택 번호 : (⑤)

인생의 실수 (가족들에게 나누는 비밀)	•전과기록이 있다면 모두 나눠주세요. 고향에서 자꾸 신기가 떨어지자 초조해져 바람잡이를 동원해 가족이 죽는단 예언을 하며 고객에게 비싸고 큰 굿을 하도록 했습니다. 그러다 들켜 사기죄로 쫓기게 되었구요.
여성 사항	① 첫 월경 년도 : 1989년 ② 마지막 월경 : 03월 31일 ③ 주기 : 28일 ④ 성관계유무 : X ④-1 첫 성관계 나이 : ④-2 마지막 성관계 날짜 :

소낭촌장 동방헌엽 (인)

소낭촌민 생활 기록 카드

1993년 01월 22일 입촌

성 명	염병철	핸드폰번호	-	주민번호	740102-130849
주소 (등본상)	동원시 하곡군 정덕면 옹림리 211-8번지			성 별	남
최종학력	고등학교 중퇴			질 병	-
음주 및 흡연	일주일에 10병	일주일에 5갑		혈 액 형	AB
자산	유동자산	차량	부동산	혼인 관계	-
	3,000,000	-	-	직업	정덕제지공장 직원

사 진

가족관계	관 계	성 명	연 령	학 력
	사망			
	사망			

신장	체중	병역
175cm	63kg	미필

입촌 경위	① 지인소개 ② 추천 ③ 기타 선택 번호 : (③)	종교	① 무교 ② 불교 ③ 기독교 ④ 천주교 ⑤ 기타 선택 번호 : (①)

인생의 실수 (가족들에게 나누는 비밀)	•전과기록이 있다면 모두 나눠주세요. 고등학교 때부터 다닌 제지공장에 밤에 몰래 들어가 사장의 금고에서 금품을 훔치다 걸려 특수절도죄로 2년형 살았습니다. 출소해 나와 사장을 찾아가 따지다가 우발적으로 때려죽이고 암매장 했는데 아무도 모릅니다.
여성 사항	① 첫 월경 년도 : ② 마지막 월경 : ③ 주기 : ④ 성관계 유무 : ④-1 첫 성관계 나이 : ④-2 마지막 성관계 날짜 :

소낭촌장 동방헌엽 (인)

(위), (아래) 곽연희와 염병철의 소낭촌민 생활기록카드.

수광대신

사람의 얼굴 같으면서도 정체를 알 수 없는 존재로 공포감을 조성하며 소낭촌 돌가족 마을이 섬기는 수광대신.
우리나라의 기복신앙적인 샤머니즘을 바탕으로 한 가짜 신이다.

소낭촌 돌가족 마을에서 발견된 소용돌이 문양

소낭촌 돌가족 마을 석공 작업실에서 양 과장이 발견한
소용돌이 문양으로 데릭 조 모친 사망사건에서 확인할 수 있다.

파브르랩 Fbrelab

강권주와 동방민이 어린 시절 치료를 받았던 F아동요양병원의 소유주
가드니스리(Dr.Lee)와 관련이 있을 것으로 추정되는 청신경 연구소.

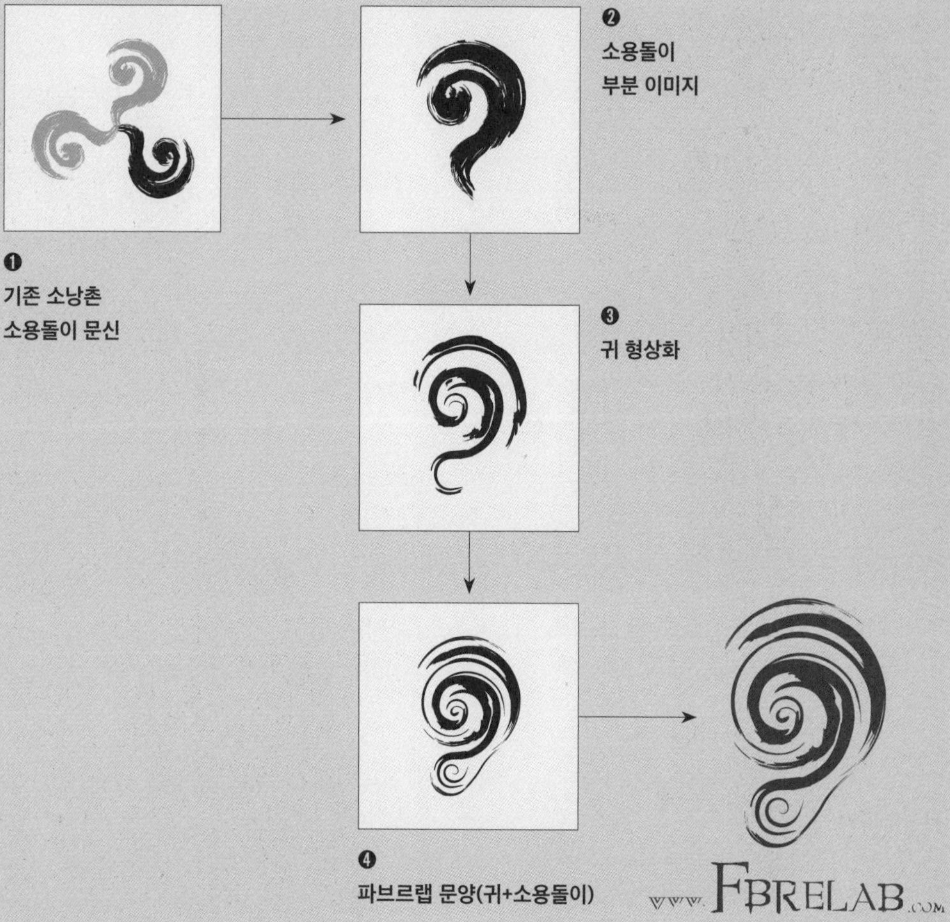

권주	뭐라고? 서커스삐에로 게임이.... 파브르 꺼 같다고?
한우주	(E/ 격하게) 네. 그렇다니까요! 애들 커뮤 중에 이런 스타일이 많아서...
	설마 했거든요. 근데 위장을 걷어보니까...
	예전에 파브르가 쓰던 브라우저인 거예요.
	(조심스레) 아무래도 F아동병원의 F랑 보청기의 FR... 관련 있는 게 아닐까요?
권주	(자신도 이미 같은 생각이지만 내색 않고) F아동(요양)병원 소유주는 아직이야?
	(듣다) 그거부터 (얼른) 찾아봐. (전화 끊고 의구심에 찬 표정으로 멈춰서는 위로)

.COM

● 동방민 캐릭터 전사(前史)*

5가지 인격을 가진 연쇄살인마

5가지 인격의 일가족 연쇄살인범 동방민이란 괴물을 탄생시키는 과정에서 사이비 대안 가족 공동체인 소낭촌과 동방헌엽이란 캐릭터 역시 만들어졌다. 동방민과 소낭촌을 통해 가족 공동체의 붕괴는 가족 구성원 뿐 아니라 우리사회가 책임감을 갖고 해법을 제시해야 할 문제임을 말하고자 했다.

인격들 사이엔 강자와 약자가 있어 가장 강한 인격에 의해 서열이 생긴다. 각각의 인격들은 동방민의 어린 시절, 정서적 충격을 계기로 탄생하였다.

* 캐릭터의 디테일과 생동감을 위해 라이프 히스토리를 구성하는 작업을 뜻하는 연극 용어. 스토리에 직접적으로 등장하지 않는 경우가 많다.

동방민 (36세)

SFX 특수분장 '뉴웨이브' 스튜디오를 운영했고 현재는 비모석공박물관(오픈 예정) 대표. 비모도 지역 유지이자 소낭촌 촌장인 동방헌엽의 손자로 청력은 평범한 편(뮤지션 사이에 흔하다는 절대음감 정도)이다.

History

· 1992년(7세), 부모의 사망을 계기로 인격이 서서히 분화한다.
· 1997년(12세), 납치범(완구 소매업자)의 죽음을 목격하며 인격분화가 심화된다.
· 2020년(35세), 9월 주광시에서 첫 번째 살인, 12월 양영시에서 두 번째 살인을 한다.
· 2021년(36세), 3월 상개동에서 세 번째 살인을 한다.

1992.06.08.

착한 동방민 (분화된 4인격 중 첫 번째 발현)

동방민이 자신의 부모를 살해한 조부로부터 살아남기 위한 방어기제로 분화한 인격.
착한 심성, 젠틀한 매너, 선한 눈을 가진 동물애호가다.
자신의 살인 행각을 전혀 모르고 있으며 다른 인격이 나오는 순간 의식을 잃는다.
본의 아니게 살인자 인격들의 방패노릇을 한다.

1993.04.07.

마스터 (분화된 4인격 중 두 번째 발현)

살인 계획 및 범죄 설계담당.
소낭촌에 들어와 동방민(8세)을 가르쳤던 명문대 선생님이 인격의 모티프다.
조부에게 학대받고 있는 어린 동방민을 비모도에서 데리고 나가려 했지만
발각돼 잔혹하게 살해당했다. 서커스맨과 달리 분화된 이후에도 조용히 숨어있던 인격.

1997.06.18.

서커스맨 (분화된 4인격 중 세 번째 발현)

폭력적이고 증오 가득한 살인 담당.
소낭촌 신당에 알전구 및 장식품을 납품했던 완구 소매업체 사장 인격이 모티프다.
조부 동방헌엽이 판매대금을 미루자 동방민(12세)을 유괴해 협박하였으나
동방민이 학대당하는 것을 알고 도와주려다 동방헌엽의 수하들에게 살해당했다.
이 사건을 계기로 동방민의 다인성 망상장애(다중인격)가 심화됐다.

1997년 이후 (추정)

센터장 (분화된 4인격 중 네 번째 발현)

특수 보청기로 초청력을 연출, 피해자를 유인하는 인격.
1997년 납치사건 트라우마를 F아동요양병원에서 치료 중이던 동방민(12세)은 소낭촌 내 동등한 입장의 또래 친구가 없었기에 진짜 강권주(당시 14세, 시력을 잃은 상태)를 만나고 많은 위로를 받으며 권주의 비밀인 초청력에 대해서도 알게 된다.
고통스러운 치료 도중 어린 강권주와 함께 F아동요양병원에서 도망쳤으나 다시 소낭촌으로 돌아가게 되고 이후 권주를 비밀 친구(상상친구)화 하며 강권주의 샴쌍둥이라고 생각하는 센터장 인격으로 분화된다.

소년 동방민 (본 인격)

동방민의 숨겨진 진짜 인격.
사이코패스로 감정에 휘둘리지 않는다. 어려서부터 또래보다 우수한 지능으로 수광대신의 피를 이어받은 신성한 아이란 그릇된 생각을 주입받으며 아동 학대를 당해 본 인격을 포함해 총 다섯 개의 인격으로 분화하게 되었다. 몸놀림이 날렵하고 미국 유학시절부터 실탄 사격과 단검격투술(나이프 파이팅)을 꾸준히 단련하는 등 수준급 격투 능력도 갖췄다. 또한 생존을 위해서라면 자신의 팔다리 등의 신체나 인격들을 버리듯 포기할 수 있다. 인격들을 제거하거나 창조할 수 있는 능력으로 다른 인격들을 마음대로 휘두른다.

조회결과 The Result

성 명	강권주	한 자	[illegible]
주민등록번호	840320-2901231	휴 대 폰	010-029-6829

본 적
성운시 보배구 보배동 16-23

현 재 거 주 지
비모 비모시 영림구 영림3로 284 비모수련원 501호

가족사항	이 름	생년월일	직 업	특 이 사 항
부	강국환	580109	경찰	사망
모	나혜숙	630221	주부	사망

신장	체중	혈액형	색 맹	시 력	병역
173	55	A	-	1.0 0.8	-

학 력 사 항

기 간	학 교 명	전 공	비 고
91-97	성운초등학교	-	-
97-00	희성중학교	-	-
00-03	운성고등학교	-	-
03-07	경찰대학교	-	-
15-17	스탠포드대학원	범죄학 석사	-

경 력 사 항

직 장 명	소 재 지	기 간	비 고
남구경찰서	남구시	07-08	경제팀
남구지방경찰청	남구시	08-14	지능범죄수사과
성운지방경찰청	성운시	14-14	112신고센터 팀원
성운지방경찰청	성운시	17-18	112신고센터장
풍산지방경찰청	풍산시	18-21	112신고센터장

특 이 사 항

-現) 비모지방경찰청 112신고센터장, 계급 : 경감.
-성운지청 골든타임팀 당시 '성운시 부림동 아동학대 사건', '낙원복지원 원생 장기밀매 사건' 등 해결.
-2017년 사이코패스 살인범 '성운통운' 사장 모태구 검거.
-2018년 닥터 파브르, 2019년 옥션 파브르 사건 해결.

경 찰 청 장
Commissioner General, Korean National Police Agency

조회결과 The Result

성 명	데릭 조 (한국명:조승호)	영 문 명	Derek Cho
주민등록번호	830624-1729945 (입양 전)	나 이	39세
사회보장번호 (Social Securtiy Number)	412-54-3845	휴 대 폰	1-213-474-2647

현 재 거 주 지
918 S Oxford Ave, Los Angeles, CA 90006 U.S

가족사항	이 름	생년월일	직 업	특 이 사 항
양부	Mac Scott (맥 스콧)	570804	LA경찰서 치안감	
양모	Corey Scott (코리 스콧)	601025	주부	
남매	Lisa Cho (리사 조)	860715	시에라 비스타 특수학교 교사	

학 력 사 항

기 간	학 교 명	전 공	비 고
05-08	University of California, Los Angeles	생활학	
09-10	University of California, Los Angeles (Geffen)	응급의학	의전원 중퇴

경 력 사 항

직 장 명	소 재 지	기 간	비 고
미국 폴리스 아카데미	LA	11-11	
LAPD 범죄현장감식반(CSU)	LA	12-14	
LAPD 올림픽 경찰서	LA	15-21	강전담팀, 계급 : 경감(Captain)

특 이 사 항

- 11세까지 한국에서 거주.
- 12세에 비모도에서 동생 리사 조(조승아)와 함께 현 LA경찰서 치안감 맥 스콧에게 입양.

주 한 미 국 대 사 관
U.S. Embassy Seoul

조회결과 The Result

성 명	도강우	한 자	[illegible]
주민등록번호	820717-1830417	휴 대 폰	010-149-6320

본 적
풍산시 해변포구 해봉2로 98

현 재 거 주 지
풍산시 흥희구 흥희서로 304-35 투데이 오피스텔

가족사항	이 름	생년월일	직 업	특 이 사 항
부	도한석	460812	자영업	
모	계희연	430926	자영업	사망

신장	체중	혈액형	색 맹	시 력	병역
185	74	B	-	1.1 1.0	필

학 력 사 항

기 간	학 교 명	전 공	비 고
91-95	풍산초등학교	-	3학년 전학
95-98	해산중학교	-	-
98-01	해포고등학교	-	-
01-07	경찰대학교	-	수석 졸업

경 력 사 항

직 장 명	소 재 지	기 간	비 고
흥희경찰서	풍산시	07-08	지능수사팀
풍산지방경찰청	풍산시	09-15	강력팀 팀장
풍산지방경찰청	풍산시	18-19	골든타임 출동팀장

특 이 사 항

-풍산지청 골든타임팀 출동팀장
-1991년까지 일본에서 거주경험 있음.
-한국경찰대학 수석 졸업.
-풍산지청 강력팀 팀장이었으나 파트너인 나형준 형사 살인 사건 용의자로 지목,
휴직 중이었으나 강권주 센터장의 스카웃으로 골든타임팀 복귀.
-'외과의사 만삭아내 살인사건', '서림강 여고생 살인사건' 등 강력범죄 해결에 뛰어난 능력을 보임.

경 찰 청 장
Commissioner General, Korean National Police Agency

조회결과 The Result

성 명	무진혁	한 자	[illegible]
주민등록번호	801125-1838293	휴 대 폰	010-173-9021

본 적
성운시 재성구 연매동 538-1

현 재 거 주 지
성운시 영동구 금형동 806-14 205호

가족사항	이 름	생년월일	직 업	특 이 사 항
배우자	허지혜	800709	복지사	사망
자녀	무동우	071201		

신장	체중	혈액형	색 맹	시 력	병역
177	72	O	-	0.8 0.7	필

학 력 사 항

기 간	학 교 명	전 공	비 고
87-93	재성초등학교	-	-
93-96	재성남자중학교	-	-
96-99	성운고등학교	-	-
99-05	성운대학교	체육학과	-

경 력 사 항

직 장 명	소 재 지	기 간	비 고
자영파출소	성운시	05-06	-
기성경찰서	성운시	06-07	강력팀
성운지방경찰청	성운시	07-15	강력 1팀, 1계급 강등조치
서구지구대	성운시	15-17	경사, 1계급 강등조치
성운지방경찰청	성운시	17-17	골든타임팀 출동팀장

특 이 사 항

-前) 성운지방경찰청 강력 1팀 팀장 경감
성운지방경찰청 골든타임팀 팀장
-성운청 검거율 1위
-2014년, 2015년 두 차례에 걸친 2계급 강등, 경사 계급으로 성운시 서구지구대 근무 이력 있음.
-2017년 골든타임팀 출동팀장 임명
-아들 무동우가 불치병인 만성면역성혈소판 감소증 투병 중.
-연쇄 살인범 모태구 체포 후, 아들 치료를 위해 휴직 후 미국으로 감.

경 찰 청 장
Commissioner General, Korean National Police Agency

조회결과 The Result

성 명	동방민	한 자	東方敏
주민등록번호	860909-1039382	휴 대 폰	010-984-3882

본 적
비오 비오시 효진구 효진동 41-71
현 재 거 주 지
비오 비오시 효진구 효진로 20

가족사항	이 름	생년월일	직 업	특이사항
조부	동방현엽	350721	사단법인 소낭촌 돌가족 마을 대표	소낭촌 촌장
부	동방남준	590105	석공업	사망
모	주정혜	630723	주부	사망

신장	체중	혈액형	색 맹	시 력		병역
176	60	A	-	0.8	0.9	필

학 력 사 항

기 간	학 교 명	전 공	비 고
93-99	검정고시	-	-
99-02	제일남자중학교	-	-
02-05	검정고시	-	-
05-12	미국 예일대학교	회화 및 판화	-

경 력 사 항

직 장 명	소 재 지	기 간	비 고
호라나이트 유니버설	미국	13-14	-
뉴웨이브	미국	15-20	SFX 특수 분장 스튜디오 대표
석공 박물관 대표 이사	비오시	21-21	대표이사

특 이 사 항

- 민에어 MD 036편 탑승 승객

경 찰 청 장

Commissioner General, Korean National Police Agency

조회결과 The Result

성 명	카네키 마사유키 / 金木正幸	영 문 명	Kinoki Masayuki
	외국인등록번호 : 770104-5964382		
마이 넘버	1864-2137-1190	휴 대 폰	010-9876-0987

본 적
-
한 국 거 주 지
풍산시 흥의서로 490-1 스카이 빌 1004호

가족사항	이 름	마이 넘버	직 업	특이사항
배우자	카네키 유키코	1222-429-0768	화가	사망

신장	체중	혈액형	색 맹	시 력		병역
181	70	B	-	1.1	1.0	-

학 력 사 항

기 간	학 교 명	전 공	비 고
83 -89	오사카光臨초등학교	-	-
89-92	오사카世界중학교	-	-
92-95	오사카世界고등학교	-	-
95-99	동경대학교	철학과	동 대학원 PhD (Philosophie Doctor)

경 력 사 항

직 장 명	소 재 지	기 간	비 고
키요미즈대학교	일본 오사카	11-17	미학과 교수
풍산대학교	한국 풍산시	18-18	미학과 교환 교수

특 이 사 항

– 오사카 카네키 가문 (료칸 체인사업)의 장자

경 찰 청 장

Commissioner General, Korean National Police Agency

조회결과 The Result

성 명	방재수	한 자	邦濟樹
주민등록번호	850801-1368920	휴 대 폰	010-397-1044

본 적
풍산시 세영동 781-3
현 재 거 주 지
풍산시 여로구 여로동 여로아파트 2동 101호

가족사항	이 름	생년월일	직 업	특이사항
모	진미연	671029	-	사망

신장	체중	혈액형	색 맹	시 력		병역
176	73	A	-	1.0	1.1	필

학 력 사 항

기 간	학 교 명	전 공	비 고
92-98	풍산초등학교	-	-
98-01	풍산중학교	-	-
01-04	풍산남자고등학교	-	-
04-11	풍산대학교	컴퓨터공학과	-

경 력 사 항

직 장 명	소 재 지	기 간	비 고
해양경찰	풍산시	15-18	만달곶 근무

특 이 사 항

-前) 해양 경찰 (만달곶 근무)

•**교고생활기록부 (NEIS) 열람 결과**

3학년 종합 의견 : 학업에 충실하고, 먼저 나서서 문제아 학생들을 돕고 배려하는 등 좋은 모습을 보임.

•**특이사항**

2003년 <세영동 아동학대 사건> 피해자로, 모친과 격리된 후 쉼터로 보내짐.

적응을 잘 하지 못해 여러 쉼터를 돌아다님.

중, 고등학교 시절 수학올림피아드 대상 수상, IQ 172로 멘사 회원

2008년 UDT 특전사 출신, 2011년 풍산 대학교 졸

소말리아 여명 작전 참여로 금장훈장 수임.

2015년 해경 순경으로 전임, 현 풍산 만달곶 출장소 경사

연쇄살인마로 밝혀지고 2018년 6월 풍산청 골든타임팀에 의해 체포

경 찰 청 장

Commissioner General, Korean National Police Agency

조회결과 The Result

성 명	모태구	한 자	牟太龜
주민등록번호	811107-1309542	휴 대 폰	010-672-0846

본 적
성운시 중구 한명동 284번지
현 재 거 주 지
성운시 성운구 성운동 펜탐센트럴 2706호

가족사항	이 름	생년월일	직 업	특이사항
부	모기범	391002	성운통운회장	
모	한영란	510415	주부	사망

신장	체중	혈액형	색 맹	시 력		병역
183	65	A	-	1.2	1.2	필

학 력 사 항

기 간	학 교 명	전 공	비 고
88-94	한명초등학교	-	-
94-97	성운중학교	-	-
97-00	배림고등학교	-	-
00-06	Harvard University	경제학과	-

경 력 사 항

직 장 명	소 재 지	기 간	비 고
성운통운	성운시	07-17	사장

특 이 사 항

-성운통운 사장

경 찰 청 장

Commissioner General, Korean National Police Agency

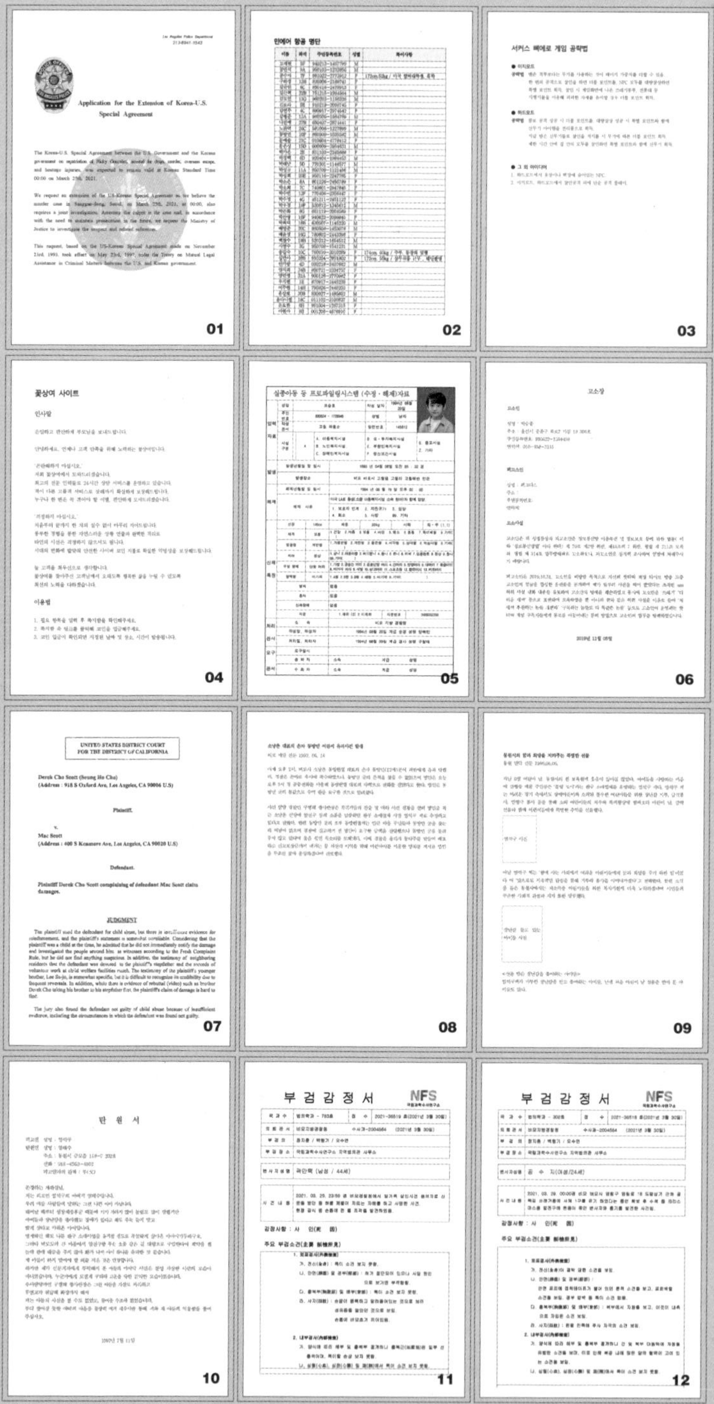
Application for the Extension of Korea-U.S. Special Agreement
01
민예아 항공 명단
02
서커스 페에로 게임 공략법
03
꽃상여 사이트
04
05
고소장
06
UNITED STATES DISTRICT COURT FOR THE DISTRICT OF CALIFORNIA
JUDGMENT
07
08
09
탄 원 서
10
부 검 감 정 서
NFS
11
부 검 감 정 서
NFS
12

의사소견서

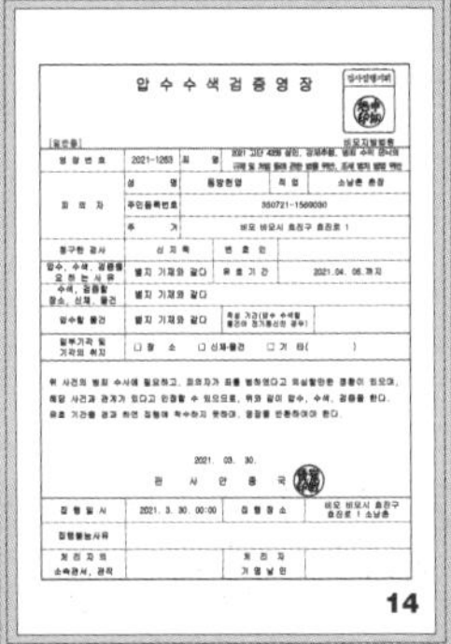

압수수색검증영장

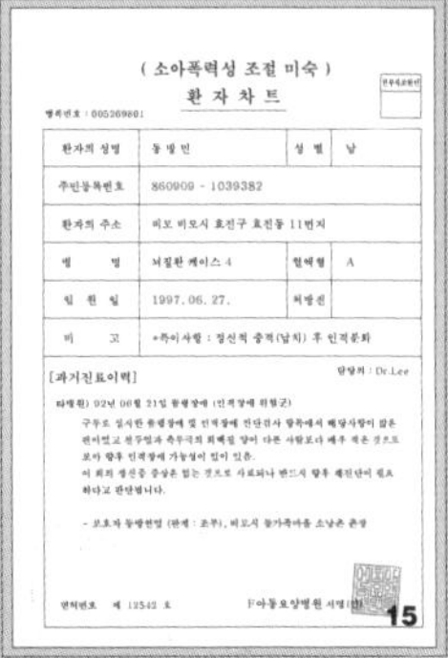

(소아폭력성 조절 미숙)

환 자 차 트

환자의 성명	동 방 민	성 별	남
주민등록번호	860909 - 1039382		
환자의 주소	비오 비오시 효진구 효진동 11번지		
병 명	뇌질환 케이스 4	혈액형	A
입 원 일	1997. 06. 27.	처방전	
비 고	*주의사항 : 정신적 충격(납치) 후 인격분화		

[과거진료이력] 담당의 : Dr.Lee

면허번호 제 12542 호 F아동요양병원 서명(인)

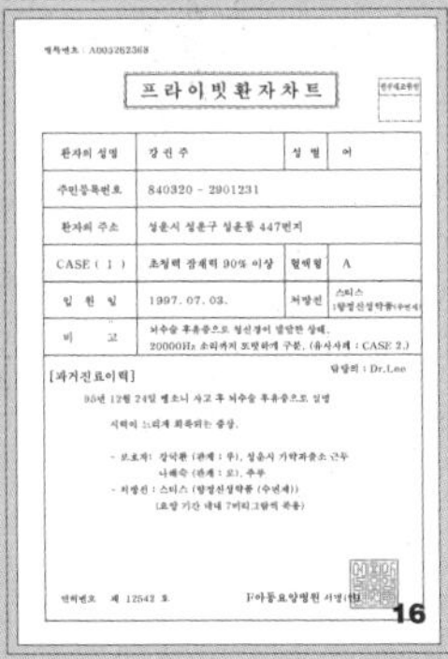

프라이빗환자차트

환자의 성명	강 권 주	성 별	여
주민등록번호	840320 - 2901231		
환자의 주소	성운시 성운구 성운동 447번지		
CASE (1)	초청력 잠재력 90% 이상	혈액형	A
입 원 일	1997. 07. 03.	처방전	스티스
비 고	뇌수술 후유증으로 청신경이 발달한 상태. 20000Hz 소리까지 또렷하게 구분. (유사사례 : CASE 2.)		

[과거진료이력] 담당의 : Dr.Lee

면허번호 제 12542 호 F아동요양병원 서명(인)

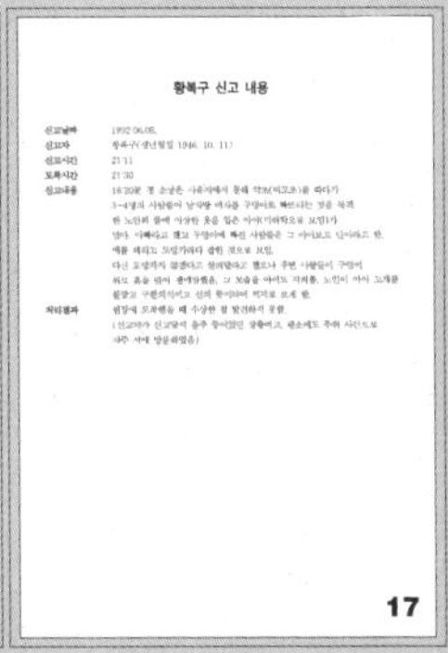

황복구 신고 내용

신고날짜 1992.06.05.

신고시간 21:11

도착시간 21:30

01	2부 48신에 등장하는 데릭 공조 연장 공문
02	2부 24신에 등장하는 민에어 탑승 명단
03	4부 38신에 등장하는 서커스 삐에로 게임 공략법
04	7부 18신에 등장하는 꽃상여 사이트
05	7부 52신에 등장하는 데릭 프로파일링 시스템
06	9부 14신에 등장하는 피그디스 고소장 및 합의서
07	9부 64신에 등장하는 아동 학대 재판기록 판결문
08	10부 47-48신에 등장하는 엄석구 관련 기사 1
09	10부 47-48신에 등장하는 엄석구 관련 기사 2
10	10부 48신에 등장하는 엄석구 부친 탄원서
11	12부 곽만택 부검감정서
12	12부 공수지 부검감정서
13	13부 39신에 등장하는 동방민 의사 소견서
14	13부에 등장하는 동방현업 압수 수색 영장
15	14부에 등장하는 F아동요양병원 환자진료차트: 동방민
16	14부에 등장하는 F아동요양병원 환자진료차트: 강권주
17	14부 34신에 등장하는 황복구 신고, 실종 내용

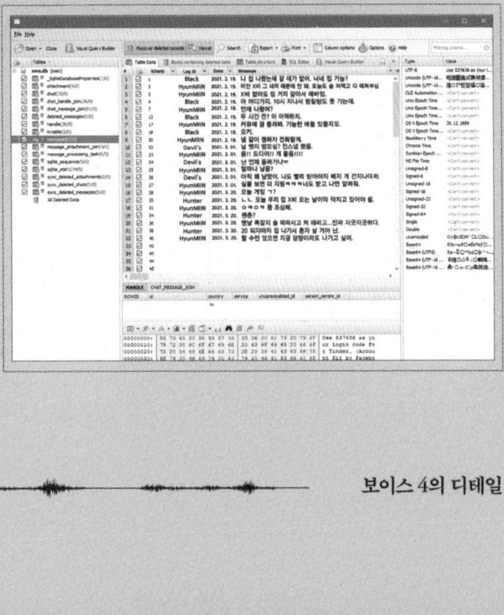

4부 36신에 등장하는
이현민 텔레노트 복구 내용

● 6화 유채꽃 밭 그 사나이

#25. 진술 녹화실

비모도에서 석공공예품을 다루는 장수철의 차에서 염산병이 발견되고 서커스맨 용의자로 체포되어 진술 녹화실에서 조사를 받는 장면.

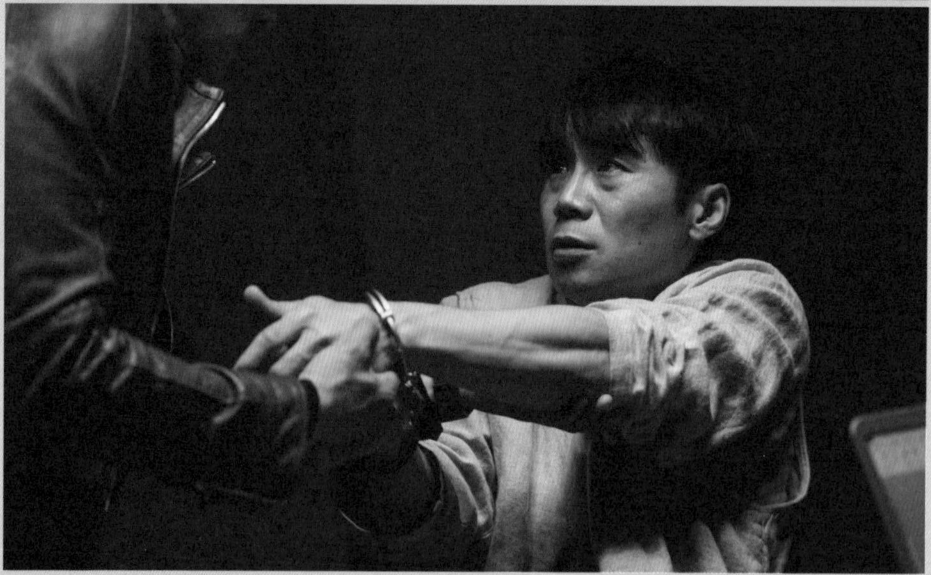

Q **LPG가스통 폭발(1부 장면) 때 사용한 염산이 손등 혹은 손가락에 튀게 되면 화상 자극이 어떤 형태로 남게 되는지 궁금합니다. 그 흉터가 석공 일을 하는 사람 손에 있는 흉터와 비슷해 보일 수 있나요?**

A* 염산을 붓다가 염산 방울이 튄 거면 화상자국처럼 피부가 오그라붙는 듯한 형상이 남을 수 있습니다. 석공 하시는 분들의 경우 돌 조각을 깨부수는 작업들이 많다고 알고 있습니다. 이러한 작업으로 인해 손에는 도구 사용의 부주의로 발생하는 찢어진 상처가 많을 것으로 판단됩니다만 간혹, 돌을 닦을 때 염산을 물에 희석해 사용하는 경우가 있습니다. 그 과정에서 용액이 튀게 되면 촛농처럼 동그랗게 오그라드는 모양으로 흉터가 생기기도 합니다.

---

* **최미정 교수** 시즌 1·2·3·4 자문
충남대학교 과학수사과 교수/
한국과학수사학회 편집위원

장수철 (팔 걷으며 자잘한 화상 흉터 보여주며) 나 돌 만지는 사람이라고! 돌 씻을 때 염산이 튀어서 그런 거야.

6화 유채꽃 밭 그 사나이

#80. 사가 지구대에서 떨어진 비포장도로

데릭 조가 오일 자국과 연관해 강만호의 차량을 기억해내는 장면.

Q **비포장도로의 작은 돌들이 오래된 차 바닥에 튀면서 엔진오일이 샐 수 있는지 알고 싶습니다. 또한, 그 오일이 콘크리트 바닥에 새면 김이 날 수 있는지, 오일 말고도 차량의 방향을 유추할 수 있는 방법이 있는지 등이 궁금합니다.**

A* 오래된 차량의 경우, 차량 아래 선이 노후되어 오일이 새어 나오는 경우가 있을 수 있습니다. 주행 중 샌 오일에서 김이 나려면 흐른 즉시는 가능하지만 시간이 지나면 김이 나는 건 어렵습니다. 차량의 진행방향을 추정하는 것으로는 바퀴자국(스키드 마크)이 있습니다. 스키드 마크는 노면과의 마찰로 인한 자국인데요. 바퀴가 노후되어 제동이 잘 안되면서 바퀴가 헛돌고 타이어 고무와 노면의 마찰이 흔적으로 남습니다. 곡선이나 경사로 등에 힘겹게 올라갈 때 많이 생기고 속도가 급속하게 줄어들 때 발생합니다.

---

* **최미정 교수**

데릭 (허) 이 오일 자국.. 강만호 렌트카일 겁니다.
비포장도로를 오래 달리다 보면 엔진오일이 새는 경우가 많아요.
아까 본 강만호의 렌트카도 많이 낡았더군요.

● 7화 유채꽃 밭 그 사나이

#27. 동 염전 밖 일각 + 출동차 안

강석춘 납치사건 추격을 시작한다.

Q **염전에서 사용하는 차량이 진흙에 머물다 간 흔적으로 소금 결정, 함초 외에 어떤 부분이 있을지 궁금합니다. 또 누군가 급하게 도주할 때 눕혀진 풀 외에 어떤 흔적이 남을 수 있는지 알고 싶습니다.**

A* 소금기가 많은 곳에 오래 노출된 차량의 경우, 다른 차량에 비해 금속재질의 부식이 쉽습니다. 전체적으로 소금 결정이 차량의 바닥과 타이어 등에 부착되고 염전에 서식하는 식물들이 남을 수 있다고 생각되어집니다. 풀(잎이 크거나 갈대처럼 눌려서 방향성이 보이는)이 쓰러진 방향을 보고 누군가 끌려간 방향을 알 수 있고 주위에 옷의 조각이나 혈흔, 물건 등이 있다면 더 자세한 추정이 가능합니다.

*** 최미정 교수**

데릭	(살피다 골목 일각 트럭 발견하고 차 밖으로 달려가 바퀴 살펴본다) !! (진흙이 묻은 바퀴와 흰 소금 결정, 함초 발견하자 뒤따라온 출동팀에) 산에 있던 그 차 맞아요!

● 10화 서커스맨의 탄생
#7. 다시 비상구안 비상계단

동방민에게 피습당하는 강권주를 센터장 인격이 도와주는 장면.

Q **다중인격 환자 중, 인격끼리 번갈아 등장하며 서로의 기억을 공유하고 대화하는 것이 가능한가요?**

A* 정신과 의사 자문으로서 이론적으로는 작품이 표방하는 다중인격성에 무리가 없다고 생각합니다. 다중인격이 '절대로 저럴 수 없어'라고 정의 내리기 어렵기 때문에 인격체끼리 동일 상황에서 번갈아 등장하며 서로 갈등을 일으키는 양상은 자연스러워 보입니다. 다중인격의 근본적 특성이 내적 갈등이기 때문입니다. 어떤 식으로 여러 인격체가 충돌하는가에 대한 정해진 답은 없지만, 내적 갈등을 촉발하는 상황에서 충분히 충돌 가능성이 있습니다. 보조인격끼리 의사소통하는 것은 다중인격성에 대한 치료기법으로도 사용되고 있는데요. 여러 인격체를 소환하여 치료자를 사이에 두고 소통하게 하는 것이 치료법이 될 수 있다고 합니다. 따라서, 여러 인격체들끼리 소통하는 것도 충분히 있을 수 있는 일입니다.

---

* **이명수 원장** 시즌 3·4 자문
연세라이프정신건강의학과의원 원장/
대한신경정신의학회 홍보기획이사

동방민 (맥가이버칼(특수분장용) 꺼내며 굵은 남성 목소리로) 이제... 우릴 방해한 대가를 치러야지.
어떻게 찢어줄까? 큭큭... (순간 습습... 센터장 인격 비집고 나오며 날카로운 여자 목소리로) 안 돼! 쟨 내 삼쌍둥이란 말이야!!
(하다 습습... 다시 굵은 남성 목소리로 거칠게) 이년이 당장 안 들어가!
(하며 칼 잡은 손 흔들리는데)

● 11화 서커스맨의 탄생

#28. 진술 녹화실의 인터컷 곽만택 집 안

병색이 짙은 곽만택이 사죄하는 장면.

● 13화 심판의 시간

#54. 다시 병실 안

소낭촌 어머니 대표 곽연희가 소낭촌의 실체를 자백하는 장면.

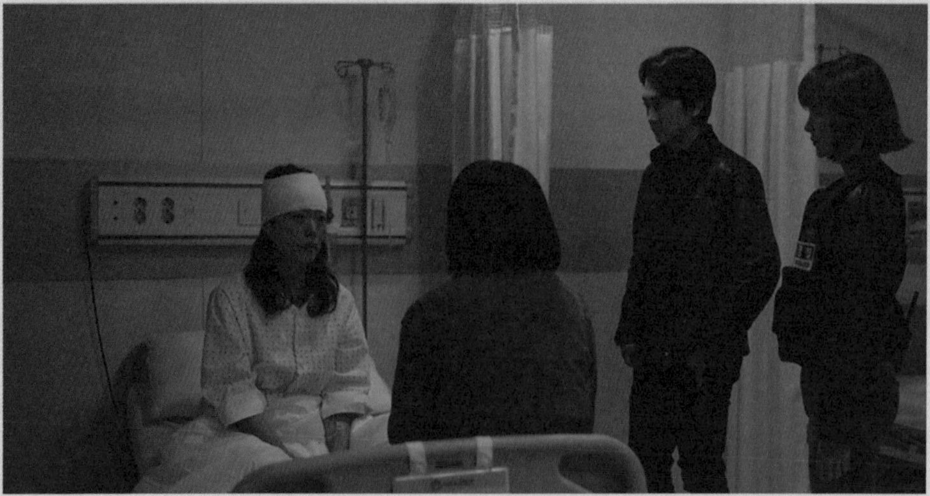

Q

사이비 종교 범죄 특성(대상자 등)에 대해 알고 싶습니다.

A*

사회적, 심리적 상황이 어렵다고 모두 사이비 종교에 세뇌되지는 않습니다. 다만 그런 기질이 있는 사람들이 오히려 더 깊게 빠질 위험성이 있습니다. 즉, 현실에서 아무런 희망이 없다고 생각하는 상황 속 지푸라기라도 잡는 심정이 되어 있는 상태에 처한 사람 중 기질이나 성격적으로도 암시에 취약(민감)한 사람들이 사이비 종교의 타겟이 될 수 있습니다.

세뇌자가 원하는 것과 세뇌 당하는 사람이 원하는 것이 일치할수록 맹목적 믿음의 크기와 강도는 더 강해질 수 있습니다. 일상생활에서 100명이 그렇다고 한다면 나 혼자 그렇지 않다고 굳게 믿는 것이 어려운 것처럼요.

---

* 이명수 원장

곽만택 (처절하게 사죄하며) 전...전...촌장 어르신이 시킨 대로 한 것뿐이에요!
불치병을 얻고 소낭촌에서 매일 기도드렸어요. 그러니 제발... 절...
용서해주십쇼...

곽연희 (힘겹게 호흡 고르며) 사람들 재산을 크게 불려주겠다며 빼앗고
신빨 떨어진 날 어머니 대표라며 사람들을 조종시켰어요.
비모초라는 환각약물을 수광대신이 선사한 보약인 것처럼
의심하는 사람들한테 먹여서 세뇌를 시켰구요...

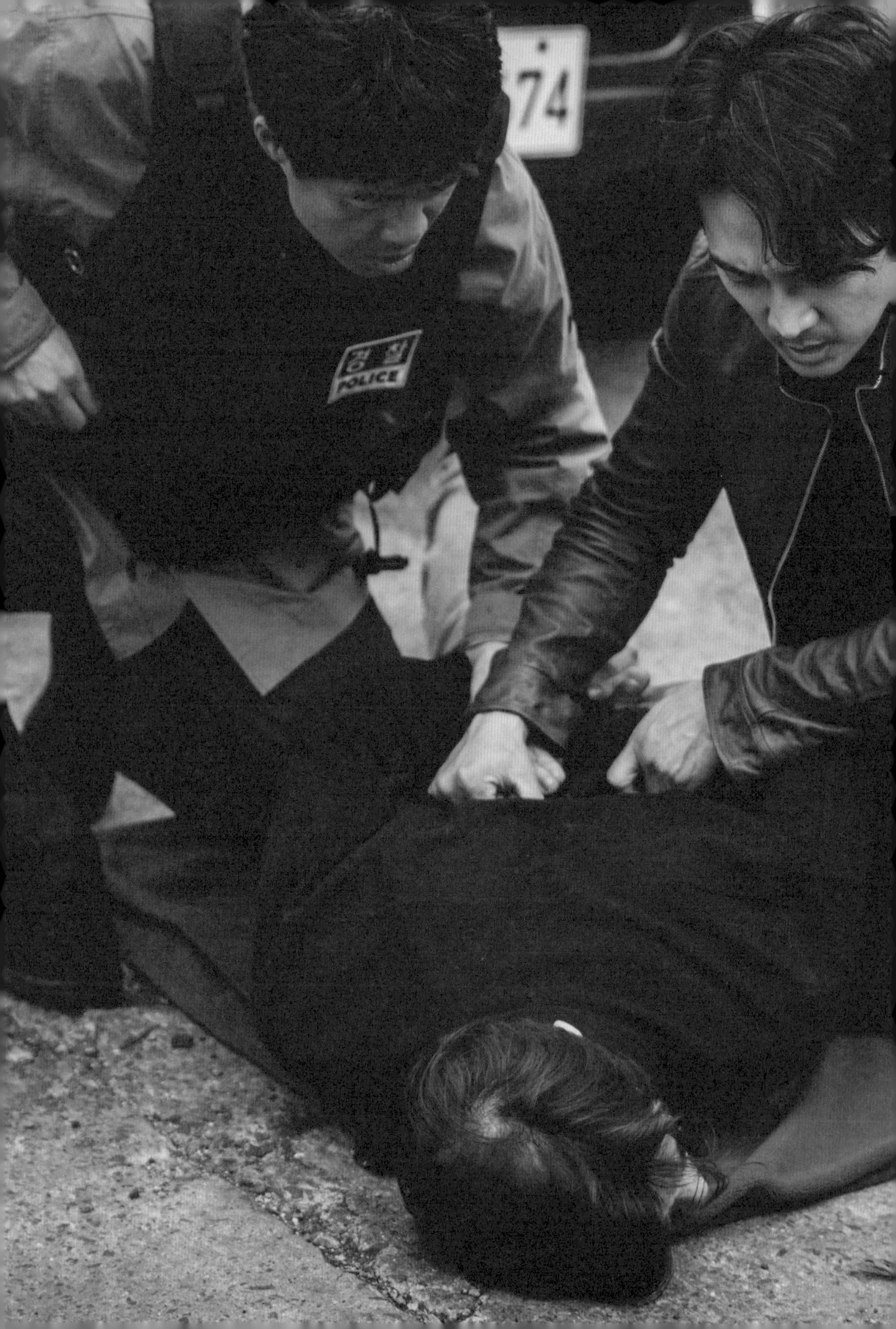
POLICE

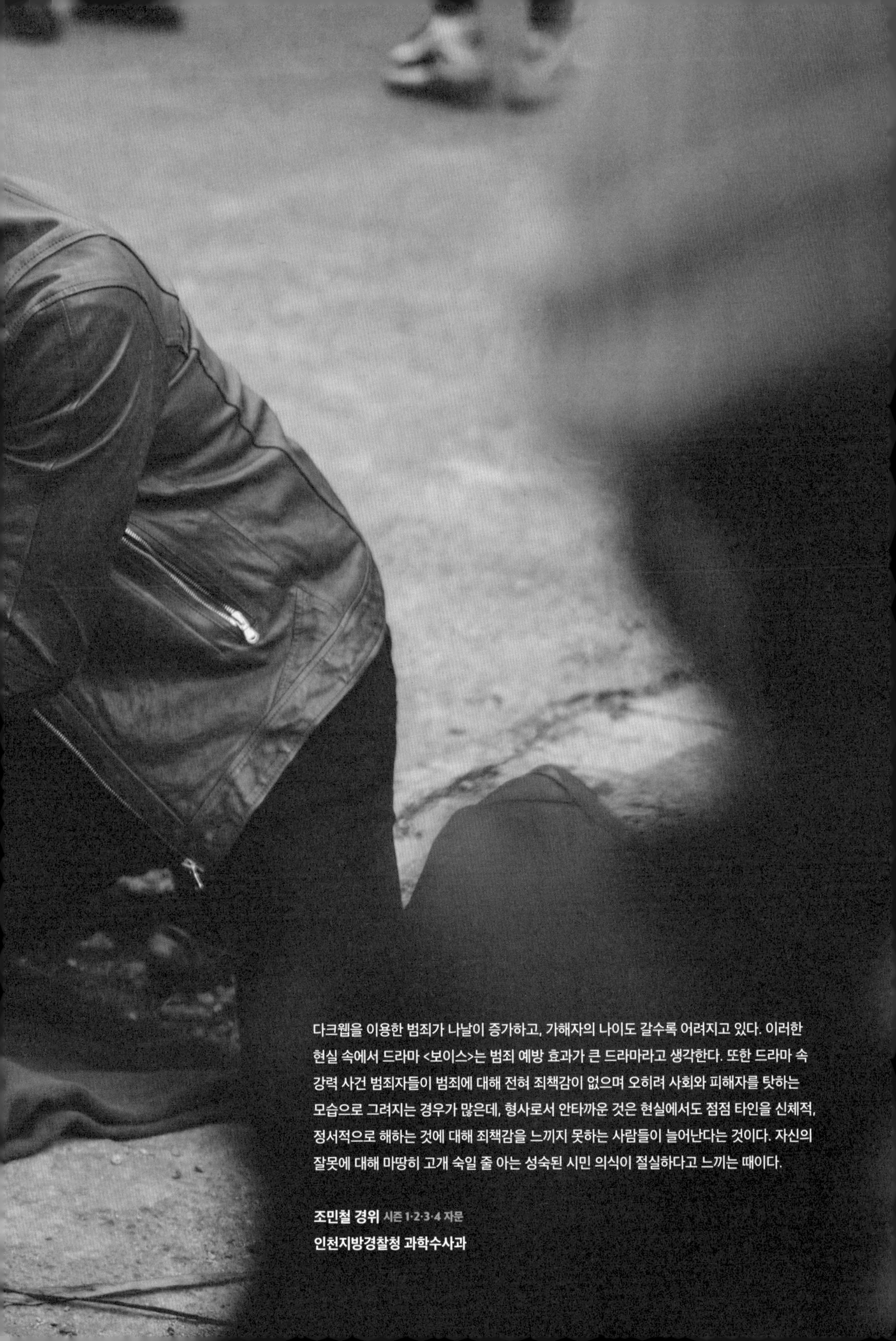

다크웹을 이용한 범죄가 나날이 증가하고, 가해자의 나이도 갈수록 어려지고 있다. 이러한 현실 속에서 드라마 <보이스>는 범죄 예방 효과가 큰 드라마라고 생각한다. 또한 드라마 속 강력 사건 범죄자들이 범죄에 대해 전혀 죄책감이 없으며 오히려 사회와 피해자를 탓하는 모습으로 그려지는 경우가 많은데, 형사로서 안타까운 것은 현실에서도 점점 타인을 신체적, 정서적으로 해하는 것에 대해 죄책감을 느끼지 못하는 사람들이 늘어난다는 것이다. 자신의 잘못에 대해 마땅히 고개 숙일 줄 아는 성숙된 시민 의식이 절실하다고 느끼는 때이다.

조민철 경위 시즌 1·2·3·4 자문
인천지방경찰청 과학수사과

아동 학대, 가정 폭력 관련 법제도가 거의 완비돼 있다 하더라도, 이러한 범죄 예방을 위해선 폭력에 대한 사회 전반의 인식과 감수성이 관건이라고 생각한다. 법은 스스로 작동하지 않기 때문이다. 본인이든 주변에서든 아동 학대, 가정 폭력을 인지하는 것이 문제 해결의 시작점이다. <보이스> 시즌 4에 등장하는 충격적인 에피소드가 폭력의 실상을 각성할 수 있는 계기가 됐으면 한다.

법무법인 봄 양규응 변호사 시즌 4 자문

연출의
디테일

● 비모지방경찰청 112 신고센터

112 신고센터로 걸려오는 전화를 응대하고, 신고자, 피해자 범인 등에 대한 모든 단서를 실시간으로 찾는 공간.

시안

디테일 추가 1

컨셉 완성

3D 구현도

6화 112 신고센터

주범태의 집

양영시 소혜읍 월덕리 (월덕 마을) 일가족 살인 사건 현장.

사건 발생 시각: 2020년 12월 25일 00:00경

시안 디테일 추가 1

디테일 추가 2 디테일 추가 3

디테일 추가 4

1화 양영시 주범태의 집

● 수완아파트 205호

서울시 서암구 상개동 철거 예정 아파트 일가족 살인 사건 현장.
사건 발생 시각: 2021년 3월 25일 19:05경

1화 상개동 수완아파트 이현민의 집

● 소낭촌 굿터

소낭촌 돌가족 마을.

대안 가족 공동체 마을로 '수광대신'을 숭배한다.

시안 디테일 추가 1

디테일 추가 4

6화 소낭촌 굿터

● 동방민의 인격

패륜적인 가정환경에서 자신을 보호하고자 생긴 네 가지 인격 중
'서커스맨', '센터장', '마스터' 캐릭터.

시안 **디테일 추가 1 (동방민 컷 추가)**

전면 재수정 **컨셉 완성**

서커스맨 수정 및 소품 추가

1화 마을버스 차고지

● 숄더 안티일리자로프 장치*

왜소증 환자나 노인, 혹은 덩치가 작은 몬스터를 연기할 때 사용하는 수술도구를 변형한 변장도구로서 허리와 어깨뼈를 위아래, 좌우 자석으로 눌러 체격을 인위적으로 줄이는 코르셋 형식의 장치로 다중인격 연쇄살인마 동방민이 사용한다.

*<보이스> 시즌4의 동방민 캐릭터를 위해 마진원 작가가 구상하고 양재영 감독이 고안한 장치로,
실제 특수 분장에서 사용되는 장치는 아니다.

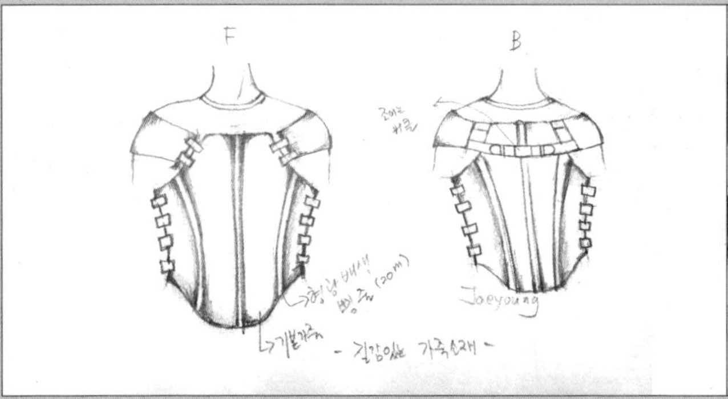

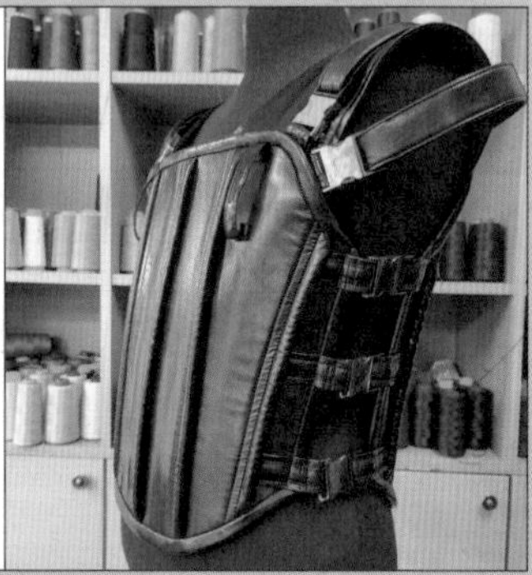

시안 **컨셉 완성**

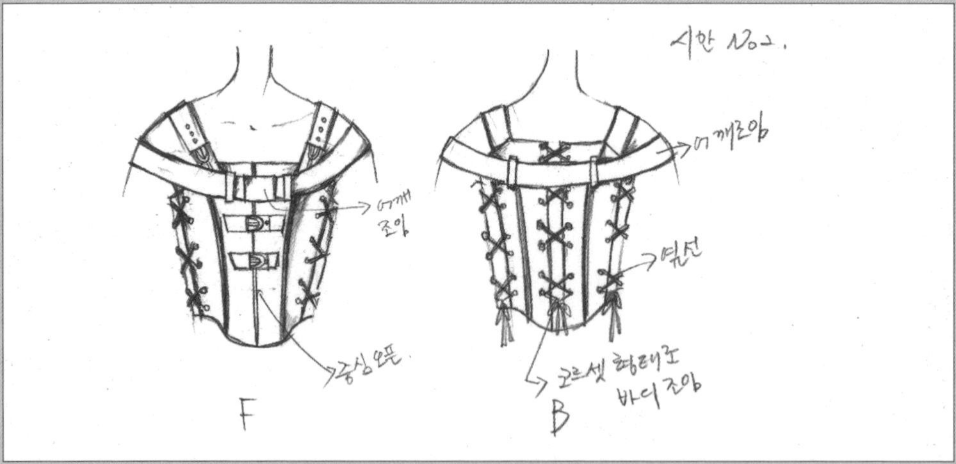

전면 재수정

1차 피팅 후 보안된 디자인으로 결정되었다. 앞, 옆 뒤트임과 코르셋처럼 끈 조작으로 바디를 축소시키는 형태의 디자인으로 완성되었다.

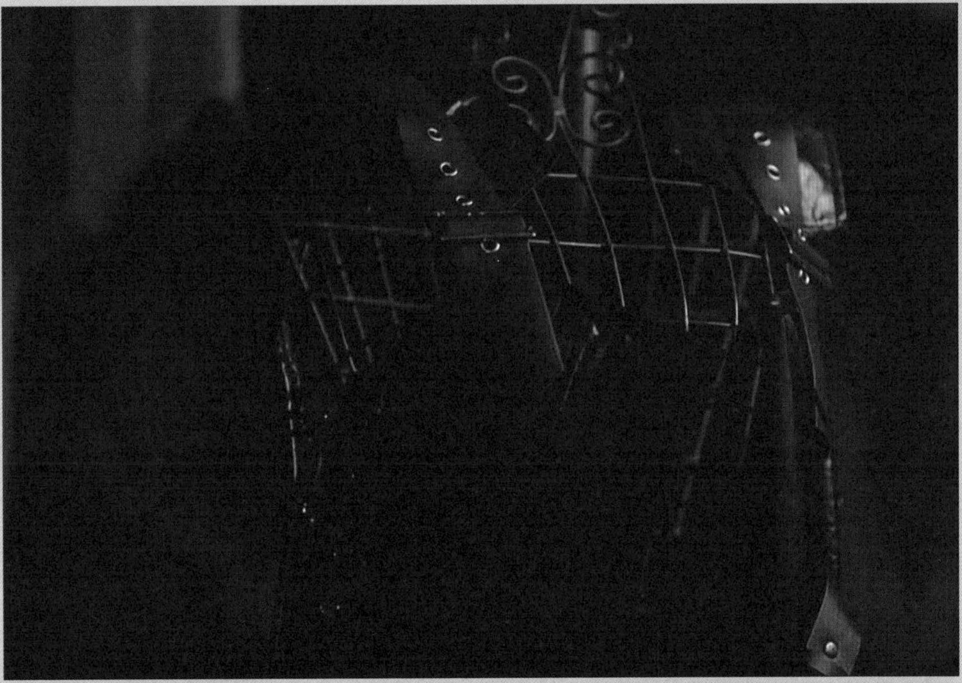

9화 동방민의 레드룸

● **서커스맨 눈밭 풍경**

대한민국 양영시

시안 **디테일 추가 1**

컨셉 완성

1화 양영시 양영산 주범태의 집 앞

● 동물망상증 환자 구업진

어릴 적 양부의 학대로 인해 동물망상증이 발병한 캐릭터.

시안 수염 Short 수염 Long

컨셉 완성

2,3화 모심숲 속 구업진

CG(Computer Graphics) 연출 과정

컴퓨터에 의한 영상처리 기법으로 3차원 물체를 표현하거나 사람의 눈으로 확인할 수 없는 미지의 형상, 상상 세계를 표현할 수 있다.

5화 해녀할망의 숨비소리 #28-30

4화 해녀할망의 숨비소리 #45

제2화에서 범죄가 펼쳐진 배경은 도심이 아니라 비모도 모심숲이다. 깊은 숲속은 인간 내면의 은밀하고 깊숙한 곳을 상징하는 것이라고 볼 수 있다. 혼자서 숲속으로 들어가는 것이 매우 위험한 것처럼, 상처 입은 내면 깊숙이 들어가는 게 얼마나 아픈 것인지 시각적 연상을 활용해 보여준다.

천상욱 기자

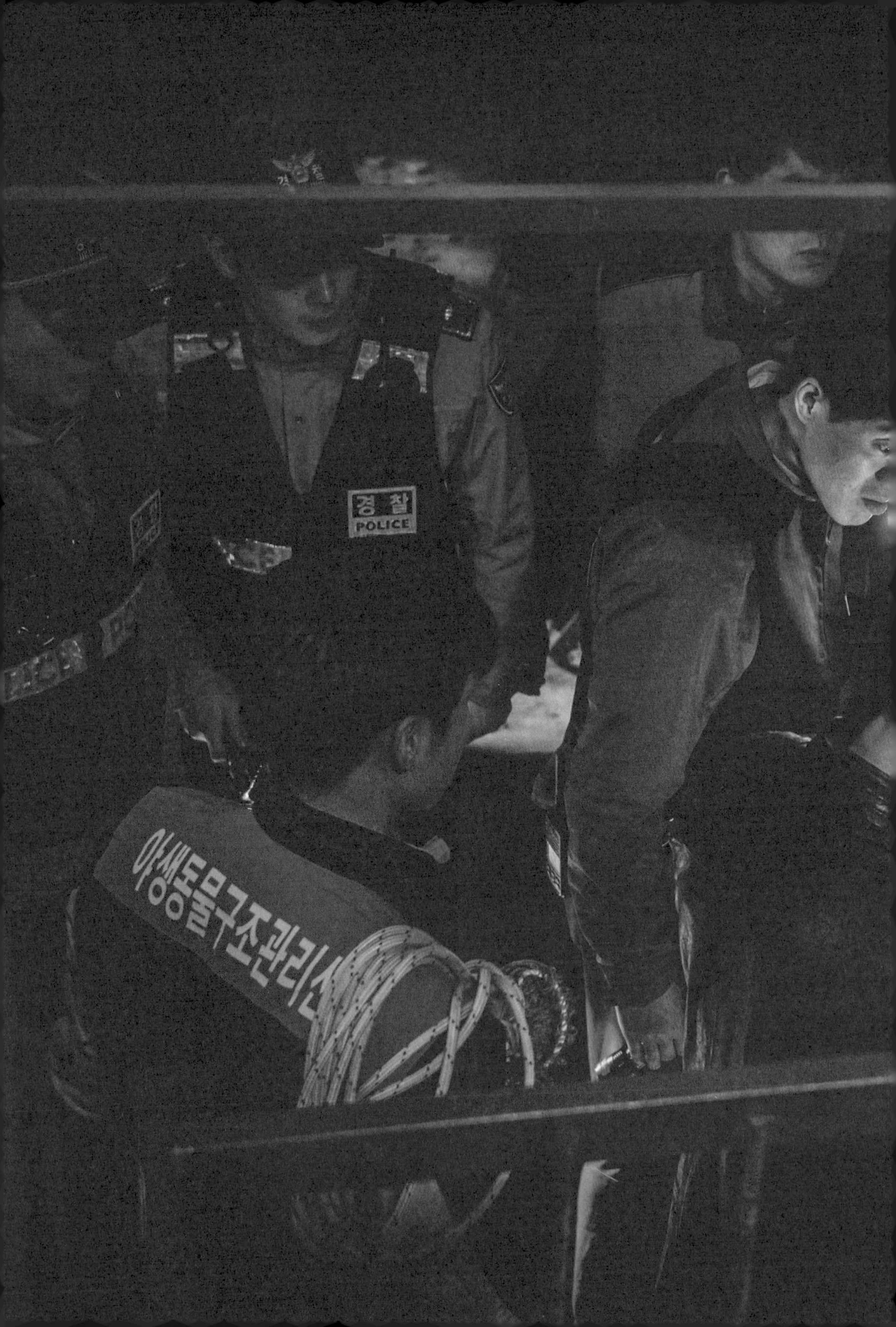
경찰
POLICE
야생동물구조관리

경찰
POLICE

03 보이스의 캐릭터

Characters in Voice

캐릭터 관계도

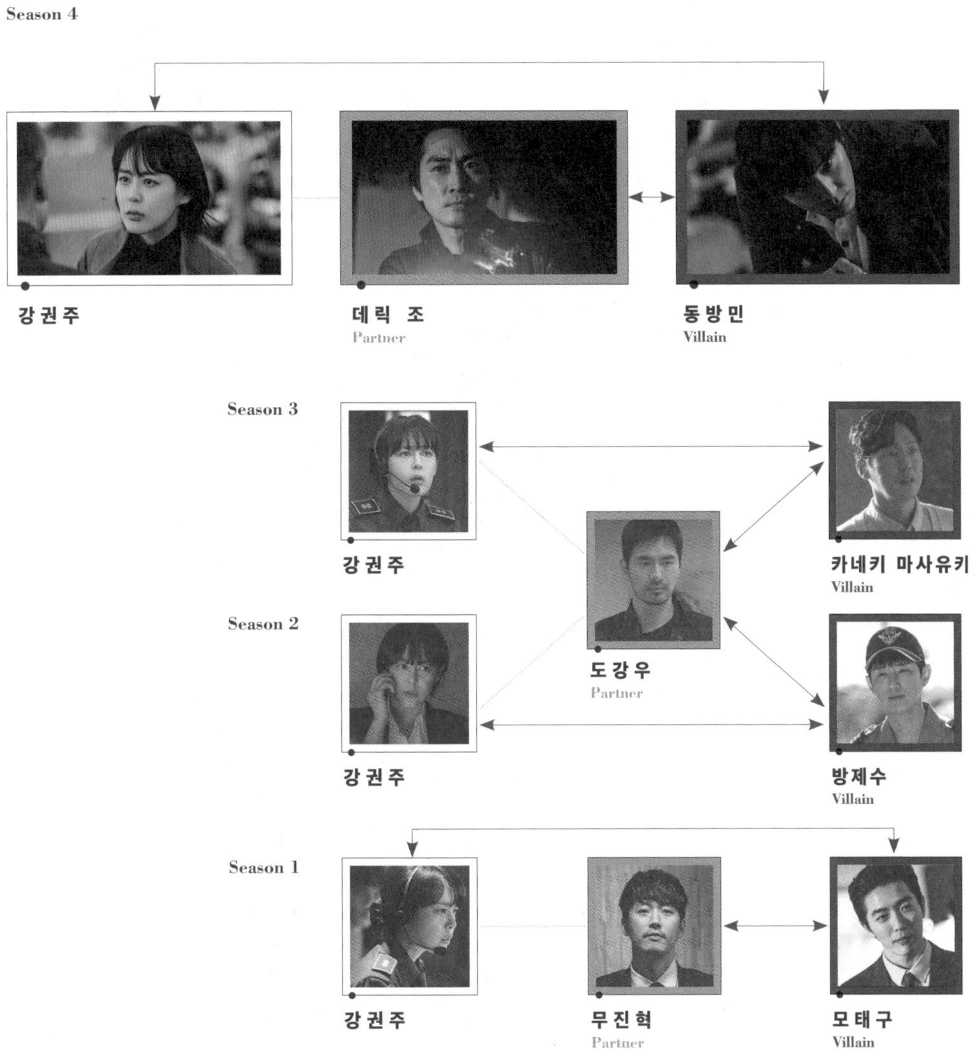
Season 4
강권주
데릭 조
Partner
동방민
Villain
Season 3
강권주
카네키 마사유키
Villain
Season 2
강권주
도강우
Partner
방제수
Villain
Season 1
강권주
무진혁
Partner
모태구
Villain

<보이스>의 강권주

강권주

Season 1 성운지방경찰청 112 신고센터 접수 요원
성운지방경찰청 112 신고센터장 겸 골든타임팀 콜팀 팀장
Season 2,3 풍산지방경찰청 112 신고센터장 겸 골든타임팀 콜팀 팀장
Season 4 비모지방경찰청 112 신고센터장 겸 골든타임팀 콜팀 팀장

시즌 1부터 4까지 〈보이스〉를 이끌어오는 인물.

어릴 적 불의의 사고로 눈을 다친 후 작은 소리까지 들을 수 있는 절대 청력 소유자. 외부로부터의 진동과 소음을 완전히 차단한 무향실이 아니라면 5분 이상 잘 수 없기에 한때는 자신의 귀를 저주라고 생각하며 살았다. 경찰대 수석 졸업 이후, 성운지방경찰청 112 신고센터에서 근무하게 되면서 자신의 능력으로 사람을 구하겠다고 다짐한다.

어느 날, 부친을 살해하는 연쇄살인범의 목소리를 듣게 되자 범인을 잡겠단 처절한 결심으로 미국 유학길에 오른다. 3년 후 보이스 프로파일러로서 성운지방경찰청 112 신고센터장에 지원, 골든타임팀을 신설한다.

수많은 사건을 해결하고 골든타임팀의 수장으로 자리잡지만 수사 중 사고로 청력손실을 겪기도 한다. 두 번째 파트너인 장경학 팀장, 세 번째 파트너인 도강우 팀장의 사망으로 극심한 PTSD에 시달리지만 이에 흔들리지 않고 골든타임팀을 이끌어나간다.

드라마 〈보이스〉에서는 모든 피해자를 진심 어린 마음으로 대하는, 부드러운 카리스마의 여성 경찰 리더로서 성장하는 강권주의 모습을 확인할 수 있다.

Season 4

비모지방경찰청 골든타임팀 112 신고센터장
골든타임팀 콜팀 팀장

"범인이 나와 같은 청력을 가졌어요. 놈도 남이 듣지 못하는 소리를 듣습니다."

"저와 똑같은 청력을 가진 가족 살인마가 거릴 활보하고 있습니다.
불우한 가정의 일가족 몰살을 즐기고 있다구요!"

직급: 경감(Best Of Best 팀 표창 수상)
능력: 성문 분석 능력이 더 정밀해져 동일인, 혈육 간 유사음성 등을 파악하는 정확도가 높아짐.
특징: 함께 일하던 두 팀장을 잃고 깊은 PTSD에 시달리지만 내색하지 않고 자신의 업무를 수행한다. 자신의 능력과 동일한 능력을 가졌다는 빌런에게 살인예고 메일을 받고 추적 끝에 비모도로 향한다. 그러던 중 생각지 못하게 자신의 청력에 숨겨진 비밀을 알게 된다.
강권주가 파악한 빌런의 시그니처 소리: 말할 때 "습습"하고 숨을 들이마시며 내는 소리.

Season 3

풍산지방경찰청 112 신고센터장
골든타임팀 콜팀 팀장

“제가 들을 수 있는 한, 반드시 구할 겁니다.”

“8개월 동안 도 팀장님 찾느라 생고생한 팀원들한테 할 말입니까??
도 팀장님 납치된 줄 알고 마음 졸이고 여기까지 온 팀원들한테요!!”

직급: 경감

능력: 방제수가 설치해 둔 폭탄에 심한 외상을 입고 6개월간의 사투 끝에 겨우 의식을 차리지만 청력 손실이 생김.

특징: 실종된 도강우 팀장을 오사카에서 찾는다. 전과 달라진 도강우를 포용하며 사건을 해결해 나간다. 카네키 마사유키를 체포하려는 순간 도강우의 비극적 희생을 목도하게 된다.

강권주가 파악한 빌런의 시그니처 소리: “퐁퐁”하고 라이터 튕기는 소리.

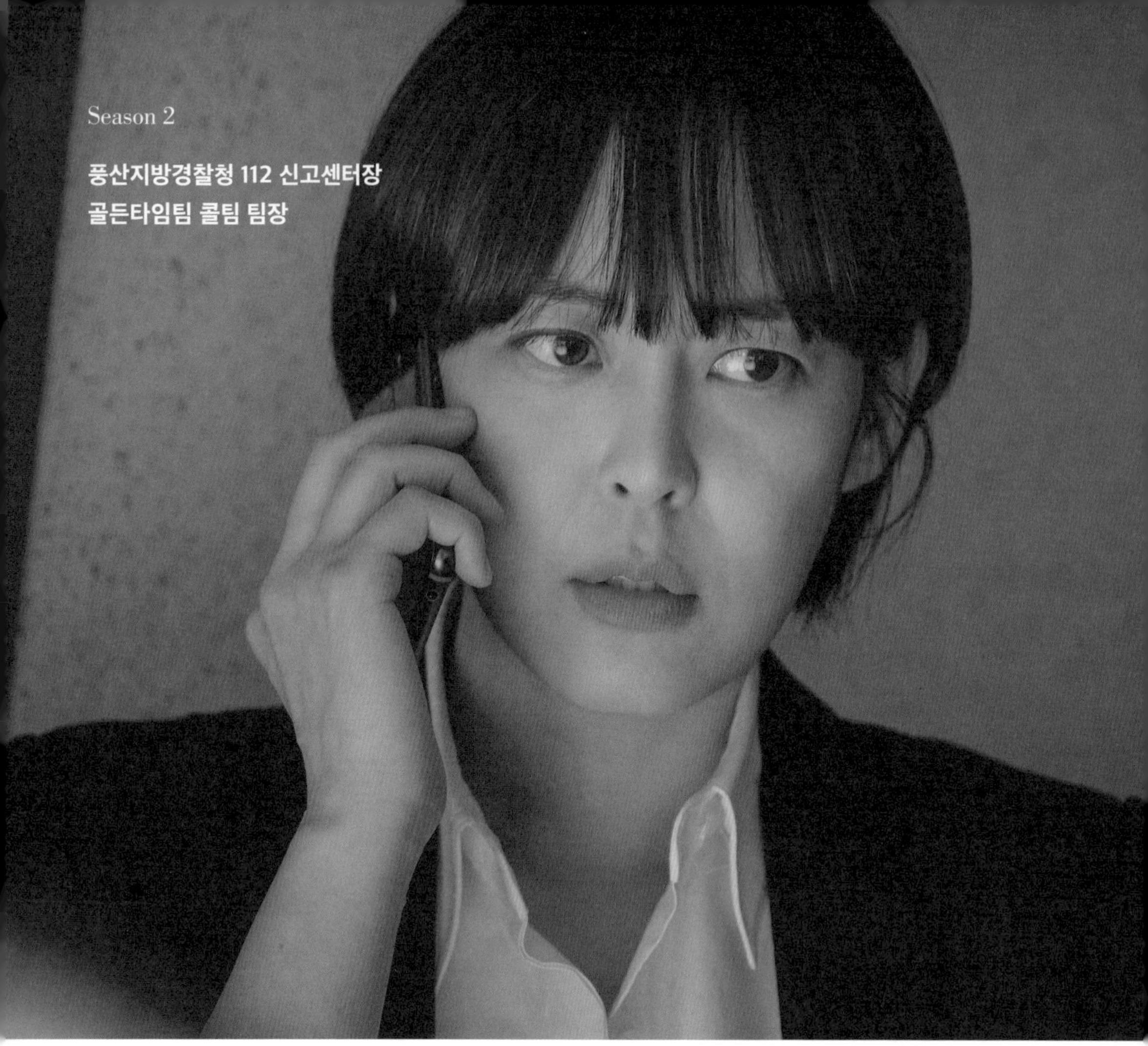

"현장에 누군가 더 있습니다. 분명해요!"

"장 팀장님을 죽인 그 놈은
제가... 청력을 잃어가는 것도 이미 알고 있습니다!
그 놈 잡기 전까지 이 전쟁은 절대....! 끝나지 않습니다!!"

직급: 경감
능력: 특별한 청력과 함께 모두를 아우르는 부드러운 카리스마를 가짐.
특징: 장경학 팀장 사망 사건을 비밀리에 수사하기 위해 풍산시에서 골든타임팀을 시범 운영 한다.
강권주가 파악한 빌런의 시그니처 소리: "착착"하고 라텍스 장갑 튕기는 소리.

Season 1

성운지방경찰청 112 신고센터 접수 요원
성운지방경찰청 112 신고센터장 겸
골든타임팀 콜팀 팀장

"듣기만 해도 볼 수 있어. 그 소리, 반드시 잡을 거야"

"내가 여기... 112 신고센터로 온 이유요?
아버질 죽인 그놈 목소리를 들었거든요.
그 살인마, 반드시... 내 손으로 잡을 겁니다!!"

직급: 경위 → 경감
능력: 사고로 얻은 특별한 청력을 사람을 구하기 위해 사용하기 시작함.
특징: 자신의 특별한 능력 때문에 예민한 편. 자신의 증언이 거짓으로 몰리자 미국 유학 후 원칙과 팩트로 무장한 보이스 프로파일러가 되었다.
강권주가 파악한 빌런의 시그니처 소리: 말할 때 "딱딱" 소리가 나는 부정교합.

데릭 조

한국명: 조승호

"이거 하나만 명심해요. 만에 하나 그 서커스맨...
당신과 관계가 있다면 내가 당신부터 처넣을 거란 거!"

여동생 승아와 함께 미국인 경찰 간부 집에 입양돼 자랐다. 그러나 자애로워 보이던 양부는 백인우월주의자로 학대를 일삼았고 그로 인해 여동생은 언어장애를, 자신은 왼팔을 다치면서 무통각 증상이 생겼다. 힘을 길러야 여동생을 지킬 수 있다고 생각한 데릭은 스스로를 몰아붙이며 지금의 자리까지 왔다. 그러던 중 세상에서 가장 소중한 동생이 잔혹하게 살해되고, 진범을 쫓아 오게 된 비모도에서 초청력을 가진 범인, 그리고 권주의 비밀을 알게 된다. 그렇게 사상 초유의 국제 공조가 시작되고, 권주는 자신의 청력에 관한 끔찍한 비밀을, 데릭은 충격적인 과거와 마주하게 된다.

직업: LAPD 올림픽경찰서 갱 전담 팀장(골든타임팀 출동팀 협력형사)

특징: 차분한 태도와 댄디한 외모, 응급처치가 필요하면 의대에서 배운 의술로, 즉각적 현장 검증이 필요하면 CSU 감식 경험을 활용하는 압도적 실력과 카리스마로 갱 전담팀을 이끄는 '맘바(코브라과에 속하는 맹독을 지닌 뱀)'. 여동생을 성적으로 학대하려던 양부에게 맞서다 왼팔에 생긴 무통각 증상을 숨기고 있다.

수사 스타일: 뛰어난 지성과 단련된 체력의 소유자로 어떤 상황에서도 타협을 불허하는 원칙주의자다.

도강우

"내 손으로 잡을 거야, 괴물이 되어서라도"

사형 당한 사이코패스인 친부의 피를 이어받았단 비밀을 알게 된 후, 언제 튀어나올지 모르는 괴물에 대비해 경찰이 됐다. 누구와도 깊은 관계를 맺지 않고 살던 중, 처음으로 마음을 열었던 파트너 형준이 무참히 살해당하고, 강우는 '파트너 살해 혐의'란 주홍글씨를 단 채 강제 휴직을 하게 된다. 이후 남몰래 3년째 진범을 추격하던 중 장경학 골든타임팀장 살인 사건의 범인이 자신이 찾던 '가면 살인마'임을 확신하고, 권주와 함께 목숨 건 추적을 시작한다.

직업: 풍산지방경찰청 112 신고센터 골든타임팀 출동팀장
특징: 밖으로는 범죄자들과, 안으로는 내면의 괴물과 싸우며 다크웹의 배후를 끝까지 파고드는 풍산지방경찰청의 '미스터 렉터'
수사 스타일: 범인의 심리를 꿰뚫어 보고, 냉철하게 현장을 분석하는 특별한 수사 능력의 소유자. 집요한 성격으로 한번 잡기로 마음먹은 범인은 끝까지 추격한다.

무진혁

"니들 아직 모르는구나… 나 미친개인 거"

한때 굵직굵직한 사건을 해결하는 스타 형사였다. 그러나 다른 사건을 쫓느라 아내의 간절한 구조 요청 전화를 받지 못했고, 이후 스스로를 질책하며 피폐한 삶을 이어간다. 3년 후, 아내 사건의 112 신고 접수요원이자, 진범이 따로 있다고 주장했던 권주가 나타나 진혁을 긴급출동팀으로 차출한다. 이에 항의하러 권주를 찾아가지만, 오히려 '살려달라'는 여성의 신고 전화를 듣고는 급히 출동하게 되고, 이후 권주와 팀을 이뤄 아내를 살해한 진범을 찾는 데 전력을 기울인다.

직업: 성운지방경찰청 112 신고센터 골든타임팀 출동팀장

특징: 사랑하는 아내를 연쇄살인마에게 잃은 후 죄책감과 복수심에 불타오르지만, 끝내 정의감을 잃지 않는 다혈질 '미친개' 형사

수사 스타일: 압도적인 무력으로 범인들을 제압한다. 특유의 짐승 같은 감각으로 한번 범죄 냄새를 맡으면 절대 놓치지 않는다.

빌런의 탄생

동방민

"내 안엔 굶주려 허기진 괴물 몇이 살아"

조부의 기대에 부응하지 못하는 부친과 모친이 가혹하게 학대당하는 것을 보며 자랐다. 끝내 살해당한 부친과 모친을 보며 패륜적 가정환경에서 자신을 보호하기 위해 잔혹한 인격들을 창조하게 된다.

직업: '뉴웨이브' 스튜디오 대표

특징: 순하고 선한 인상의 훈남, 비모도 유지 동방헌엽의 손주. 관광객들이 버리고 간 유기동물을 거둬 키우는 동물애호가이다. 조부의 병간호를 위해 비모도 북동쪽 해변에 자연친화적인 목조주택을 짓고 살고 있지만, <마스터>, <센터장>, <서커스맨>, <착한 동방민> 그리고 <소년 동방민>이라는 5가지 인격을 가진 다중인격질환자이자 총 3가족 10명을 죽인 연쇄살인마.

시그니처 살인 도구: 양날 도끼

동방민의 증거물

01, 02 동방민이 특수분장 시 사용한 얼굴 가면
03 동방민이 특수분장 시 사용한 문신 실리콘
04 동방민이 특수분장 시 사용한 특수 보청기
05, 06 동방민이 특수분장 시 사용한 가발

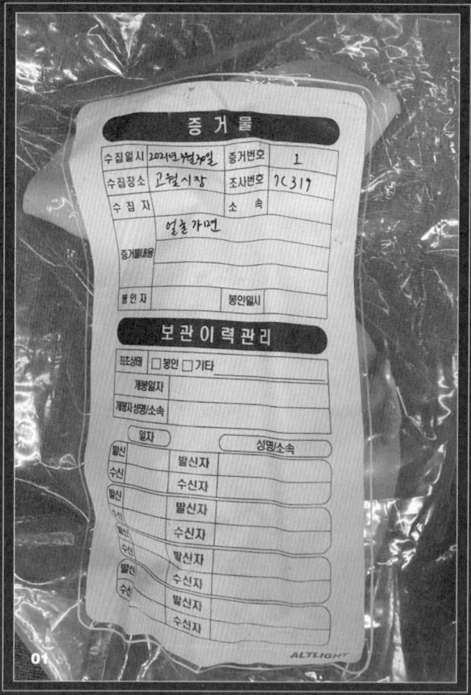

01

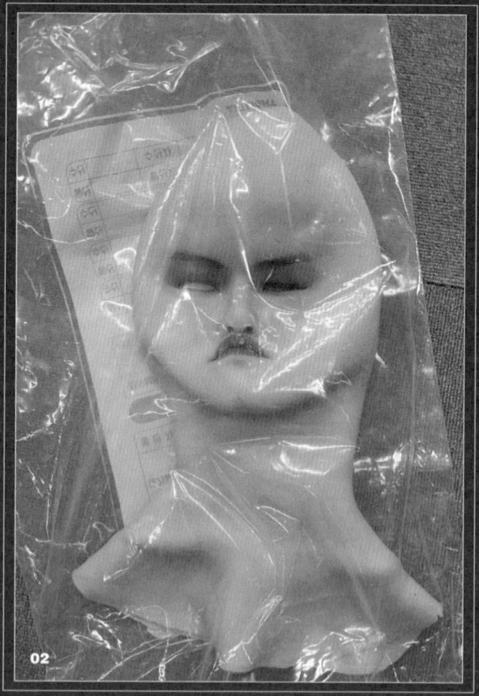
02

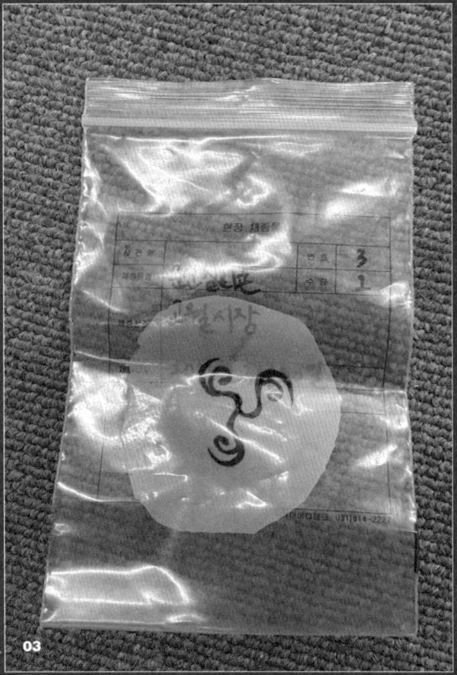
03

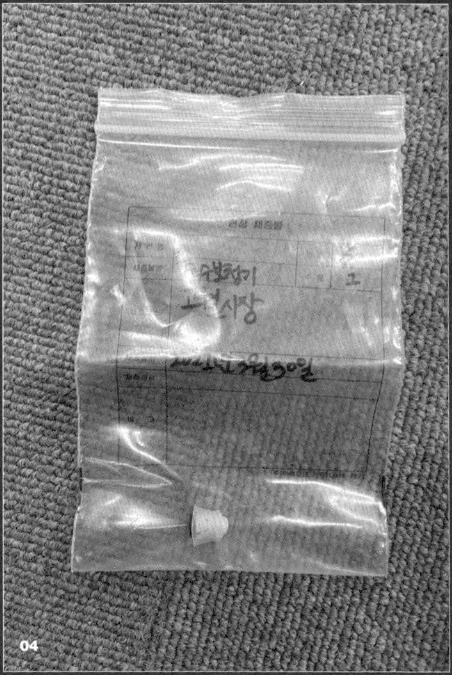
04

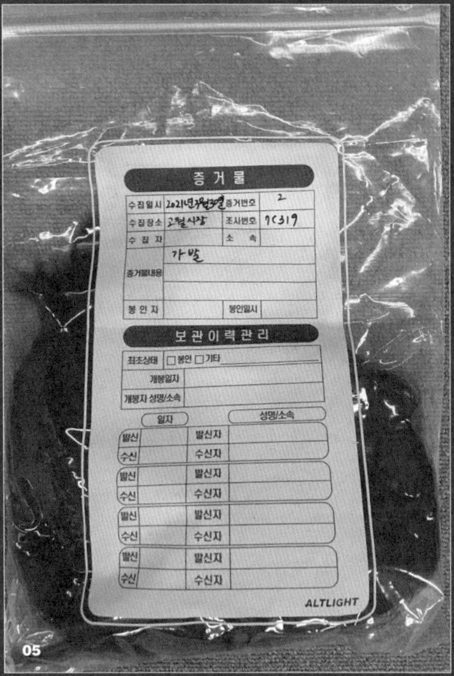
증 거 물
수집일시
증거번호
수집장소
조사번호
수 집 자
소 속
증거물내용
봉 인 자
봉인일시
보관이력관리
최초상태 □봉인 □기타
개봉일자
개봉자 성명/소속
일자
성명/소속
발신
발신자
수신
수신자
발신
발신자
수신
수신자
발신
발신자
수신
수신자
발신
발신자
수신
수신자
ALTLIGHT
05

06

카네키 마사유키

한국명: 우종우

"인간은 말이야…
자신의 의미와 가치를 찾지 못하면 고장나 버리는…
나약한 존재들이지."

어린 시절 학교 폭력을 당하며 사이코패스 본성에 눈을 뜬다. 자신의 본성을 안 부친이 정신병원에 감금시키지만, 부친에 대한 분노로 탈출 후 동생 강우를 살인 사건에 동참하도록 일을 꾸민다. 이후 부친이 모든 죄를 뒤집어쓰고 사형 당한 후, 모친은 동생만 데리고 감쪽같이 사라진다. 이후 자신을 버린 부모와 세상에 대한 혐오는 더욱 심해져 간다. 뛰어난 두뇌로 카네키 집안의 죽은 아들을 대신에 양자가 되는 데에 성공한다.

직업: 풍산대학교 미학과 교환 교수
특징: 훈훈하고 지성미 넘치는 외모와 젠틀한 애티튜드를 갖고 있지만, 혐오 사이트 '닥터파브르'의 실소유자.
시그니처 살인 도구: 와이어

방 제 수

"덫에 걸린 벌레를 구경하는게 제일 재밌어.
인간도 마찬가지거든."

19살에 집단 성폭행을 당한 모친 진미연의 사생아로 태어나, 모친의 극심한 집착과 학대 속에 자라난다. 자신을 학대하다 체포된 모친이 몇 년 후 사망하자 모친과 자신을 떼어낸 경찰과 세상을 원망하게 된다. 사회적 약자로 살아온 비틀린 모친의 훈육 속에서 어쩔 수 없이 괴물이 된 후천적 사이코패스.

직업: 만달곶 출장소 해경
특징: 해맑고 순수한 외모, 극강의 온정주의자처럼 보이지만 한 번 뜻을 정하면 어떤 실수도 용납않는 사명감형 범죄자
시그니처 살인 도구: 전정가위

모 태 구

"실제로… 사람 찢어본 적… 없잖아요?"

어려서는 기르던 새나 동물을 학대하는 걸로 스트레스를 풀어왔고, 커서는 사람을 죽이기 전까지 패는 걸로 후련함을 느끼던 중, 자신의 비밀을 알게된 사람을 하나씩 죽여가며 자신이 선천적 사이코패스임을 깨닫는다.

직업: 성운통운 대표
특징: 잘 생기고 스타일리쉬한 외모, 댄디한 태도와는 극단적으로 다른 충동적 성격의 소유자.
시그니처 살인 도구: 쇠공(케틀벨)

303

경찰
POLICE

04 보이스 4의 사람들

The People of Voice 4

신용휘 감독

● **대한민국 대표 시즌제 드라마 <보이스>의 네 번째 이야기를 연출했다. 연출을 맡게 된 소감은?**

<보이스> 시즌 4는 작은 소리에도 귀를 기울이고 작은 손짓도 놓치지 않는 골든타임팀 요원들, 그리고 미국 출신 데릭 조 형사가 빌런에 맞서 범죄를 해결하고 예방하는 소리 추격 드라마다. 처음 대본을 받았을 때 기존 시리즈가 이어온 명성에 혹시나 누가 될까 싶어 고민을 했다. 그러나 강력하고 강렬한 느낌의 기존 시리즈에 더해 가족적이고 휴머니즘 가득한 시즌 4의 시놉시스를 보고, 새로운 시즌을 연출해보고 싶은 욕심이 생겼다.

<보이스>는 그간 스토킹, 아동 학대 등 실제 일어난 사건들을 현실감 있게 다루며 시청자들의 공감을 받았다. 시즌 4가 기존 시리즈와 달라진 점이 있다면?

<보이스>가 지금까지 사랑받을 수 있었던 것은 실제로 있었던 생생한 사건들을 모티프로 한 에피소드와 이에 맞선 골든타임팀의 사투가 시청자의 공감을 끌어냈기 때문이었을 것이다. 큰 맥락에서 보면 시즌 4도 지난 시즌들과 일관된 메시지를 전한다. 다만, 시즌 4에서는 가족 해체로 인해 태어난 괴물 서커스맨과 비인륜적인 대안 가족 공동체인 소낭촌 마을을 파헤치는 과정을 통해 건강한 사회의 근간이 되는 가정과 가족 속 골든타임의 중요성을 그리고자 했다. 또한 깨어진 가족 간의 신뢰 회복, 상처 치유 등의 요소들이 더 강화됐다. 범죄가 일

어나고, 범인을 잡는 데 그치는 것이 아니라 피해자들에 대한 위로와 관계 복원을 위한 요소들이 더 강화된 것이 기존 시리즈와의 차별성이라고 생각한다.

<터널>, <크로스> 등 이전 작품에서 섬세한 인물 감정선과 몰입도 높은 영상 그리고 탄탄하면서도 세심한 연출력을 선보였다. 시즌 4에 연출 포인트는?

이번 시즌 연출의 핵심은 강권주 청력의 시각화였다. 보이스 프로파일러인 강권주의 청력이 도드라지는 강력한 연출을 하기 위해 창의적인 영상 문법들을 다양하게 활용했다. 초청력으로 사건 현장의 소리를 듣는 강권주를 비롯해, 112 신고센터 요원들까지 마치 현장에서 사건을 목도하는 느낌이 들도록 연출하고자 했다. 특히 살리는 청력인 강권주와 죽이는 청력인 서커스맨의 대결을 사실적이면서도 입체적으로 묘사하기 위해 많은 시간과 기술력을 투자했다. 또한 메시지 전달과 세밀한 연출도 중요했지만, 결국 '사람을 구하는 이야기'라는 것에 무게를 실었다. 범죄의 특성과 112 신고센터 요원들의 치열함을 현실적으로 그려내고, 그 상황에 처한 피해자들의 느낌과 감정, 생각을 실감나게 전달하는 데 중점을 두고 진행했다.

배우 캐스팅 시 가장 신경 썼던 점은 무엇인가?

강권주(이하나 배우)와 박은수(손은서 배우)는 기존 시리즈로부터 이어져 온 여성 캐릭터로서 <보이스>의 구심점을 이루는 인물들이다. 두 여성 캐릭터의 성장과 서사를 통해 그 역할을 어떻게 더 발전시킬 수 있을까를 고민했다. 특히 한국 드라마 최초로 여성 주인공이 시즌 4까지 이어온 작품이기에 감독으로서 책임감을 느끼며 진지하게 다가갔다. 배우들과도 충분히 상의해가며 캐릭터의 완성도를 높였다. 단절된 센터 안에서 현장 상황을 상상해 연기하는 것은 상당히 어려운 일인데, 현장의 감정선을 고스란히 이어받아 긴장감을 유지하며 연기해내는 두 배우에게 무척 고마웠다. 이들 외에도 시즌을 함께 이어오며 시즌 4의 중심을 잡아준 김중기, 송부건 배우와 시즌1에 이어 시즌4에 다시 출연하여 보이스라는 세계관을 더 탄탄하게 만들어준 백성현 배우에게도 고맙다는 말을 꼭 전하고 싶다.

송승헌 배우는 전작인 가족 드라마 <위대한 쇼>를 함께 하면서, 그가 가

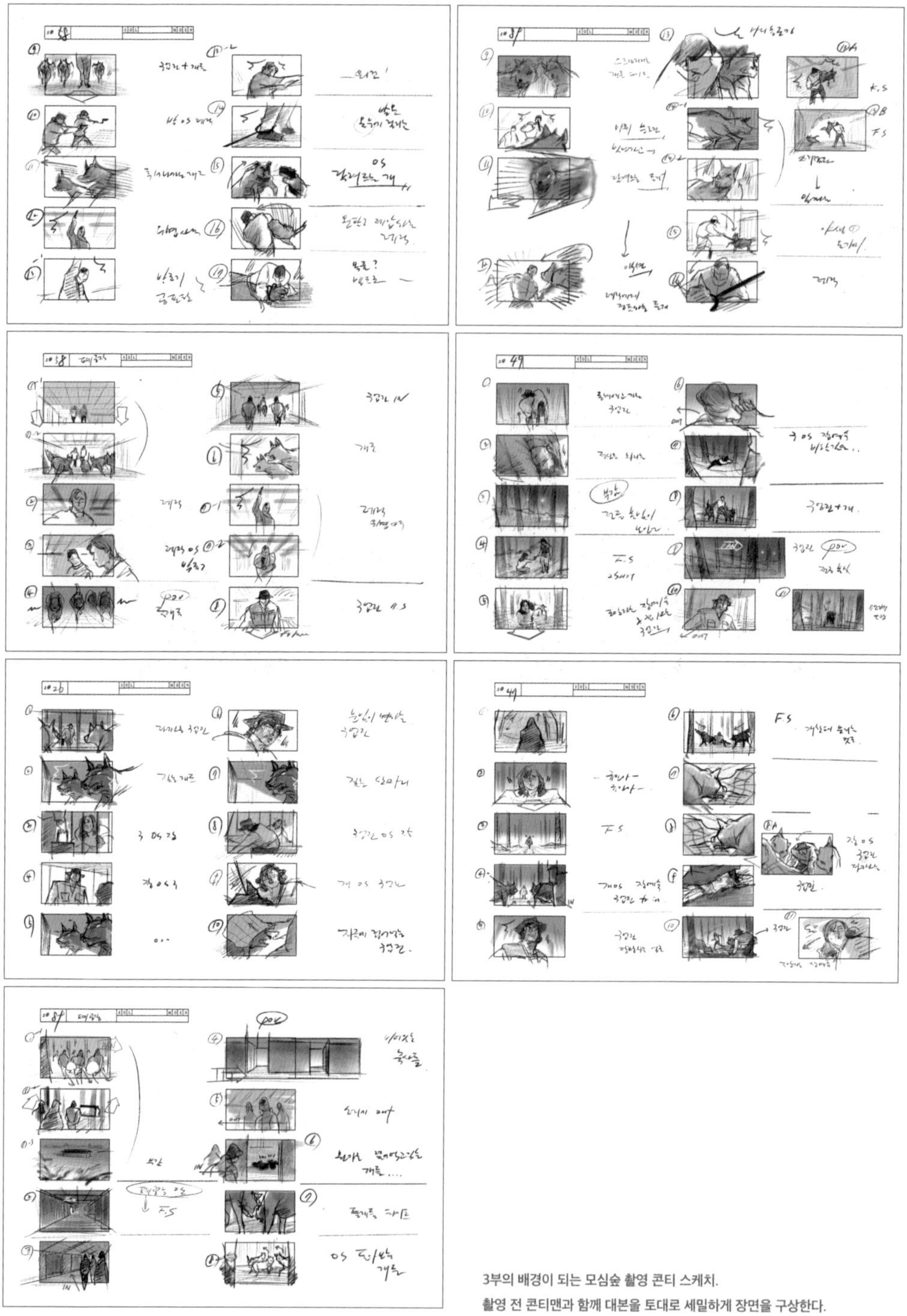

3부의 배경이 되는 모심숲 촬영 콘티 스케치.
촬영 전 콘티맨과 함께 대본을 토대로 세밀하게 장면을 구상한다.

진 열정과 장점을 알게 됐다. 작가님과 데릭 조 캐릭터에 대해 여러 이야기를 나누던 중, 내가 느꼈던 송승헌 배우의 여러 장점과 선한 영향력에 대해 말씀드렸고, 작가님도 자신이 그렸던 데릭 조 역할과 맞다고 이야기했다. 흔쾌히 촬영을 결정해 준 송승헌 배우에게 다시 한번 감사하다. 사이버요원을 맡은 강승윤 배우는 첫 만남부터 즐거웠다. 생각하고 있던 한우주의 캐릭터와 딱 맞아떨어져 너무 만족한다. 동방민 캐릭터는 대한민국에서 본 적 없는 유일무이한 다중인격 캐릭터였다. 아무나 쉽게 연기할 수 없다는 걸 알고 있었기에 어떤 배우와 함께할지 고민을 많이 했었는데, 이규형 배우가 흔쾌히 승낙해줘서 매우 기뻤다. 현장에서 본 이규형 배우는 감독으로 믿고 기대하는 바를 여실히 증명해주는 배우였다. 동방민을 함께 만들어가면서 그가 보여주는 최고의 연기는 연출의 즐거움을 줬다. 그의 다중인격 연기는 앞으로 그 누구도 흉내낼 수 없을 거라 자부한다.

빌런을 쫓아가며 실체를 밝혀내던 이전 시즌과는 달리, 빌런의 존재를 1화부터 드러내고 시작했다. 시즌 4 빌런의 특징을 꼽는다면?

시즌 4의 빌런인 동방민은 일가족을 살해하는 다중인격의 연쇄살인마다. 동방민 내면에는 '마스터', '센터장', '서커스맨', '착한 동방민' 그리고 '소년 동방민'까지 5개의 인격이 존재하는데, 할아버지 동방헌엽(장항선 배우)이 부모에게 행한 가혹한 학대와 패륜적 가정환경에서 자신을 보호하기 위해 창조한 인격들이다. <보이스> 시즌 4의 밑바탕에는 사회의 근간이 되는 가족을 굳건하게 지키는 것, 작은 소리에도 귀를 기울이는 것이 얼마나 중요한지에 대한 메시지가 깔려있다. 가족 해체로 인해 탄생한 괴물인 동방민은 이러한 시즌 4의 주제를 역설적으로 보여주는 캐릭터라고 할 수 있다. 때문에 연출할 때도 동방민과 주변의 관계성을 보다 분명하게 표현하고자 애썼고, 시청자들이 동방민에게 분노와 공포, 두려움뿐만 아니라 안타까움, 슬픔 등 복합적인 감정을 느낄거라고 믿었다. 이런 점에서 시즌 1의 '권력형 살인마' 모태구(김재욱 배우), 시즌 2의 '혐오 범죄 살인마' 방제수(권율 배우), 시즌 3의 '쾌락형 살인마' 카네키 마사유키(박병은 배우)를 뛰어넘는 잔혹하면서도 슬픈, 지극히 인간적이면서도 비인간적인 희대의 빌런이 탄생했다고 본다.

6/18 [금] 밤 10:50 첫 방송 | tvN
보이스4

보이스4
6/18 [금] 첫 방송 tvN [금토] 밤 10:50

살 리 는 귀 VS 죽 이 는 귀
골든타임을 사수할
초청력 대결이 시작된다
놓치지 말아야 할 소리
보이스4
[금토] 밤 10:50 | tvN

살 리 는 귀 VS 죽 이 는 귀
놓치지 말아야 할 소리
보이스4
[금토] 밤 10:50 | tvN

다시 한 번 골든타임팀의 전화벨이 울린다
놓치지 말아야 할 소리
보이스4
송승헌
6/18(금) 첫 방송 tvN (금토) 밤 10:50
이하나

다시 한 번 골든타임팀의 전화벨이 울린다
놓치지 말아야 할 소리
보이스4
송승헌
2021.06
이하나

2,3화의 배경이 된 모심숲. 바리메오름에서 촬영되었다. 촬영내내 제작진 모두가 만족한 장소였으나,
예상치 못한 추위로 고생했던 곳이기도 하다.

이승빈 조명감독

장르물 특성상 어두운 장소가 많았을 텐데, 중점을 둔 톤 앤 매너가 있나?

촬영 현장에서 조명은 빛의 밝기뿐 아니라 인물 또는 공간의 명암을 표현해 다양한 효과와 분위기를 연출한다. <보이스> 시즌 4에서는 장르적 특성상 긴장감과 긴박감을 극대화하기 위해 명암 대비(콘트라스트)가 강한 화면을 만드는 것을 목표로 했다. 거친 그림자와 극명한 명암 대비를 통해 무거운 사건들이 전개되는 극의 분위기를 잡아갔다. 사건 현장, 112 신고센터, 레드룸 등 각각의 공간이 주는 고유의 분위기를 살리면서도 강렬한 인상을 주기 위해 고심을 많이 했다.

시즌 4 촬영 중 가장 신경 쓴 부분이 있다면?

드라마 크랭크인 전에 주위에서 '케이블 채널 드라마는 어두우면 안 된다[1]'는 조언을 많이 들었다. 고민이 많던 시기에 그런 말을 듣고 나니, 오히려 초반에 구상했던 대로 기존 틀에서 벗어나 더욱더 극명한 명암 대비를 해야겠다는 확신이 들었다. 또한 전편과의 차별성을 부여하고 싶어 인물 보다 전체 공간 조명에 더 집중했으며, 대신에 배우들의 동작, 눈빛 등이 잘 표현될 수 있도록 섬세하게 조명을 다뤘다. 조명 디자인이 극의 흐름과 잘 맞는지, 그에 맞게 명암 대비나 색의 대비가 이뤄졌는지 등도 꼼꼼하게 체크했다. <보이스>의 전편들의 경우 촬영 때

1 최근 제작되는 드라마들은 일상과 비슷한 자연스러운 톤보다 인위적이더라도 화사한 느낌의 밝은 톤을 선호하는 경향이 있다. 특히 지상파 방송보다 과감하고 다양한 시도가 가능한 케이블 채널 드라마에서 이런 흐름이 강세를 보인다.

강하게 줬던 명암 대비를 후반 작업 과정 중에 약하게 조정했다는 이야기를 들었다. 시청자가 심리적인 거부감 없이, 편안하게 몰입할 수 있도록 하는 것도 조명 감독의 역할이지만, 극 흐름에 맞는 새로운 시도 또한 <보이스> 시즌 4만의 개성을 살리는 방법이기에 기존과는 다른 색의 필터를 사용했다. 이전 시리즈에서의 주된 색감이 블루였다면, 시즌 4에서는 강한 앰버와 레드로 주요 조명 톤을 잡았다. 이를 위해 파장이 긴 붉은 계열의 하이소디움(Hi-sodium) 필터[2]와 골든 앰버(golden amber) 필터[3]를 자주 사용했다.

에피소드 '저승개가 사는 길'은 모심숲이 주된 배경이었다. 어두운 숲 속에서 조명을 구현하는 데 어려운 점은 없었는지.

빛을 다루는 것은 매우 섬세한 작업이기 때문에 기본적으로 엄청난 집중이 필요하다. 게다가 공간적 제약이 큰 산속 촬영은 언제나 긴장이 많이 된다. 그러나 물리적인 어려움에 대한 걱정보다는 '어떤 색으로 디자인할 것인가'와 '어떤 콘셉트를 가져갈 것인가'가 가장 고심했던 부분이다. 월광(달빛)은 익숙한 블루 계열로 선택하되, 밝기는 피사체의 질감이 겨우 표현될 정도로 어둡게 처리했다. 무엇보다 컬러로 찍는 화면이지만, 시청자들이 볼 때 모노톤으로 느꼈으면 하는 바람에 일반 드라마에서 쉽지 시도하지 않는 과감한 선택을 했다. 결과물을 놓고 봤을 때, 의도했던 대로 색감보다는 공간의 질감들이 잘 살아나 조명 감독으로서 굉장히 만족스러웠다. 이러한 공간에서 조명을 다룬다는 것이 도전적인 기회였는데, 방향대로 잘 표현이 돼 뿌듯함을 느꼈다.

2 하이소디움(Hi-sodium) 필터 : 황색광(黃色光)으로 따뜻한 느낌을 주며, 투과력이 좋아 안개 및 스모그 지역, 해안 지역 촬영에 적합하다.

3 골든 앰버(golden amber) 필터: 엠버(호박색) 계열의 색 온도 변환 필터 중 하나로 색 온도를 낮춰 푸른 빛을 줄여주는 역할을 한다.

박용석·최광문 미술감독

● **<u><보이스>는 미술이 커버하는 영역이 광범위하고 매력이 있는 작품이라고 생각한다. 가장 공들인 에피소드가 있다면?</u>**

박 감독

드라마 특성상 초반에 전반적인 콘셉트나 특징 등을 보여줘야 하므로 첫 에피소드인 '저승개가 사는 길'에 가장 많은 공을 들였다. 특히 비모도의 실제 로케이션 장소가 되는 제주도의 지방색, 장소성을 어떻게 <보이스>에 녹일 건지가 매우 중요했다. 스릴러 드라마의 경우 사건 현장에 표현되는 요소들이 시청자의 몰입감과 스릴감, 상상력을 불러일으키는 중요한 장치가 된다. 그렇기 때문에 사건과 인물의 개연성을 유지하면서 시즌 1~3과 전혀 다른 공간적인 매력을 살리기 위해 연출팀과 사건의 개요도, 동선도부터 시작해서 야외 프로덕션 디자인까지 굉장히 애를 많이 썼다. 전체 사건 흐름은 물론 제주도 현지에 있던 성황당 나무, 저승 계단 등 디테일한 부분도 연출팀과 충분히 논의해가며 계획을 잡았다.

<u>시즌 4 촬영 중 가장 기억에 남는 세트는 무엇인가?</u>

박 감독

아무래도 가장 규모가 큰 112 신고센터가 기억에 남는다. 처음 구상할 때는 지금보다 규모도 작고, 약간은 허름한 분위기의 112 신고센터였다. 그런데 <보이스> 시즌 4에서 가장 많이 등장하는 핵심적인 공간이기도 하고, 실제 제주 경찰청도 작은 규모가 아니라서, 리얼리티를 살려 지금의 모습으로 최종 완성했

CODE ZERO

CODE ZERO

다. 건물 외관은 1960년대 이전에 만들어진 듯한 모습으로, 내부에는 외관과 대비되는 최첨단 장비를 설치해 레트로한 감성과 더불어 1~3 시즌에서의 112 신고센터 세트와 차별화했다. 또한 나무, 타일 등 마감 소재가 주는 질감을 통해 스릴러물에 맞는 리얼함과 분위기를 디테일하게 표현했다.

최 감독

112 신고센터 등 <보이스> 시즌 4 드라마의 전반부를 구성하는 핵심적인 세트 디자인을 박 감독님께서 담당하셨다면, 나는 후반부에 등장하는 메인 빌런 동방민과 연계된 공간들을 담당했다. 동방민의 핵심공간은 1층의 주거공간과 지하의 레드룸으로 구성된다. 1층의 주거공간은 동방민의 표면적인 인격이 반영된 공간으로서, 모던하고 절제된 인테리어 양식으로 접근했다. 하지만 동방민의 표면적인 인격은 언제든 균열이 일어날 수 있는 약한 껍데기임을 나타낼 수 있는 요소 또한 필요하다고 판단해 거실 벽면에 대형 그림 액자를 설치했다. 이 액자는 공간에 어울리는 톤 앤 매너를 갖추고 있음에도 인테리어용으로 쓰기에 뭔가 불편하고 공포스런 분위기를 자아낸다. 복도에 걸려 있는 액자들의 이미지들도 마찬가지이다. 한편으로는 인물의 불안한 감정을 간접적으로 드러내야 했기에 액자 자체의 존재감이 공간 내에서 과하게 표출되지 않도록 강약을 조절했다. 액자 속 그로테스크한 작품은 직접 제작했는데, 그렇기에 이 세트 디자인 작업이 더욱 의미 있고, 재미있던 작업이 될 수 있었다.

지하의 레드룸은 동방민의 숨겨져 있는 여러 인격들이 산재해 있는 공간이라, 복합적인 심리 상태가 느껴지게 구현했다. 이질적인 서커스맨, 마스터, 센터장 인격 등을 담아내기 위해서는 실제적이기라기보단 판타지적인 공간이 필요했다. 지하 계단을 내려와 창고를 거쳐 서커스 소품들로 가득 찬 방을 지나 동굴의 레드룸으로 진입하는 일련의 동선들은 마치 영화 <인셉션>에서 등장하는 '꿈 속의 꿈'과 같다고 할 수 있다. 인간의 깊은 무의식으로 진입해 숨겨진 인격들의 근원에 다가서는 과정인 것이다. 애초에 대본상에서의 레드룸은 지하에 있는 '방' 정도로 표현됐으나, 프리프로덕션 디자인 단계에서 박 감독님의 주도로 그 설정이 '동굴'로 확장됐다. 결과적으로 박 감독님의 아이디어는 내가 동방민 공간의 세계관을 확장하는 데 있어서 매우 크고 중요한 축이 됐다.

국민과 함께!
희망찬 미래!
비모지방경찰청
VIMO PROVINCIAL POLICE AGENCY

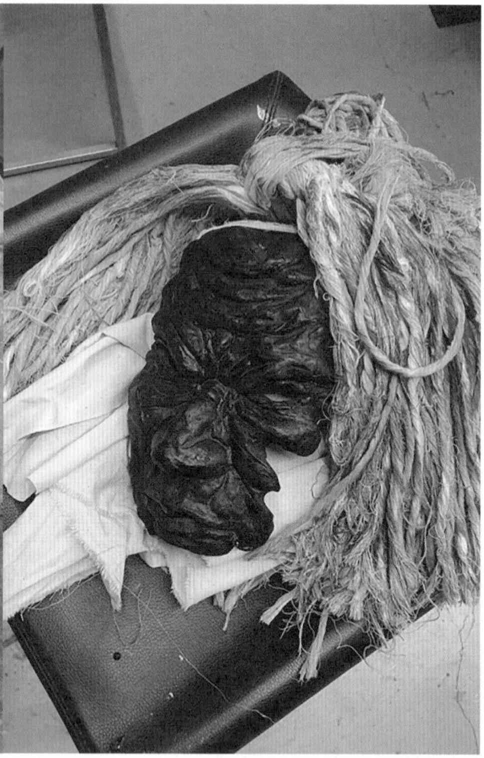

(좌), (우) 수광대신 탈 제작과정

소낭촌 관련 미술은 어떻게 작업했는지 궁금하다.

박 감독

드라마 내 비중이 큰 테마라서, 국내외 레퍼런스를 체크하며 연구를 많이 했다. 사이비 종교 단체이자 범죄 소굴인 소낭촌이기 때문에 기존에 잘 알려져 있는 종교 혹은 소수 종교의 이미지나 상징물을 함부로 변형하거나 왜곡하는 것이 매우 위험하고, 조심스러운 부분이 많았다. 최종적으로 우리나라의 기복신앙적인 샤머니즘을 기반으로 표현하되, 동양과 서양적인 요소를 섞어 사용했다. 작품 속 마리오네트 돌 인형의 경우, 제주도에서 돌로 작품 활동을 하고 계신 분들을 만난 것이 큰 도움이 됐다.

최 감독

가장 어려웠던 것은 텍스트로만 존재하는 '수광대신'을 실체화하는 일이었다. 외부 작가에게 요청하기엔 시간도 촉박하고, 콘셉트를 설명하기도 난해한 부분이 있어서 직접 작업을 진행했다. 처음 연출팀에서 가져온 레퍼런스는 사람의 얼굴 같으면서도 정체를 알 수 없는 이미지였다. 개인적으로 천상의 개념이면서 공포감을 주는, 불법을 수호하는 '금강역사(金剛力士)'가 가장 먼저 떠올라 그 느낌을 표현하려고 노력했다. 최종적으로는 신용휘 감독님과 다른 팀의 의견을 수렴해가며 수광대신 이미지를 완성할 수 있었다. 수광대신 탈도 필요했는데, 외부 업체에 요청하니 만들기가 불가능하다며 난색을 표했다. 결국 내부에서 작업하기로 결정하고, 지점토로 원형을 만든 후, 머리털까지 직접 붙여가며 완성했다. 여러 우여곡절이 있었지만, 마음에 드는 이미지와 탈이 나와서 결론적으로는 만족한다.

마지막으로 시즌 4만의 미술 콘셉트를 한마디로 표현한다면 무엇인가?

박 감독

한마디로 정리하면 '다면성'이다. 동방민이 다중인격의 빌런이란 점도 있지만, 사실 인간 누구나 내면에 다양한 모습을 가지고 있지 않나. <보이스>에서도 이야기가 전개되는 과정에서 등장인물들의 다양한 면모가 자연스럽게 표출된다. 장식물, 형태, 색채, 질감 등 공간의 구조와 요소에 이런 다면성을 반영하려 했고, 시청자들이 쉽게 공감할 수 있는 분위기를 만들어내기 위해 많은 공을 들였다.

최 감독

관심 있게 살펴보면 112 신고센터나 동방민의 레드룸 뿐만 아니라, 시즌 4 드라마 곳곳에서 인물의 다면성을 나타내는 요소들을 발견할 수 있다. 그런 것들을 눈여겨보면 시즌 4를 더 재미있게 즐길 수 있을 것 같다.

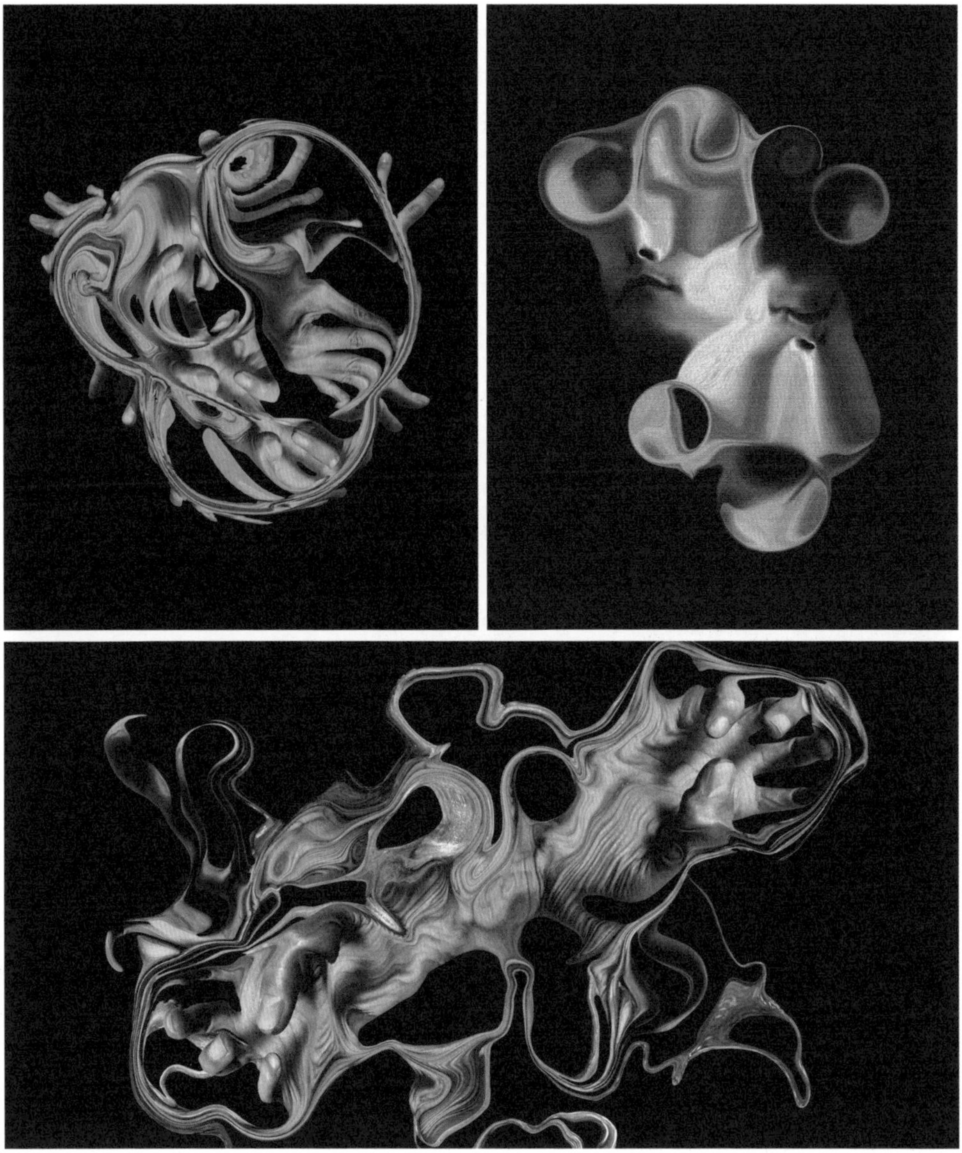

동방민의 집 거실 벽면에 걸려있던 액자 속 그림.
최광문 감독이 직접 작업했다.

8부 동방민의 레드룸에 갇힌 공수지

이강희 편집감독

- **<u>예상보다 편집 완성물이 만족스러웠던 장면이 있다면?</u>**

1부에서 데릭 조의 여동생인 리사 조(승아)가 소란스러운 현민의 집 안으로 들어갔다가 서커스맨의 살해 광경을 목격하고, 도망치는 장면이 있다. 누군가 밖에 있다는 걸 눈치채고 목격자를 찾아 나서는 서커스맨과, 다급하게 옆집에 몸을 숨기는 승아의 모습을 교차 편집했는데, 긴장감이 충분히 극대화 돼 편집감독으로서 만족스러웠다. 그 외에도 많은 장면이 있는데, 제주도에서 찍은 신(scene) 대부분에 공간 자체가 주는 이색적이면서도 압도적인 분위기가 있어서 컷을 고르는 고민이 즐거움으로 느껴질 정도였다.

<u><보이스> 시즌 4에서의 캐릭터별 편집 포인트가 있다면 무엇인지?</u>

권주의 경우에는 시청자들도 함께 권주의 감정에 이입할 수 있도록 청력의 시각화에 중점을 뒀다. 권주가 소리에 집중하는 순간 그 소리가 이미지로 변해 마치 사건 현장에 있는 듯한 느낌을 받도록 표현하고자 했다. 데릭의 경우, 그의 개인적인 이야기가 피해자의 입장을 대변하는 장면들이 많았다. 데릭의 감정을 최대한 살려서 시청자들이 그 감정에 오롯이 공감하며 함께 눈물을 흘릴 수 있도록, 화려한 편집 기법보다는 감정선에 진정성을 담아 편집하려고 했다. 전체적으로도 등장인물들의 감정선을 충실하게 따라가고, 감독님이 의도하신 표현의 디테일을 놓치지 않기 위해 최선을 다했다.

편집 과정에서 중점을 둔 부분이나, 작업하기 까다로운 부분이 있었다면?

서로 다른 장소에서 같은 시간대에 벌어지는 사건을 번갈아 보여주는 교차 편집을 효과적으로 사용하려고 했다. 범죄, 스릴러 장르에서 자주 사용하는 편집 기법인데, 어느 타이밍에 교차를 하느냐에 따라 긴장감과 리듬감이 달라지기 때문에 신중한 선택이 필요했다. 이 과정은 편집 감독으로서 깊이 고민해야 할 만큼 쉽지 않은 작업이었다. 다양한 에피소드들이 나오는 만큼 여러 가지 편집 기법들을 고려했고, 그중에서도 <보이스>와 가장 어울릴만한 기법들을 신중하게 선택했다. 무엇보다 시청자들이 극에 충분히 몰입해 마치 눈앞에서 사건이 일어난 것처럼 느끼며, 흥미진진하게 사건을 추리해 갈 수 있도록 작업했다.

또한 권주의 청력을 시각화하는 장면이 여러 번 등장하는데, 비슷한 패턴으로 읽히게 되면 극의 재미가 떨어지므로 각 장면마다 다른 느낌으로 접근하려고 했다. 디졸브(dissolve)와 짧고 빠른 컷, 그리고 다양한 효과를 적절히 사용했다.

공초·쓰레기
단투기 금지
시 과태료 부과

임하영 음악감독

- **시즌제 드라마 <보이스>에 참여하게 된 소감은?**

기존의 시즌에서 이미 상당한 시청률과 두꺼운 팬층을 확보한 작품에 참여한다는 것은 매우 영광스러운 일이었지만 부담도 그만큼 컸다. 최고의 스태프들이 이전 시리즈에서 만들어 놓은 색깔을 계승하면서도, 새로운 시즌만의 색깔을 만들어야 한다는 것이 숙제이고 도전이었다.

<보이스> 시즌 4의 음악 콘셉트를 간단히 소개한다면?

시즌 4의 음악 콘셉트는 '판타지'다. 주인공 강권주와 같은 모습을 하고 등장하는 빌런이나 가상의 섬 비모도를 배경으로 산, 바다, 도시를 넘나드는 이야기 전개 등이 판타지적 요소로 느껴졌다. 다양한 배경을 바탕으로 진행되는 이번 시즌의 스케일에 맞춰 판타지적인 요소들이 음악에 잘 녹아 날 수 있도록 진행했다. 드라마 음악은 음악적인 표현 자체보다는 장면과 인물을 정확히 파악하고, 이를 음악과 일치시키는 작업이 훨씬 더 중요하다. 정체를 짐작조차 할 수 없는 초청력 살인마의 테마곡은 몽환적이고 신비스러운 느낌의 도입부와 함께 오케스트라 사운드를 사용해 캐릭터를 보다 극적으로 표현하려 했다. 전반적으로는 인물과 사건들 사이에서 생겨나는 다양한 감정들과 자연스럽게 공명하는 음악을 통해, 각 장면에서의 감동의 진폭을 한층 넓히고자 노력했다.

보이스 시즌 4의 앨범 재킷

<보이스>는 '소리'를 핵심 소재로 하는 드라마이기 때문에 작업에 있어서 고려해야 할 부분이 많을 것 같다.

<보이스>의 가장 중요한 요소가 '소리'이기 때문에 음악을 삽입하는 포인트도 '소리'가 중요한 부분인지 아니면 음악적인 긴장감이 중요한 부분인지를 고려해 결정했다. 가장 어려웠던 작업은 극의 흐름을 끊지 않으면서 '소리'도 방해하지 않는 것이었다. 특히 강권주가 전화 너머로 '소리'를 듣고, 상황을 추리할 때는 음악이 주는 몰입감을 유지하는 동시에 시청자의 집중을 방해하지 않기 위해 애썼다. 또한 판타지적인 음악과 객관적으로 긴장감을 끌어올리는 음악을 리듬감 있게 배치하는 것도 매우 중요한 작업 요소였다.

특별히 애정이 가는 음악이 있다면?

치열한 사건 후에 휴머니즘적인 감정 신에서 흘러나오는 음악들에 특히 애정이 간다. 이 음악 작업을 하는 동안은 나 역시 가슴 아팠고, 다시는 이런 범죄가 일어나질 않길 바라는 제작진의 진심이 시청자들에게 오롯이 전해지길 바랐다. 장르물이긴 하지만, 결국 드라마 <보이스>는 생명을 살리기 위해 혹은 살아남기 위해 고전분투하는 사람들에 대한 이야기라고 본다. 음악으로 이런 메시지를 더욱 진정성 있게 표현하고자 했다.

5부 해녀할망의 숨비소리 촬영 장면

이민현 소도구 스타일리스트

● **가장 신경 쓴 소품, 소개해주고 싶은 소품이 있다면 무엇인가?**

매회 등장하는 모든 소품들을 많은 고민을 통해 만들지만, 가장 고민을 많이 하고 공을 들인 소품은 강권주 센터장 자리에 있는 콘솔(console)이다. <보이스> 1~3 시즌을 거치며 112 신고센터가 골든타임팀 내 초동 수사의 중심 부서로 자리매김했다는 것을 콘솔을 통해 상징적으로 보여주려 했다. 이전 시즌에 비해 컨트롤 판넬이 넓어지고, 모니터도 탑재하는 등 고민한 만큼 구현이 잘 되어 뿌듯했다. 부수적인 소품이긴 하지만 소낭촌에서 사용하는 돌 인형을 직접 만들었던 것도 기억에 남는다. 실제 돌을 깎아 만들면 너무 무거울 것 같아, 여러 방안을 연구하다가 플라스틱 재료로 제작을 했다. 그런데 처음 의도했던 것과 달리 돌의 느낌이 잘 구현되지 않아 결국 제주도 현지에 계신 전문 작가님께 제작을 의뢰해 완성했다. 더 좋은 결과물이 나온 것은 다행이었지만, 연구도 많이 하고 공을 들여서 제작했던 소품이기에 아쉬움이 더욱 컸다.

<보이스> 시즌 4의 소품 제작 및 세팅 과정에서 기억에 남는 에피소드가 있다면?

112 신고센터 상황실에 설치한 메인 모니터는 멀티비전[1]을 조합해 사이즈를 맞춰야 하기에 크기도 크고 무게가 많이 나간다. 그렇기에 세트 기둥과 멀티비전을 어떻게 튼튼하게 연결할지를 고민했다. 세팅하기 전부터 문제가 발생하

1 크게 하나로 합성하거나 멀티디스플레이를 위해 화면을 결합하는 장치를 써서 연출하는 표현 설비

지 않도록 실무 담당자들과 협의를 하면서 진행을 했음에도, 세팅 후에 가운데 멀티비전 한쪽이 기울어져 아찔했다. 어마어마한 추가 작업이 예상됐기에 보자마자 본능적으로 '큰일 났다, 도망가고 싶다'란 생각이 먼저 들 정도였다(웃음). 결국 시연을 마친 다음 다음 소품들을 보호하기 위한 보양 작업을 하고 멀티비전 세팅을 다시 해 112 신고센터 상황실이 안전하고 완성도 있게 마무리되었다.

시즌 4 소품 제작 시, 특히 염두에 둔 점이 있다면?

같은 공간이라도 어떤 소품을 어떻게 세팅하느냐에 따라 느낌이 완연히 달라진다. <보이스>에서는 강렬한 사건들이 연속적으로 벌어지는 장르 특성상 공간 대부분이 어둡고 무겁게 표현되기 쉬웠다. 그러나 <보이스>는 골든타임을 사수하기 위해 최선을 다하는 경찰의 이야기인 동시에 실수나 갈등도 하며 살아가는 우리 이웃의 이야기이기도 하다. 따라서 드라마 전체를 놓고 봤을 때 전반적인 공간의 느낌이나 분위기가 너무 어둡거나 딱딱하지 않도록 톤을 조절하는 데 중점을 뒀다.

골든타임팀 상황실이나 경찰서의 경우 경찰들이 각각의 공간에서 현실감 있게 존재할 수 있도록 업무의 개성에 맞게 소품들을 세팅했다. 범죄 현장의 경우에는 피해자가 느끼는 감정에 시청자가 잘 몰입할 수 있도록 공간과 분위기를 리얼하게 전달하기 위해 노력했다.

센터장

N : 32°, E : 128°
A : 1932.94km²
R-road : 192km
C-line : 268km
P : 719,032
영 림 구
모심읍
도삼동
순동
진벽동
사가동
상연동

센터장

생각을 바꾸면 미래가 보인다
경 찰
서비스맨 일가족 연쇄살인사건
1차 주광시 도정동 (20. 9. 25) PM 21:00
2차 : 양영시 월덕마을 (20.12.25) AM 00:00
3차 : 서울 상계동 (21. 3. 25) PM 20:05
서울 상계동 두번째 (21. 3. 25) PM 20:40
미국인 Lisa Cho
사건 간 유사점들
① 흉기
② 알권구
③ 10대 존속살인으로 위장한 가족 파괴범
④ 핸드폰 X ⑤ 날씨 - 우비?
※ MD036편 PM 21:15 신체조건이 유사한 여성탑승객들
<공수지 동영상>
- 의문의 남성?
- 특수분장 가능성
<범인 프로파일링>
- 30대 중반 여성
- 우비, 검은 부츠
- 170cm?
- 특수분장 가능성
* 동일범으로 추정 (목격자 증언과 일치.
* 메일발신 IP 주소
420.571.295.108 420.571.295
중국 자리성으로 추적
비오시 원상구 원상길 3 다래PC방 추적

POLICE
비모지방경찰청
동방민, 36세
176cm/60kg
미국 유학 당시 특수분장 전공
미국 뉴웨이브 SFX
특수분장 스튜디오 대표
① 엄석구 - 서커스맨
② 심영섭
- 가정교사
③ 센터장
<앵그리 CCMAN 쪽지>

박인수 분장미용실장

● **장르물인 만큼 특별하게 제작, 구상해야 하는 부분이 많을 것 같다. 개인적으로 가장 만족스러운 분장 캐릭터와 장면을 소개한다면?**

등장인물 중에 개 농장을 하는 아버지 밑에서 학대를 받으며 자라 동물망상증에 걸린 '구업진'이란 인물이 있다. 자신이 들개라고 생각해 짐승처럼 사람을 물어뜯기도 하고, 들개들을 이용해 범죄를 저지르는 일명 '들개 남자'다. 들개 남자라는 외형적 이미지를 완성하기 위해 치아를 제작했다. 빠져버린 앞니, 누렇다 못해 검게 변색된 치아, 삐뚤삐뚤한 치열을 통해 비참하게 살아온 구업진의 삶을 실감나게 표현한 것 같아 만족스러웠다. 특히 살려달라고 애걸하는 피해자에게 치아를 드러내며 웃는 장면이나, 개 사육장에 나타난 형사들과 대치하며 소리 지르는 장면 등이 뇌리에 강하게 남았다. 발음이나 연기하는 데 있어 많이 불편했을 텐데, 구업진의 진짜 치아처럼 자연스럽게 연기해주신 김중희 배우님께 진심으로 감사하단 말을 전하고 싶다.

<보이스> 시즌 4에서 가장 기억에 남거나 공을 들인 분장을 꼽는다면?

동방민의 인격 중 하나인 서커스맨 분장이 가장 기억에 남는다. 서커스맨은 동방민의 다중 인격 중에서 가장 판타지하고 외형적으로 도드라지는 캐릭터다. 분장은 대본을 기반으로 감독의 입장뿐만 아니라 시청자의 입장까지 종합적으로 고려해 진행하게 되는데, 신용휘 감독님께서 최대한 자연스러운 분장을 원하셨다. 그래서 피에로의 상징인 하얀 얼굴은 피부와 이목구비가 비칠 정도로

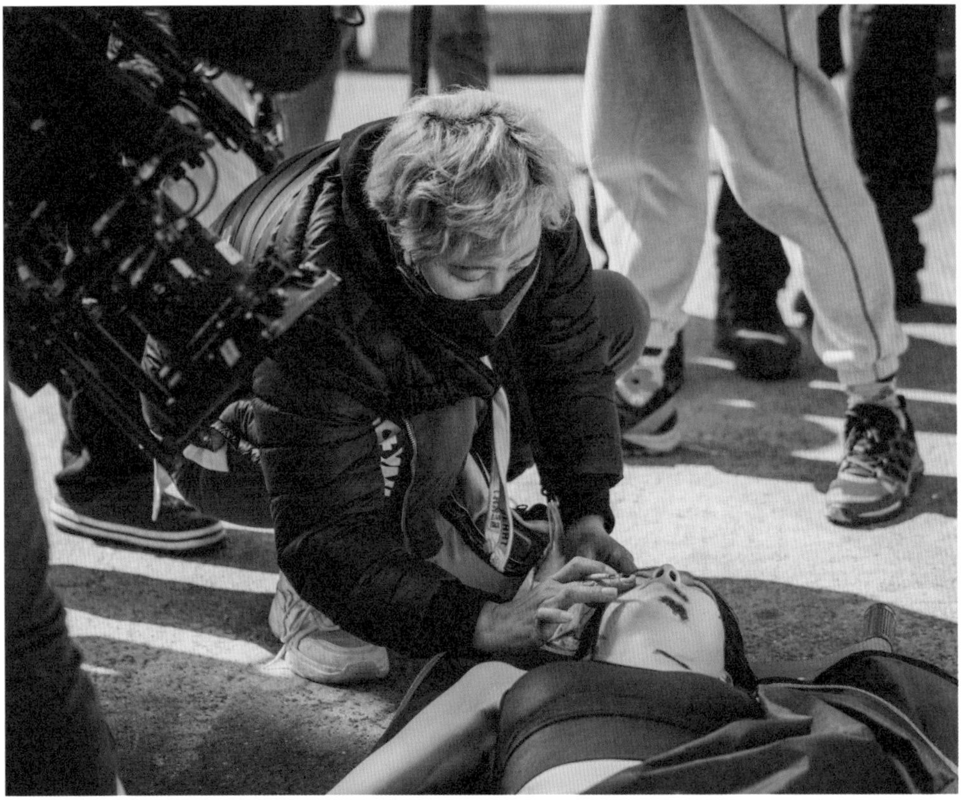

얇게 처리했고, 커다랗게 찢어진 빨간 입술도 너무 과하지 않는 선에서 마무리 했다. 메이크업에서 힘을 뺀 대신 헤어에서 강한 인상을 만들고자 했다. 동방민이 범죄 타깃을 정할 때 '서커스 삐에로'란 게임을 이용하는데, 이 게임에 등장하는 피에로 캐릭터와 비슷한 가발을 제작해 서커스맨의 분장을 완성했다.

극 중 리얼리티를 살리기 위해 노력한 부분이 있다면?

이전 시즌과 같은 배역으로 출연하는 분들의 경우 시즌의 연결 선상을 고려해 분장하는 것이 리얼리티를 살리는 데 중요한 부분을 차지했다. 시즌을 거듭하며 쌓아온 캐릭터의 이미지와 심리를 파악한 후, 최대한 이전과 비슷한 분위기를 살리는 방향으로 접근했다. <보이스> 시즌 4에서 새롭게 합류했거나, 에피소드별로 등장했다가 퇴장하는 캐릭터의 경우 철저한 대본 분석을 통해 분장 이미지와 분장의 강약을 조절했다. 분장의 역할은 배우의 캐릭터와 연기를 보조해 시청자가 몰입할 수 있도록 돕는 것이기 때문에 아이러니하게도 시청자가 분장이라는 것을 의식하지 못해야 성공한 분장이다. 따라서 캐릭터 설정도 최대한 사실적으로 표현했고, 분장이 배우의 캐릭터에 자연스럽게 녹아들도록 노력했다.

황효균 특수분장실장

● **<보이스> 시즌 4의 특수분장 작업 중에서 특별히 까다로웠거나 중점을 둔 부분이 있다면?**

3화에서 개가 사람을 공격하는 신이 있었다. 사전에 훈련이 잘 된 개라고 하더라도 환경이 바뀌면 연기가 되지 않을 수 있고, 갑자기 공격적인 행동을 보일 수도 있기 때문에 개 머리 모양의 퍼펫 제작을 결정했다. 허구의 캐릭터가 아니라 실제 출연하는 개 머리 퍼펫을 제작하는 것이기 때문에 크기, 형태, 색상, 질감 등 세세한 부분까지 정교한 작업이 필요했다. 특히 개가 사람을 물어뜯는 등 공격적이고 위험한 장면도 있었기 때문에 촬영 시 배우의 부상을 방지하기 위해 이빨이나 잇몸 등은 부드러운 실리콘으로 제작했다. 다행히 실물에 가까운 완성도 높은 퍼펫이 제작돼 만족했다.

동방민이 거울 앞에 앉아 강권주 얼굴을 한 실리콘 가면을 벗는 장면은 시즌 4에서 가장 인상 깊은 장면 중 하나로 꼽힌다. 강권주 얼굴 가면 제작 시 특히 신경 쓴 부분이 있다면?

우선 강권주 센터장과 닮아야 했기 때문에 이하나 배우의 얼굴을 본떠 실리콘 가면을 제작했다. 'SFX 특수분장 스튜디오를 운영했던 전문가'라는 동방민의 캐릭터 설정을 반영해 시청자의 입장에서도 사실적이면서도 완성도 높은 가면으로 보이도록 공을 들였다. 특히 머리통이 큰 남자가 머리통이 더 작은 여자의 가면을 쓰는 설정이라, 가면을 벗는 모습이 어색해 보이지 않도록 신경을 썼다.

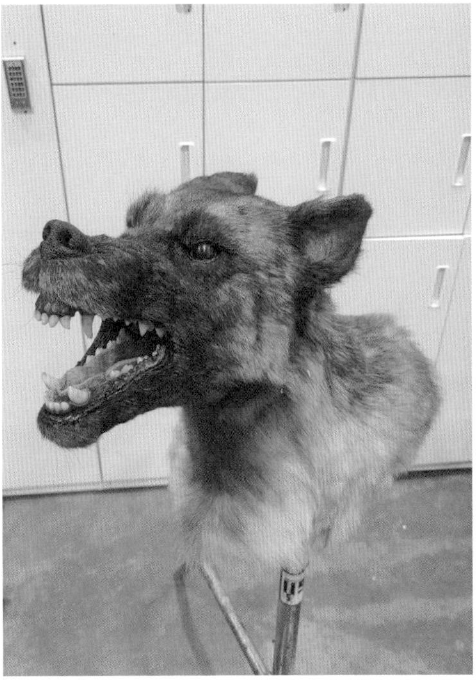

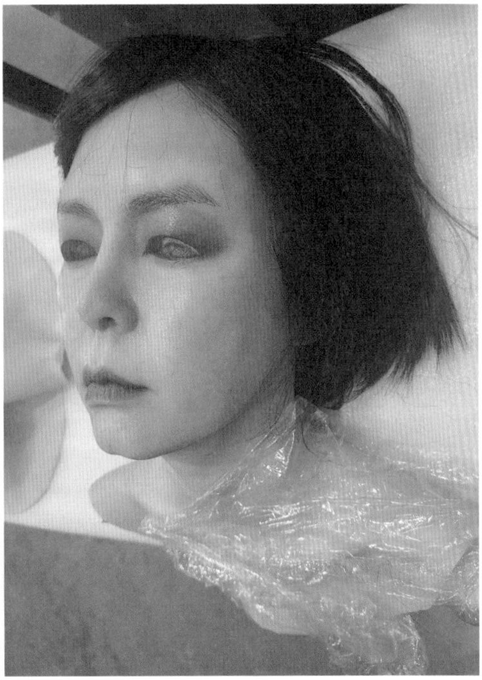

(좌) 개 머리 모양의 머펫
(우) 강권주 얼굴의 실리콘 가면

양길영 무술감독

● **<보이스> 시즌 4에서 액션이 차지하는 비중이 크다. 무술을 구상하는 과정 중 가장 고민한 부분이 있다면?**

서로 때리고, 맞는 장면 자체보다는 급박한 상황 속에서 경찰이 범인을 제압하려면 어떻게 해야 하는지에 대해 먼저 고민했다. 화려하고 큰 동작보다는 정확하고 간결한 움직임으로 리얼함을 강조하려 했다. 데릭 조는 어린 시절에 미국인 경찰 간부 집으로 입양돼 자랐고, 현재는 LA 경찰서 내 갱 전담 팀장이다. 한국에 아픔이 있는 입양아 출신의 데릭 조라면 더욱 미국식 운동을 했을 거라고 판단했다. 그래서 미국 내 인기 스포츠인 미식축구나 레슬링을 액션에 접목시켜 몸으로 들이받고, 집어던지는 등의 기술을 많이 넣었다. 순식간에 상대를 넘어뜨리는 테이크 다운(take down)의 경우는 프로레슬링, 유도 기술을 응용했다.

시즌 4의 대표적인 액션 장면을 소개한다면?

에피소드 '저승개가 사는 길'에서 데릭 조가 개들에게 쫓기고, 싸우는 장면이 있다. 화려하고 스케일이 큰 장면은 아니지만, 웬만한 추격 신 보다 긴장감과 박진감이 넘친다. 다만 촬영 당시 개들과 합을 맞추는 것이 어려워 모두 고생했던 기억이 난다. 액션 신의 경우 사전에 회의와 리허설을 통해 빈틈없이 합을 맞추고, 안전하게 촬영한다. 그러나 개들이기 때문에 전문적으로 훈련이 됐더라도 한계가 있었다. 쫓아와야 하는데 지나가기도 했다. 또 개들이 흥분된 상태에

서 진행하면 위험할 수도 있어 한 컷 한 컷 조심해서 촬영했다.

촬영장에서 있었던 흥미로운 에피소드가 있다면?

액션 장면을 만드는 무술감독이다 보니 배우들의 액션에 절로 눈이 가고, 액션 장면들도 기억에 생생하게 남아있다. 가장 인상 깊었던 액션 신을 꼽자면 송승헌 배우가 개 사육장 1층에서 2층 난간으로 뛰어 올라가는 장면이다. 당연히 와이어를 사용할 거라고 예상하고 준비했는데, 와이어 없이 올라가서 놀라웠고, 살짝 머쓱하기도 했다(웃음). 데릭 조가 범인을 쫓다가 차에 부딪히는 장면에서도 대역 배우 없이 직접 액션을 훌륭하게 소화해 감탄이 절로 나왔다. 백성현 배우의 경우에는 배 위에서의 격투 신부터 난간에서 점프해 범인을 잡는 아찔한 장면까지 모든 액션을 대역 없이 소화했다. 촬영 내내 액션을 향한 뜨거운 열정을 보여준 두 배우들과 함께 나중에 액션이 중심인 장르에서 제대로 된 액션 연기를 해보고 싶다. 또 화장실 유리가 총에 맞아 산산조각 나는 장면이 있었는데, 상해 위험도가 낮은 조각난 '강화 유리' 대신 아주 단단한 '강한 유리'가 현장에 도착하는 웃지 못할 해프닝도 있었다. 유리가 얼마나 단단했던지 화약을 터트렸는데도 깨지지 않아 현장에서 합을 바꿨다.

시청자들이 어떤 부분을 중점적으로 봐주길 바라는지?

첫 회부터 치열한 숲속 추격전과 맨몸 격투, 총격 액션 등 역동적인 액션 시퀀스가 많았다. 무술감독으로서 안전을 최우선으로 하며, 최고의 결과물을 만들고자 노력했다. 후반으로 갈수록 타격기 위주로 동선을 만들었다. 특히 동방민과 데릭의 총격전은 마지막으로 치닫는 두 사람이 감정을 폭발시키며 모든 것을 걸고 맞붙는 장면이라, 타격감 넘치는 액션으로 몰입도를 높이고자 했다. 동방민의 다중인격 중 하나인 '소년 동방민'의 경우 몸놀림이 날렵하고 기술도 강한 인격이라, 타격기를 넣어 동방민 액션의 느낌을 바꿔보려 했다. 시즌 4의 내용이 워낙 재미있고, 구성도 탄탄하기 때문에 드라마 전체를 본다면 액션은 거들 뿐이라고 생각한다. 결국 액션도 연기이기에 상황과 배경이 맞물려 물 흐르듯 자연스럽게 펼쳐지는 액션을 편하게 봐주셨으면 좋겠다.

무술 감독의 영상 콘티. 최종 콘티는 연출을 담당하는 신용휘 감독과 의견을 나누며 완성되는데,
보다 원활한 의사소통을 위해 동영상 콘티가 제작되었다.

TRAP

이하나 배우
시즌 1·2·3·4 강권주 역

초청력을 가진 보이스 프로파일러이자 골든타임팀을 이끄는 센터장 강권주는 <보이스>의 뿌리 같은 존재다. 네 시즌을 이끌어가는 중심인물로 참여하는 감회가 남다를 것 같은데, 소감은?

언제나 감사하다. 강권주는 어린 시절부터 한번쯤 꿈꿔보았던 리더의 모습이었다. 흔들림 없이 정의를 추구하는 권주를 연기하며 많은 영감을 얻었다. 길다면 길었던 4년의 여정에서 대본과 현장, 그리고 사람을 통해 많은 것을 배웠다. 이 배움을 통해 많은 것들이 나에게 스며들 수 있었다. 그 여정에 감사하다.

시즌 4에서 새롭게 보여지는 강권주의 모습과 함께 이전 시리즈에는 없는 시즌 4만의 매력을 꼽자면?

시즌 3에서 나홍수 계장님과 도강우 형사의 희생으로 권주가 느낄 아픔의 심연이 더욱 깊어졌을 것이라고 생각했다. 이로 인해 권주 삶의 빛은 앗아갈 수 있지만 악에 대응하는 뿌리는 더 깊게 내려지리라 기대할 수 있었다.

그리고 시즌 4에서 권주가 청각을 결정적으로 발휘하게 되는 시점에 청각이 시각화 되는 부분이 보강됐다. 그동안 대본에서 표현됐지만 막상 현장에서 찍어야 할 것들이 너무 많다 보니 대본만큼 표현하지 못했는데 이번 시즌에서 처음 시도됐다. 그 장면들을 보며 참 뿌듯했다.

자신과 같은 얼굴, 같은 초청력의 능력을 가진 도플갱어 빌런까지 소화했다. 어떤 부분에서 가장 신경을 썼나?

'동방민의 어린 시절, 잠시 스쳤던 기억으로 흡수된 강권주'라는 설정이 무척 흥미로웠다. 개인적으로 <보이스>의 명대사라고 꼽는 "사람들에겐 각자만의 깊은 우물이 있고 그 우물을 어떻게 관리하냐에 따라 맑은 물이 나오기도 썩은 물이 나오기도 한다"는 <보이스> 시즌 3의 대사가 기억나는 부분이었다. 다른 환경에 지배된 권주의 내면을 생각해 보는 것에 가장 신경을 썼다. 그리고 옷과 메이크업에 대한 수많은 회의를 통해 캐릭터의 입체감을 만드는 데 많은 도움을 받았다. 뜻깊고 특별한 작업이었다.

<보이스> 작품을 전 시즌 함께 하면서 특별하게 애정이 가는 시즌의 강권주가 있다면 어떤 시즌인지? 이유는?

권주에 대한 애정은 늘 같았기 때문에 캐릭터를 향한 애정으로 어느 시즌을 꼽을 수는 없을 것 같다. 다만, 돌이켜 봤을 때 가장 행복했던 시즌은 있다. 공교롭게도 날씨는 심한 무더위였고 열악한 여건이었지만, 왜인지 고생도 많이 했고 새로운 시도도 많았던 시즌 2를 나는 마음속으로 가장 사랑하고 있다. 특히 3화에서 희주와 지욱이를 구조하고 상황실 바로 옆 회의실에서 기다리시던 부모님에게 달려가 소식을 알리며 마음 벅차하던 때를 떠올리면 행복해진다.

<보이스> 그리고 강권주가 시청자들에게 어떻게 기억되기를 바라는지.

<보이스>는 나에게 언제나 정의로움을 일깨워 주는 작품이었다. 더불어 도움이 필요한 세상의 약자들을 찾아가는 작품이기도 했다. 작품을 하면서 어떤 상황에 놓이더라도 구해줄 것 같은 팀이 세상에 존재한다는 믿음과, 3분이라는 시간은 한 사람의 인생을 바꾸기에 충분하다고 믿고 투지를 발휘하는 사람들이 존재한다는 희망도 가질 수 있었다. 그 안에 살아간 강권주라는 한 사람의 삶에는 아픔도 있었지만 분명 찬란했을 것이다. 여러분들에게 <보이스>와 권주가 그런 기억으로 남기를 바라본다.

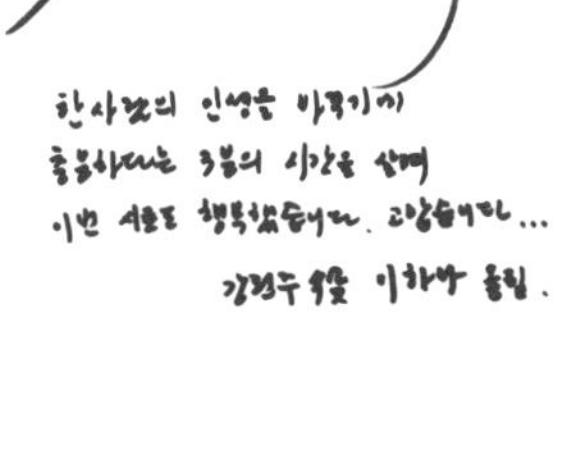
한 사람의 인생을 바꾸기에
충분하다는 3분의 시간을 살며
이번 시즌도 행복했습니다. 고맙습니다...
강권주 역 이하나 올림.

이하나가 맡은 강권주는 상처받은 이들을 위로하는 센터장으로 사건의 피해자들에게 진심어린 사과를 전하고 있다. 강권주의 사과는 단순 에피소드 중 하나일 수도 있지만 사과할 줄 아는 리더로 캐릭터가 발전하고 있다는 것을 보여준다. 또한, 9화에서 강권주의 사과가 박은수로 통해져 피해자에게 애정 어린 조언이 되고 피해자가 새로운 결심을 했다는 것에 주목할 필요가 있다. 리더의 진정성 있는 사과는 긍정적인 방향으로 움직일 수 있게 만든다는 것을 확인할 수 있다.

천상욱 기자

강 권 주
KOREAN NATIONAL POLICE AGENCY

경
POLICE

송승헌 배우

시즌 4 데릭 조 역

드라마 복귀작으로 <보이스> 시즌 4를 선택했다. 출연하게 이유와 소감은?

워낙 좋아했던 작품이라, 작품 제안을 받았을 때 무척 기뻤다. 다만 <보이스>가 우리나라를 대표하는 완성도 높은 시즌제 드라마이고, 이미 탄탄한 팬덤을 구축하고 있기 때문에 솔직히 부담이 컸던 것도 사실이다. 또 현장에 잘 적응할 수 있을지 걱정이 됐는지 악몽까지 꿨다(웃음). 학창 시절에 전학을 가본 적은 없지만, 아마 전학생이 이런 기분일 거라고 생각했다. 그런데 막상 촬영장에 가니, 이하나 배우를 비롯해 골든타임팀원들이 너무 반갑게 또 따뜻하게 맞아주셨다. 현장 분위기도 너무 좋고, 호흡도 잘 맞아서 '좋은 대본을 어떻게 잘 표현할 수 있을까'에만 집중할 수 있었다.

이전 시즌의 형사 캐릭터들이 워낙 강렬해서 부담이 컸을 것 같다.

출연을 결정하고 가장 먼저 든 생각이 이전 시즌의 무진혁(장혁 배우) 형사나 도강우(이진욱 배우) 형사와는 다른 모습을 어떻게 보여줘야 할지에 대한 고민이었다. 그러나 막상 대본을 보고 난 후에는 그런 고민을 많이 덜었다. 한 회, 한 회가 기대한 것 이상으로 스릴 넘치고 재미있어서 데릭 조라는 캐릭터도 '대본에 써 있는 것만큼만 잘 표현하면 되겠다'고 생각했다. 시즌을 계속 이어온 이하나 배우, 손은서 배우에게 조언도 구하고, 감독님과 함께 새로운 뭔가를 추가할 수 있을지 상의도 해가며 데릭 조만의 색깔을 보여주려고 노력했다.

대본이 너덜너덜해질 정도로 작품과 캐릭터 연구를 많이 했다고 알고 있다. 송승헌 배우가 생각하는 데릭 조는 어떤 인물인가?

데릭 조라는 캐릭터에 스며들기 위해서는 가장 중요한 것이 캐릭터의 심리와 정서를 이해하는 것이었다. 데릭 조는 어릴 적 해외 입양을 간 캐릭터로 입양 후 일어나는 일련의 사건들이 데릭 조가 현재의 인격으로 형성하는 데 큰 작용을 미칠 뿐만 아니라 <보이스> 시즌 4의 후반부 사건들과도 연결되기 때문에 그 감성이나 삶을 어떻게 이해하고 연기할 수 있을지 고민이 많았다. 이러한 캐릭터의 데릭 조를 내가 어떻게 이해하고 연기할 수 있을까 고민하던 차에 마진원 작가님이 책을 한 권 선물해주셨다. 벨기에로 입양되었지만 현재 성공한 감독이자 작가로 살고 계신 분의 에세이였다. 이 책에는 이방인의 삶과, 고국에 대한 기억, 그리고 가슴속 깊이 남아있는 그리움 등이 잘 표현되어 있었다. 간접적인 체험이긴 했지만, 연기할 때 그 책이 정말 큰 도움이 됐다.

데릭 조는 다방면의 지식을 활용해 수사하는 예리함, 부드러운 카리스마를 갖춘 외유내강형 형사다. 현장에서 긴급 응급처치가 필요할 때면 의대에서 배운 의술로, 즉각적인 감식이 필요하면 범죄현장감식반(CSU) 경험을 활용해 생명을 구해낸다. 특유의 짐승 같은 감각으로 괴물로 불린 무진혁 형사(시즌 1), 범인의 마음을 읽는 사이코패스 도강우 형사(시즌 2~3)가 '아픔을 지닌 거친 남성미의 상징'이었다면, 데릭 조는 어떤 상황에서도 인간과 경찰로서의 품위와 자존심을 잃지 않는 형사다.

백인우월주의자이자 경찰 간부인 양부에게 가정폭력과 학대를 당한 아픈 과거가 있는 데릭 조는 역설적으로 이런 과거 때문에 가족 폭력이나 아동 학대를 겪은 피해자 또는 가해자에게 설득력 있게, 진심으로 다가간다. 3부에서 동물망상증에 걸린 범인이 개처럼 데릭 조를 물어뜯는 장면이 있다. 데릭 조는 범인에게 총을 들이미는 대신 "넌 그냥 사람이 그리웠던 거잖아", "스스로 나가. 가서 인간으로 살아"라며 진정성 있게 설득한다. 피해자에게도 "아들도 이제 알고 있을 겁니다. 어머니가 얼마나 노력했는지. 그러니까 너무 자책하지 마세요"라고 위로를 전한다. 이전 시즌이라면 강권주 센터장이 도맡아 전했을 말들이었다. 이런 점들이 이전 시즌의 형사들과의 다른 데릭 조 형사의 진면목이라고 생각했다.

이전 시즌에서는 볼 수 없는 시즌 4만의 매력은 꼽는다면?

장르 특성상 쫓고 쫓기는 액션을 논하지 않을 수는 없지만, 이야기만으로도 충분히 흥미진진하고,배경이 주는 볼거리까지 넘치는 시즌이 될 것이다. 과거부터 이어져 내려오는 동방민과 데릭 조의 악연, 초청력 보이스 프로파일러 강권주 센터장과 왼팔에 무통각증을 앓고 있는 데릭 조가 서로를 이해해가는 과정, 흉악범들을 제압하고 피해자를 구해내는 데릭 조와 골든타임팀의 통쾌한 활약이 시청자 분들에게 짜릿한 카타르시스를 선사할 것이라고 기대했다.

액션 장면이 많은데, 소화하기 어렵진 않았는지 궁금하다. 가장 명장면을 꼽는다면?

다른 작품에서도 액션을 여러 번 해봤지만, 작품 두 개를 함께 촬영하는 느낌이 들 정도로 액션 분량이 많기는 처음이었다(웃음). 범인들을 추적하는 장면이 대부분이다 보니, 액션 신을 촬영하고 뒤돌아보면 또 다른 액션 신이 기다리고 있었다. 찍으면서 힘은 들었지만, 역동적인 액션 장면이 많아 시청자분들께서 시원시원하게 보실 수 있을 거라 생각했다. 촬영하면서 고생하고 기억에 남는 장면은 너무나 많은데, 아무래도 모심숲에서 개들에게 쫓기고, 개들과 싸웠던 상황이 가장 기억에 남는다. 대본을 받고 나서 감독님께 이걸 어떻게 촬영하실 건지 따로 여쭤볼 만큼 막막했다. 동물과 촬영하는 것이 결코 쉽지 않은데, 다행히 촬영을 무사히 잘 끝냈고, 결과물도 잘 나와 흡족했다.

마지막으로 송승헌에게 <보이스>란 어떤 의미인가?

이전부터 매우 좋아하던 작품이었기 때문에, 참여하게 된 것 자체만으로도 너무나 기쁘고, 행복하다. 기존에 어떤 작품보다 더 열심히 하려고 했고, 말 그대로 열심히 뛰어다녔다. 마음 같아서는 <보이스> 시즌 40까지도 하고 싶을 만큼 애정이 가는, 나에게 특별한 작품이다.

데릭조로 지내온 지난 6개월
영원히 기억하겠습니다.

2021. 7. 28.

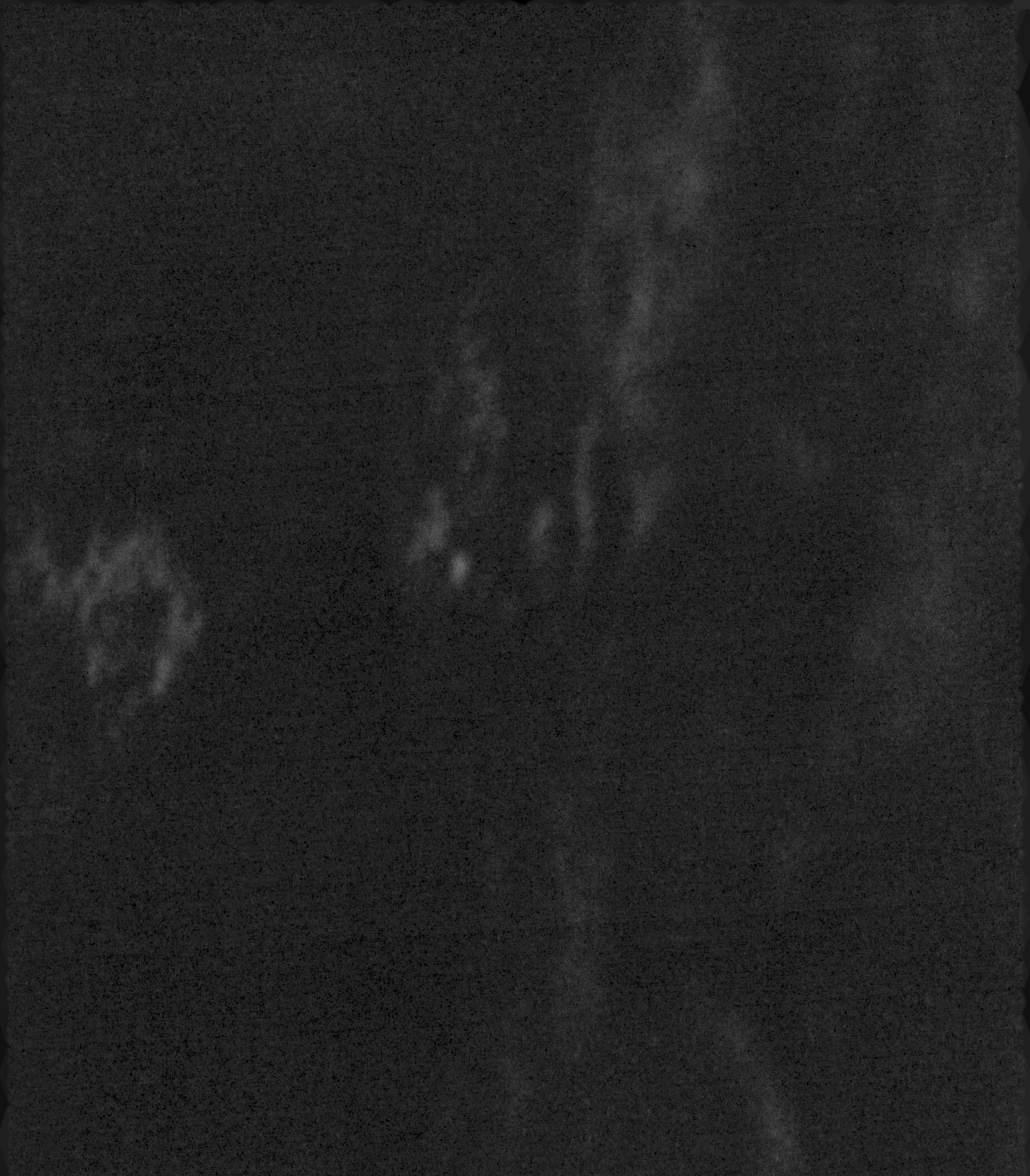

송승헌이 맡은 데릭 조는 이전 시즌에서 현장 출동팀을 이끌던 캐릭터들과는 다른 섬세함을 가지고 있으면서 무척 성숙한 인물로 설정되어 있다. 따라서 데릭 조는 현장에서 무작정 앞만 보며 달리는 형사가 아니라, 사건에 몰두하면서도 사람과 사람의 마음을 중요하게 여기는 것이 습관화되어 있는 인물이라고 할 수 있다.

천상욱 기자

ARRI
ARRI
25
REC

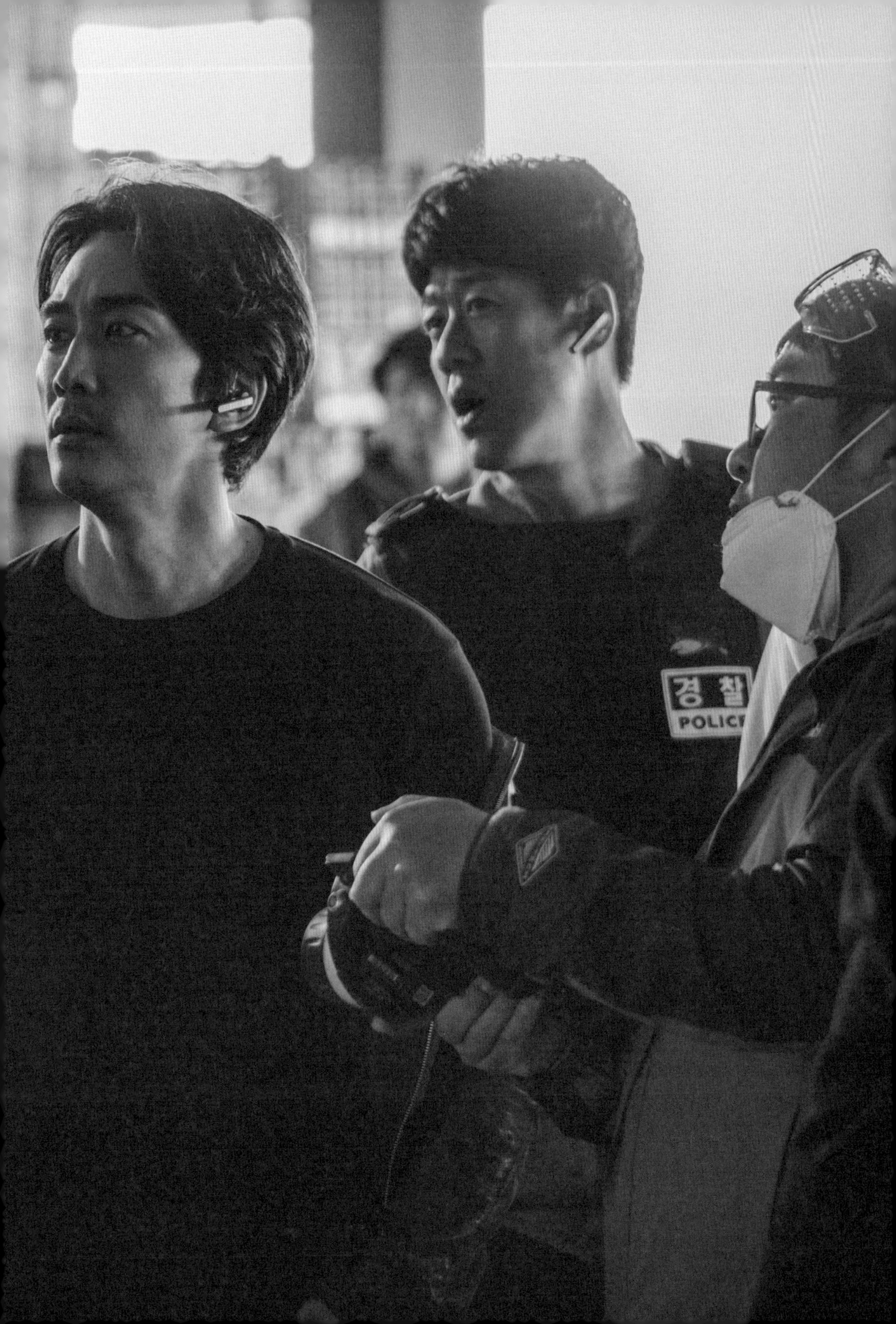
경찰
POLICE

이규형 배우

시즌 4 동방민 역

<보이스> 시즌 4에 참여하게 된 이유와 아동 학대로 인해 탄생한 다중인격 연쇄살인마 동방민 역할을 접했을 때 첫 느낌은?

'내가 이 역할을 소화해낼 수 있을까' 하는 걱정이 먼저 앞섰다. 연극 무대에서 1인 다역 연기를 많이 해보긴 했지만, 한 인물 안에서 여러 인격이 존재하는 연기는 처음이었다. 동방민은 다인성 망상 장애를 가진 캐릭터다. 동방민은 겉으로 보기엔 부드러운 인상의 친절한 보이스를 지닌 선한 인물이지만, 내면에는 스스로를 '서커스맨'으로 칭하는 살인자 인격과 자신을 강권주 센터장의 샴쌍둥이라고 주장하는 센터장 인격, 이들과 함께 살인을 도모하는 마스터 인격, 그리고 착한 동방민, 진짜 본체의 인격이자, 가장 잔혹한 인격이기도 한 소년 동방민 인격이 존재한다. 내면의 인격들은 서로 실시간으로 대화를 하기도 하며, 대치하거나 협력을 통해 살인을 저지른다. 시놉시스에 나와 있는 설명만으로도 '결코 쉽지 않는 작업'이 될 것이 분명했지만, 배우로서 욕심이 나는 배역이기에 도전을 하게 됐다. 마진원 작가님과 신용휘 감독님 덕분에 동방민 역을 철저하게 준비하는 것이 가능했다.

다중인격을 앓고 있는 동방민 역의 준비 과정이 궁금하다. 준비하면서 가장 어려웠던 점과 특별히 준비한 것이 있다면?

시작은 동방민 내 다중인격들이 각각 무엇을 원하는지, 어떻게 인격들이 형성됐는지 이해하는 것이었다. 인격별로 전사(前史)를 탄탄히 하기 위해 마진원 작가님을 좀 괴롭혔던 것 같다(웃음). 감사하게도 작가님께서 이미 인물별 전사와 특징, 인격이 형성되게 된 과정들을 자세히 준비해 놓으셔서 많은 도움이 됐다. 외적으로는 체중 감량을 8~10kg 정도 했다. 인격이 실시간으로 교체되고, 대화가 가능한 드라마 설정상, 인격별 변화를 더욱 극명하게 표현해야 했다. 이를 위해 성격, 목소리 톤, 숨소리, 움직임, 걸음걸이, 얼굴 근육의 사용법 등을 각각 다르게 보이도록 노력했다. 다만 작위적으로 보이거나 이질감이 들지 않도록 최대한 미세한 차이를 두려고 했다. 가장 어려웠던 점은 내가 가진 소리 안에서 인격별로 차이를 두는 것이었다. 목소리만으로 인격들을 표현하는 건 아니지만, 목소리가 캐릭터를 표현하는 시작점이나 마찬가지이기 때문에 가장 고민을 많이 했다. 특히 서커스맨일 때는 목소리 톤이 다른 인격들과 완전히 달라서, 더욱 신경을 썼다.

기억에 남는 촬영 장면이나 감독, 배우들과 얽힌 에피소드가 있다면?

'소년 동방민' 인격으로 고월시장에서 송승헌 선배님과 촬영했던 액션 신이 가장 기억에 남는다. '소년 동방민'은 진짜 본체의 인격으로, 모습을 드러내지 않고 관망만 하기 때문에 거의 끝까지 베일에 싸여있던 인격이다. 다른 인격과 비교되지 않을 정도로 잔혹하며, 살인을 즐기는 사이코패스에 남의 고통뿐만 아니라 자신의 고통까지 즐기는 자학적 성향이 있다. 몸놀림이 날렵하고, 칼이나 총을 다루는 기술, 격투까지 능하기 때문에 송승헌 선배와 정말 처절하게 싸웠다. 촬영 장소가 낡은 건물 지하 복도였는데, 곰팡이로 뒤덮여 있었고 마침 비가 와서 습도까지 높아진 상태였다. 복도에는 물이 차오르고 냄새 또한 너무 심했다. 거기서 뒹굴며 액션 신을 찍다 보니, 체력적으로도 힘들었는데 다행히도 감독님과 승헌 선배님께서 잘 이끌어주셔서 무사히 끝낼 수 있었다.

마지막으로 '동방민'이라는 역대급 다중인격 빌런을 애정하는 시청자들께 한마디 한다면?

공감하기 힘들 수도 있는 역(役)인데, 애정을 갖고 응원해 주신 시청자 분들 덕분에 무사히 종영할 수 있었다고 생각한다. 모든 스태프, 배우, 제작진들이 최선을 다해 만들었고, 촬영하면서도 행복하고 감사한 마음이 컸다. <보이스> 시즌 4를 많이 사랑해 주시고 아껴주신 시청자 분들에게 진심으로 감사하단 말을 꼭 전하고 싶다.

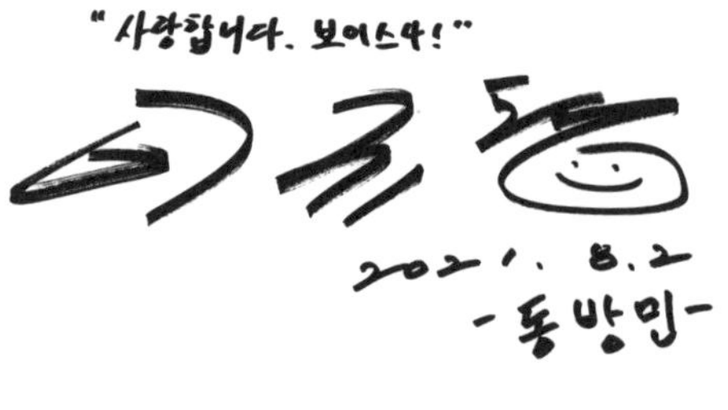

동방민 내부의 분열된 인격 중 하나인 센터장 인격은 실제 강권주 센터장에게 집착하는 모습을 보인다. 현재의 인관관계가 과거에 형성된 인간관계에서 영향을 받는다는 심리학 이론인 '대상관계이론'에 기반해 살펴보면 어린시절 동방민과 강권주 사이에 무척 밀접한 관계성이 형성되었다가 그 관계성이 무너지면서 자아 형성이 더 필요했던 동방민에게는 큰 충격으로 다가왔을 것이다. 따라서 배신과 분노, 실망은 혐오와 거부를 생성하게 된 것으로 센터장 인격이 평소에는 강권주에 대한 분노를 보여주지만 다른 인격들이 강권주를 해치려고 할 때는 적극적으로 보호하는 집착을 보이게 된다.

천상욱 기자

김중기 배우

시즌 1·2·3·4 박중기 역

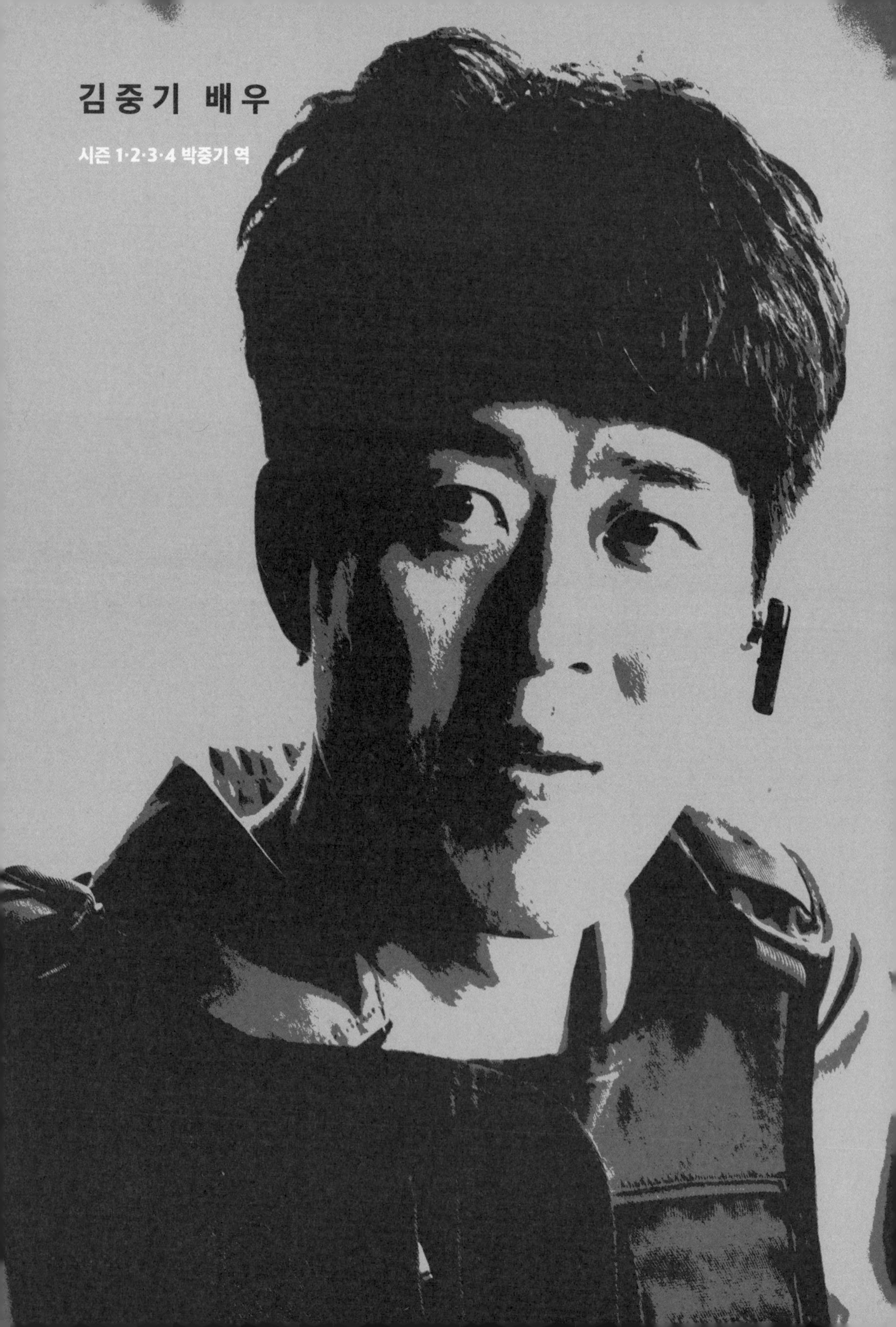

<보이스> 시즌 4에서 골든타임팀 출동팀장 역을 맡게 되었다. 감회가 어떤지?

좋은데 어깨가 무겁다(웃음). 우스갯소리로 시즌이 10년, 20년 이어지면 경찰서장까지 할 수 있겠다는 이야기도 했다. 역할은 같지만 직책이 달라지면서 대사나 말투가 미묘하게 달라졌다. 이전 시즌에는 화가 나면 '이 쌍놈의 새끼야' 하면서 욕부터 튀어나왔는데, 그런 부분이 많이 줄었다. 시즌이 거듭되면서 박중기라는 인물의 캐릭터를 더 풍성하게 살리고 싶은 욕심도 있지만 <보이스> 전체를 관통하는 메시지가 잘 전달되는 것이 우선이니까, 캐릭터와 역할 간의 균형을 잘 맞추기 위해 노력했다.

시즌 4를 촬영하던 중 기억에 남는 에피소드가 있다면?

모심숲에서 첫 촬영이 가장 기억에 남는다. 한밤중임에도 불구하고, 숲이 너무나 아름다워 '어떻게 이런 장소를 찾았냐'며 승헌 선배와 감탄을 했었다. 그러나 좋은 것도 잠시, 촬영하는 일주일 내내 엄청 추워서 출연진 모두가 벌벌 떨었다. 으스스 떨다가 아무렇지 않은 듯 연기하고, 쉴 땐 다시 으스스 떨며 웃던 기억이 지금도 생생하다. 특히 비가 내리는 신에서는 바닥이 진흙투성이라 움직이는 것조차 쉽지 않아 고생이 많았다.

새로 합류한 송승헌 배우, 4개의 시즌을 함께하고 있는 이하나 배우, 다시 돌아온 백성현 배우와의 연기 호흡도 궁금하다.

일단은 송승헌이라는 사람 자체가 너무 좋다. 연기할 때도 배려를 많이 해주셔서 너무 편했고, 대본 분석력도 굉장히 뛰어나서 놀랐다. 현장에서 이슈가 생겼을 때도, 감독님과 상의해 척척 해결하는 모습을 보며 맏형 같다는 느낌을 받았다. 이하나 배우는 말할 것도 없다. 촬영 전에 장난을 치다가도, '큐' 사인이 들어가면 바로 눈빛이 권주로 변한다. 그런 모습이 너무 좋다. 백성현 배우와는 시즌 1에서 만난 적이 2~3번 밖에 없었는데, 막상 만나니 정말 반가웠다. 시즌 4에서는 함께 촬영하는 신이 많아 서로 의지하며 재미있게 촬영했다.

<보이스> 시즌 전체를 빛낸 숨은 주역이라고 할 수 있다. 김중기 배우에게 박중기라는 캐릭터와 <보이스>는 어떤 의미인가?

<보이스>는 나에게 '살갗' 같은 드라마다. 이전에 다른 배역도 많이 했었지만, <보이스> 1~4 시즌에 출연하는 행운을 얻게 되면서 연기 인생 중 <보이스>가 가장 오랫동안 함께한 작품이자, 배역이 됐다. 대사를 할 때도 입에 착 붙고, 촬영을 할 때도 익숙하고 편한 느낌이 있다. 그만큼 애정이 가고, 박중기란 캐릭터 자체에 동화돼 있다. 더구나 대한민국 대표 시즌 드라마라고 하면 명실상부 <보이스> 아닌가. 이런 작품에 참여하고 있다는 것 자체가 영광스럽고 기쁘다.

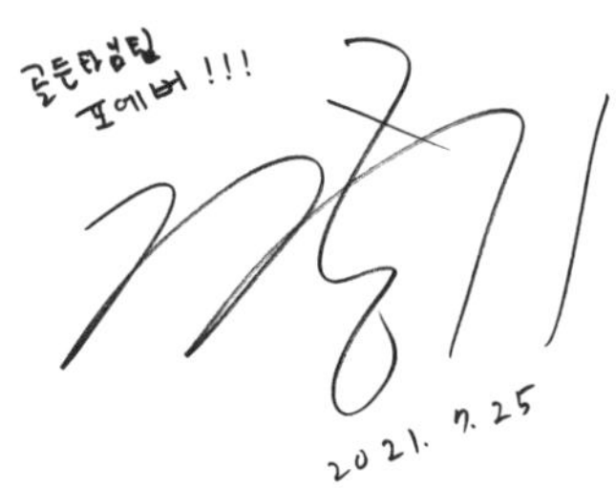

경찰
POLICE

송부건 배우

시즌 1·2·3·4 구광수 역

<보이스> 시즌 전체를 빛낸 숨은 주역이라고 할 수 있겠다. 시즌 4까지 함께 하는 소감은?

대한민국에서 시즌 4까지 진행된 드라마는 <보이스>가 처음인 걸로 안다. 시즌 1부터 함께 해 온 것 자체가 영광이고, 감사하다. 장수 드라마인 <전원일기>, <수사반장> 등을 보며 자라서 지금도 최불암 선생님을 뵈면 <수사반장>의 박 반장이, 김수미 선생님을 뵈면 <전원일기>의 '일용엄니'가 먼저 떠오른다. 앞으로도 <보이스> 시즌이 계속 이어져, 지금의 보이스 시청자들이 10년, 20년 뒤에 <보이스>와 함께 구광수를 떠올린다면 정말 행복할 것 같다. 생각만 해도 가슴이 벅찬 일이다.

배우 송부건에게 <보이스>와 구광수는 어떤 의미인가?

지금까지 연기 생활 대부분을 연극 무대에서 해왔다. 드라마 중에서 가장 오래, 비중 있게 맡은 캐릭터가 구광수다. 그래서 더 특별하고, 애착이 갈 수 밖에 없는 것 같다. 내가 생각하는 구광수는 우직함과 민첩함을 두루 갖춘, 말보다는 행동으로 보여주는 인물이다. 단단한 체구와 넘치는 정의감으로 물불 가리지 않고 범인을 검거하는 한편 팀 내 의견 충돌이 있을 때면 나서서 중재하는 부드러운 면모도 갖고 있다. 그런 구광수의 캐릭터를 사실적으로 연기하기 위해 대사뿐만 아니라 눈빛, 표정, 몸짓까지 세심하게 컨트롤 하고자 노력했다.

평상시에 복싱을 즐기는 걸로 안다. <보이스> 촬영에 도움이 된다고 느낀 순간이 있는지?

주먹을 쓰거나 범죄자들을 추격하는 액션 신은 물론 구광수라는 캐릭터를 표현하는데 확실히 도움이 됐다. 구광수는 체대 유도학과 출신으로 국가대표가 되기 위해 오직 한 길만 걸어오다가 심각한 부상 이후 진로를 변경해 경찰이 된 인물이다. 묵묵한 태도 아래 누구보다 강한 승부욕이 숨겨져 있는 것도 이 때문이다. 오랫동안 운동을 해온 사람 특유의 눈빛, 얼굴과 몸의 쉐입(Shapes)이 있는데, 형사 구광수에게도 그런 모습이 남아 있을 거라고 생각했다. 이를 리얼하게 살리기 위해 촬영 내내 복싱을 더 열심히 했다.

구광수를 연기하는 데 있어서 고충이 있었다면 무엇인가?

<보이스>에 나오는 범인들의 과거를 들여다보면 불합리하거나 불우한 환경 혹은 범죄의 유혹을 뿌리치지 못한 다양한 사연과 서사가 있다. 그렇다고 범죄가 용납될 수는 없기에 형사로서 수갑을 채우긴 하지만 구광수의 마음 한구석엔 그런 범죄자들에 대한 안타까움과 씁쓸함이 늘 존재한다. 배역이고, 연기임에도 그런 감정 자체가 좀 힘들 때가 있지만 구광수 형사이기에 그러한 감정을 이겨내고 현실을 직시하려고 한다.

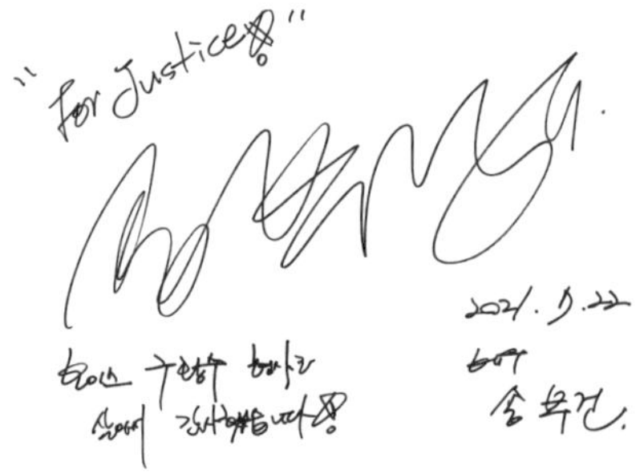

경찰
POLICE

경찰
POLICE

경찰
POLICE

손은서 배우

시즌 1·2·3·4 박은수 역

<보이스> 시즌 3에서는 노련한 골든타임팀 지령팀장으로 <보이스>를 빛내 주었는데, 이번 시즌에 출동팀으로 합류하게 된 소감은?

같은 드라마지만 출동팀과 센터팀의 촬영 장소가 다르다 보니, 이전 시즌까지는 사건 현장을 직접 접할 기회가 거의 없었다. 대본에 있던 사건 현장을 방송으로 처음 봐서 다른 드라마를 보는 듯한 느낌을 받은 적도 있다(웃음). 위급한 상황을 무전으로만 듣고, 현장을 상상하며 전달하는 역할이 대부분이었다가 출동팀에 합류해 실제 현장에서 뛰게 되니까, 그 사실만으로도 설렘 반, 기대 반이었다.

출동팀 촬영을 위해 특별히 준비하거나 역할을 소화하기 위해 노력한 것이 있다면?

일단 많이 달려야 하기 때문에, 평소보다 운동량도 늘리면서 체력적인 준비를 많이 했다. 또 액션 연기는 합이 중요하기 때문에 미리 동작들을 맞춰보고, 리허설 중에 틈틈이 연습했다. 출동팀으로 나간 은수가 미처 몰랐던 체력의 한계 때문에 위기에 봉착하는 상황이 있는데, 실제로도 힘이 드니까 오히려 몰입이 잘 되기도 했다(웃음). 한편으로는 출동팀 내 유일한 여성 경찰로서 한 번 더 성장하는 은수의 모습을 입체적으로 담아내고 싶었다. 은수는 누구보다 피해자의 입장을 잘 이해하는 캐릭터다. 여동생 박은별의 납치사건(시즌 1), 손호민과의 데이트 폭력 사건(시즌 2) 등 호된 경험을 겪으며 지금의 모습으로 성장했기 때문이다. 사건 현장에서 직접 피해자들과 만나며 아픔에 더 공감하고, 분개하는 은수의 인간적인 면모를 어떻게 잘 담아낼 것인가에 대한 연구를 많이 했다.

손은서 배우에게 박은수 캐릭터와 <보이스> 드라마가 가지고 있는 의미는?

새롭게 합류하는 골든타임팀 멤버들도 있지만, 시즌 1부터 함께해 온 배우들과의 시간이 차곡차곡 쌓이다 보니 '우리'라는 느낌, '같이 만들어간다'는 느낌이 강하다. 그러다 보니 각 에피소드마다 새로운 주인공이 등장하면, 손님을 맞이하는 것처럼 환영하는 마음이 들 정도다. 무엇보다 시즌이 거듭되면서 박은수와 <보이스>에 애착이 가 마음이 깊어진다. 우리의 작업을 기다려주고, 사랑해주는 분들이 있다는 걸 느낄 때마다 정말 뿌듯하다. 앞으로도 <보이스>가 오랫동안 쭉 이어졌으면 좋겠다.

경찰
POLICE

박 운 수
PARK

백성현 배우

시즌 1·4 심대식 역

<보이스> 시즌 1에 이어 시즌 4에 합류하게 됐다. 다시 함께 하게 된 소감은?

시즌 1이 끝나고 군대를 갔다. 다음 시즌도 꼭 하고 싶었는데, 어쩔 수 없이 마음을 접었던 아쉬움이 아직 생생하다. 그런데 전역하고 나서 시즌 4에 합류하게 되어 꿈만 같다. <보이스>가 우리나라의 대표 시즌제 드라마로 성장하게 되고, 또 작가님께서 대식이를 잊지 않고 살려주신 거에 대해 정말 감사한다. 그래서 더 책임감을 느끼고 시즌 2, 3에서는 보이지 않았지만 <보이스>란 세계 속에서 숨 쉬고 있던 대식이를 다시 보여드리려 노력했다.

시즌 4를 위해 특별히 준비한 부분이 있다면?

군대에 있는 동안 <보이스> 시즌 2, 3을 방송을 보며 '저기 대식이가 나왔다면 어떤 인물이었을까?'라는 막연한 궁금증을 갖고 이런저런 상상을 했다. 그러면서 머리 속에 만들었던 대식이의 프리퀄이 시즌 4에서 대식의 캐릭터를 구현하는 데 많은 도움이 됐다. 작가님과도 사전에 대화를 충분히 나눴다. 작가님께서 아낌없이 조언해 주셨고, 이야기 나눴던 내용이 대본에도 실제로 반영돼 감사하게 생각하고 있다.

시즌 4를 촬영하던 중 기억에 남는 촬영, 감독, 배우들과 얽힌 에피소드가 있다면?

시즌 1에서 대식이는 유쾌하고 할 말을 하는 캐릭터였다. 그런데 긴 혼수상태 후 재활을 끝내고 돌아온 시즌 4의 대식이는 냉소적이고, 과묵한 남자로 변했다. 코로나19 때문에 촬영 전에 다른 배우들과 만날 기회가 거의 없었는데, 시즌 1 때와 전혀 다른 모습으로 촬영장에 나타나니까, 형들이 "대식이가 완전히 바뀌었네" 하며 놀라워 했다. 신 중에 골든타임팀에 합류하기 전, 범인을 쫓는 장면이 있었다. 겉으로는 포기한 듯 보이지만, 사실은 형사로 너무나 되돌아가고 싶어 한다는 나름의 설정을 갖고 열심히 범인을 쫓아다녔다. 그런데 형들이 대식이의 모습을 보고 "이 자식, 이거 경찰 복귀하고 싶구만"이라고 말해서 엄청 웃었다.

심대식이라는 캐릭터와 <보이스> 드라마가 본인에게 어떤 의미인지 궁금하다.

<보이스>는 내게 은인 같은 드라마다. 연기에 대한 방향성을 고민하며, 잠시 방황을 했던 때 시즌 1에 출연하게 됐고, 대식이를 연기하며 많은 것을 배우고, 자신감도 되찾았다. 그런데 전역 후 시청자와 가장 먼저 만나게 된 작품이 <보이스> 시즌 4라 더욱 기쁘고 신기하기도 하다. 욕심이 좀 많은 편이라, 전작보다 더 나은 모습을 보여주고 싶어 현장에서도 감독님과 스태프들, 그리고 동료 배우분들과 정말 최선을 다해 찍었다. 개인적으로 너무나 소중한 작품이다.

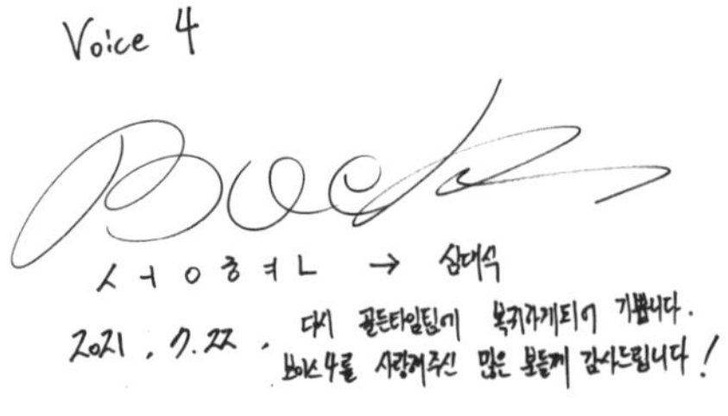

POLICE

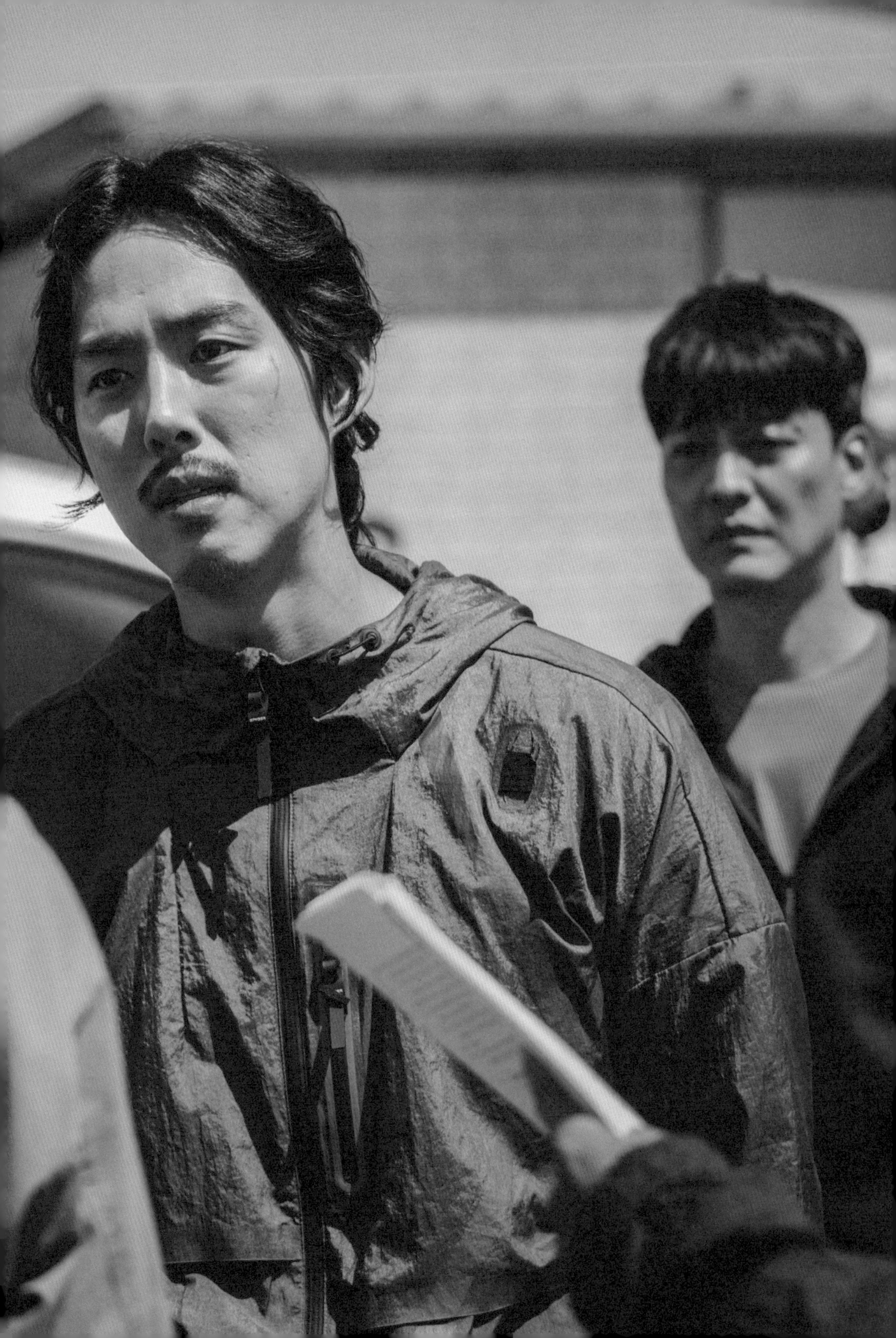

강승윤 배우

시즌 4 한우주 역

<보이스> 시즌 4 참여를 제안받았을 때 가장 먼저 든 생각은 무엇인가?

무조건 해야겠다고 생각했다. '레전드 장르물'로 이미 많은 사랑을 받고 있고, 작품성도 뛰어난 <보이스> 시리즈에 참여하는 것 자체가 영광이라고 생각했기 때문이다. 또한 시즌 1~3을 정주행한 팬으로서, 시즌 4의 시놉시스를 읽으며 엄청난 몰입감을 느꼈다. 다시 한번 '무조건 하길 잘했다'고 생각했다.

한우주 역을 준비하는 과정에서 가장 중점을 둔 부분은 무엇인가?

사이버요원은 시즌 1~3에도 있던 캐릭터다. 시즌 1에서는 예성(오현호 역) 선배님이, 시즌 2~3에서는 우석님(진서율 역)이 역할을 맡아 이미 많은 사랑을 받았기 때문에, 기존 캐릭터와 어떻게 차별화할지가 고민이었다. 감독님께서 '경찰이란 직업을 뛰어넘는 자유분방함이 있었으면 좋겠다'고 요청하신 부분이 있어서 디지털 포렌식(Digital Forensic) 전문가인 동시에 4차원의 자신감 넘치는 입체적인 캐릭터를 연기하고자 노력했다. 더불어 컴퓨터를 비롯해 첨단 디지털기기를 잘 다루는 역할이다 보니, 그런 부분에서 능숙해 보이고자 연습을 많이 했다. 촬영에 들어가기 전에 실제 사이버요원분과 만나 궁금한 것도 이것저것 물어보고, 생생한 현장 얘기도 들은 것이 많은 도움이 됐다. 장르 특성상 심각하고, 급박한 신이 대부분인데, 우주가 나오는 장면에서 만큼은 긴장감에서 벗어나 시청자분들이 잠깐 숨을 고를 수 있길 바랐다.

강승윤에게 <보이스>와 한우주는 어떤 의미인가?

기존에 소화할 수 있던 캐릭터의 한계를 넘어, 한 단계 성장할 수 있는 계기가 돼준 고마운 작품이다. 이전부터 대사량도 많고, 대사 호흡도 긴 경찰, 의사와 같은 전문직 연기를 해보고 싶은 욕심이 있었는데, 덕분에 원하던 도전을 할 수 있었다. 그러나 한편으로는 급박한 상황 속에서 정확하게 정보 전달을 하는 것이 매우 난이도 높은 연기라는 걸 절실히 깨달았다. 이전까지 '대사 하나는 잘 외운다'는 나름의 자부심이 있었는데 이번 <보이스> 시즌 4를 촬영하면서 와르르 무너져버렸다. 강권주 센터장님의 대사량에 비하면 새발의 피 수준이라, 대본을 외울 때부터 센터장님에 대한 존경심이 뼛속부터 우러나왔다. <보이스>를 통해 연기에 대해 많은 것을 배웠고, 앞으로는 어렵고 긴 대사를 하더라도 두려움이 훨씬 덜 할 것 같다(웃음).

From. 한우주(강승윤)
감독님, 작가님, 스탭들을 비롯한
모든 선배, 동료 배우님들 고생하셨습니다!!

보이스4의 "한우주"이어서
영광이고 행복했습니다
제 20대의 끝자락에서 만난
특별한 목소리 우주를
사랑해주신 모든 여러분
감사합니다

KOREAN NATIONAL
POLICE

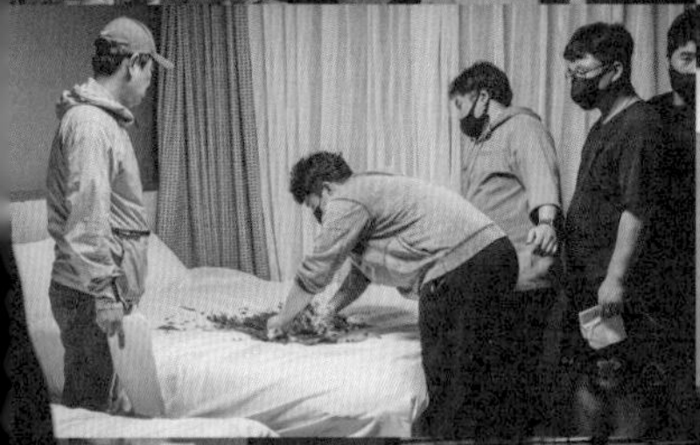

보이스

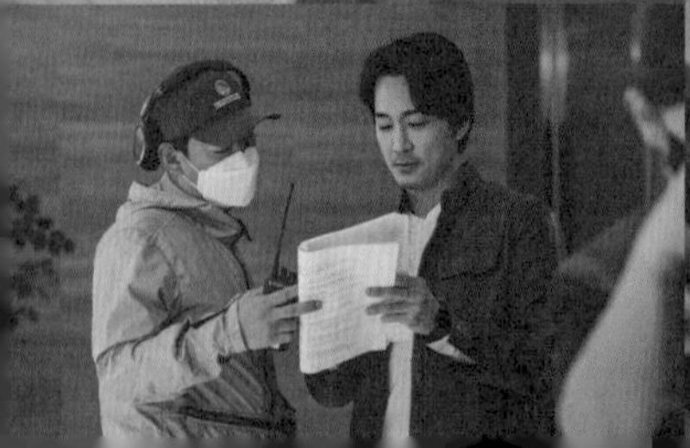

Chapter 2.

보이스4 대본

VOICE 4 script

• 용어 정리

D	Day. 낮 상황을 명시해야 할 때 쓰임
E	Effect. 등장인물의 대사나 음악을 제외한 효과음으로, 보통 등장인물은 보이지 않고 소리만 나는 경우에 사용
N	Night. 밤 상황을 명시해야 할 때 쓰임
Na	직접적인 대사가 아닌 화면 밖에서 들려오는 목소리
교차편집	별개의 사건을 교대로 편집하여 보여주는 기법으로, 주로 극적 긴장감을 높일 때 쓰임
씬	Scene. 특정한 사건이 벌어지는 장면이나 상황을 뜻하며, 동일한 장소와 시간대에 벌어지는 행동과 대사가 한 씬을 구성함 *표기법상 '신'이 맞으나 작가의 집필 형식에 따라 본 대본에서는 '씬'을 사용함
위로	'오버랩(O.L)'과 같은 의미로, 현재의 화면이 사라지면서 다음 화면으로 교차되는 기법
인터컷	Intercut. 극중의 특정 액션이나 상황을 상세히 설명하거나 강조하기 위해 영상적인 세부묘사를 삽입하는 기법
몽타주	Montage. 시간이나 사건의 경과를 나타낼 때 따로 촬영한 화면을 붙여 편집, 축약하는 기법
일루전	Illusion. 착각, 환각을 극화시켜 표현하는 기법
페이드아웃(F.O.)	Fade-out. 화면이 점점 어두워지고 장면의 전환이 나타나는 것
페이드인(F.I.)	Fade-in. 어두운 화면이 점점 밝아지는 것
플래시백	Flashback. 과거에 대한 회상이나 추억을 묘사하는 장면 혹은 그 기법

일러두기

1. 본 대본은 마진원, 김정현 작가의 대본 집필 형식을 최대한 살려 편집했습니다.
2. 대사는 어감을 살리는 데 비중을 두어 한글맞춤법과 외래어표기법에 어긋나더라도 그대로 살렸습니다.
3. 말줄임표와 쉼표, 느낌표 등은 작가의 의도를 따랐습니다.
4. 본 대본은 작가의 최종 대본으로, 방송되지 않은 부분이 포함되어 있거나 방송과 다를 수 있습니다.

Season 4 • 1화

자막 **본 드라마는 실제 사건에서 영감을 얻었으나 드라마적으로 재구성된 픽션이며 등장하는 직업, 기업, 단체와 어떠한 관련도 없음을 밝힙니다.**

1 양영산 전경 / N

강원도에 위치한 소도시 양영시 외곽, 함박눈이 펑펑 내리는 위로 평화롭고 아름다운 캐럴이 울려 퍼지는 사이 뉴스 멘트 들린다.

자막 **대한민국 양영시 소혜읍 월덕리 (월덕 마을) 2020년 12월 24일 PM 11:50**

기자1 *(E) 지금 명동거리는 가족과 함께 나온 많은 사람들로 인해 크리스마스 분위기가 한창입니다.*

2 양영산 일각 + 주범태 집 전경 / N

마을과 멀리 떨어진 일각 인적 드문 외딴 길에 위치한 초라한 슬레이트집과 그 옆에 딸린 조악한(몇 마리 안 되는) 양계 하우스가 하나 보인다. 창 안으로 보이는 TV 화면 속 뉴스가 나오고 있는데.

인터컷 뉴스화면 / N

다양한 사람들이 오가는 명동거리.

신도들이 합창하는 성당 앞을 배경으로 기자1이 리포트하고 있다.

기자1 *(한 손에 마이크, 한 손에 촛불 들고 있다) 성당 앞엔 신자들이 손에 촛불을 들고 모여 캐럴을 부르며 크리스마스이브의 분위기를 더해 주고 있습니다.*
아기 예수의 탄생을 축하하는 성탄 미사가 이제 곧 10분 후 자정에
시작될 예정인데요. (중략)

저 멀리 아무도 밟지 않은 눈에 발자국을 남기며 집을 향해 걸어가는
검은 우비를 입은 세 사람(남자, 여자, 왜소증)의 기괴한 실루엣 뚜렷해지는 위로.

조부 (E) 하이고 범태야! 왜 이러니... 이 할애비가 다 잘못했다. 제발..!!

3 주범태 집 안방 / N (가학적이지 않게 상징적으로 촬영 부탁드립니다.)

구식 TV와 컴퓨터, 앉은뱅이책상, 어설프게 꾸민 한 트리(3천 원 정도)가
자리해 있는 일각 바닥엔 엎어진 밥상과 박살 난 그릇 보이고 닭 오물을 뒤집어쓴
조부(주철만, 78세)와 조모(노옥순, 75세)가 크리스마스용 알전구로
온몸이 묶여 손자 주범태(17세) 앞에 무릎 꿇고 있다.
살기등등한 표정으로 한 손엔 칼(닭 뼈 절단용 도끼 칼) 쥐고 선 주범태!

주범태 (미친 듯이 날뛰며 악을 지르는) 그만 나대고 닭똥이나 처먹으란 말야!!

조모 아이고, 아가.. (흐느끼며) 불쌍한 내 새끼.. 핸드폰 새로 안 사줘서 이러는 거야?
이 할미 잘못이니까 제발 맘 풀어라... 응? (하는데)

주범태 (원망이 가득한 눈빛으로 처절하게 악쓰며)
그러게, 엄마 아빠처럼 진작 날 버렸어야지!!
이딴 개거지같은 집구석에서 이 지랄로 살게 만드냐고!!
뒤지기 싫으면 빨리 처먹어! 제발, 빨리!!

(부러 더 잔인하게 조모 머리 잡고 닭 오물에 처박으려는데)

조모 악!! 아이고 범태야! (충격 받고 심장 고통에 헐떡이며 괴로워하면)

조부 임자!!! (쓰러진 조모 향해 울부짖다 범태 향해) 범태야! 이놈아! (어떻게든 전선 풀어내려고 몸부림을 치지만 풀리지 않고)

조부모들을 괴로운 표정으로 노려보던 범태, 덜덜 떨리는 손으로 칼 내려놓고 핸드폰 꺼낸다. 울부짖는 조부모의 모습 찍고는 텔레노트 어플 켜는데...!

인터컷 *텔레노트 내용 / N*

인증샷 찍었다! 찍었으니까.. 그거 다 지워!!

주범태 (떨리는 손으로 사진들 '발송' 버튼 누르고 이마에 흐르는 땀 닦으며 상대편이 메시지를 읽지 않자 불안해져 '왜 답장 안 해' 독촉 메시지 보내는데)

순간 갑자기 꺼지는 불!! 당황한 범태 두리번거리면...!
끼이익 현관문 열리는 소리와 함께 검은 우비를 입은 왜소증 환자(이하 왜소증)가 양날 도끼를 든 채 빠른 걸음으로 뛰어올라 범태 목을 찍는다!

주범태 !!!! (그대로 쓰러지는데)

조부 아, 아아악!!! 범태야!!! (절규하며 몸부림치면)

그 뒤를 이어 검은 우비 입은 호리호리한 여자, 하이힐 또각거리며 들어온다.

여자 (조부 앞에 다가와 몸 숙이고는) 고맙죠? 버러지같은 손주 새끼 죽여줘서.

조부 (공포와 분노로 고함치며) 당신 뭐야!! 우리 손주... 살려내!!! 살려내라고!!

여자 (경멸 가득한 눈빛으로) 니들이 선택해서 만난 사이두 아니면서
왜 이렇게 집착해요? 별것도 아닌 걸 갖고 엉겨 붙어 사는 거...
역겹다고 생각하지 않아?

(몸 일으키고, 왜소증에게 차갑게 눈짓하면)

왜소증 (살의 가득한 표정으로 주범태의 피가 묻은 양날 도끼, 조부 향해 휘두른다)

TV 뉴스 화면 너머, 자정이 된 성당 앞으로 크리스마스를 축하하는 사람들의 왁자지껄한 합성 들리고, 툇마루에 서서 함박눈 내리는 고요한 하늘을 바라보는 검은 우비의 남자 실루엣 비친다. 조부의 고통스러운 비명 처절하게 울리는 위로.

보이스 4 〈심판의 시간〉 타이틀 뜬다.

4 CTC 뉴스 인서트 (여러 뉴스 연속적으로 이어짐) / D

스튜디오에 앉아 심각하게 멘트 하는 앵커.

앵커1 (**'40년 동안 이어져 온 학대... 그 끝은 살해'** 타이틀 띄우고) 지난 16일 44세 전모 씨는 77세 양아버지를 칼로 찔러 사망에 이르게 했습니다. 전 씨가 의붓형과 싸우던 중 "검은 머리 짐승은 거두는 게 아니랬는데."라는 말을 듣고 홧김에 살인을 저지른 것입니다.

앵커2 (**'난 미성년자니까 감옥 안 가, 뺑소니 사망 사고 이후 인증샷 올린 무개념 10대들'** 타이틀 띄우고) 어제 오후 8시경, 양영시 백서 사거리에서 뺑소니 사망 사건이 일어났습니다. 가해자들은 부모님 차를 훔친 청소년들로 사고 직후 인증사진을 올리기도 하며 사건 경위를 묻는 경찰에게 어차피 미성년자라 감옥도 안 가는데 이런 걸 왜 묻냐는 발언 등으로 논란에...

앵커3 (**'손 씻고 도망가라, 아들에게 살해된 어머니의 마지막 말'** 타이틀 띄우고) 지난 11일, 풍산시 한 아파트에서 살해된 60대 여성이 발견되었습니다. 가해자로 지목된 30대 남성은 사망한 여성의 아들로 말다툼 끝에 어머니를 살해하였습니다. 여성은 의식을 잃어가는 중에도 아들에게 손 씻고 도망가라며 아들을 위하는 모습을 보였다고 합니다.

앵커4 (**'초등학생 친딸 수차례 성폭행한 인면수심 아버지 무죄 주장'** 타이틀 띄우고) 지난 12월 4일 초등학생 친딸을 지속적으로 성폭행한 아버지 김 모 씨(44세)의 재판이 열렸습니다. 김 모 씨는 재판 내내 사랑하는 방법을 알려준 것이라며 무죄를 주장하고 있습니다.

제1화　　네 번째 골든타임

자막　　**즉석 사진도... 경찰과 응급 환자들을 위한 비상 출동 시간도**
세계 어느 곳이든 3분이다.
왜냐하면
3분은 한 사람의 인생에서 기적을 일으키기에
충분한 시간이기 때문이다.
-다카이 노부오-

5　　대한민국 풍산시 전경 / N

자막　　**대한민국 풍산시**
자막　　**2021년 3월 25일 월덕 마을 존속 살인 사건 세 달 후**

권주　　(E) 여기는 센터장. 지금 주택 안 수색 중인데 도 팀장님 보이지 않는다!

6　　다세대 주택 안 1층 / N / 이하 일루전 (권주 악몽)
권주, 긴장에 차 권총 겨누며 둘러보면 다 떨어진 벽지에
콘크리트가 드러난 벽, 낡고 빛바랜 가구들 사이 쓰레기만 보이고 아무도 없는데!

권주　　(순간 일각 방문이 헐렁하게 끼익끼익 흔들리는 것 보이자)
...아직 확인 못한 방이 남았다.
박은수　　(걱정스레 / E) 센터장님. 이제 지원팀 곧 도착한답니다. 기다리시는 게...
권주　　(무전 하며) 아니야. 도 팀장님, 한시라도 빨리 찾아야 해.

조심스레 끼익끼익 흔들리는 문을 열어보자 지하실로 이어지는 음산한 계단이 보인다. 그 안쪽으로 알 수 없는 퐁퐁퐁 묘한 소리가 이어지는데.

권주 (긴장한 표정으로 무전 하며) 여기는 센터장, 지하로 이어지는 문인 듯하다.

7 계단 + 지하실 / N

계단을 내려갈수록 더 가까워지는 "퐁" 하는 소리,
계단이 끝나자 군데군데 부서진 허술한 나무 문이 자리해 있다.
그리고 어느 순간부터 스윽, 스윽...
날카로운 톱날이 지나가는 소리가 더해지고.

권주 (집중하며) 뭐지...?? 뭔가를 톱질하는... 소리가 나.
(나무 문에 손을 대는 순간 소리 멈추는데) ...!!

권주, 심호흡하며 권총을 고쳐 쥐고 잠겨있지 않은 문을 열고 들어가는 순간 피투성이가 되어 바닥에 쓰러진 도강우에게 검은 우비 차림의 누군가 고개를 숙인 채 뭔가를 하고 있는 모습 보인다.

권주 도, 도 팀장님? 도 팀장님!!! (충격에 권총 조준하며)
당신 뭐야!! 당장 손들지 않으면 쏜다!!

우비 (천천히 몸 일으키며 피 묻은 두 손 보이며 돌아서는데) ...(바로 권주다) !!

권주 (충격과 두려움으로 주춤, 한 걸음 뒤로 물러나며) 당신 뭐야..??
누군데 나랑 똑같은 모습을 하고 있는 거야!!

우비 (파충류 같은 차가운 눈빛으로 서서히 다가오며)
맨날... 징징거리며... 살려달란 소리 지겹지도 않아요?
당신과 난... 아주 특별한 운명을 타고 났어요.

권주 당신 지금 무슨 소릴 하는 거야... (상상을 초월한 두려움에 떨며 권총 겨누고)
움직이지 마!! 움직이면 쏜다!! (그러나 빠르게 가까워지고, 다급히 권총 쏘려는데 빈총이다) !! 다가오지 마! 다가오지, (하는데, 순식간에 덮치듯 다가선 자신의 모습에 비명 지르며) 악!!!

8 권주 방 안 / N / 이하 현실

"아악!!!" 땀범벅인 채로 황급히 몸을 벌떡 일으키는 권주!

권주 ...헉 ...헉 ...(꿈인 것을 확인하자 겨우 진정이 된다 / 마음의 소리)
또 같은 꿈... 그 메일이 오고부터... 나와 똑같은 얼굴을 한 누군가가
살인을 하는 악몽에 시달린다. 후... 만약 그 날 내가...
인질이 되지 않았다면, 도 팀장님은... 죽지 않았을까?
(얼굴을 감싸고 자책하다 옆 탁상에 놓인 골든타임팀 사진 속 강우 얼굴
아프게 보고) 그래, 그냥... 꿈일 뿐이야. 아직은 지치면 안 돼.
도 팀장님 희생 헛되게 만들 수 없어.

결연하게 마음잡고 일각 컴퓨터 앞에 앉는 권주, 화면 속 오늘의 일정 **"3월 25일, 2020년 하반기 베스트 수사팀 표창 수여식 오후 4시 (풍산청 골든타임팀 마지막 근무) (이하 생략)"** 지나 메일함 클릭하면 **"당신과 나는 샴쌍둥이예요! 1"** **"당신과 나는 샴쌍둥이예요! 2"** 등의 메일 제목들 예민한 표정으로 바라보다 책상에 놓인 실리콘 귀마개 끼는 위로.

9 풍산지방경찰청 전경 / D

자막 **풍산지방경찰청**

권주 (Na) 2019년 나와 골든타임팀엔 많은 일이 있었다.

10 체력단련실 안 / D

글러브를 낀 권주가 매서운 눈빛으로 샌드백 치고 있다.

권주 (Na) 옥션 파브르라는 끔찍한 사이버 범죄 카르텔의 소유주이자
차별과 혐오로 태어난 연쇄살인범 카네키 마사유키를 추적했던 것이다.

플래쉬백 옥션 파브르와 카네키 추적 몽타주 / D+N

시즌 3의 옥션 파브르의 각종 범죄들 (12부 64씬, 14부 46씬 등)과
시즌 3 카네키의 첫 등장부터 강우와의 대결까지의 모습들이 컷컷으로 지나간다.
(9부 40씬, 16부 87씬 등)

플래쉬백 요양원 로비 / N (시즌 3 15부 24씬)

권주 *(다급히 강우 따라와) 도 팀장님 설마.... 카네키가 혹시 도 팀장님의...?*
(차마 말을 끝맺지 못하면)

강우 *(확 권주 밀치고 밖으로 나가버리는데)*

권주 (Na) 카네키가 자신의 친형 우종우이며 부친인 줄 알았던
후지야마 미호 살인 사건의 범인이 어린 시절 형과 자신임을 알게 된
도강우 팀장은 죗값을 치르기 위해 홀로 카네키를 찾아갔고
카네키는 뒤따라간 나를, 인질로 잡아 도강우 팀장의 살인본능을 깨우려 했었다.

플래쉬백 쪽지 내용 / D (시즌 3 14부 31씬의 인터컷)

골든타임팀 이대로 무너지면 안 될 훌륭하고 소중한 팀이다.
잘 꾸려가길 바란다..
사람 대하는 게 서툴러서 할 말은 이것뿐이다...
- 도강우 -

플래쉬백 무대 / N (시즌3 16부 87씬)

카네키에게 인질로 잡힌 권주의 목을 조르는 척 카네키에게 달려드는 강우.

카네키, 격투 끝에 강우의 목을 와이어로 조르는 데 성공한다!

격하게 저항해 보지만 와이어가 점차 숨통을 조여오자 의식을 잃은 강우!

권주 (Na) 그러나 도강우 팀장은 친형을 단죄하기 위해 카네키를 살해했고
도강우 팀장이 무장 중이란 잘못된 정보를 입수한 특공대의
총격 앞에서 결국 사망하고 말았다.
하지만 나는 그날 다른 진실이 있었음을 알게 되었다.
도강우 팀장은 이미 죽을 생각이었으며
괴로워할 나와 팀원들을 위해 괴물로 남길 원했단 것을...

플래쉬백 무대 / N (시즌3 16부 87씬)

권주 *(잠시 기절해 쓰러져 있지만 강우와 카네키의 대화가 들리는데)*

카네키 *(목이 졸리며 흡족한 듯) 강우야 너도 살인자가 되는 거야.*
축하해. 모든 사람들이 너를 살인자로 기억하겠지.

강우 *....이런 느낌이었구나. 아니 나는 스스로에게만 인간이면 돼.*
내가 괴물로 죽고 사람들이 나를 잊을 수 있으면.
그걸로 됐어.

권주 (Na) 나는 혐오로 인해 괴물이 된 두 형제의 잔혹한 운명을 지켜보았다.
그 괴물들을 만든 건 우리 사회였단 사실 또한 말이다...
내가 그의 죽음을 막지 못했단 생각에 나는 한동안 몸과 마음이 아팠었다.
하지만 우리가 아무리 애를 쓴들 죽은 도강우 팀장이 돌아오지
않는다는 걸 안다. 자신에 대한 혐오와 싸운 그의 영혼이 진정으로
안식을 찾았길 진심으로...... 바랄 뿐이다.

인터컷 절벽 위 / D (시즌 3 16부 방송분)

저 멀리 하늘을 바라보는 강우, 시즌 중 가장 편안한 표정으로 웃는다.

권주 (Na) 이후 우리는 대대적 수사로 옥션 파브르 잔당을 체포하는 데 성공했다.
또한 절벽에서 추락한 방제수를 오랫동안 추적했음에도 불구하고
찾지 못하자 익사한 것으로 잠정 결론을 내렸다.

플래쉬백 방 안 / D (시즌 3, 16부, 106씬 에필로그 추가 장면)

그랜드 피아노 앞에서 연주 중인 여성의 실루엣(제대로 보이지 않고) 보인다.

권주 (Na) 성운청 사이버 수사대로 발령 난 진서율 요원의 빈자리가
아쉽지만 이제는 내 청력의 비밀을 알게 된 박중기 형사가
출동팀장을 맡아 이끌고 구광수 형사, 박은수 요원이 최선을 다해
골든타임팀을 지켜가고 있다.

후, 숨을 몰아쉰 권주, 빠른 속도로 연속해서 펀치를 날린다.
마지막 최고로 강한 펀치를 작렬하는 권주, 헉헉... 무릎을 짚고 숨을 고른다.

권주 (Na) 단 1명의 신고자에게 단 1초라도 더 빨리 도착해 범죄 예방의
최전선을 지키는 것.

플래쉬백 구조 몽타주 / D+N

시즌 1부터 시즌 3까지 골든타임팀에게 구조된 피해자들의 모습 컷컷으로 지나가면.

권주 (Na) 여전히 우리 골든타임팀이 해야 할 일이기 때문이다.

숨을 고르던 권주, 의지를 다지듯 다시금 결연한 눈빛으로

글러브를 벗는다. 일각에 놓인 물을 마시는 권주. 사이버 요원으로부터 전화 온다.

권주 (전화 받으며) 네 강권줍니다.

사이버1 (E) 센터장님! 저번에 받은 협박 메일 아이피 주소 물으셨죠?
결과 나왔는데 VPN 우회를 거친 중국 지린성 발이네요.
주로 보이스 피싱용이고 센터장님 개인정보가 유출돼서
사기성 메일이 간 거 같습니다.
다행히 악성코드나 랜섬웨어는 아니라 계정 유지하셔도 될 것 같구요.

권주 네 다행이네요. 감사합니다. (전화 끊고는 / 마음의 소리)
그냥 보이스 피싱이었다고? 내가 너무 예민하게 생각했나...
(생각 고르다 핸드폰으로 서커스맨이 보낸 메일들 열어보는 위로)

인터컷 *메일 내용 (핸드폰 어플) / D*

〈첫 번째 메일〉 날짜 : 2020년 9월 24일
보낸 이 : 서커스맨 / 제목 : 당신과 나는 샴쌍둥이예요! 1
〈25, 신의 빛이 머물다, 125〉
잘 들린단 건 엄청난 축복이고 힘이죠.
우리는 아주 특별한 운명을 타고난 거예요.
나는 내 귀를 이용해 죽이고 센터장님은 그 귀로 어떻게든 살리고.
준비됐으면 누가 이기나 해볼까요? 심판의 시간이 시작됐어요.

〈두 번째 메일〉 날짜 : 2020년 12월 24일
보낸 이 : 서커스맨 / 제목 : 당신과 나는 샴쌍둥이예요! 2
〈25, 양들이 영원히 잠드는 곳, 붉은 볏〉
일방적인 게임은 재미없잖아. 너무 쉬워서 그래? 아님 동기부여가 필요한 거야?
이 힘으로 할 수 있는 일은 어마어마하게 많아....
당신의 귀가 닫혀있는 사이 내 귀는 더욱 많은 것을 듣고 있어.

권주 (그러나 어딘가 찝찝하고 / 마음의 소리) 장난 메일치곤
내 청력의 비밀을 너무 자세히 알고 있어. 골든타임팀 식구들이랑
죽은 방제수 외엔 아무도 모르는 건데... (고개 젓고) 아냐.
내가 보이스 프로파일러란 걸 알고 넘겨짚은 거야... 후... 예민할 필요 없어.
(불길한 예감 애써 지우고 탈의실로 향하는 위로)

11 풍산지방경찰청 일각 강당 / D

'2020년 하반기 베스트 수사팀 표창 수여식' 플래카드 걸린
무대 위, 권주, 박은수, 박중기, 구광수가 청장 앞에 도열해 있다.
여러 고위 경찰들과 평경찰들 착석해 무대를 바라본다.

사회자 투철한 사명감으로 맡은 바 직무를 성실히 수행해 왔으며
특히 신속한 초동대처로 중요 사건을 해결하여 법질서 확립에 기여한 공이 커
베스트 오브 베스트(Best Of Best)팀으로 선정하여 표창합니다.
청장 (권주 이하 팀원들에게 표창하면)
팀일동 (경례하면)
경찰들 (박수치면)
기자들 골든타임팀! 여기 보세요! 사진 찍습니다! (동시다발적으로 플래쉬 터진다)

12 동 밖 / D

권주와 박중기, 구광수, 박은수가 청장과 마주 보고 서 있다.
일각 활짝 웃으며 꽃다발과 표창장 들고 기념사진 찍는 경찰들 보이는데.

청장 요즘 골타팀 인기가 하늘을 찔러. 와 달라는 곳이 한두 군데가 아니야.
열흘 푹 쉬고 이번엔 좀 편한 곳으로 가게. 고생들 많았네. (미소로 가면)
풍산요원들 (일각에서 기다리고 있다가 꽃다발과 선물 들고 다가온다)
풍산요원1 (권주 이하 골타팀에게 꽃과 선물 주며) 같이 근무해서 영광이었습니다!

이건 저희가 드리는 선물이에요.

권주 (고맙게 받으며) 우린 아무것도 준비 못 했는데..

(한 명씩 둘러보며) 여러분들이야말로 센터에서 고생 많았어요. 잊지 않을께요.

풍산요원들 (진심으로 인사하고 사라지면)

박중기 (가는 요원들 흐뭇하게 보며 약간 들떠) 와 살다보이 이런 날도 다 있네예!

임기 만료하고 표창장까지 받았는데 회식 뭐주야제!

요 앞에 투뿔 한우집 있다는데 한 번도 못 먹어봤다 아입니까! (능청스레 보면)

권주 (미소로) 좋습니다! 까짓 거 오늘은 제가 쏠께요. 가시죠!

구광수 이럴 줄 알고 어젯밤부터 굶었는데 괜찮으시려나. 오늘은 아무도 집에 못 갑니다!

박은수 (뒤에서 주저하다) 센터장님... 잠시만요. (권주 이끌어 일각으로 가며 박중기에게)

먼저들 가고 계세요!

13 권주 일각 / D

권주, 심각한 표정의 박은수 걱정스레 보며 서 있다.

권주 무슨 일인데 그래?

박은수 실은... 서커스맨 협박 메일과 관련된 사건 알아보라고 하셔서

본청 게시판에 문의 글 올렸는데 어제 양영시 지구대 근무하는 선배한테

연락이 왔어요. (핸드폰으로 **"양영시 월덕 마을 존속 살인 사건 보고서 - 2020년 12월 25일"** 자료 보여주며) 이 사건 아시죠?

권주 (읽어보며) 알지. 17살짜리 애가 조부모 살해한... (박은수 의문으로 보면)

박은수 (굳은 표정으로) 맞아요. 근데 애가 죽기 전에 이상한 소릴 한 게

계속 마음에 걸려서 연락했다고 하더라구요.

권주 이상한 소리? (긴장해 보는 위로)

14 주범태 집 안방 / D / 이하 과거 회상

월덕1(박은수의 선배)이 마당가에 주민1의 진술 받으며 서 있으면

일각 월덕2는 밥상 앞 알전구에 묶인 채 밥그릇에 고개를 박고

사망한 조부모와 그 옆에 칼 쥔 채 피투성이로 쓰러져있는 주범태 살피고 있다.

자막 **2020년 12월 25일 AM 09:00 양영시 월덕 마을 존속 살인 사건 발생 9시간 경과**

주민1 (믿기지 않는 듯) 애가 방에만 처박혀서 게임만 하는 게 영 걸리긴 했지만
그래도 이런 짓까지 할 줄은 몰랐지.
여기 할아버지가 손주를 얼마나 아꼈는데...
새 핸드폰 사준다고... 우리 집 밭일까지 하셨어. (훌쩍이면)

월덕1 (처참한 사연에 한숨만 나오고 시신을 묶은 알전구 깜박이는 것 거슬리자)
그 불 좀 꺼!! 정신 사납게!!

월덕2 네! (다급히 전구 끄려다 놀라, 버럭) 어... 어... 경사님!! 이 학생, 살아있습니다!!

월덕1 뭐?? (다급히 다가가 주범태의 희미한 맥 확인하며) 얘?! 내 말 들리니?

주범태 ...큭... (숨넘어가며) 서, 서...커스맨 그랬... 그 여자...
다른 사람은 큭 ㄲ,ㄱ 못... 듣는, 큭, 소리... 들... 어...! (그대로 절명하고)

월덕1 (몸 흔들며 절박하게) 얘야 정신 차려! 얘야... 얘야!!

권주 (충격으로 / E) 서커스맨이 한 짓이라 그랬다구?

15 풍산지방경찰청 밖 일각 / D / 이하 현실

박은수 네. (긴장한 채 끄덕이며) 게다가 귀가 잘 들리는 여자라고...
하지만 침입 흔적도, 가족 외 다른 지문도 없어서
게임중독으로 인한 환각 살인을 염두에 두고 수사했다고 하더라구요.
24일 서커스맨한테 받은 메일에 25, 양들이 영원히 잠드는 곳,
그리고 또 뭐라고 쓰여 있었죠?

권주 (기억 복기하며) 25, 양들이 영원히 잠드는 곳, 붉은 볏이었어.
(하다 눈빛 흔들리며) 지금 양영시라고 했지?
(핸드폰으로 양영시 한자 다급히 검색하고는)
양들이 영원히 잠드는 곳!! 양영시의 한자를 그대로 풀어썼어!

박은수 그럼 붉은 볏은.. (충격에 눈빛 흔들리며) 세상에..!

센터장님!! 살해당한 주범태 조부가 양계장을 했어요!!

권주 !!! (설마? 흔들리는 눈빛으로 박은수 보는데 센터에서 공청 무전 들어온다)

풍산요원2 (미안하지만 긴박한 목소리로 / E) 센터장님! 임기 만료신데... 죄송합니다.
코드제로 사건 터진 것 같아서요. 비덕구 비덕3로 140 개원상가 3층
폭탄을 설치했단 익명의 신고가 들어왔습니다.
테러 가능성이 있어 보입니다.

권주 !!! 폭발물이요???? (순간 박은수와 불안한 시선 주고받으며 멀리 선 박중기,
구광수 향해) 지금 출동하셔야겠어요!

박중기, 구광수 (눈빛 진지해져) 네, 알겠습니다! (다급히 달려가면)

권주 (생각 고르다 박은수 일별하며) 바로 근처니까 나도 현장으로 갈게.
폭발물이 어딨는지 직접 찾을 거니까. 그리고 박 요원은
양영시 유사한 사건 9월 25일에 있었는지 알아봐.

박은수 (결연한 눈빛으로) 네. 알겠습니다.

권주 (박중기, 구광수 따라 다급히 달려가며 무전 한다) 여기는 센터장!
현장지령 예정이며 청에는 박은수 요원이 대기한다! (하지만 좀 전 박은수가
했던 말이 자꾸만 신경이 쓰이고 / 마음의 소리) 설마... 아닐 거야...! 아니어야 해!
(떨리는 손 다잡은 채 혼란스러운 표정으로 달려가는 위로)

자막 **PM 05:40 풍산시 비덕동 폭발물 발견 사건 발생**

16 상개동 전경 / N

17 엑시스 (고급 클럽) 전경 / N

골목 안 건물 입구, **"클럽 엑시스"**란 LED 간판과 지하로 연결된 문 보인다.

자막 **서울시 서암구 상개동 클럽 엑시스**

18 클럽 안 / N

쿵쿵거리는 음악에 맞춰 무대에선 댄서들이 춤을 추고 있다.

일각 VIP 테이블 상석을 차지한 리키 곤잘레스(남미계 미국인, 30대, 어깨 해골 문신), 합석한 핫한 여자들과 진하게 스킨쉽하고 있는데. 그 옆으로 금목걸이 찬 건장한 남자 둘 (남미계, 20대, 이하 건장남) 서 있다. 일각 거리를 두고 비밀스럽게 그들을 지켜보는 남자 뒷모습 얼핏 스치는 위로.

형사2 (긴장해 / E) 그니까... 이 해골 문신한 놈이 LA 마약 카르텔 넘버 투란 거죠? 옆엔 경호원 놈들이구.

19 클럽 입구 계단 / N

어둡고 폭이 긴 계단에 몸을 낮추고 대기 중인 한국인 형사1, 2, 3이 핸드폰으로 클럽 내부 CCTV 화면 살펴보고 있다.

자막 **서울지방경찰청 광역수사팀**

형사1 그렇다니까... 길바닥에서 얼마나 총질해 댔음 집에 가던 꼬마 애들까지 죽였댄다. 이 새끼 잡아야 보스 숨은 데 안다고...

형사2 설마... 여기서도 그러는 건 아니겠죠? (초조해져 입구 올려다보며) LA 애들 총기 허가 받으러 갔담서 왜케 안 온대요?

팀장 (성큼성큼 계단 내려오며) 아이고 쪽팔린다, 쪽팔려! 경찰이란 놈들이... 미국 갱이라고 별거냐? 다 똑같은 깡패 새끼들이야!! (형사1 향해) 참, 팀장 놈은 알아봤어?

형사1 (수첩 꺼내며) 네. LA 올림픽 경찰서 갱 전담 팀장으로 이름 데릭 조, 나이 39세에 별명은 맘바. (의아한 듯 보는 팀장에게) 아, 코브라과 맹독사란 뜻이구요. 한국말 잘해서 통역 필요 없답니다.

팀장 맘바?? 개나 소나 다 독사야! (헛웃음 치는데)

순간 위에서 문 열리고 LAPD 티셔츠 위로 방탄복 차림의 무장한 미국 갱 전담 팀원 형사 채드 (교포나 혼혈 설정 / 한국어 가능)와

인터폴 **(한국인, 경찰청 소속, 자막 처리)**,
미국인 형사2, 3(닉, 매튜 /이하 미형2, 3 /영어만 사용) 총기든 채 다급히 내려온다.

팀장 재들도 양반은 못 되네. (앞장선 채드를 데릭으로 오해해 부러 넉살 좋게)
아~ 조 팀장? (악수 청하며) 나 서울청 광수대 1팀장... (하는데)

채드 (손짓으로 팀장 말 자르며 다급히 무전 하는데 / 이하 영어) 도착했습니다. 캡틴!
총기사용 허가됐습니다.

20 다시 클럽 안 / N

어두운 일각 여유 있는 태도로 앉은 남자, 날카로운 시선으로
통로와 비상구, 리키 일행의 행동을 살피고 있다. 얼굴 드러나면 데릭이다.

데릭 (귀에 이어폰 낀 채 / 이하 영어) 종업원 열, 손님 삼십, 출입구는 입구와 주방에
하나씩 (술 마시는 리키와 건장남들, 허리춤에 얼핏 보이는 권총 손잡이
일별하며) 타겟은 술에 취해 있고 총기는 글록으로 추정된다.
우리가 타겟 딸 테니 한국팀은 자국민 보호하라고 해. 신호 주면 바로 진입한다.

21 다시 클럽 입구 계단 / N

채드 (영어) 네 캡틴! (그제야 팀장에게 한국어로) 갱 전담팀 채드 리 경위입니다.
캡틴은 안에서 대기 중입니다.
타겟은 저희가 맡을 테니 한국 경찰은 자국민 보호하라는 지시구요.
(준비하라며 미형2, 3에게 눈짓 보내면)

팀장 !! (예상치 못한 상황에 불쾌한 듯) 이 양반들이 지금 장난하나!!
광수대가 당신들 쫄따군 줄 알아! 공조하기루 했음 절차대로 (하는데)

채드 (물러서지 않고) 저놈, 갱 넘버투입니다. 이 좁은 데서 총질하면 방법 없습니다!
그래서 캡틴이 미리 체크한 거구요!

팀장 !! (틀린 말 아니다, 할 말 고르는데)

데릭 (E) 타겟이 화장실로 향한다! 지금 바로 진입해!

미형들, 형사들 !!! (각자 긴장해 조심히 들어가고)

22 다시 클럽 안 / N

술에 취한 리키, 비틀거리며 화장실로 향하면 건장남들 따라 붙어간다.
날 서 긴장해 지켜보던 데릭 앞으로 채드, 미형2, 3, 팀장,
한국 형사 1, 2, 3으로 이뤄진 공조팀이 조심스럽게 들어온다.

데릭 (권총 장전하며 채드에게) 채드는 선두! (미형2, 3에게) 닉과 매튜는 후방 엄호한다. (화장실로 가려는데)

팀장 (데릭에게 다가와) 어 조 팀장... 나, 서울청 광수대 1팀장... (다시 소개하려는데)

데릭 (말 자르며 / 이하 한국어) 통성명은 저놈 잡고 합시다. 시민들 먼저 대피시키세요.

데릭, 미형들 (총기 겨누며 화장실 방향으로 빠르게 다가가면)

팀장 (큼! 어쩔 수 없고 놀라 다가온 매니저에게 노련한 말투로) 인터폴 적색수배자 체포 중이니까 손님 다 내보낸다! 실시! 음악 끄지 말고!

매니저, 당황해 손님들에게 "영업 종룝니다!" 양해 구하면 클럽 안
술렁이는 사람들 빠르게 빠져나가는 위로.

23 클럽 화장실 앞 / N

화장실 앞을 지키고 선 건장남들, 홀에서 술렁이는 소리에 바라보는데
순간 소리 없이 다가간 데릭, 단숨에 크라브마가(KKM)[1]로 건장남들 쓰러뜨리면
그 뒤로 채드, 미형2, 3 주변 엄호하며 따라 서는데!

1 효율성을 극대화한 현대무술의 일종

24 클럽 화장실 안 / N

흥분한 표정으로 칸막이 안, 변기 위에서 코로 하얀 코카인 가루 흡입하던 리키, 순간 화장실 문밖에서 '억!' 하는 소리 나자 다급히 칸막이 열고 나가 화장실 문 너머로 귀 기울이는데 데릭과 미국 형사들 소리 들린다!!

리키 (다급히 문 막으며 / 이하 영어) 빽!! 지긋지긋한 맘바새끼! 여기까지 따라온 거야!

힙합남 (순간 만취한 채 칸막이 차고 나오며) 아 좀 닥쳐! (하는데)

리키 (날 선 눈빛으로 품 안의 총 꺼내 힙합남 가격하고 그대로 낚아챈다)

인터컷 *동 밖 / N*

데릭, 화장실 안에서 구타와 비명 소리 들리자
다급히 권총 손잡이로 문 부수고 채드, 미형2, 3과 들어서면
공포에 질린 힙합남(한국인)을 인질로 삼아 총으로 위협하는 리키 보이는데!!

리키 (데릭 보자마자 살기에 차 버럭) 멈춰! 이 새꺄!
한 발짝이라도 다가오면 이 새끼 대가리 구멍 난다!

데릭 !!!! (아차 싶지만 침착하게 총구 겨눈 채 / 이하 영어) 인질 쏘기 전에
니 머리부터 날아간다! 누가 먼저 날아갈지 궁금하면 쏴봐!

리키 (데릭 눈빛 보자 진짜임을 안다, 발악하듯 악에 받쳐) 나도 이렇게 안 끝내.
이 나라 오니까 친구들 많아서 좋지? 이 노란 원숭이 새끼야! (흥분하는데)

데릭 (몰래 옆에서 접근하라고 채드와 미형3에게 눈짓하면)

채드, 미형3과 총 겨누며 천천히 리키 옆으로 다가서려는 순간
바닥에 떨어진 음료수 캔 밟는 미형3!
눈치챈 리키가 몸 돌려 힙합남을 방패 삼아 미형3에게 총격을 가하려 하자
당황해 인질 쪽으로 발포하는 미형3! 순식간에 시작된 위험천만한 총격!
데릭, 최대한 침착하게 리키가 쥔 총 조준해 총을 쏘아 떨어뜨린 후
있는 힘껏 리키에게 몸을 부딪쳐 화장실 칸막이를 부수며 들어간다.

칸막이 안에서 크라브마가 기술을 이용해 거칠게 리키를 제압하는 데릭!

리키 (악에 받쳐 숨긴 잭나이프 꺼내 휘두르며) 내가 체포되면 형제들이
니 여동생부터 갈가리 찢어놓을 거야!!
그니까 죽어 맘바새끼야!! 죽으라고!!! (날 서 발악하는데)
데릭 !!! (눈빛 형형해져 리키의 칼 든 손목 비틀어 칼 떨어뜨리곤
거칠게 리키 머리 잡아 좌변기가 부서질 정도로 처박는다)
리키 으아아악!!! (고통에 몸부림치며)
이 미친 새끼! 여기가 미국인 줄 알아? 넌 끝났어, 이 새끼야.
내 변호사가 절대 가만 안 있어!
데릭 (손목 관절 박살나게 꺾은 뒤 살기 가득한 목소리로 나직이) 계속 지껄여 봐.
난 한미 특별 협약에 따른 특수 경찰 신분으로 공무 중이니까.
왜? 손목인대 말고 다른 데도 끊어줘? 어차피 넌 살아서 출소 못 해.
그러니까... 한 군데라도 멀쩡할 때 보스 어딨는지 부는 게 좋을 거야.
리키 !!! (공포에 떨면)
데릭 (피투성이 된 리키 일으켜 세우며) 리키 곤잘레스! 널 살인, 해외 도주,
인질상해로 체포한다. 너는 묵비권을 행사할 수 있고
네가 하는 말은 법정에서 불리하게 처리될 수 있다!
채드 (얼른 수갑 찬 리키 연행하는데)
형사1 (일각 기진맥진으로 주저앉은 힙합남에게 다가가) 괜찮습니까?
힙합남 (넋 나간 상태로 안도하며) 아 네... (부축받으며 일어서면)
미형3 큼... (데릭 눈치 보며 다가서) 미안합니다. 캡틴. 갑자기 놈이 쏘려고 하길래...
데릭 (날 서 노려보며 버럭) 아무리 급해도 인질 쪽으로 총을 쏴?
돌아가는 대로 민원실 발령이다.
미형3 (당황해 데릭에게) 민원실요?? 캡틴!! 제발요. 제가 얼마나 헌신했는지 알잖아요!!
데릭 (차가운 눈빛으로) 얘기 끝났다. (가면)
미형3 캡틴!!!! 잠시만요! (흥분해 데릭 뒤쫓는데)
채드 (미형3 막아서며 / 이하 영어) 진정해! 캡틴이 말 바꾸는 거 봤어? 그냥 받아들여!
미형3 (괴로운 듯 얼굴 감싸면)

팀장 (일각에서 고개 절레절레 흔들며 보고) 하 독사 맞네, 맞아.
형사1 (따라 그 모습보다 외사과 전화 받고 밖으로 나간다)
데릭 (냉정하게 걸어가는데 올림픽 경찰서 브라운 국장으로부터 전화 온다, 받으면)

25 미국 LA 전경 / N

국장 (E / 이하 영어) 총격이 있었다고?

26 LA 올림픽 경찰서 전경 + 국장실 / N

머리가 희끗한 국장(로버트 브라운, 55세, 남)이 서서 데릭의 전화 받고 있다.

자막 **로스앤젤레스시 올림픽 경찰서**
자막 **로버트 브라운 국장**

국장 (한숨 돌리며 담담하게) 알았네. 인질이 무사하다니 다행이야.
(신중한 표정으로) 이번 협약은 양국의 이해가 맞아 특별히 체결된 걸세.
한국 경찰이 리키 체포 권한을 준 만큼 우리도 밀입국한 한국 강력 사건 용의자
수사하기로 한 거야. 그래서 일부러 한국계인 자네를 보낸 거니까
마무리 잘 하고 와.
데릭 (E) 리키 응급처치 끝나는 대로 밤 비행기 편으로 귀국하겠습니다.
국장 (차분하게) 범죄자 인도용 입국 통로 열어두지. 수고했어.

27 클럽 밖 / N
데릭 알겠습니다. (전화 끊고는 팀장에게 / 이하 한국어) 구급 대원들 언제 옵니까?
치료 마치는 대로 송환합니다.
팀장 (데릭 옷 탁탁 털어주며 어깨동무하고) 조 팀장! 뭐가 그렇게 급해!
같은 한국 사람끼리... 공조 절차 알잖아.

청에 가서 보고서도 작성하고 기념사진도 한 장 박자고.
이따 내가 잘 아는 돼지 껍데기집에서 한잔 살 테니...

데릭 (팀장 팔 칼같이 치우며) 보고서는 저희 쪽 팀원이 남아서 작업할 겁니다. (가면)

팀장 이봐! (허 빡빡하단 듯 보는데)

형사1 (일각에서 전화 끊고 옆에 다가와 서서 나직이) 저 양반 맥 스콧이라고
LAPD 치안감 양아들이래요. 어렸을 때 입양됐구요.
방금 외사과에서 작전 잘 끝났냐고 연락 왔길래 물어봤더니...

팀장 (못마땅한 듯 보며) 어쩐지... 뻣뻣하기가 하늘을 찌른다 했더니..
치안감 양아들은 싸가진 집에 두고 다닌대냐! (하다) 근데 왜 조 씨래?

형사1 (생각해보니 궁금하고) 그거까진 안 물어봤는데요. (머리 긁적이면)

데릭 (두 사람 대화 차가운 표정으로 들으며 걸어가다 승아에게 영상통화 건다) 어디야?

28 사랑의 뿌리찾기 전경 / N

전면 유리 건물에 **"사단법인 사랑의 뿌리찾기"** 간판 보인다.

자막 **서울시 서암구 두촌동**

자막 **PM 06:25 서울시 서암구 상개동 일가족 살인 사건 발생 40분 전**

29 동 사무실 / N

소파에 앉은 승아, 핸드폰으로 영상통화를 하면서 데릭과 수화로 대화 중이다.

승아 (E / 이하 수화하며) 어 오빠. 아직 얘기 중이라 나중에 통화해.

인터컷 클럽 밖 / N

데릭 *(의심스러운 듯 화면 살피며) 후원한단 아이 어딨는데?*

승아 *(E / 머쓱) 아, 정훈이랑은 밥 먹고 헤어졌고 잠깐 후원 사무실에 들렸지!*

데릭 *(단호하게) 왜 말도 없이 혼자 가. 오늘 밤 비행기로 LA 갈꺼니까 호텔로 가 있어.*

승아　(E / 발끈하듯) 싫어! 오빤 내가 아직두 앤 줄 알아! 신경 끄셔! (끊으면)

30　다시 클럽 밖 / N

데릭　(끊긴 화면 보며) 승아야! 조승아! 이 자식이... (영상통화 반복해 걸지만 받지 않자 어이없는데 문자 들어온다)

인터컷　승아 문자 (서툰 한국어) / N

너무 걱정 마숑. 오늘 작전은 잘 끝났지? 마이 히어로 형사님! 좀 이따 봐! ♥♥

데릭　... (또 고집 피운다는 듯 찡그리지만 이내 따뜻한 미소 짓는 위로)

31　다시 사무실 / N

승아　(장난스러운 표정으로 핸드폰 챙기면)

사무국장　(맞은편에 앉은 채 승아에게 웃으며) 오빠에겐 말 안 한 모양이네요.

승아　(머쓱하게 웃으며 이하 서툰 한국어, 적당히 맞춤법 틀린 메모지 필담하며) 완전 싫어해요. 아빠 찾는 거.

사무국장　(이해한단 듯 고개 끄덕이다 승아에게 서류 내밀며) 이름은 조규철이고 나이는 56세... 전화로 말씀드렸듯이 DNA의 특정 유전정보가 비슷해요.

승아　(서류 유심히 보다가) 암튼 저랑 관련이 있단 거죠?

사무국장　그렇죠. 아마 아주 먼 친척일 겁니다. (어렵게 말 꺼내며) 근데 이런 경우엔 만나는 걸 권하진 않아요. 부모 찾는 심정을 이용해서 금전적 요구를 하는 경우가 생각보다 많거든요.

승아　(고민하다 결연하게) 만나 볼래요. 저희 아빠를 알 수도 있는 거잖아요.

사무국장　(그 마음 이해하고 메모 주며) 조규철 씨 주소입니다.

승아　(**"조규철 서울시 서암구 상개3로 40 수완 아파트 2동 403호"** 보곤) 도움 주셔서 고맙습니다.

사무국장　꼭 좋은 소식 있었으면 좋겠네요. (생각 고르다) 참, 바로 가실 건 아니죠?
거기 아파트가 철거 중이라 (창밖 보며) 이 시간에 가면 좀 위험할 거 같아서요.

승아　(갈등하다) 제가 알아서 할께요.

사무국장　(끄덕이며) 꼭 아버님... 찾으시길 바래요.

승아　(미소 지으며 사무실 나가는데)

32　풍산시 비덕동 개원상가 전경 / N

33　동 앞 / N

출입 금지 테이프 두른 입구로 지구대 경찰들이 삼엄하게 사람들 대피시키고 있다.
도로변에 골든타임팀 출동차, 권주의 차량 차례로 와서 서고, 박중기, 구광수,
권주 다급히 내리는데!

자막　**풍산시 비덕동 개원상가**

34　개원상가 3층 + 남자 화장실 안 / N

지구대 비덕1과 사람들 없는 3층으로 다급히 올라오는 권주, 박중기, 구광수!

구광수　(비덕1 보며) 사람들 전원 대피 끝난 거죠? EOD는 언제 옵니까?

비덕1　네. 대피는 다 끝났고 EOD는 바로 앞이랍니다.

권주　(생각 고르다) 폭탄은 저희가 찾겠습니다. 들어오는 사람 없게 막아주세요!

비덕1　네. 알겠습니다! 조심하십쇼! (다급히 내려가면)

박중기　(비덕1 사라지면 권주에게) 뭐 들리는 거 있십니꺼?

권주　아직요. 저랑 같이 찾아보죠.
(앞장서서 가게들 문 열고 들어가 살피고 나오면)

박중기, 구광수　(긴장해 권주 엄호하며 살피는데)

권주　(순간 남자 화장실 쪽에서 들려오는 초침 소리에 / 마음의 소리)
남자 화장실 안에서 초침 소리가 들리고 있어....!

(박중기와 구광수에게 남자 화장실 가리키며) 저기예요! (다급히 안으로 들어서면)

박중기, 구광수 (따라 들어서고)

권주 (소리가 들리는 칸막이 안 검은 가방 보이자 긴장한 표정으로)
여기서 전자시계 소리가 들려요!

박중기 !! (굳은 표정으로 무전 하며) 여기는 출 하나, 개원상가 3층 남자 화장실 안
폭발물로 보이는 가방 발견했다. EOD 신속한 지원 바란다!

34-1 3층 남자 화장실 밖 + 안 / N

밖에 긴장해 서 있는 권주, 박중기, 구광수. 그리고 밤 수트(bomb suit) 차림의
경찰특공대 폭발물 처리반(EOD)이 남자 화장실 안으로 조심스럽게 들어간다.

EOD1 (조심스레 검은 가방 앞으로 다가가 휴대용 엑스레이 투시기 설치하면)

EOD2 (칸막이 밖에 앉아 모니터 속 천천히 전송되는 투시도 (가방 내부) 지켜보는데)

권주 (다시 한 번 소리에 집중하는 위로)

째깍...ㄱ(틱) 째깍...ㄱ(틱) 째깍...ㄱ(틱) 째깍...ㄱ(틱) 째깍...ㄱ(틱)

권주 (하지만 집중할수록 무언가 이상한데 / 마음의 소리) 뭐지..?
초침 소리가 인위적으로 끊겨. 마치... 스피커를 통해 나는 것처럼.
전자시계라서 그렇다기엔...
(자신의 핸드폰 초시계로 확인하며) 시간도 안 맞고.

EOD1 (긴장 가득해 조심스레 가방을 열어보곤 당황해) 이거 누가 장난친 것 같은데요?

권주 !! (기막히고, 나직이 구광수에게) 아마 장난감 시계일 거예요.

구광수 네? (황당하단 듯 화장실 안으로 들어가 가방 안에 들은 벽돌 및 쓰레기와
장난감 전자시계 살펴보며) 센터장님 말이 맞네요. 나 참...

일동 (황당하지만 안도의 한숨 내쉬는데)

박중기 (열불 나고) 마 이런 도라이 새끼를 봤나. 센터장님!
이 전화 건 놈 잡아가 정신교육 바짝 시키야하는 기 아입니까?

이놈 땜에 정작 구할 사람은 못 구하잖습니까.

권주 (씁쓸하지만 애써) 그래도 폭발물 아닌 게 다행이네요.

구광수 그러게요... 마지막 신고 전화가 장난 전화라니... (어이가 없고)

권주 (격려하듯 보며) 먼저 들어가 볼게요. 박 팀장님, 구 형사님은 신고자 수배 강력팀에 전달 부탁드려요. 회식은 다 정리된 후 하죠? (나가면)

구광수 (허무한 심정 참고 무전 하며) 여기는 출 둘, 폭발물 추정 가방 확인했는데, 안엔 폭탄으로 위장한 시계, 벽돌이랑 쓰레기만 있습니다. 비덕동 폭발물 허위신고 사건으로 종료!

자막 **PM 06:30 풍산시 비덕동 폭발물 허위신고 사건 종료**

35 센터장실 / N

박은수 (심각하게 앉아 모니터에 뭔가 검색하며 무전에 귀 기울이면)

구광수 (E) 여기는 출 둘, 폭발물 추정 가방 확인했는데, 안엔 폭탄으로 위장한 시계, 벽돌이랑 쓰레기만 있습니다. 비덕동 폭발물 허위신고 사건으로 종료!

박은수 !! (안도하고 무전 하며) 수고하셨습니다! (후 다시 신중하게 모니터 보다 흔들리는 눈빛으로) 설마! (다급히 권주에게 전화하는데)

36 풍산시 비덕동 개원상가 건물 앞 / N

권주 (밖으로 나와 차 앞에 서려는 순간 박은수로부터 핸드폰 온다, 받으며) 어, 박 요원.

박은수 (E) 센터장님! 9월 25일 주범태와 유사한 존속 살인 사건 찾은 거 같아요!

권주 뭐?!! 사건 보고서 확보해. 지금 바로 갈게! (다급히 차에 오르려는데)

순간 상가 일각 요란하게 울리는 음악 소리에 고개 들어 보는 권주. 상가 1층에 작은 파티용품 가게 쇼윈도 너머로 서커스 인형과 유난히 반짝거리는 알전구 장식 보인다.

권주, 어딘지 모르게 스산한 서커스 인형과 알전구 불빛 불길하게 보는 위로.

권주 (놀라 / E) 2020년 사건 백서에 있었다고?

37 풍산지방경찰청 + 센터장실 안 / N

권주, 흔들리는 눈빛으로 박은수와 마주 보고 있다.

박은수 네. (긴장한 표정으로 출력물 내밀며) 주범태 사건과는 달리
고등학교 교사인 부친을 우발적으로 살인한 걸로 되어 있더라구요.
하지만 확실히 유사한 점이 있어요!

권주 (다급히 출력물 들여다보면)

인터컷 *〈주광시 도정동 존속 살인 사건 보고서〉 / N*

⊙ 사건개요

- 2020. 9. 25. 21:00 경 주거지인 주광시 도정구 도정3로 150(지번주소 : 도정동 125) 행복빌 아파트 204호에서 가해자 문하람(18세, 남)이 중식도(날길이 20cm, 총길이 32cm)로 피해자인 부친 문동진(55세, 남, 도정고등학교 교사)의 몸통과 목 부분을 여러 번 공격하여 살해하고 본인의 손목 요골동맥을 손상시켜 자살하였다.

⊙ 수사결과

〈현장 상황 및 감식〉

- 쓰레기통 속 컵라면 용기, 폐전구와 함께 발견된 피해자 문동진의 자창과 일치하는 흉기(중식도)에서 문하람의 지문 다수 발견.

- 사건현장 인근 침입흔적 없음. (CCTV 미설치)

〈모친진술〉

- 모친 한미선(50세,여, 중학교 교사)은 사건 당시 근무지(운산 중학교)에서

숙직중이었다고 진술 (생략)

박은수 (보고서와 잔혹한 현장 사진들 짚어가며) 9월 24일, 센터장님한테 첫 번째 메일이 온 다음 날, 주광시에서 벌어진 사건이구요. (가슴 아픈) 부친을 중식도로 살해했어요. 그리고 쓰레기통에서 발견된 폐전구는 몇 년 전 모친이 크리스마스 장식용으로 산 건데 망가져서 버린 거라 하더라구요. 그래서 연관성이 없어 보인 것 같구요.

권주 !!!! (너무나 끔찍한 현장 사진 차마 보지 못하고, 첫 번째 메일 중 세 가지 키워드 **25, 신의 빛이 머물다, 125** 를 다시금 일별한다) 25는 살인이 일어난 날짜, 신의 빛이 머물다...는, '주광시'를 말하는 거였어. 그렇다면 125는 뭐지?

박은수 (보고서를 뒷장으로 넘겨 보여주며) 문하람이 살던 아파트 번지더라구요.

권주 !!!

박은수 그리고 이건 모친 한미선 씨 진술서예요. (진술서 페이지 보이는데)

권주 (떨리는 손으로 받아 읽는 위로)

인터컷 한미선의 진술서 / N

교사 부모로서 아이를 바르게 키워야 한다는 부담에 하람이를 지나치게 엄하게 대했고 이것이 갈등의 원인이 되어 하람이가 탈선한 적도 있었습니다. 하지만 하람이는 남편을 죽일 만큼 잔인한 아이가 절대 아닙니다. (중략) 모든 것이 다 제 책임입니다... 제가 대신 죽을 수 있다면...

박은수 (안타까운 표정으로) 조사 내내 한미선 씬 모든 게 자기 책임이고 아들이 남편을 죽일 리 없다고 했답니다. 지금은 지방 요양원에서 정신과 치료를 받고 있구요.

권주 !! (입술 깨물며) 어떻게든 열심히 살려고 한 가족을 잔혹하게 파괴시켰어.

박은수 (어떻게든 희망을 갖기 위해) 하지만 센터장님, 이번엔 예고 메일이 오지 않았어요. 패턴대로라면 3월 24일인 어제 왔어야 하는데. 어쩌면 저희가 착각한 걸지도...(하는데)

권주 (일말의 기대로 박은수 보는데 순간 핸드폰에 메일이 왔다는 메시지가 뜬다) !!!
(다급히 확인하면 **〈세 번째 메일〉 날짜 : 2021년 3월 25일**
보낸 이 : 서커스맨 / 제목 : 당신과 나는 샴쌍둥이예요! 3 보이고!!
충격으로 눈빛 격하게 흔들리는데) !!

박은수 (두려움에 보며) 세 번째 메일인가요?

권주 (메일에 첨부된 음성 파일 흔들리는 눈빛으로 보며) 이번엔 음성 파일로 왔어.
(떨리는 손으로 음성 파일 재생 버튼 누르면)

인터컷 권주에게만 들리는 음성 파일 속 여성의 목소리 / N

으지직 사각 사각 으지직 으지직 사각

*으지직..... **사각 사각**... 으지직 으지직 **사각***

권주 !!! (입술을 깨물고 집중하면 점차 소리가 나뉘어 들리기 시작하는데)

으 으지직 사 으지직 사각 사각 으지직 으지직 사각 .... 으지직 사각

대체 그 귀로 뭘 하고 있는 거야. 너무 멀어서 안 들리기라도 하는 거야?
마지막 기회를 줄게. 〈25, 천사의 동네, 205호〉
오늘은 시간이 부족할 것 같아서 특별 힌트를 더 추가했어.
잊지 마. 우리는 아주 특별한 운명을 타고났다는 걸.

권주 !!!! (순간 휘청하며 주저앉고 / 마음의 소리)
일부러 나만 들을 수 있는 소리를 만들어내서 메일을 보냈어...!
자신이 나와 똑같은 능력이 있단 걸 믿게 하려고!!

박은수 (깜짝 놀라 부축하고) 센터장님! 괜찮으세요??

권주 (동요하는 표정 애써 감추며) 어... 30대 여성 목소리야. 단서는 25, 천사의 동네, 205호... (결연하게) 메일에서 강박적인 성격이 느껴져.
신의 빛이 머무는 주광시... 양들이 영원히 잠드는 양영시...
그렇다면 천사의 동네도 지역 이름일 거야. (박은수 보면)

박은수 잠시만요. (검색해 보고) 센터장님, 상개시가 위 '상'에 낄 '개'를 써서 하늘 사이에 끼어있단 의미로 천사의 도시라 부르는 경우도 있다는데요!
천사의 동네는 아니지만요...

권주 ...상개시?!!! (다급히 박중기에게 전화하며) 박 팀장님! 서커스맨 메일, 장난이 아니라 살인 예고 메일이 확실합니다!! (처절한 표정으로 통화하는 위로)

38 출동팀 차 안 + 센터장실 / N

운전하는 구광수 옆 조수석에 앉은 박중기, 스피커폰으로 권주와 통화하고 있다.

박중기 그러니까네... 센터장님한테 메일 보낸 그 미친놈이 진짜 살인마란 말입니까?

권주 (**센터장실**에서 전화하며 / **이하 교차편집**) 네. 주광시, 양영시 존속 살인 사건 다 범인이 보낸 단서와 맞는 부분이 있어요.
(흔들리는 목소리로) 청력이 특별한 여성일 가능성도 있구요!!
관련 자료 전송할게요.

박중기 (청력이 특별하다는 말에 놀라, 구광수 바라보다 현장 사진 받고는 충격에 허!!)

구광수 그럼 오늘 상개시에서 또 존속 살인이 벌어진단 거네요?
일단 거기 청으로 가보겠습니다. (액셀 밟으며 속도 올리면)

39 센터장실 / N

생각 고르며 서성이는 권주를 박은수가 걱정 가득한 눈빛으로 바라보고 있다.

권주 (평소답지 않은 예민한 모습으로 / 마음의 소리) 범행을 막을 수 있는 두 번의 기회를 놓쳤어. 이번엔... (절대로) 실수하면 안 돼.
분명 힌트를 더 주겠다고 했는데... 대체 뭐지?!
(다급히 파일 다시 재생하고 미간 모으며 집중하는데)

여기서 쿵쿵- 물러나면 쿵쿵- 더이상살곳없다!

오늘은 시간이 부족할 것 같아서 특별 힌트를 더 추가했어.

쿠쿠쿵 돈없는철거민들 쿵쿵- 어디로가란 쿵쿵쿵- 말이냐!

여기서 쿵쿵- **물러나면** 쿵쿵- **더 이상 살 곳 없다!**

오늘은 시간이 부족할 것 같아서 특별 힌트를 더 추가했어.

쿠쿠쿵 **돈 없는 철거민들** 쿵쿵- **어디로 가란** 쿵쿵쿵- **말이냐!**

권주 (마음의 소리) 아주 멀리서... 쿵쿵하며 울리는... 북소리랑
사람들 고함 소리가 들려. (급하게 적으며) 더 이상 살 곳... 없다...
철거민들이 농성하는 소리 같은데?!
(다급히 박은수에게) 상개시에 재개발이나 철거하는 곳이 있나 알아봐!

박은수 (급하게 찾아보고 당혹하며) 아뇨. 상개시는 오히려 인구가 줄어서 걱정인데요.
대규모 철거도 없구요!

권주 분명 철거민이란 단어가 들렸어. 대체 어디지? (생각 고르다)
상개시 외에 최근 철거 농성 있는 곳 다 찾아봐!!

박은수 네! 잠시만요! (다급히 검색해 보더니) 어? 오늘 아침에...
서울 서암구 상개동에서 철거민들 농성이 있었습니다!

권주 설마...?!! (순간 당황하다 곧이어 깨닫고) 천사의 도시가 아니라 동네라고 했던
이유가 있었어! 상개시가 아니라 상개동이었던 거야!! 우리가 착각했어!
(다급해지고) 당장 서울청으로 연락해야 해. (유선 전화 수화기 집어 드는데)

박은수 (걱정스럽고) 이런 얘길 믿어줄까요?

권주 (틀린 말 아니다, 생각 고르다 수화기 놓고) 서울 광수대에 경찰대 선배가 있어.
(다급히 핸드폰으로 광수대 팀장 전화번호 검색하며) 박 팀장님한테

연락해서 빨리 오시라고 해!

박은수　네, 알겠습니다. (일각으로 가 전화하며) 박 팀장님. 천사의 동네... 상개시가 아니라 서울 상개동이었어요! 지금 청으로 와주세요!

박중기　(E) 뭐 서울? 우째 우리도 가야 않겠나!

박은수　(시간 확인하며) 어차피 지금 출발해도 2시간 넘게 걸려요.
지금 센터장님이 서울청에 전화 중이에요.

박중기　(E / 어쩔 수 없고) 그라믄 우린 지금 양영시 지나고 있으니까네 현장 들러보고 뭔가 알아내면 바로 연락주마!

박은수　(통화 마치고 서울청 광수대 팀장에게 전화하고 있는 권주 걱정스레 보는데)

팀장　(반가우면서도 의아해 / E) 뭐? 존속 살인 사건?

40　상개동 골목길 외곽 / N

도착한 구급 대원들에게 응급처치 받는 리키 보인다.
통화 중인 데릭을 비롯, 채드, 미형2, 3과 형사1, 2, 3 각자 할 일 하는 가운데 팀장, 황당한 표정으로 권주와 통화 중이다.

자막　**서울시 서암구 상개동**

권주　(다급하게 통화하며) 네. 지금 일가족 연쇄살인범이 저한테 메일로 살인 예고를 했어요! 10대 소년이 가족을 살인하는 것처럼 꾸밀 거구요.
장소는 상개동, 주민들이 철거 농성 중인 아파트, 205호일 가능성이 높아요.

42　광수대 승합차 일각 / N

팀장　(형사1에게) 김형사, 오늘 상개동 철거촌에서 존속 살인 터진 거 있어?

형사1　(핸드폰으로 경찰 내부 커뮤니티 검색한 후 팀장에게) 없는데요? 왜요?

팀장　(다시 권주에게) 우리 쪽에 접수된 사건은 없는데? (사이) 그래.

뭔가 나오면 바로 연락 줄게. (의아한 듯 끊는데)

형사1 (의아한 듯 보며) 누구 전화예요?

팀장 (심각하게 보며) 너도 알지? 풍산시 골든타임팀 센터장.

형사1 아 보이스 프로파일러인가 하는 양반요?? 근데 갑자기 존속 살인을 왜 찾는대요?

팀장 (갸웃하며) 뭔 장난 메일을 받은 거 같은데?

43 수완 아파트 전경 / N

색이 바랜 콘크리트가 깨져 여기저기 금이 간 오래된 아파트
일각 이미 철거된 동 사이 남아있는 건물들 곳곳에
"강제철거 결사반대" "000시의원 사퇴하라." 플래카드 걸려있다.

자막 **서울시 서암구 상개동**

자막 **PM 06:45 서울시 서암구 상개동 일가족 살인 사건 발생 20분 전**

44 4층 복도 + 403호 앞 / N

한 손엔 꼬마병 주스세트 들고 403호 앞에 서서 조심스레 문 두드리는 승아.
다른 집들은 이미 문짝 떨어진 채 내부가 휑하게 보이고 바닥에는
철거과정에서 나온 건축 쓰레기가 쌓여 있는 위로.

조규철 (E) 글쎄 난 형제도 없고...

45 403호 / N

지저분한 부엌과 화장실이 보이는 15평 정도의 공간, 낡은 전기장판 위
조규철이 승아와 마주 보고 앉아있다.

조규철 (쿨럭쿨럭 기침하며 귀찮다는 듯) 내 사촌 중에 입양 보냈단 사람도 못 봤다니까!

승아 (이하 노트에 서툰 한국어, 적당히 틀린 맞춤법으로 적어 보이며) 그래도 잘 생각해 보세요. 저랑 조규철 씨 DNA... 조금은 일치한다고 나왔어요.

조규철 (노트 대충 보고 버럭) 나가! 좀! 피곤하니까. 쿨럭 쿨럭...

승아 (조규철 원망스럽게 보며) 그럼 왜 DNA 등록한 건데요?

조규철 (기침하며) 내가 지금 악성림프종이야. 병원에서 골수 받을라면 등록하라고... 해서 했지. 근데 받음 뭐 하나... 돈이 없는데...

승아 ... (할 말을 잃고 보면)

조규철 (전등불 깜빡거리자) 옘병... 이주비도 제대로 안 주면서 전기 또 나갈라구 하네. 없는 놈들은 나가죽으라 이거지. (거친 기침 소리 이어지며)

승아 실례했습니다. (노트 접고 안쓰럽게 보다 꼬마병 세트 놓고 일어나 현관으로 가면)

조규철 (일어나 문 앞에 서서 승아 입성 아래위로 훑다)
보아하니 좋은 데로 입양 간 거 같은데... 그냥 다 잊고 살아.
지금 와서 버린 아버지 찾아 뭐하게? (문 쾅 닫으면)

승아 (쾅 닫힌 현관문 길게 보다 한숨 쉬고는 터덜터덜 복도를 걸어가는데)

46 2층 복도 / N

모든 집이 다 철거되어 인적 없고 205호만 사람이 사는 듯 불이 켜져 있다.

현민 부 (E / 거센 기침 소리 내며 버럭) 이거 놔! 술도 내 맘대로 못 먹어?

현민 모 (E / 지긋지긋한 심정으로) 그래! 먹지 마!
현민이 땜에 힘들어 죽겠는데 당신까지 이러면 어뜩해!!
당신이 정신을 차려야 우리도 제대로 살 거 아냐!! (흑흑, 흐느끼는데)

47 205호 (이현민 집) 방 안 / N

낡고 초라한 방. 거실에서부터 현민 부(이종박, 47세)와 현민 모(공숙희, 45세)의 다투는 소리 못 참겠단 듯 귀를 막아버리는 이현민(남, 17세), 불안하게 서성이는데. 순간 핸드폰에 텔레노트 메시지 도착하자 표정 굳는다.

인터컷 텔레노트 내용 / N

술 끊는다, 부자 될 수 있다, 언제나 말뿐이고 헛된 희망만 줬지?

현실은 철거 아파트에서 내쫓길 판이면서.

니 부모도 너한테 거짓말만 하고 있어…내가 말한 무기로

더러운 결혼반지 낀 손가락을 자르고 인증샷을 찍어. 그럼 모든 게 끝나.

이현민 으으으!!! 제발 그만! 그만!!

(괴로운 듯 벽에 머리 찧다 서랍에서 부탄가스(환각용)와 손도끼(가정용 소방도끼, 철거 아파트촌에서 구하기 쉬운 흉기 설정) 꺼내 길게 보는 위로)

현민 모 (바들바들 떨며 / E) 현민아... 대체 왜 이러니.

48 205호 거실 / N

낡은 소파와 구식 TV가 자리한 낡고 허름한 집 안, 거실 의자에 공포에 질린 만취한 현민 부와 왜소한 현민 모를 알전구 전선으로 묶어놓은 채 한 손엔 핸드폰, 다른 한 손으로 손도끼를 휘두르며 위협 중인 이현민 보인다.

이현민 (가스 기운에 눈 풀려있고, 악쓰듯) 제발 그 입 좀 다물어!!

그냥 시키는 대로 하란 말야! 이거만 찍으면 끝나! (무섭게 날뛰며) 다 끝난다고!!

현민 모 (벌벌 떨며) 현민아... 너 이런 애 아니잖아. (도끼 턱짓) 그거 치우고 얘기해.

네가 힘들어하는 거, 다 알아. 응? 그러니까 엄마랑...

이현민 알긴 뭘 알아!! 그렇게 잘 안다면서.. 나한테 해준 게 뭐가 있는데!!

(울분에 차 집기들 발로 차 부수고 난동 피운다)

현민 부모 !! (끔찍한 충격에 흐느끼는데)

이현민 (이를 악물고 손도끼로 내려치려 하지만 못하고 부들부들 떨다)

아!! 못 해! 못 하겠다구!! (손도끼 집어 던져 버리는데)

순간 문 열리는 소리와 함께 들어선 왜소증이 이현민과 현민 모 향해 잔혹하게 양날 도끼를 휘두르면, 피를 쏟으며 쓰러지는 이현민과 현민 모!

현민 부 (취기에 제대로 저항하지 못하고 처절하게) 여보!!! 현민아!!!

여자 (다가와 현민 부 내려다보며) 한심하게 자식을 키운 벌이에요.
현민이가 그랬어요.
알콜중독자, 이 사회의 패배자인 주제에, 날 위하는 척
위선 떠는 모습이 역겹다고. 아... 너무 그렇게 겁먹을 필요 없어요.
(현민 부 차갑게 일별하며) 혼자 잘 살겠다고 약속하면 살려줄 수도 있으니까...

현민 부 너 뭐야! (이성을 잃고 바락바락 고함치며) 너 내가 죽인다!
(의자에 묶인 채 비틀거리며 여자를 향해 돌진하는데)

여자 (피하고 넘어진 현민 부 보며) 어차피 인간은
혼자 태어나서 혼자 땅에 묻히는데 뭐하러 꾸역꾸역 뭉쳐서 살까.
(어쩔 수 없단 듯 왜소증에게 눈짓하면)

왜소증 (자유자재로 양날 도끼 다루다 다가와 현민 부 향해 양날 도끼 쳐드는 위로)

49 2층 계단 / N

2층 복도와 이어진 계단으로 내려서는 승아.
순간 205호 쪽에서 쾅!하는 소음과 처절한 비명이 들려온다.
당황하는 승아... 갈등하다 조심스럽게 소리 나는 방향 복도로 다가서는데...

50 2층 복도 / N

조심스럽게 복도 불 깜박이는 복도를 걸어오는 승아, 205호의 열린 현관문 틈으로
조심스레 집 안을 들여다본다. 거실 일각 어른거리는 알전구 불빛 아래
순간 누군가 무언가를 휘두르는 모습! 보이는데!

승아 ??!! ...헉!! (충격에 뒷걸음질치다 부서진 합판 밟고) !!

왜소증, 여자 (작게 빠직하는 소리에 멈칫! 천천히 복도 쪽 돌아보면)

승아 !!!! (헉 다급히 206호 쪽 비상계단을 향해 달려가는데)

51 2층 비상구 / N

다급하게 2층 비상계단 앞에 서는 승아, 다급히 비상구 문고리 잡는 순간
깜빡이던 복도 불이 완전히 꺼지고 사방이 캄캄해진다!
열심히 문고리를 돌려보지만 잠겨있는 비상구! 입이 바싹바싹 말라오며
중앙계단 쪽 바라보는 승아, 순간 205호 현관문으로 누군가 나오는 듯하자
다급히 비어있는 206호로 뛰어 들어가는데!!!

52 206호 / N

낡고 부서진 가구와 집기, 온갖 쓰레기가 가득한 실내.
승아, 벌벌 떨리는 손으로 현관문을 잠가보려 하는데 이미 고장난 지 오래!
어떻게든 숨을 공간을 찾던 승아!
구석 부서진 소파 뒤 찢어진 천을 벌리고 겨우 숨고는
핸드폰에 저장한 "오빠"에게 전화하지만, 통화 중이란 음성만 흘러나오자
끊고는 다급히 112 번호 누르는데!!!

53 서울지방경찰청 전경 / N

자막 **서울지방경찰청**

54 112 신고센터 / N

"사람의 비상벨 112 서울경찰" 이란 구호와 전광판 아래로 책상들 배치돼 있고
각자 맡은 자리에서 신고 접수로 바쁜 요원들 보인다.

서울요원1 네, 112 신고센터입니다.

승아 (E / 숨소리 섞여 힘겨운 발음으로) 아... 으...

서울요원1 (놀라며) 네? 신고자분!

55 다시 206호 / N

승아 (말하려 하지만 도저히 불가능하고) 으... 으으...

56 다시 112 신고센터 / N

서울요원1 (듣고 있다가 아무래도 이상해) 신고자분! 왜 말씀을...

서울요원2 (옆에서 끼어들며) 무슨 일이야?

서울요원1 (혼란스럽고) 신고자가 말을 잘 못 해요.

서울요원2 가입자 정보 확인해봐.

서울요원1 (다급히 확인하고) 네. 미국 통신사에서 로밍된 핸드폰이고..
가입자 정보는 Lisa Cho라고 나와요.

서울요원2 (다급히 요원1에게) 나한테 연결해봐! (귀 기울이며) 신고자분 침착하시구요.
(집중하다 조심스레) 혹시... 말을 할 수 없는 상황이거나
언어장애가 있다면 112로 문자 신고하세요.

57 206호 / N

승아 !!! (떨리는 손으로 최대한 또박또박 112에 문자를 보내는데)

58 다시 112 신고센터 / N

서울요원1 (걱정스럽게 번호 살피는데 순간 문자 신고 들어온다)!!

인터컷 신고 화면 (문자형식 / 서툰 한국어) / N

저는 조승아라고 하는데요. 미국인입니다. 언어장애인이구요.

강도가 수완 아파트 2동 205호 가족들을 다 죽인 것 같아요. 저는...
206호 거실 소파 뒤에 숨어있구요. 빨리 와주세요!!!

서울요원1 (다급하게 센터장 보며) 센터장님! 지금 언어장애가 있는 미국인 신고자가 수완 아파트 2동 205호에서 일가족이 살해당하는 모습을 목격했단 신고가 들어왔습니다! 현재 신고자는 206호 거실 소파에 숨어있구요!

센터장 (긴장하며 다급하게) 알았어, 이쪽으로 돌려!

59 2층 복도 / N

검은 우비를 입은 여자 205호 문을 열고 나온 뒤 중앙계단 쪽을 살피며 천천히 복도를 걸어가다 순간 귀가 묘하게 움직이며 멈춘다! 뒤를 돌아 206호를 매섭게 노려보는데!

60 다시 206호 / N

승아 (112로부터 **"[web발신] 접수완료, 경찰관이 출동하겠습니다."** 메시지 받자 긴장 풀리고 온몸 사시나무처럼 떨며 데릭에게 겨우겨우 메시지 보내는데) ....(순간 문 열리며 누군가 들어오자 얼음처럼 굳고)

여자 (스윽... 시선을 돌리며 206호 살피지만 먼지 가득한 내부를 보며 곧 흥미 잃은 듯) ...쯧 (나가려는데 멈칫, 귀가 또다시 묘하게 움직이고)..! (승아가 숨은 낡은 소파를 묘한 미소로 바라본다)

승아 (소파 틈으로 보고 있던 시선 굳어가고) ???...

61 골목길 외곽 / N

리키의 팔 응급처치 마무리를 끝낸 구급대원이 물러난다. 일각에서 기다리고 있던 데릭과 채드, 미형2, 3과 형사1, 2가 다가가는데.

센터장 (E) 여기는 센터 서울시 서암구 상개3로 40 수완 아파트 2동 205호 일가족이 강도에게 살해당했단 신고 전화가 접수되었다.
신고자 조승아 미국명 Lisa Cho 미국인으로 범인을 피해 206호
거실 소파 뒤에 숨어있다고 한다.
언어장애인으로 문자로만 소통이 가능한 상태다.
인근 순찰 중인 차량은 빠른 출동 바란다!

형사1 (듣고 놀라) 상개동 수완 아파트면... 바로 옆 동네 아니에요?

데릭 (순간 자신의 귀를 의심하고 형사1을 향해) 지금, 뭐라 그랬습니까.
(영어) 다시 말해 봐요! (이하 한국어) 방금 저 무전, 뭐라는 겁니까.

형사1 (의아하게 보며) 조승아라고 미국인이 지금 강도 살해 사건을 보고 숨어있다고...

데릭 !!! (순간 안색 창백해지고) ...!! (다급히 핸드폰으로 승아에게 전화 걸려는데
문자 들어온다, 확인하면)

인터컷 *승아 문자 (서툰 한국어) / N*

오빠 살려줘....강도가 지금 날 찾고있어...112에 신고했는데 너무 무서워...(중략)

데릭 !! (온몸 떨리고 절박하게) 조승아, 내 동생입니다!
어딥니까! 당장 거기로 가야 합니다!

일동 !!

팀장 (애써 침착하게) 우리 차 따라오쇼. 다행히 근처니까!
(일각에 있던 형사3에게) 넌 저 새끼 데리고 있고 (형사1, 2 보며) 니들은 따라와.

광수대 팀장과 형사1, 2 광수대 승합차에 타서 경광등 붙이고 출발한다.
불안한 표정으로 채드와 함께 검은색 승합차에 타는 데릭, 광수대 승합차
전속력으로 쫓아가는 위로.

자막 **PM 07:05 서울시 서암구 상개동 일가족 살인 사건 발생**

62　　다시 206호 / N

공포에 질린 승아 온몸 뻣뻣하게 굳어 가는데...!!

순간 누군가 승아의 머리채를 잡고 소파 틈에서 끌어내 거칠게 패대기친다!

여자　(섬뜩한 눈빛으로 쓰러져 말하려 애쓰지만 할 수 없는 승아 내려다보며)
꼭꼭 숨지 않으니까 머리카락이... 보이잖아.
(핸드폰 주워들고는 112 문자내역 확인한다)

승아　(온몸 떨려오지만 격한 수화로) 그래! 지금 경찰이 출동했어.
우리 오빠도 경찰이야. 당신 이런 짓하고도 무사할 줄 알아! 당장 자수해!

여자　(승아의 수화 입 모양으로 알아듣고 묘한 흥미 보이며) 재미있네.
보통은 살려달라고 비는데 말이야... 용기 있고 대범해.
근데 고자질한 아인 입을 찢어야 한대.
그렇지 않으면 나쁜 습관이 되거든. (승아 섬뜩하게 보면)

승아　!!! (공포에 온몸 뻣뻣하게 굳고)

63　　수완 아파트 2동 입구 + 동 안 / N

비가 내리기 시작하고 지구대 경찰들 심각한 표정으로 아파트 진입 준비
하고 있다. 순간 파찰음과 함께 도착하는 광수대 승합차와 데릭의 검은 승합차.
다급히 데릭과 팀장, 형사1, 2, 채드 내리는데.

팀장　(지구대원들에게 신분증 보이며) 서울지방청 광수대 박현 팀장이다. 상황 어때?

서암1　지금 올라갈려던 참입니다. 전기가 완전히 끊겼습니다.

데릭　(서암1 말 끝나기도 전에 다급히 들어서면)

채드　(다급히 따라 들어서고)

팀장　(서암1, 2에게) 출입구 다 막아. (형사 1, 2와 들어선다)

64　　2층 복도 + 206호 앞 / N

복도에 선 데릭 격하게 흔들리는 눈빛으로 채드와 함께 206호로 향하면
팀장은 형사1, 2와 함께 205호 앞으로 간다.
긴장에 차 조심스럽게 206호 문을 여는 데릭! 안쪽 살피며 바로 진입하는데!

65 206호 / N

다급히 들어서는 데릭! 소파 뒤를 살피지만 승아 보이지 않고!!
"승아!" "승아야!" 외치며 곳곳을 손전등으로 비춰 보지만
전혀 흔적조차 찾을 수 없는데!!! 다급히 밖으로 나가는 데릭!!

66 2층 복도 + 205호 / N

206호 진입한 데릭을 지켜본 팀장, 다급하게 형사1, 2와 함께 205호로 들어서는데!
거실에 현민 부모와 이현민의 시신이 처참한 다수의 자창을 입은 채
알전구 전선으로 묶여 쓰러져있다.

팀장 (다급히 다가가 확인해 보면 사망했는데) !!!
형사1 (형사2와 함께 주변 경계하다) 실내 이상 없습니다!
팀장 (참담한 심정으로 무전하고) 여기는 광역 하나! 서울시 서암구 상개3로 40
수완 아파트 2동 205호 사망자 3명 발생!
서암1, 2 (따라 들어왔다가 처참한 현장에 충격 받는데)
팀장 (서암1, 2에게) 현장 보존해! (다급히 나가면)

67 다시 2층 복도 / N

206호에서 나와 복도를 천천히 훑던 데릭 비상계단 앞에 떨어진 승아의
핸드백을 발견하자 눈빛 격하게 흔들린다!

데릭 (온몸 떨려오고) 승아야!! Lisa!!

다급히 데릭이 비상구 문 열고 계단으로 내려가면 드문드문 떨어진 핏자국 보인다.

205호 문 열고 나온 팀장 역시 데릭을 따라 비상계단 내려가는데!

68　비상계단 입구 + 수완 아파트 2동 일각 / N

다급하게 계단 내려온 데릭, 수완 아파트 2동 주변을 살피지만

비로 인해 그나마 계단 드문드문 떨어져 있던 핏자국 흔적도 끊어진 상황!

데릭　(혼란과 분노로 돌아보며) ...!! 승아야!!!! 승아야!!!

팀장　(다급하게 뒤따라와 데릭 보며) 동생이 납치된 겁니까?

데릭　(팀장에게 절박하게) 네... 승아가 없어요. 핏자국만 있구요!!

팀장　!!! (다급히 무전 하며) 여기는 광역 하나, 용의자가 신고자를 납치해
도주한 것으로 보인다. (하는데)

형사1　(다급히 뒤따라와) 근데 아까 강권주 센터장님이 말한 거랑 상황이 너무
똑같은 거 아닙니까? 205호도 그렇고 일가족 사망한 것도 그렇고...

팀장　그러네...!!! (생각난다, 눈빛 흔들리며 다급히 권주에게 전화 걸고) 강 센터!
아무래도 뭔 일 터진 거 같다. 아까 그 말 뭐야... 아는 대로 다 말해!
메일 보낸 놈이 또 뭐라고 했어!

권주　(E) 설마 사건이 벌어진 건가요?

팀장　(당혹스런) 그래. 205호에서 애가 지 부모랑 같이 죽었어! 목격자는 납치됐고!

권주　!!! (생각지도 못한 충격에 / E) 네? 모, 목격자가 납치요??

데릭　! (옆에서 상상도 못 한 팀장의 대화 듣고는 충격으로) 누구랑 통화하는 겁니까??

팀장　(데릭 향해 긴장해) 경찰 후배인데 범인한테서 살인 예고 메일을 받았다고(하는데)

데릭　!!! (눈 벌게져 다급히 핸드폰 빼앗아) LAPD 데릭 조 경감입니다!
범인에 대해 아는 대로 말해요! 놈이 승아... 내 동생을 납치해갔어요.

69　센터장실 + 수완 아파트 2동 일각 / N

권주　!! (우려 가득해 다급히) 지금 그 범인, 과거 두 가족을 몰살한 연쇄살인마예요!

3개월에 한 번씩, 25일마다 저질렀구요!
특별한 청(력, 하려다 참고) 범인은 여성일 가능성이 있습니다.

데릭 (**수완 아파트 2동 일각**에 서서 당황스러운 / **이하 교차편집**) 여자요?
일가족을 죽이고 내 동생을 비상계단으로 끌고 간 범인이 여자라구요?

권주 (자리에 앉아) 제 말 믿기 어렵단 거 압니다... (차분하려 노력하고)
하지만 범인은 저한테 계속 살인 예고 메일을 보내왔어요.
범인은 패륜 범죄로 위장해 일가족을 살해하는 패턴이 있습니다.
만약 여동생분이 우연히 말려든 거라면 아직 희망이 있어요!
(숨 고르고 절실하게) 저희 아버지도 연쇄살인범에게 돌아가셨어요.
살인마한테 가족을 잃는다는 게 얼마나 끔찍한 일인지... 누구보다 잘 압니다.
지금은 힘들어도 제 말을 믿겠다고 약속해주세요.
그래야 여동생분을 구하고 범인도 잡을 수 있습니다!

데릭 (황당하기 그지없는 설명에 머리 헝클이다 주변 물건들 발로 찬 뒤 결심한 듯)
알았으니까 말해 봐요!! 대신 당신 때문에 내 동생 잘못되면 댓갈 치러야
할 겁니다!!

권주 (결연하게 고개 끄덕이며) 경감님 핸드폰 번호 알려주세요.
저랑 통화하면서 추적하죠. 선배님 바꿔주세요.

데릭 ...1-213-474-2647 입니다. (하고는 팀장에게 핸드폰 돌려주면)

권주 수색 상황 저한테도 공유해주세요! 서두르세요! (끊고 데릭에게 전화한다)

데릭 (전화 울리자 블루투스 이어폰으로 받는데)

순간 "우당탕" 무언가 쓰러지는 소리 저 멀리 들리자 다급히
소리 난 곳을 향해 달려가는 데릭과 팀장! 뒤이어 채드, 형사1, 2가 따라가고!

70 수완 아파트 뒷골목 일각 갈림길 / N

데릭과 채드, 그리고 팀장과 형사1, 2. 소리 난 곳에 도착해
누군가 방금 넘어뜨린 듯한 쓰레기통 발견하자 놀라는데!

팀장 (살펴보다) 이쪽으로 도망간 거 같은데... 길이 갈라지네.

오른쪽은 성당, 왼쪽은 노숙자 텐트촌.

데릭 (돌아보며) 나눠 추적하죠. 우리가 성당 쪽으로 갑니다.

팀장 그럼 우리는 텐트로 가죠.

71 골목길 / N

급하게 달리는 데릭을 쫓아가는 채드 하지만 어느 순간부터 필사적인 데릭의 뒤를 따라갈 수가 없어 조금씩 처지고 마는데...! 낯선 코너가 반복되자 결국 데릭을 놓쳐버리는 채드.

한편 미친 듯이 달리던 데릭, 어둠 속 골목길 검은 우비를 입은 (여성처럼 호리호리한) 용의자가 다급히 달려가는 모습 발견하는데!

데릭 !!! (날 서 권주에게) 저 앞에 검은 우비를 입은 누가 달려가고 있어요!! 여성 같습니다!

72 센터장실 / N

권주 (바짝 긴장하는데) !!

73 상개동 성당 뒷골목 / N

아담한 붉은 벽돌 성당이 자리한 좁은 골목 사이를 미끄러지듯 달려가는 검은 우비를 입은 여자 골목 일각에 세워놓은 폐품 리어카를 밟고 날다람쥐처럼 가뿐하게 담을 넘는다.

분노에 찬 눈빛으로 성당 골목 사이로 뛰어가는 여자를 향해 총을 겨누는 데릭, 순간 부활 주간 미사가 끝나 계란을 한 바구니씩 든 신자들 수십이 우르르 나오며 시야를 가리자 총 내리곤 신자들을 밀치며 다시 여자를 쫓아가는데!

74 센터장실 / N

권주 (핸드폰 너머로 수많은 소음들 초조하게 듣는데)...!!!!

형제님 뵙게 되어서 반갑습니다. 엄마랑 나 짜장 먹고 싶어요.
우웅- 우웅- 우웅- 우웅-
그럼 잘 살펴 가세요.
신부님 건강이 안 좋아 보이시던데...
우웅- 우웅-

형제님 뵙게 되어서 반갑습니다. 엄마랑 나 짜장 먹고 싶어요.
우웅- 우웅- 우웅- 우웅-
그럼 잘 살펴 가세요.
신부님 건강이 안 좋아 보이시던데...
우웅- 우웅-

우웅- 우웅- 우웅- 우웅- 우웅- 우웅-

권주 (순간 묻혀있던 소리 잡아내고 / 마음의 소리) 차 엔진 소리가 커지고 있어...!!

(다급하게 데릭에게) 경감님!! 지금 차가 달려오고 있어요!! 조심하세요!!

75 상계동 성당 사거리 일각 / N

데릭 !!! (다급히 몸을 피하지만 옆 코너에서 튀어나온 자동차에 부딪혀 바닥에 쓸리듯 밀려 넘어지고 만다, 고통 엄습하고) !!!

운전자 (놀라 밖으로 나와) 괜찮아요?! 빨리 병원으로!

데릭 (운전자 밀치며 일어나 용의자 찾지만 보이지 않는데) Fuck!!! 놓쳤어요!

76 센터장실 / N

권주 (데릭의 목소리에 통증이 섞인 줄 알지만, 여유 없고 / 마음의 소리)

일부러 차에 치이도록 유인했어!

자신의 청력으로 상황을 유리하게 만든 거야!

(다급히 데릭에게) 범인이 어느 쪽으로 갔는지 봤나요?

77 상개동 성당 사거리 일각 / N

데릭 (분해 발 구르며) 못 봤어요! 감쪽같이 사라졌어요!!

권주 (E) 경감님. 길이 어떻게 나뉘었죠?

데릭 (후 주변 돌아보며 오른쪽에 "상개운수 마을버스 차고지" 가리키는 표지판 보고)
오른쪽엔 마을버스 차고지, (왼쪽 멀리 공터에 노숙자들의 텐트 보며) 왼쪽은
노숙자 텐트촌이 보입니다. 가운데 길은 큰 도로 같구요.

78 센터장실 / N

권주 (심호흡하곤 소리에 집중하기 위해 미간 모으며 / 마음의 소리)
찾아야 해. 범인이 도주하기 유리한 곳...
(간절하게 집중하자 데릭이 선 뒷골목이 주변 소리 정보를 통해 형상화되는데)!

인터컷 상개동 성당 사거리 일각 / N / 권주 청각 형상화
세 갈래로 난 복잡한 뒷골목. 데릭이 땅을 박차는 소리, 사이렌 울리는 소리, 엔진 소리, 시민들 웅성거리는 소리, 신호등의 신호 알림 등 소리 들리는 가운데.

척!척!척!척!띠르르르르르지금 북쪽으로 이동중이다! 에엥—
에—엥— 척!척! 부웅
뭐야? 척!척! 무슨 일 난거야? 에—엥—
거기 막아! 척!척! 끼익 핸드폰 꺼내봐 띠르르르르르
띠리리리-에—엥— 띠리리리- 에엥-
척!척! 또 살인 사건? 척!척!
띠르르르르르

에—엥— 척!척! 부웅
뭐야? 척!척! 무슨 일 난거야? 에—엥—
거기 막아! 척!척! 끼익-핸드폰 꺼내봐 띠르르르르르
띠리리리-에—엥— 띠르르르르띠리리리- 에엥-
척!척! 또 살인 사건? 척!척!
띠르르르르르

띠르르르르르 띠르르르르르 띠르르르르르 띠르르르르르

권주 (눈 번쩍 뜨며 / 마음의 소리) 잠깐만, 이 소린? 호신용 경보기 소린데...

언어장애인이 위험할 때 누르면 소리가 나는...
(다급히 데릭에게) 혹시 승아 씨, 경보기를 갖고 있나요?

79 어둠 속 모처 / N

피와 눈물 등이 눈에 고여 흐릿한 승아의 시선.

여자 ...니 오빠가 너를 구하러 오면 살려줄게. (큭큭)
승아 (이미 너무 심한 부상을 당해 반응할 힘도 없는데)

80 상개동 성당 사거리 일각 + 센터장실 / N

데릭 (멈칫) 내가 준 겁니다. 위험에 처해도 승아는 소리를 못 내니까.
(후) 늘 지니고 다녔습니다... (눈빛 격하게 흔들리는데)
권주 !!! (**센터장실**에서 / **이하 교차편집**, 일말의 희망으로 휴대폰 너머 들려오는 소리에 집중하며 / 마음의 소리) 소리가... 멀지 않은 곳에서 들리고 있어!!!
(귀 기울이면 경보기 소리 오른쪽으로 사라진다) 오른쪽 길이에요!!
데릭 (당황해서 추궁하듯) 지금 경보기 소리가 들리기라도 한단 말입니까?
권주 (순간 말문 막히고) 설명하긴 어렵지만 (후) 믿어주세요...!
아까 마을버스 차고지라고 했죠?
범인은 차 안에 숨어있다가 경찰들이 안 보이면 달아날 겁니다.
(일말의 희망을 잡듯) 어쩌면 차 안에 승아 씨를 숨겨 두었을지도 모르구요!
데릭 !!! (확신에 찬 권주의 말에 어둠 속 마을버스 차고지 날 서 바라보며 흥분해)
무슨 소릴 듣고 그딴 소리 하는지 모르겠지만
만약 당신 말이 틀리면... 내 동생 위험해져. 책임질 수 있어요!!!
권주 (순간 목소리 높아지며) 제발! 범인이 어떤 생각을 할지 제가 젤 잘 압니다.
시간이 없어요!! (간절함으로) 분명 살아있을 겁니다.
희망을 갖고... 최선을 다해보죠.
데릭 ...! (후... 반신반의하지만, 다른 대안이 없자 안으로 뛰어 들어가면)

인터컷 센터장실 / N

권주 *(한쪽 귀엔 이어폰 낀 채 옆에 있던 전화기로 팀장에게 전화한다, 팀장 받자)*

선배님, 마을버스 차고지에 승아 씨가 있는 것 같아요. 지원해주세요!

팀장 *(E) 알았다. 우리도 간다!*

81 마을버스 차고지 전경 + 안 / N

낡은 대문과 허술한 담 너머로 넓지 않은 부지 내 여러 종류(대형, 소형, 승합차형 등)의 오래된 마을버스들과 일각 방치된 정비소와 세차장 등 보인다. 긴장한 데릭 불 꺼진 을씨년스러운 차고지 안으로 장전한 권총 겨누며 들어서는데.. 뭔가 펄럭이는 소리에 총을 겨눈다. 그러나 바람에 찢어진 **"상개운수 마을버스 차고지"** 플래카드(여러 개 세워진 설정)인데..!

데릭 후... (차들 사이 긴박하게 살펴보다 일각 차고지 한쪽에 주차된 살짝 열린 마을버스 발견하자 조심스럽게 문 열고 안 확인하지만)

인터컷 마을버스 안 / N

깨끗하게 텅 비어있는 내부!

데릭 !!! (후... 다른 곳 살피는데)

82 센터장실 / N

소리에 집중하는 권주, 경보기 소리 점점 가까워지기 시작하자 바짝 긴장한다!

권주 경보기 소리가 가까이 들려요... 바로 근처예요.

83 마을버스 차고지 안쪽 일각 / N

안쪽 깊은 곳으로 더 들어가 긴장 가득해 주변 살피는 데릭, 일각 승합차 (상개운수 법인차량) 조수석 쪽에서 경보음을 듣는다.

데릭 !!! (눈빛 격하게 흔들리며 권주에게) 승합차에서 나고 있어요.

권주 (긴장하며 / E) !!! 함정일지도 모릅니다. 조심하세요!

데릭 (긴장한 채 권총 정조준하고 다가가 천천히 조수석 문 열려고 하는데)

인터컷 센터장실 / N

권주 *(기도하듯 움켜쥔 양손 떨리고)*

84 마을버스 차고지 밖 일각 / N

쏟아지는 장대비 속에 다급히 마을버스 차고지를 향해 달려오는 팀장과 형사1, 2! 마을버스 차고지 담 밖 일각에 있는 대형 쓰레기통 앞을 지나는데!

형사1 (문득 쓰레기통 안에서 불길하게 깜박이는 불빛이 새자 멈춰 서서) 저거 뭐죠?

팀장 (보더니 긴장하며) 엄호해.

팀장 경계하며 총을 겨누고 먼저 다가가 쓰레기통 뚜껑 휙 젖히는 순간! (입이 훼손된 채) 알전구 전선에 온몸이 칭칭 감긴 여자 시신 보인다!

팀장 !!

형사1 (무전 하며) 여기는 광역 둘! 서암구 상개3로 54 상개운수 마을버스 차고지...

85 마을버스 차고지 안쪽 일각 / N

데릭 (조수석 문 잠겨 있다) !!!! (조수석 문을 부숴 여는 순간 일부러 끼워놓은 듯한

경보기 툭 떨어진다) !!! (참을 수 없는 불길함에 표정 굳어지고)
일부러 누가 여기다 경보기를 뒀어요!

86 센터장실 / N

권주 !!!! (불안함에 눈빛 흔들리며 / 마음의 소리) 설마 경보기 소리로 날 유인한 건가...
내가 현장에 있는 경찰과 연락할 걸 예측하고?

다급히 소리에 집중하는 권주, 쏟아지는 빗줄기와 경보기 소리 속
낯선 소리 하나를 잡아내는데...!

따르르르르르
쐐아아아아아아-!
따르르르르르
쐐아아아아아아-! 쉬이이익!
따르르르르르
쐐아아아아아아-!

쐐아아아아아아-!
따르르르르르
쐐아아아아아아-!
따르르르르르
쉬이이익!
쐐아아아아아아-! 따르르르르르
쐐아아아아아아-!

권주 !!! (마음의 소리) 뭐지? 이 소린?? (갸웃하는데)

87 마을버스 차고지 안쪽 일각 / N

데릭 (불안함에 다급히 승합차 앞문, 뒷문과 내부 샅샅이 살피지만 승아는 보이지 않고)!
(점점 초조해지는데 다급한 무전 들어온다) !!!

형사1 (E) 여기는 광역 둘! 서암구 상개3로 54 상개운수 마을버스 차고지 인근
쓰레기통에서 여성 시신이 발견됐다! 긴 생머리의 젊은 여성으로
원피스 차림이며 크리스마스용 알전구로 묶여있는 것으로 보아

상개동 수완 아파트 일가족 살인 사건 신고자 조승아 씨 가능성이 높다!
구급대와 인근 지구대 지원 바란다!

데릭 !!!! (충격으로 할 말을 잊은 순간 승합차 트렁크 입구에 작은 흠집(억지로 연 듯한) 발견하고) ??

88 센터장실 / N

권주 !!! (역시 핸드폰 통해 무전 듣고 망연자실한 순간 번뜩) 범인은 이미 승아 씨를 살해하고 우릴 유인한 거였어!!!! 그럼 아까 바람 새는 소리는... 뭐지? (생각 고르다 눈 커져) 들어본 적 있어!! 설마 LPG가스?
(과거의 비슷한 사건(시즌 1) 떠올리는 위로)

플래쉬백 LPG버스 몽타주 (시즌 1 14부 80, 86, 88씬 15부 24, 35씬 등) / D

권주가 신고센터에서 가스가 새는 것 눈치채고 대피 지령 내리고, 마침내 사람들 구조하는 모습 컷컷으로 지나간다!

권주 LPG가스야! (자기도 모르게 책상 쾅 치며 일어나 외치며)
데릭 조 경감님!!! 그 차에서 가스가 새고 있어요!!
당장 거기서 나오세요!! 당장요!!!

89 마을버스 차고지 안쪽 일각 / N

승합차 트렁크 아래에 LPG라고 적혀 있는 것 발견하는 데릭!
순간 차 트렁크에서 가스가 뿜어져 나오는 듯한 소리 희미하게 들리는데!
차 트렁크에 가스통이 있다는 사실을 깨닫고 서둘러 몸을 피하지만 요란한 폭음과 함께 폭발하는 차량!!!

90 센터장실 / N

권주 !!!! (감당할 수 없는 충격 이어지며) 안 돼!!!! (벌떡 일어나면)

승아의 시신이 발견된 쓰레기통 주변으로 모여드는 경찰들과
센터장실에서 분노하는 권주의 안타까움 가득한 눈빛,
자신에게 날아오는 폭발 화염을 보는 데릭의 절망과 분노에 찬 눈빛,
장대비 속 그 상황을 지켜보는 3명의 검은 우비(남자, 여자, 왜소증)의
괴괴한 눈빛 속 "한 식탁에 모여 앉은 이들이 함께 떠날 수 있다는 건
얼마나 큰 축복인지 모를 거야. 나는 축복을 내리고, 너희는 받아들이면 돼.
지옥이든 천국이든 함께 간다면 얼마나 행복하겠어?" 라는
남자 같기도 여자 같기도 아이 같기도 한 성별을 알 수 없는 온기 없는 음성
서늘하게 빗속을 퍼지는 위로!

자막 **PM 07:20 서울시 서암구 상개동 승아 조 살인 사건 발생**

지나면서 보이스 시즌 4 1부 엔딩!!

Season 4 • 2화

자막 **본 드라마는 실제 사건에서 영감을 얻었으나 드라마적으로 재구성된 픽션이며 등장하는 직업, 기업, 단체와 어떠한 관련도 없음을 밝힙니다.**

1 센터장실 / N

권주 LPG가스야! (자기도 모르게 책상 쾅 치며 일어나 외치며)
데릭 조 경감님!!! 그 차에서 가스가 새고 있어요!!
당장 거기서 나오세요!! 당장요!!!

2 마을버스 차고지 안쪽 일각 / N

승합차 트렁크 아래에 LPG라고 적혀 있는 것 발견하는 데릭!
순간 차 트렁크에서 가스가 뿜어져 나오는 듯한 소리 희미하게 들리는데!
차 트렁크에 가스통이 있다는 사실을 깨닫고 서둘러 몸을
피하지만 요란한 폭음과 함께 폭발하는 차량!!!
순간 재빨리 바닥에 떨어진 광고용 플래카드 (불이 잘 붙지 않는 소재)를
몸에 두르곤 옆에 있던 다른 차량 뒤로 몸을 날려 피하는 데릭!!

3 센터장실 / N

권주 !!!! (감당할 수 없는 충격 이어지며) 안 돼!!!! (벌떡 일어나면)

4 마을버스 차고지 안쪽 일각 / N

어두운 밤하늘에 폭음과 불길이 치솟고!

인터컷 마을버스 차고지 밖 일각 / N

시신 수습하고 있던 팀장, 형사1, 2가 차고지 안쪽의 폭음과 폭발 보며 놀라는데!

다른 차량 뒤에서, 플래카드로 몸을 감싼 채 상처난 몸을 일으키는 데릭,
유리조각과 폭발 파편들 바닥으로 툭 툭 떨어지는데.

데릭 (아랑곳 하지 않고 다급히 뛰쳐나간다)

5 센터장실 / N

권주 (상황 듣고 안도로) 경감님 괜찮으십니까? 경감님! 범인이 함정을...

6 마을버스 차고지 안쪽 일각 / N

권주 (E) 경감님 괜찮으십니까? 경감님! 범인이 함정을...

데릭 (터질 것 같던 분노 마침내 폭발해) 그 입 안 닥쳐!!!
(으르렁거리듯) 더 이상 한마디라도 지껄이면 가만 안 둬!
(외치며 귀에서 이어폰을 뽑아 내던지곤 미친 듯이 달려가면)

7 센터장실 / N

긴장으로 신경 곤두선 권주의 귀에 이어폰이 박살나는 소리가 들려온다.
마침내 핸드폰도 끊기고 나면 안타까움에 얼굴을 감싸고 마는 권주.

8 마을버스 차고지 밖 일각 / N

팀장과 형사1, 2, 다급히 승아의 몸과 입에 둘러진 알전구를 치운다.
다급하게 심폐소생술 등 응급처치를 시작하는 형사1.
하지만 차갑게 식어만 가는 승아인데!!
순간 마을버스 차고지에서 다급히 달려오던 데릭,
팀장과 형사1, 2에게 둘러싸인 승아 보자 믿기지 않는 심정으로 다가선다!

팀장 (다급히 데릭 앞 막아서며) 조 팀장, 보지 마요.

데릭 (분노와 충격, 두려움에 가득 찬 눈빛으로) 비켜! 비키라고!!!!!!

데릭 거칠게 팀장 밀치고 다가서지만 너무나도 끔찍한 승아 시신 모습에
몇 걸음 떼지 못하고 털썩! 다리 힘이 풀려 무릎 꿇고 마는데.

데릭 안 돼... 안 돼... 승아야... 제발... 으... 으으...

채드 (일각에서 다급히 뛰어와 충격으로 데릭에게) 캡틴!
(다가가 데릭의 어깨에 손을 올리는데)

데릭 (확 밀치고 벌게진 눈으로 다시 승아만 내려다보며) 눈 좀 떠봐 제발!
(고통스러울 정도로 닥쳐오는 슬픔에) ...으... 으으...
(비명조차 크게 지르지 못한 채 고통에 몸부림치면)

팀장 (차마 못 보겠단 듯 후 마른세수하며 형사1에게) 그 새끼 멀리 못 갔어!
지구대 협조 요청해서 철저히 수색해! (형사2에게)
이현민네 주변인부터 철저하게 탐문하고!!

형사1, 2 네! (힘겹게 가면)

9 센터장실 + 박 / N

권주 고통스러운 듯 숨을 몰아쉬면 밖에서 상개동 상황 전화로 전해 들은 박은수, 문 열고 걱정스레 "센터장님 괜찮..." 하며 들어오다 멈칫 서는데.

권주 (처참한 분노에 날 서 주먹 쥐는 위로)

플래쉬백 상개동 성당 사거리 일각 + 센터장실 / N (시즌4 1부 80씬)

권주 *(귀 기울이면 경보기 소리 오른쪽으로 사라진다) 오른쪽 길이에요!!*

플래쉬백 센터장실 / N (시즌4 1부 88씬)

권주 *!!! (역시 핸드폰 통해 무전 듣고 망연자실한 순간 번뜩) 범인은 이미 승아 씨를 살해하고 우릴 유인한 거였어!!!! 그럼 아까 바람 새는 소리는....뭐지? (생각 고르다 눈 커져) 들어본 적 있어!! 설마 LPG가스? (과거의 비슷한 사건(시즌 1) 떠올리는 위로)*

권주 (주먹 쥔 손 부르르 떨리고 / 마음의 소리) 내가 범인의 행동을 예측했던 것처럼 범인도 나를 읽고 있었어. 나만 들을 수 있는 소리로 덫을 놓고...!

플래쉬백 권주에게만 들리는 음성 파일 속 여성의 목소리 / N (시즌4 1부 37씬의 인터컷)

대체 그 귀로 뭘 하고 있는 거야. 너무 멀어서 안 들리기라도 하는 거야?
마지막 기회를 줄게. 〈25, 천사의 동네, 205호〉
오늘은 시간이 부족할 것 같아서 특별 힌트를 더 추가했어.
잊지 마. 우리는 아주 특별한 운명을 타고났다는 걸.

플래쉬백 주범태 집 안방 / D / 이하 과거 회상 (시즌4 1부 14씬)

월덕1(박은수의 선배)이 마당가에 주민1의 진술 받으며 서 있으면
일각 월덕2는 밥상 앞 알전구에 묶인 채 밥그릇에 고개를 박고
사망한 조부모와 그 옆에 칼 쥔 채 피투성이로 쓰러져있는 주범태 살피고 있다.

인터컷 *센터장실 / N (시즌4 1부 88씬의 권주 시점의 확장씬)*
핸드폰을 통해 데릭에게 들어오는 무전을 듣는 권주.

형사1 *(E) 여기는 광역 둘! 서암구 상개3로 54 상개운수 마을버스 차고지 인근*
쓰레기통에서 여성 시신이 발견됐다! 긴 생머리의 젊은 여성으로
원피스 차림이며 크리스마스용 알전구로 묶여있는 것으로 보아
상개동 수완 아파트 일가족 살인 사건 신고자 조승아 씨 가능성이 높다!
구급대와 인근 지구대 지원 바란다!

권주 (격한 분노와 아픔에 차 / 마음의 소리) 아무 죄 없는 사람들을 이렇게 죽이다니...
(날 서) 그래... 니가 귀가 잘 들리든 말든... 내가 반드시 잡아!!
나한테 메일을 보낸 걸 후회하게 만들어 줄꺼야!
더 이상 너 같은 범죄자한테 사람들을 희생시키지 않을 거라고!!
(주먹 다시 한번 격하게 움켜쥐면)

박은수 (참담한 표정의 권주 안타깝게 보며) ...너무 자책하지 마세요.
센터장님 없으면 여기까지 오지도 못했을 거예요.
덕분에 그 미국형사 살았잖아요. 범인 단서도 찾구요.

권주 (박은수 마음 안다, 따뜻하게 보며) 그래. 고마워. (하다) 혹시 몰라서 그런데...
진 요원한테 아이피 주소 크로스 체크해봐.

박은수 네. 지금 할게요. (진서율에게 전화 걸며 나가면)

10 월덕 마을 전경 / N

자막 **양영시 소혜읍 월덕리 (월덕 마을)**

박중기 (E) 그라니까네. 눈이 숙수로 오는 작년 크리스마스 전날 밤에 이리로 지나간 사람을 영감님이 보셨다, 그 말이지예?

11 월덕 마을 외곽 순이네 슈퍼 / N

오래된 구멍가게 안 할배, 박중기와 구광수를 마주하고 있다. 일각 빛바랜 선물용 음료 상자 뒤 쪽방에선 TV 소리 흘러나오고.

할배 (기침하고 주전자 물 따라 마시며) 그렇다니까! 아랫마을 고 영감이랑 막걸리 한잔하고 오는데 갑자기 소변이 마려운 거야.

인터컷 논두렁 일각 나무 뒤 / N / 이하 할배 회상

할배, 나무 뒤에서 소변을 보는데 인근 논두렁으로 검은 우비 차림의 누군가가 함박눈을 맞으며 지나가는 것 보인다.

할배 (기침하며) 낚시꾼들 입는 비옷 차림으로 웬 처자가 지나가더라구.

구광수 (박중기와 긴장된 표정으로 눈빛 교환하며) ...젊은 여자요? 혹시 영감님. 얼굴 기억나세요?

할배 암! 그때 막 트럭 하나가 지나갔거든? (기억을 더듬는 위로)

인터컷 논두렁 일각 나무 뒤 / N

지나가는 트럭 헤드라이트, 후드에 가려진 검은 우비의 얼굴을 비추면 권주와 너무나 닮은 여자 얼굴 얼핏 보이는데!

할배 불빛이 싹 비추니까 얼굴은 뽀대? 30살 중반쯤 되었나.

(손으로 170cm 정도 키 가늠해보며) 키는 여자치곤 컸고...

짧은 머리에 참하게 생겼더라고.

(하다, 못마땅해) 경찰한테 다 말했는데 왜 또 물어 싸!

박중기, 구광수 (묘한 예감에 휩싸여 서로 마주 보고)

구광수 영감님, 몽타주 아시죠? 사람 얼굴 그리는 거.

몽타주 그리는 경찰 오면 다시 설명해주세요. 협조 감사합니다.

12 동 밖 / N

박중기와 심각한 표정으로 일각에 세워둔 차로 걸어가는 구광수.

구광수 (눈치 보다 조심스레) 근데 형님, 노인분이 봤단 여자,

센터장님이랑 비슷한 것 같지 않아요?

아까 센터장님 말론 범인이 자기처럼 청력이 좋다고 했잖아요.

혹시 센터장님처럼 청력 좋은 쌍둥이 언니나 동생이...

박중기 (걸리지만 부러) 센터장님 외동딸인 거 모르나? 언 미친놈이 사기 치는 거겠지.

구광수 그렇긴 한데요. (지금 생각해도 충격인 듯)

사실 센터장님이... 우리한테 청력 고백했을 때 정말 놀랐거든요.

솔직히 한 3일은 센터장님 눈을 똑바로 못 보... (하다 아차 싶고) 암튼

이번 휴가도 물 건너갔네요. 형수님 이번 휴가 엄청 기대하고 계셨을 텐데.

박중기 (한숨 내쉬며) 그렇잖아도 니 형수 나보고 보직 옮기라꼬 난리도 아이다.

경찰부인 단톡방에서 골타팀장 되면 골로 가뿐다꼬 골사팀장이라나 뭐라나...

구광수 (황당해 보며) 그런 말이 있대요?

박중기 어디 입맛 맞는 보직 있나. 다 사명감으로 하는 기제.

(하지만 자신도 모르게 불안한 한숨 내쉬는 위로)

보이스 4 〈심판의 시간〉 타이틀 뜬다.

13 CTC 뉴스 인서트 (여러 뉴스 연속적으로 이어짐) / D

스튜디오에 앉아 심각하게 멘트 하는 앵커.

앵커1 (**'40년 동안 이어져 온 학대... 그 끝은 살해'** 타이틀 띄우고) 지난 16일 44세 전모 씨는 77세 양아버지를 칼로 찔러 사망에 이르게 했습니다. 전 씨가 의붓형과 싸우던 중 "검은 머리 짐승은 거두는 게 아니랬는데"라는 말을 듣고 홧김에 살인을 저지른 것입니다.

앵커2 (**'난 미성년자니까 감옥 안 가, 뺑소니 사망 사고 이후 인증샷 올린 무개념 10대들'** 타이틀 띄우고) 어제 오후 8시경, 양영시 백서 사거리에서 뺑소니 사망 사건이 일어났습니다. 가해자들은 부모님 차를 훔친 청소년들로 사고 직후 인증사진을 올리기도 하며 사건 경위를 묻는 경찰에게 어차피 미성년자라 감옥도 안 가는데 이런 걸 왜 묻냐는 발언 등으로 논란에...

앵커3 (**'손 씻고 도망가라, 아들에게 살해된 어머니의 마지막 말'** 타이틀 띄우고) 지난 11일, 풍산시 한 아파트에서 살해된 60대 여성이 발견되었습니다. 가해자로 지목된 30대 남성은 사망한 여성의 아들로 말다툼 끝에 어머니를 살해하였습니다. 여성은 의식을 잃어가는 중에도 아들에게 손 씻고 도망가라며 아들을 위하는 모습을 보였다고 합니다.

앵커4 (**'초등학생 친딸 수차례 성폭행한 인면수심 아버지 무죄 주장'** 타이틀 띄우고) 지난 12월 4일 초등학생 친딸을 지속적으로 성폭행한 아버지 김 모 씨(44세)의 재판이 열렸습니다. 김 모 씨는 재판 내내 사랑하는 방법을 알려준 것이라며 무죄를 주장하고 있습니다.

제2화 저승개가 사는 길

자막 **어디에선가 먼 먼 훗날**
나는 한숨 쉬며 이 이야기를 하고 있겠지.
숲속에 두 갈래 길이 있었다고,
그리고 나는 사람들이 덜 걸은 길을 택했다고,
그로 인해 모든 것이 달라졌다고.
- 로버트 프로스트 -

14 서울 전경 / N

자막 **서울 서암구 상개동**

데릭 (처절한 / E) 말했잖습니까. 170센티 키에 검은 우비 입은 짧은 머리 여자라고!

15 다시 마을버스 차고지 밖 일각 / N

경찰차, 앰뷸런스 도착해 있는 사건 현장. 구급대원이 바디백에 승아 시신을 옮기고 있다. 경찰들 출입금지 테이프 치고 구경꾼들을 물리는 일각 데릭과 팀장 날 서 마주 보고 있는데.

데릭 범인은 일부러 날! 마을버스 차고지로 유인하고 그 사이에 동생을 죽였습니다. 지금 당장 추적해야 따라잡을 수 있어요!!

팀장 (애써 침착하게 대응하며) 하... 조 팀장 알겠으니까. 진정 좀 해요. 흥분 가라앉히고...(하는데 권주에게 핸드폰 걸려온다) 어 강 센터. (얼른 지구대에게 작게 눈짓하고 돌아서면)

서암1, 2 (마주 눈짓하곤) 이쪽으로 오세요. (데릭 양팔 잡으려 하는데)

데릭 비켜! 내 손에 죽고 싶지 않음! 당장 그 여자 잡아야 한다고! 당장!! (거칠게 서암1, 2 팔 꺾어 벽에 밀치는데)

채드 (당황해 데릭 막으며 나직이) 진정해요! 캡틴! 한국 협조 없이 어떻게 잡으려구요! 일단 다친 데부터 치료해요. 상처가 심해요. (간절하게) 제발...!!

데릭 !! (분노로 미칠 것 같고) 으아아악!! (주먹이 으스러져라 벽 치는 위로)

16 센터장실 + 마을버스 차고지 밖 일각 / N

권주 (안타깝고 간절한 표정으로 팀장과 통화하며) 제가 혹시 도울 일 있을까요?

팀장 (**마을버스 차고지 밖 일각**에서 이해한다는 듯 / **이하 교차편집**) 마음은 알겠는데 이젠 우리 문제니까 너무 신경 쓰지 마. 인원 풀가동 중이니까.

권주　(조심스레) 조 경감은요?

팀장　눈앞에서 동생이 죽었는데 제정신이겠어? (후) 근데 강 센터...
아무리 생각해도 그 메일... 뭔가 이상해.
사람이 넷이 죽었는데... 여자 혼자 했다는 게 말이 안 되잖아.

권주　(진실을 말하면 청력의 비밀도 말해야 하기에 답답하고) 범인 맞습니다. 확실해요.

팀장　(후 혼란스러운 듯 한숨 내쉬는데 무전 들어온다)

형사1　(E) 여기는 광역 둘, 팀장님! 좀 전에 우비 입은 여자를 봤다는 노숙자가 있습니다!

팀장　!! (눈빛 변해 무전 하며) 여기는 광역 하나, 알았어. 그쪽으로 간다!

권주　(반색으로) 목격자를 찾은 건가요? (하지만 이미 전화 끊기고 후, 마른세수하는 위로)

노숙자　(억울하단 듯 / E) 그 여자가 진짜 그랬다니까!

17　노숙자 텐트촌 외곽 / N

도로를 접하고 있는 낡은 텐트들이 가득한 텐트촌.
팀장과 형사1, 화가 나 식식대는 40대 노숙자와 마주 서 있다.

노숙자　내가 딱 한 잔만 먹고 잘라고 누웠는데... 날 밟고 지나가더라고!!

인터컷　노숙자 텐트 / N / 노숙자 회상

천 텐트 안 낡은 이불을 덮고 웅크리고 잠든 노숙자,
밖에서 갑자기 누군가 급하게 달려오더니 텐트를 밟고 지나가버린다!

노숙자　*악!! (반사적으로 일어나 입구를 열고 내다보며) 뭐야!!!*

멀리 여자처럼 호리호리한 검은 우비를 입은 누군가 막 택시를 타고 사라지고 있다!

팀장　그러니까 (170초반 정도 키 손으로 가늠하며) 키가 이쯤 된 검은 우비 입은 여자가 저 도로에서 택시 탔단 거지? 여잔 건 확실해?

노숙자 (손끝으로 도로를 가리키며) 그렇다니까!

팀장 교차로 CCTV에 백퍼 찍혔어! 빨리 확인해!

형사1 네! (일각으로 가 도로공사 담당자에 통화하며) 광수댄데요!
7시 40분경 상계3로 교차로 서울 외곽 방향으로 찍힌 CCTV요. (사이)
네, 네 빨리 보내 주세요! (기다리다 핸드폰으로 알람 오자 보며)
용의차량 김포공항행 고속도로 탔는데요? (팀장에게 핸드폰으로 사진 보여주면)

인터컷 *핸드폰 화면 (도로교통공사 CCTV 사진) / N*

운전 중인 택시 기사의 모습과 서울 00아0000 라고 써 있는 번호판 보인다.

팀장 (핸드폰 속 사진 받아보고 눈빛 날 서) 택시 운전사 수배하고 공항 경찰대 연락해.

형사1 넵! (급하게 무전 하며) 여기는 광역 둘, 서암구 상개동 수완 아파트 일가족
살인 사건 용의자 서울 00아 0000 택시로 김포공항행 고속도로 도주 중이다!
공항 경찰대 지원 바란다!

18 센터장실 / N

권주 초조하게 생각 고르며 왔다갔다 하다 다시 한번 핸드폰 꺼내 서커스맨이
보낸 메일 **"당신과 나는 샴쌍둥이예요 1, 2, 3"** 제목들 결연하게 보고는
세 번째 메일 음성 파일 누른다.

인터컷 *권주에게만 들리는 음성 파일 속 여성의 목소리 / N*

으 으지 [illegible] 지작... 으지지 사각

대체 그 귀로 뭘 하고 있는 거야. 너무 멀어서 안 들리기라도 하는 거야?

마지막 기회를 줄게. 〈25, 천사의 동네, 205호〉

오늘은 시간이 부족할 것 같아서 특별 힌트를 더 추가했어.

잊지 마. 우리는 아주 특별한 운명을 타고났다는 걸.

으지직 사각 사각 으지직 으지직 사각

으 으지직지직 사각 사각 으... 지직 ...... 으지직... 으지직 사각 사각

권주 (예민하게 집중하며 / 마음의 소리) 이 소리는 대체 뭐지?
상개동을 알아내는 데만 신경 쓰느라 그냥 넘겼는데...
사람 숨소리 같기도 하고... (집중하지만 답이 안 나오자 답답한데)

박은수 (순간 다급하게 들어와 권주에게) 지금 진 요원이랑 통화 끝냈는데 협박메일
진짜 아이피 주소 **(아이피 주소 "420.871.295.108, 420.871.295. -**
비모 비모시 원상구 원상길 3 다래 피씨방(어니언 라우팅을 응용한 신종 방법으로 추정)"
적힌 쪽지 내밀며) 중국이 아니라 비모도... 섬 가능성이 있대요.

권주 (믿기지 않아) 뭐?

박은수 단순한 VPN 우회인 줄 알았더니 어니언 라우팅(Onion Routing)[2] 기술이 숨겨져
있어서 본청 사이버팀도 속은 거 같구요.
더 확인해 봐야겠지만... 비모도일 확률 높답니다.

권주 !! (다급히 팀장에게 전화한다, 받으면) 선배님! 범인에 대한 정보가
더 나온 거 같아서요!

19 도로+ 광수대 차 안 + 센터장실 / N

빠르게 도로를 달리는 광수대 차 안 운전석엔 형사3, 조수석엔 팀장,
뒷자리에는 형사1, 채드가 앉아있다.

팀장 (권주와 통화하며) 그렇잖아도 용의자가 김포공항 고속도로 타서 쫓는 중이야.

2 익명 브라우저에서 사용하는 라우팅 프로토콜

권주 (**센터장실**에서 놀라 눈 커지고 / **이하 교차편집**) 김포공항이요??

팀장 왜?

형사1 (통화 끝내고) 팀장님. 택시운전사랑 지금 통화 끝냈는데 좀 전에 국내선 8번 게이트 앞에서 내려줬답니다. 여자 맞고 체형도 비슷하구요! 우비 모자 때문에 얼굴은 못 봤는데 별로 수상해보이진 않았답니다.

20 센터장실 / N

권주 !! (핸드폰 너머로 형사1의 대화 내용 듣고 다급히 박은수에게) 김포공항 탑승동 8번 게이트면 도착지가 어디지?

박은수 (핸드폰으로 확인하며 눈빛 흔들리며) 비모도행 비행기 탑승장인데요.

권주 !! (단서들이 들어맞자 다급히 팀장에게)선배님! 범인 비모도로 도주할 생각이에요!

21 도로 + 광수대 차 안 + 센터장실 / N

팀장 (당황해) 그게 무슨 소리야??

권주 (**센터장실**에서 애써 침착하게 설명하며 / **이하 교차편집**) 아까 얘기한 메일 있죠. 오늘 사건 예고했단 거요! 전에도 왔었는데 모두 비모도일 가능성이 높단 분석이 방금 나왔어요!!

팀장 !!! 일단 알았어. (의심스럽지만 형사1에게) 제일 빠른 비모도행 비행기 찾아봐.

형사1 (빠르게 핸드폰 확인하고) 10분에 한국항공, 15분엔 민에어 뜬다고 나옵니다.

팀장 !! (다급히 형사1에게) 경수한테 전화해서 비행기 세워야한다고 영장 받아오라고 해! (형사1이 전화하는 사이 전방에 공항 전경 보이자 권주에게) 뭐든 나오면 전화할게!

22 김포공항 청사 전경 / N

자막 **김포공항**

23 청사 안 / N

끼이익! 파찰음과 함께 입구에 도착한 광수대 차량에서 팀장과 형사1, 3, 채드 내려 청사 안으로 다급히 들어서는데!! 입구 쪽 대기하고 있던 공항 경찰대 1, 2, 3(이하 공항1, 2, 3) 팀장에게 다가와 목례한다.

팀장 (일동 일별하며) 현재 상개동 수완 아파트 일가족 살인 사건 용의자를 추적 중이다.
검은 우비를 입고 키는 170정도의 마른 체형의 여성이며
이륙 예정 비모도행 비행기에 탑승할 가능성 높다.
(공항1, 2, 3에게) 우린 한국항공으로 갈 테니 니들은 민에어로 가!

일동 네! (형사1, 3, 채드, 팀장 그리고 공항 1, 2, 3이 둘로 흩어지면)

24 8번 게이트 앞 (한국항공) / N

한국항공 로고와 편명 KO023 적힌 모니터 옆으로 승무원들 서서 게이트 입장 준비하고 있다. 게이트 문이 열리고 줄 선 승객들 입장하려는 순간 팀장과 형사3이 승객들 막아서며 다급히 살피는데!

직원 (당황해) 무슨 일이시죠?

팀장 (신분증 내밀며) 서울지방경찰청 광역수사대입니다. 살인 용의자를 찾습니다.
170센티 초반 키, 짧은 머리 여자로 검은 우비를 입었거나 갈아입었을 거고
비행기를 타려고 할 겁니다. (예민하게 둘러보며) 대기 중인 사람들 말고.
에스코트 서비스로 탑승한 사람은 없습니까.

직원 (태블릿피씨로 예약자 확인하며) 미리 탑승한 승객은 없네요.
(시계보곤 난감한) 수색영장 없으시죠? 지금 탑승 시작해야 해서... 죄송합니다.
(탑승 시작하면 첫 줄 승객들부터 티켓 확인하며 게이트로 들어간다)

형사1 (다급히 전화 끊고는 와서 난감한) 팀장님 경수한테 전화 왔는데
정 검사가 내일 아침까지 기다리래요.
판사 판단에 따라 기각될 수도 있다구요.

팀장 젠장! (날 선 시선으로 발 구르다 마지막 승객까지 지켜보지만 없자 직원에게)

다 탄 겁니까!

직원 (모니터에 뜬 탑승객 목록보고) 방금 전 승객이 마지막 탑승객이에요.

팀장 (후 실망감에 차 무전 하며) 여기는 광역 하나! 8번 게이트 용의자 찾지 못했다!

공항1 (E) 여기는 공항 하나, 민에어 탑승객 중에도 용의자는 없습니다!

팀장 뭐가 어떻게 된 거야... (혼란스러운 듯) 강 센터 말이 틀리잖아! (하는데 형사2로부터 무전 들어온다)

형사2 (E) 여기는 광역 셋, 팀장님! 용의자 좀 전까지 아파트 단지에 있었던 거 같은데요?

팀장 뭐??

25 상개동 전경 / N

자막 **서울시 서암구 상개동 수완 아파트 이현민 일가족 살인 사건 현장**

26 수완 아파트 2동 1층 / N

몇몇 남아 있는 입주민들과 바쁜 경찰들, 과학수사팀 오가는 어수선한 아파트 입구, 형사2가 한 손엔 누군가의 사진을 들고 주민(중년 여성)과 서 있다.

형사2 (무전 하며) 이웃 주민 말이 이현민 부친한테 보증을 서준 친구가 있나 보더라구요. 철거보상비 뉴스 뜰 때마다 내놓으라고 난리도 아니었던 모양이에요.

주민 (옆에 거들 듯 치를 떨며) 어휴, 말도 마! 웃통 까고 똥물을 뿌리질 않나. 딱 사람 잡을 눈깔, 형사님 알지? 그런 놈들 많이 봤을 거 아녀요.

형사2 (주민 말에 끄덕이고 무전 하며) 아까 전에 집 앞에서 칼 들고 서성거렸다네요. 검은 모자 달린 점퍼 입고.

주민 좀 전에 저리로 막 뛰어가더라고!! 그놈이 범인 맞다니까.

팀장 (E) 신원 확인해봤어?

형사2 네. (자료 넘겨보며) 이름 신창섭, 남성, 나이 43세, 개인파산 상탭니다. 이현민 부친을 연대보증 사기로 고소한 적이 있구요.

아파트 입구 부동산 CCTV에 얼굴 찍힌 걸로 입주민한테 확인했습니다.
주거지가 일정치 않고 핸드폰도 없어서 연락이 안 되구요.

27 8번 게이트 앞 / N

팀장 !!!! (그놈이다 싶고) 그쪽으로 갈 테니! 계속 추적해!
(주변 수색 중인 형사3에게) 용의자 떴다. 수색은 공항 경찰대가 할 테니
(하고는 채드 보며) 넌 어쩔래? (어설픈 영어로) 유 스테이? 우리 간다. 고.

채드 (침착한 표정으로 보다 차갑게 끄덕이며)

팀장 (어깨 으쓱하고 다급히 가는데 권주로부터 전화 걸려 온다)

28 센터장실 / N

권주 선배님? 범인 잡았나요?

팀장 (E / 서두르며) 이번엔 강 센터 프로파일링 틀린 거 같네.
이현민이 아부지한테 돈 떼이고 죽이겠다고 설치던 놈 있대.
...애썼고. 이제부턴 우리한테 맡기고 쉬어. 다시 연락할게. (사이) 야!
차 빨랑 안 갖고 와 야!! (끊으면)

권주 선배님! 선배님! (하다 전화 끊기자 안 되겠다 싶고 다급히 박은수에게)
박 팀장님, 구 형사님 오셨어?

박은수 (옆에서 긴장해 듣다가) 방금 출동팀 사무실 도착했다고 연락 왔어요.

권주 가자. (다급히 박은수와 나가는 위로)

29 다시 김포공항 일각 / N

삼삼오오 여행객들 오가는 공항 내부, 채드, 유사한 여성들을 다급하게 눈으로
훑지만 용의자로 보이지 않자 지친 듯 마른세수하고는 여기저기 쓰레기통 뒤지기
시작하는데!! 순간 지나가는 청소카트 뒤 수거된 휴지통 쓰레기봉투 속 검은색
비닐 같은 것 보이자 다급히 안 살피면 부피를 줄이기 위해 말아서 버린 듯한

검은 우비 보인다! 눈빛 변해 집어 드는 채드 위로!

박중기 (충격에 찬 목소리로 / E) 그러니까네 서커스맨 금마가 지금 상개동에서 일가족이랑 미국 경찰 여동생을 죽이고 감쪽같이 사라졌다 이 말이지예? 허...

30 출동팀 사무실 / N

개인물품이 가득한 종이 상자들 올라가 있는 어수선한 책상 보이는 일각

권주, 박중기, 구광수, 박은수 모여서 심각하게 이야기 중이다.

권주 (결연하게 분노 누르며) 철저히 계획적인 범행이구요.
오늘은... 계획엔 없던 피해자까지 나온 상황입니다.
저와 같은 청력을 가진... 여성으로 추정되구요.

구광수 (조심스레) 실은 아까 주범태 사건 날도 어떤 여잘 봤단 얘길 들었어요.

권주 (눈빛 심각해지며) 어떻게 생겼다고 하나요?

구광수 (확신은 없는 말투로) 영감님이 많이 취했긴 했다는데... 30대 중반 정도?
170 정도 키에, 짧은 머리에 참하게 생긴 여자라고.(자신도 모르게 시선 틀면)

권주 !!

박은수 (다급히) 메일 아이피가 비모도 PC방으로 두 번이나 나왔으니 거주지가
그쪽일겁니다. 저희도 휴가 반납하고 출장 요청하죠.(하는데)

박중기 (생각 고르다 흔들리는 눈빛으로) 근데 센터장님... 앞에 두 사건은
애들이 범인인 걸로 결론 나서 뒤집을라카면 재수사해야 할 기고
상개동 사건은 서울청 광수대가 수사 중인데 증거 없이 나서는 게 괘안겠습니꺼?

구광수 저도 형님 말처럼 확실한 증거 나올 때까진 신중하게 움직이는 게...

권주 (두려움과 지친 마음 감추려 애쓰는 박중기와 구광수의 눈빛 길게 보다, 얼른)
맞아요. 제가 너무 서두른 것 같네요. 불확실한 증거 갖고
팀이 움직이는 건 경솔해요. 각자 열흘간 휴가 보내고 이후에 결정하죠.
저도 모처럼 쉬면서 고민해 보겠습니다. (팀원들 애써 부드럽게 일별하며)
박 팀장님, 가족분들하고 좋은 시간 보내세요.

구 형사님도 티나 씨가 면회 받아주기 시작했다면서요?
은수 씨도 간만에 할머님 곁에 있어드리구.

박은수 (놀라) 센터장님??

권주 (결연하게 팀원들 보며) 성운청에 골타팀을 만든 건
제 아버지와 무진혁 팀장님 아내분을 살해한 범인을 잡기 위해서였고,
풍산청으로 온 이유는 장경학 팀장님을 살해한 범인 때문이었어요.
하지만 이번 사건은... 달라요. (속내 감추며)
그동안 우리 팀원들 힘든 마음 제대로 살펴보질 못했네요.
그럼, 다들 푹 쉬시고 열흘 뒤에 보죠. (애써 미소로 보다 나가면)

일동 ("센터장님!" 서로 얼굴 보다 갈등하듯 눈짓하는 위로)

31 복도 / N

권주 (결연한 표정으로 청장과 통화한다) 청장님 저 강 센터입니다.
휴가 반납하고 비모청 출장 지원하고 싶습니다. 다행히 센터장 자리가
비어있더라구요. (사이) 네. 감사합니다. (전화 끊고는 입술 꾹 깨무는 위로)

32 서울경찰병원 전경 / N

자막 **서울경찰병원**

부검의 (E) 다른 희생자들은 치명상에 의한 동맥류 파열로 사망했지만

33 동 부검실 안 / N

부검대 위 흰 천이 씌워진 승아 시신 앞, 부검의와 고통스러운 표정의
데릭(팔에 붕대를 감은)과 채드 서 있다.

부검의 (조심스럽게) 조승아 씨는 심각한 오버킬[3]이 있는 걸로 나왔습니다.
대부분의 자창이 살아있을 때 가해진 걸로 보이구요.
몹시 고통스러웠을 겁니다.

데릭 !!! (피가 거꾸로 솟구치는 감정에 이 악물다 참지 못하고 나가면)

채드 (조심스레 데릭 따라 나간다)

34 동 밖 복도 / N

데릭 (온몸이 떨리는 분노 애써 다잡고 숨 고른다)

채드 캡틴. (비닐에 담긴 우비 내밀며) 이거...아까 말씀드린 우빕니다.
누군가 휴지통에 숨겨 놓았어요.

데릭 ....!!!! (날 서 눈빛 번뜩이며 우비 살펴보면 소매에 화학약품으로 녹아서 생긴 얼룩 보인다 / 마음의 소리) 염산 같은 게 묻어서 생긴 자국이야.

인터컷 마을버스 차고지 / N / 데릭의 추리

검은 우비 차림의 누군가 주머니에서 고농도의 염산을 뿌려
승합차 트렁크 속 LPG가스통 연결선을 녹인다.
순간 가스통의 연결선 성분과 반응하며 튀는 염산,
다급히 손을 치우지만 우비 소매에 얼룩이 생기는데!
(가스통 옆으로 점화 가능한 무언가(휴대용 가스토치 등)를 두고는
사라지는 검은 우비)

데릭 (마음의 소리) 범인이 입었던 그 우비... (확신에 차 우비 쥔 손에 힘들어가고)

팀장 (일각에서 눈치 보며 용의자 사진과 서류 들고 데릭에게 다가온다) 조 팀장...
용의자 특정됐어. 최대한 빨리 수사진행 할 테니까 걱정 말고.

데릭 (사진 뺏어 보고는 표정 굳어) 이 사람 아닙니다!

3 피해자에게 사망에 필요한 수준 이상의 폭력이 가해지는 것

(들고 있던 비닐 안 우비 내보이며) 그놈 공항에 있었다구요!!

팀장 (짜증도 나고 후 낮은 한숨으로) 조 팀장! 나도 당신땜에
공항 가서 똥개훈련 제대로 하고 왔어! 내가 조 팀장 마음 모른단 게 아니야.
엄한 데서 삽질하는 바람에 동생 못 구하고... 지금 얼마나 괴로운지 다 안다니까?
근데! (정색으로) 이런다고 죽은 여동생이 살아와? 아닌 거 알잖아...(하는데)

데릭 (들고 있던 사진 던지고 성큼 다가서며) 내가 지금 내 실수 덮으려고 날뛰는 걸로
보입니까? (영어) 잘못 짚은 건 당신들이야!
(이하 한국어) 이 우비 입고 도망가는 그 여자 내 눈으로 똑똑히 봤습니다!!!

팀장 (발끈해) 이봐 조 팀장! 리키 잡았음 당신 권한도 끝난 거야.
그리고 이해당사자 수사 못 하는 거 미국도 마찬가지 아냐? (쐐기 박듯)
(암튼) 사건 당시 아파트 입구 CCTV에도 우비 입은 여잔 안 찍혔어!!
그런데! (신창섭 사진 가리키며) 용의자 신창섭은 아파트 서성이는 게 찍혔고
강력한 살해 동기도 있어.
이렇게 확실한 용의자를 놔두고 신원미상 여자를 쫓으라고?

데릭 (이 악물고 토해내듯) 승아가 나한테 보낸 문자에도 분명히 써 있었습니다!!
범인은 여자라고!

팀장 (더 이상 못 참겠단 듯 자신도 모르게) 당신 여동생 언어장애인이라며!!
거기다 한국말도 서툴 거 아냐 (하다 아차 싶어 말 얼버무리면)

데릭 !!!! (표정 서늘해지고) 그러니까... 내 동생이 장애인이라 믿을 수 없다??
아깐 같은 한국 사람이라더니 지금은 내 동생이 한국말 못해서 헛소릴
한 거라고?

팀장 (큼) 아 내 말은 그게 아니라...

데릭 (후... 역겨움 누르려는 듯 길게 눈 감았다 뜨고, 무섭도록 냉정해진 시선으로)
승아 죽인 범인 내 손으로 잡아...
만약 날 막고 싶음 니들 목숨부터 내놔야 될 꺼야...
(섬뜩한 살기로 나가며 채드에게 / 이하 영어) 휴지통 인근 탑승장 승객 중
용의 여성과 일치한 인적 사항 모두 확보해!!

채드 (결연하게 / 영어) 네 알겠습니다.

데릭 (날 서 핸드폰으로 국장에게 전화한다, 국장이 받자) 데릭입니다.

국장 (E / 이하 영어) 얘기 들었네. Lisa 일은 진심으로 유감이네...

데릭 (터질 것 같은 심정 겨우 참아내며) 범인, 일주일 안에 잡을 테니
특별 협약 연장 부탁드립니다! (사이) Lisa 장례는 그놈 잡고
미국에 돌아가서... 하겠습니다.

국장 (잠시 갈등하다 / E) 한국 측에 최대한 요청해 보지.
하지만 허가 떨어져도 며칠일걸세.
최대한 한국 측 수사 돕는 선에서 진행하되 문제 일으키면 바로 귀국 조치야.

데릭 잘 알고 있습니다. (하지만 전화 끊고는 치미는 분노와 울분을 애써 억누르는데)

형사1 (조심스레 다가와) 이거 동생분 유류품입니다....
원칙에 어긋나지만, 자요. (피에 젖은 편지가 담긴 비닐 증거 봉투 건네고 가면)

데릭 (떨리는 손으로 봉투 열면 Lisa Cho, 조규철 DNA 정보 비교분석 자료와
서툰 한국어로 쓴 쪽지 보인다, 힘겹게 펴보는 위로)

인터컷 호텔 객실 / N

창밖으로 서울 풍경이 보이는 방, 책상 앞에 앉아 편지를 쓰는 승아 위로.

승아 *(E / 편지 읽어내리듯) 사랑하는 오빠에게.*
내가 이런 편지 써서 놀랐지? 근데 내가 왜 갑자기 오빠 출장길
따라온다고 고집 피웠는지 고백해야할 것 같아서. (쓰며, 애틋한 미소 짓는)

"DNA 비교분석 자료"*를 읽어보는 승아, 기대와 의심이 교차하는 표정 위로.*

승아 *(E) 오빠가 나한테 그랬잖아. 우리는 버려진 게 아니라*
어쩔 수 없이 헤어진 거라고. 어릴 때는 그 말이 comfort였는데,
크면서 갑자기 생각이 났어. 그렇다면 우리 아빠도
우리 찾아다니고 있어서 매우 슬프진 않을까 하고.
(하다, 핸드폰 갤러리 속 어린 데릭과 승아, 어딘가 주눅 든 얼굴로 함께
찍은 사진 보는 위로) 사실은 나 아빠를 찾고 싶어서 한국 입양센터에 연락했어.

미리 말 못 해서 미안해.

며칠 전에 paper가 왔는데 나랑 비슷한 유전자를 가진 사람이 있대.

그 사람을 내가 한번 만나보려고 해.

(영어) 지금 나는 심장이 엄청 두근거려!

(이하 한국어) 뿌리가 깊은 나무는 바람에도 잘 안 흔들린대.

(넘기면, 조금 큰 데릭과 승아, 밝아진 얼굴 사진이고)

내 바람까지 막아주느라 혼자 힘들었지? 이제라도 오빠를 위해 뿌리를 찾아주고 싶어. 아빠 만나면 자랑할 거야. 우리 그동안 씩씩하게 잘 살았다고...

오빠를 세상에서 가장 사랑하고 아끼는 동생 Lisa.

데릭 (눈빛 흔들리며 / 이하 한국어) 바보같이............ 쓸데없는 짓을....

참고 또 참아내려 하지만 마침내 터지고 마는 소리 없는 통곡 위로 F.O.

35 수완 아파트 전경 / N

36 205호 (이현민 집) 앞 + 거실 / N

출입금지 테이프 쳐진 이현민 집 앞에 선 권주, 텅 빈 복도를 바라보다 천천히 안으로 들어간다. 거실의 온 바닥과 벽면에 고스란히 남은 피 얼룩과 깨진 알전구 조각 등 참혹했던 당시를 보여주는 흔적들 위로.

인터컷 동 거실 / N (권주의 상상)

피가 흐르는 양날 도끼(자세히 보이지 않고)를 든 검은 우비의 뒷모습 너머 알전구를 두른 이현민의 부모와 피를 흘리고 쓰러진 이현민 시신 보인다.

37 2층 복도 + 206호 / N

어두운 복도를 둘러보다 206호 들어가는 권주.

인터컷 동 집 안 / N (권주의 상상)

터진 소파 틈 안에 숨어있는 승아의 간절한 모습.

권주 (거실 일각 한 사람이 숨을 만한 소파 틈새 가슴 아프게 일별하며 / 마음의 소리)
승아 씨는... 언어장애인이라 아무 소리도 내지 않았을 거야...
그런데도 범인은 들었어...
내가 사람을 살리기 위해 온 힘을 다했던 것처럼... 사람을 죽이기 위해...
(눈빛 형형해지며) 너... 우리가 특별한 운명을 타고났다고 했지?
아니! 특별한 운명은 잘 들리는 귀가 아니라 그걸 어디에 쓰느냐에 달린 거야.
니가 네 귀를 범죄에 이용한 대가, 반드시 치르게 해줄게. 반드시...!
(진심을 다해 주먹 꾸욱 쥐며 결심하는 위로)

38 서울경찰병원 + 휴게실 안 / N (이 씬 한정 모두 영어)

테이블에 앉은 데릭, 작가가 그리고 간 몽타주(데릭이 목격한) 그림을 진지하게 살피고 있다. 다른 일각 앉아 일하는 채드와 미형2 보인다.

데릭 (손바닥으로 범인의 상관을 가리고 하관을 보는 순간 분노가 다시 치솟는데)

채드 (일각에서 다급히 탑승객 명단을 정리한 서류 들고 오며) 근처 게이트에서
출발한 한국항공, 민에어 여성 탑승객 중 유사한 체격만 추려 왔습니다.

데릭 (날 서 탑승객 명단 받아 날카롭게 보는 위로)

인터컷 여성 탑승객 명단 및 여권 사진 / N

이름	좌석	주민등록번호	직업	특이사항
공수지	7F	981022-2773912	대학생 (컬버대학)	172cm 52kg 휴학 (민에어)
박지연	33A	891023-2019837	대학원생 (진명과학대)	172cm 57kg 연구회 일정 (한국항공)
부성경	27E	790928-2299001	ST엔터테인먼트 근무	173cm 55kg 휴가 (한국항공)
송길숙	10C	760610-2010289	주부	174cm 60kg 동창회 일행(민에어)
심민아	28B	910204-2891802	삼무식품 근무	172cm 55kg 웨딩촬영 (민에어)
장예숙	10E	740505-2738201	요양보호사	168cm 57kg 관광 (민에어)
(이하 생략)				

데릭 (공수지 및 다른 여자들 하관 날 서 살피지만 묘하게 혼란스러운데)

채드 (그런 데릭 표정 살피다) 참 한국 경찰 도움으로 탑승장 CCTV 영상 받았어요.
LA 과학수사팀에 보냈고 용의자 얼굴 내일 오전까지 보내주기로 했습니다.

데릭 ...비모도 가는 제일 빠른 비행기 예약하고 대사관 지원 요청해.

채드 네! (가면)

데릭 (다시금 처절하고 날 선 눈빛으로 몽타주 보는 위로)

39 할매집 전경 / N

40 동 안 / N

손님들에게 국밥 갖다주는 할매(70대, 여, 특별출연), 다른 손님이 먹고
나간 자리를 누군가 치우는 듯한 소리에 뒤돌아보면 박은수 와 있다.

할매 (박은수 얼굴 의아하게 보며) 좋은 날, 얼굴이 왜 죽상이야?

박은수 (그릇들 개수대로 옮기며 아무렇지 않은 척) 할머니.
내가 만약 섬에서 근무하게 되면 어떨 꺼 같아?

할매 (놀라지만 내색 않고 부러 담담하게) 어떻긴, 손녀가 지 일 열심히 한다는데
뭐랄 할미가 어딨어? 어디든 불러주면 고맙습니다, 하고 가야지.

박은수 치! (괜히 섭섭해) 할머니 밥 먹으면서 출근하고 싶어 그러지.

할매 (무슨 말 하는지 알지만) 내 신경 쓰덜 말고 니 일이나 열심히 혀.
나는 니가 못된 놈들 후드려 팬다고 생각하면 십 년 묵은 체증이 쑥 내려가니께.
(하다 걸리듯) 근데 표창장까지 받고 왜 섬으로 가?

더 좋은 데로 보내 주는 거 아녀?

박은수 그게... (말할까 말까 갈등으로 보는데)

할매 (순간 배가 아파 찡그리고)

박은수 (걱정스레 살피며) 뭐야 또 배 아파? 병원 가봐야 하는 거 아냐?

할매 (얼른 손사래 치며) 이거 갖고 뭔 병원을... 매실차 한 잔이믄 쑥 내려가는데.

박은수 (요즘 들어 부쩍 늙어 보이는 할머니 안쓰러워 먹먹하게 보다 결국 결심하는 위로)

40-1 출동팀 사무실 / N

박중기와 구광수, 밤 늦도록 짐 정리를 하다 심란한 듯 골타팀 사진 보는데.

순간 서로의 얼굴 보는 박중기, 구광수 결연한 표정 위로.

41 비모지방경찰청 전경 / D / 다음 날

파도가 밀려오는 해안가 돌 언덕 너머로 야자수 몇 그루와 함께

"비모도 안전 지켜DREAM" 비모도 경찰 슬로건 걸린 나지막한 단층 건물 보인다.

자막 **비모지방경찰청**

감 청장 (E) 우리야 골든타임팀 센터장이라면 언제든 환영이지만... 정말 괜찮겠어?

간만에 휴갈텐데 말야...

42 감 청장실 / D

태극기와 비모지방경찰청 깃발, 여러 상패가 전시되어있는 가운데,

감 청장(50대, 여)과 양 과장(50대, 남)이 권주와 마주 앉아 대화하고 있다.

자막 **감종숙 비모지방경찰청장**

자막 **양복만 형사과장**

권주 아닙니다. (부러 미소로) 도시센터만 다녀서 꼭 오고 싶었거든요.
여기가 늘 비어있는 것도 아니구요.

감 청장 (서글서글한) 하긴, 관광철 끝나서 사건도 별로 없어. 열흘 쉬었다 간다 생각해.

권주 (침착하게 웃으며) 감사합니다.

감 청장 참, (양 과장 가리키며) 여긴 우리 청 터줏대감, 양복만 과장님.

양 과장 양복만입니다. 얘기 많이 들었소. 반갑소. (권주 향해 사람 좋은 미소 지으면)

권주 (목례하며) 강권주입니다.

감 청장 자, 그럼... 청부터 둘러볼까? (일어서면)

43 도로 + 승합차 안 / D

운전석에 미형2, 조수석엔 채드, 뒷좌석엔 데릭이 권총 홀스터 착용하고 앉아있다.

채드 (문자 확인 후 데릭에게) 캡틴, LA 과학수사팀에서 용의자로 추정되는
인물 확보했다고 합니다. 해상도 마무리되는 대로 전송한답니다.

데릭 (날 선 표정으로 끄덕이면)

채드 (걱정스레) 눈이라도 붙이세요. 한숨도 못 잤잖아요.

데릭 (대꾸 없이 창밖의 비모도 풍경 묘하게 흔들리는 눈빛으로 보는 위로)

44 감 청장실 앞 복도 / D

권주와 감 청장 나와서면 뒤따라가는 양 과장.

감 청장 (나란히 걸으며 권주에게 나직이) 아무리 열흘이지만
반드시 지켜야 할 게 있어. 바로 지역사회 소통.
여기 섬 문화가 꽤 독특하거든. (하다 의아해 하는 권주에게 별일 아니란 듯)
나나 강 센터나, 여기 사람들한텐 굴러온 돌이잖아.

권주 (알아들었단 듯 끄덕이면)

감 청장 (핸드폰으로 전화 걸려오자 받으며) 아, 네... 대사님? 무슨 ...일이시죠?

(권주와 양 과장에게) 급한 전화가 와서. 나머지 안내 부탁해요, 양 과장님.
(하고는 통화하며 다시 청장실로 향하는데)

권주 (감 청장에게 목례하다 "LA 경찰이 여길 왔다고요?"라는 감 청장의 말에 예민하게 귀 기울이는데)

양 과장 (사람 좋은 미소로 앞장서며 교통과 가리키며) 여긴 우리 청에서 가장 바쁜 교통과. (여기저기 안내하며) 저기는 경무과, 여긴 해안경비, 한가하지? 센터장 눈엔.

권주 아 네... (눈으로 침착하게 찾으며) 참 사이버수사팀은 어디 있나요?

양 과장 풍산에서 큰 사이버 조직 잡았단 얘기 들었네. 근데 여긴 형사과에서 강력, 지능, 사이버까지 다 하는 멀티거든. (형사과 문 열고 들어서면)

45 형사과 / D

오래된 사무실 안, 한가하게 컴퓨터로 카드 맞추기 하던 형사들 얼른 일어난다.

양 과장 (혀 차며) 창문이라도 열주. 쯧쯧... 여기 주목.
이분은 새 신고센터장 강권주 경감이시다. 골든타임팀말예. 잘 해서 한 수 배울크라.

권주 (인사하는 형사들에게 목례하는데)

양 과장 (형사들에게) 해녀할망 전복 훔쳐간 놈 잡안? 앉아있음 도둑놈이 제 발로 오데?

형사들 (큼) 지금 가볼랑 하젠마씸. (눈치 보면서도 느릿하게 나가고)

권주 (너무나 한가로운 모습 낯설게 보는데)

양 과장 (일각 보며) 부귀남이! 넌 뭐하고 자빠졌냐게. 귀한 손님 오셨는데. 이리와!

부귀남 넵! (화초에 물 주다 다급히 달려와 서고) 부르셨습니까!

양 과장 (권주에게 소개하며) 우리 강력팀 막낸데 필요하면 돌쇠처럼 부려먹게. 다른 건 몰라도 이놈이 맷집하난 최고거든. (권주와 부귀남 서로 인사하자 유리문 가리키며) 저기가 신고센턴데 온 김에 둘러보든지?

권주 (고개 저으며) 내일 근무 때 정식으로 인사하겠습니다. 참 사이버담당 형사님은...

부귀남 고 형사님인데 (둘러보다) 아. 저기 회의실에 있는데요. (권주 의아한 듯 보면)

권주 (회의실 예민하게 보는데)

46 112 신고센터 일각 / D

신고센터 내 아담한 규모로 정면엔 **"친절, 신속, 정확"** 슬로건이,
밑에는 대형 TV만 한 전광판으로 지도가 펼쳐져 있고 맨 앞줄엔 접수,
그 뒷줄 분석지령, 맨 뒷줄 자치 경찰로 섹션이 나뉘어 있다.
좁은 책상 위 소지품도, 전체적인 분위기도 어수선하다.

천상필 (업무 도중 입구 쪽 유리창 너머에 형사과로 들어가는 권주 얼굴 알아보고) 어?

요원1 (권주와 천상필 번갈아 보며) 왜요. 아시는 분이에요?

천상필 제가 예전에 모시던 상사분...이거든요. (반가운 미소로 권주 보는데)

47 다시 형사과 / D

양 과장, 부귀남과 함께 서서 회의실 보고 있던 권주, 막 발걸음 떼려는데.

양 과장 근데 (손바닥 비비며 농담하듯) 센터장, 이름이 권주면 술은 좀 하겠네?
출장 오면 밤새 푸는 게 우리 청 전통이라.

권주 죄송합니다만 사이버 형사분에게 물어볼 게 있어서요. (깍듯하게 목례하고 가면)

부귀남 어어. (가는 권주 놀라보며 양 과장 향해) 걍 가시면 안 되는데.
해녀할망이 다금바리 벌써 회 떴댄.

양 과장 (빡빡하단 표정으로 권주 보며) 도시에서 와선지 에누리가 없어.
(어쩔 수 없단 듯) 다금바리 우리나 먹자게.

비형1 (비모 형사1, 나가다 말고 돌아와 헐레벌떡 다가오며) 과장님!
좀 전에 미국 LAPD 데릭 경감이 감 청장님실에 들어갔수다.
특별 협약인가로 한국 경찰처럼 일할 수 있다는데요?

양 과장 (놀라고) LAPD?

권주 (회의실로 향하던 중 "미국 LAPD 데릭 경감..."이란 말에 놀라 돌아보는데)

48 감 청장실 / D

감 청장이 데릭 마주 보고 앉아있다.

감 청장 (신중한 태도로) 그러니까, 어제 오후 9시 20분경부터 도착한 비행기에서 내린 여성 중에 조 팀장님 동생을 살해한 용의자가 있단 말입니까?

데릭 (형형한 눈빛으로 / 이하 한국어) 네. 비모청에서 적극적으로 수사해주신다면 최대한 협조하겠습니다.

감 청장 (난감한 표정으로) 우선... 여동생 일은 유감입니다.
서울청에서도 수사 중이라 예민한 문제긴 하지만 이미 본청과 미국이
협의한 사항이라니... (수긍하듯) 해보죠. 더 필요한 건요?

데릭 (단호하게) 범인 체포 시 우선 송환 권리, 정보 열람 권한 보장해 주십시오.

감 청장 (흔쾌히) 송환 문제는 절차대로 하고, 정보는 제 권한 내에서만
최대한 공유할께요. 대신 비모도가 관광지라...
치안에 문제 생기면 관광산업에 큰 타격을 받아요.
최대한 조용히 수사하시죠? (하는데)

데릭 최선은 다하겠지만 약속은 힘듭니다. (차갑게 일어나 나가면)

감 청장 !! (데릭의 태도 불쾌한 듯 보고)

49 동 밖 복도 / D

데릭 (날 서 걸어 나가며 대기하던 채드, 미형2에게 / 이하 영어)
김포공항 CCTV 분석은 언제쯤 온대.

채드 (미형2와 함께 걸어가며) 금방 보내준다고 합니다.

권주 (E) 데릭 조 경감님이시죠?

데릭 (돌아보면)

권주 (안쓰러운 표정으로 다급히 다가오며) 골든타임팀 강권주 경감입니다.
어제 저랑 통화 하셨었죠?

데릭 ? (순간 권주 목소리 알아듣고 표정 구겨진다) !!!

권주 동생분 일은 유감입니다. (조심스레) ...여기까지 온 걸 보면 단서를
찾은 거 같은데... 잠시 얘기 좀 하시죠.

서커스맨은 지금 동일한 패턴으로 범죄를 저지르고 있어요.
불화가 심한 가족을 타겟으로... 보호처분을 받은 10대 소년들에게
누명을 씌우고 있구요. (하는데)

데릭 (권주 명찰 훑고는 날 서 자르듯 / 이하 한국어) 본인 업무나 신경 써요.
능력도 안 되면서 끼어들지 말고. (분노에 차 걸음 옮기는데)

권주 (결연한 심정으로 따라가며) 많이 힘들겠지만 범인은 우리가 여기까지 추적한 걸
아직 모를 겁니다. 어제 봐서 알겠지만 범인은...(청력이)

데릭 (우뚝 선다, 날 선 눈빛으로 노려보며) 그만! 더 이상 어제 일 입에 올리지 마요!
한 마디만 더하면 내가 당신 어떻게 할지 모르니까!!
(권주 무섭게 노려보는데 권주의 체격과 느낌 묘하게 낯익다) ?!

플래쉬백 상개동 성당 뒷골목 / N (시즌 4 1부 73씬의 확장씬)
도주하는 검은 우비를 입은 범인의 모습 컷컷으로 지나고.
몽타주 속 범인의 하관과 권주의 하관 너무도 닮아 보이는데!!!

데릭 (자신도 모르게 권주 뚫어져라 보면)

권주 (지지 않고) 범인이 제가 경감님과 통화한 걸 이미 알고 있었어요!!
(자신 뚫어져라 보는 데릭 의아하고) 물론 제 말 이해하기 쉽지 않단 거 압니다.
제가 다 설명할게요(하는데)

채드 (일각에서 핸드폰 통화하다 얼굴 파랗게 질려 다급히 다가온다)
캡틴! 김포공항 용의자 사진이 도착했는데 위급상황 같습니다!
(권주 날 서 일별하며 태블릿으로 전송된 사진 다급히 보여주면)

데릭 (사진 속 용의자 권주 얼굴과 똑같다) !!!! 뭐야? 이건?

미형들 (권주와 태블릿 속 CCTV 화면 번갈아 보며 웅성거리면)

권주 (사람들의 반응에 다급히 화면 보는데 자신과 똑같은 모습이다) !!!
어떻게 이런 일이... (다급히) 잠시만요! 이건 함정입니다!!!
보여드릴 게 있어요! (품안 핸드폰에서 서커스맨의 메일 보여주려는데)

미형들 (앞 다퉈 총 겨누며 버럭) 꼼짝 마! 움직이면 쏜다!

데릭 (충격과 혼란에 찬 표정으로 총 꺼내 권주를 조준한다. 애써 침착 가장하며)
당장 엎드려. 당신은 미국 형사소송법에 따라 지난 3월 25일 발생한
상개동 일가족 및 미국인 살인 사건 현행범으로 간주 되며
집행에 불응 시 연방형사소송규칙에 따라 즉시 발포할 수 있다!

권주 !!!!!

데릭 (드글대는 눈빛으로 버럭) 엎드려! 안 그럼 쏜다!

인터컷 로비 일각 / D

권주 찾아 들어서던 박중기, 구광수, 박은수! 데릭, 채드, 미형2가 권주에게 총 겨누자 놀라 달려가 권주 앞 막아서는데!!

박중기 (데릭 이하 눈 부라리며 보고) 이 자식들 돌았나!!! 어따 총 들이대는기가!

권주 !!! (갑작스러운 팀원들의 등장에 고맙지만 다급히 양쪽 막아서며)
범인이 절 사칭한 겁니다. 다 설명할 테니 총부터 거두세요!
(총구 앞에 당당히 서며) 상개동 사건 당시 제가 어디 있었는지,
풍산청 CCTV 확인만 하면 다 나옵니다.
거짓이 있다면 당장 송환돼서 조사받죠!!

데릭 (권주의 당당함에 순간 흔들리지만 더욱 날 서 보며) 빠져나가려고 잔머리 쓰지 마!
당신이 어디서 나랑 통활 했는진 입건 후 들을 테니!!

박중기 뭔 개소리가! 센터장님 잡아 갈라카믄 우리부터 쏴라!
미국형사들이 와 남의 나라에서 설치는 기고? (권주 앞 막아서는데)

서로 한 치의 물러남 없이 험악해지는 분위기!
순간 데릭의 핸드폰으로 LA 과학수사팀 요원의 전화가 걸려온다!

데릭 (계속 권주 총으로 겨눈 채 날 서 전화 받으면)

LA 요원 (E / 이하 영어) 캡틴! 용의자 사진에서 스킨크랙 자국이 나왔어요!

데릭 (날 서 / 이하 영어) 그게 무슨 소리야?

LA 요원 (E) 코를 높이기 위해 실리콘을 붙인 모양인데 미세하게 갈라진 흔적이 보입니다.

50 LA + 과학수사팀 실험실 일각 / N

LA 요원 (사진자료 모니터로 해상도 높여 수치 입력 확인하다 천식 기침하고) 특수분장에서 많이 사용하는 기술인데 영상에 슬로우 걸면 코와 볼의 움직임이 상당히 어색해요!
(천천히 재생하자 걸음에 따라 미세하게 볼만 흔들리는 얼굴이 잡힌다)

51 다시 감 청장실 밖 복도 / D

데릭 !!! (혼란스러운 눈빛으로 전화 끊고는 채드, 미형2에게) 총 내려!
(채드, 미형2 망설이면) 어서!

미형들 (어쩔 수 없이 총 내리면)

박중기, 구광수 (역시 물러서지만 여전히 경계 가득해 보는데)

박은수 (권주에게 달려와 다급히 여기저기 살피며) 괜찮으세요?

권주 괜찮아. (데릭 날 서 일별하며) 실컷 몰아붙이니 이제 속이 시원한가요?
잠깐 보시죠. (회의실로 앞장서 들어간다)

데릭 ??!! (마치 전화통화를 들은 듯한 권주의 말과 행동 의아하고 갈등하다 채드에게)
밖에서 대기해. (권주 따라가면)

채드 (놀라) 하지만 캡틴! (그러나 데릭 회의실 안으로 사라지는데)

52 회의실 / D

권주와 데릭 팽팽한 긴장감 속에서 말없이 대치하고 서 있다.

데릭 (이하 한국어) 무슨 근거로 오해가 풀렸다 생각하지?
당신 정보... 난 관심 없어. 탑승객 탐문만 하면 하루 이틀 안에 범인 잡아!

권주 (데릭 결연하게 일별하며) 믿기 어렵겠지만, 범인에겐 특별한 청력이 있습니다.
그리고 이렇게 확신하는 이유는... (굳은 결심으로)

저 역시 범인과 똑같이 남들이 듣지 못하는 소릴 듣기 때문입니다.

데릭 (어이없단 듯 코웃음 치며) 허! 빠져나가려고 아무 말이나 뱉나 본데.

권주 (도발하듯) 좀 전 용의자에게 스킨크랙이 있단 전화까지 받고도
여전히 의심할 생각인가요?

데릭 ??!!! (마음의 소리) 그 소리를 들었다고? (당황해 권주 보면)

권주 범인도 제 청력이 자신처럼 특별하단 걸 알고 있습니다.
그래서 샴쌍둥이라고 주장하며 살인 예고 메일을 보내 온 거구요!
현장에서 제가 경감님과 통화한 걸 들었고 이후 경보기 소리를 내서
유인했던 겁니다. LPG 자동차 폭발 역시 추적에 혼선을 주기 위해
함정을 판 거구요!!

데릭 ??!!! (순간 놀라지만 애써 무표정 유지하며 기억 복기하는 위로 / 마음의 소리)
잠깐만... 어제... 이 여자 승아가 경보길 갖고 있는지 물었지.

인터컷 상개동 성당 사거리 일각 / N (시즌4 1부 78씬의 데릭시점의 확장씬)

권주 *(E) 혹시 승아 씨, 경보기를 갖고 있나요?*

데릭 (E) 경보기 소리가 들리는 것처럼 방향을 지시했고

플래쉬백 상개동 성당 사거리 일각 + 센터장실 / N (시즌4 1부 80씬)

권주 *(귀 기울이면 경보기 소리 오른쪽으로 사라진다) 오른쪽 길이에요!!*

데릭 (E) LPG가 폭발하기 직전, 나한테 경고했어.

인터컷 마을버스 차고지 안쪽 일각 / N (시즌4 1부 88씬의 데릭시점의 확장씬)

권주 *(E) 데릭 조 경감님!!! 그 차에서 가스가 새고 있어요!!*
당장 거기서 나오세요!! 당장요!!!

데릭 (눈빛 흔들리며 / 마음의 소리) 정말로... 현장 소릴 들었단 건가?
(그러나 내색 않고 부러 권주에게) 그딴 말로 속아 넘어가지 않아.
당신이 범인과 관련 없단 명확한 증거부터 대.
설마 그런 특별한 청력을 쉽게 믿으란 건 아니겠지?

권주 (데릭 날 서 보며) 믿든 말든 알아서 하세요. 중요한 건 그자가
지금껏 우리가 상대해 본 적 없는 끔찍한 괴물이란 겁니다.
전 저와 똑같은 능력을 악용해 사람을 죽이는
그놈 반드시 찾아내 처벌할 겁니다.
다른 사람은 몰라도 그 자에게 동생을 잃은 경감님만은
절 믿어주실 줄 알았는데 사람을 잘못 봤나보네요.
(멈칫 흔들리는 눈빛의 데릭 무시하듯 나가다 서며)
아 그리고 방금 오해 풀어준 그 요원 말이죠.
기침이 끝나고도 숨 쉴 때마다 협착음이 들리던데
무리하면 금방 발작성 호흡곤란 올 거라고 전해주세요! (문 열고 나가려 하면)

데릭 !!! (흔들리는 눈빛으로 보는 위로)

플래쉬백 LA + 과학수사팀 실험실 일각 / N (시즌4 2부 50씬)

LA 요원 *(사진자료 모니터로 해상도 높여 수치 입력 확인하다 천식 기침하고)*

데릭 !! (눈빛 흔들리며 / 마음의 소리) 기침 소리까지 들었어!
(순간 미세하게 다리를 저는 권주 걸음 눈에 들어온다) !!!
(아차 싶어 나가는 권주 강하게 막아서며) 내 대답은 듣고 가야지.
걷는 걸 보니 어제 선수처럼 달리던 그 여잔 아니고. (권주 손목 위 안쪽
(승아가 말한 소용돌이 문신 위치) 문신 없는 것 빠르게 확인하며)
당신 말마따나 당신 송환해 시간 낭비하는 대신 조건이 있어.

권주 ?! (보면)

데릭 (꿰뚫듯 보며 / 영어) 오늘부터 나와 공조하는 조건!

권주 !!!

데릭 (날카롭게 일별하며 / 이하 한국어) 이유는 모르겠지만
그놈은 당신이랑 놀고 싶은 모양이야. 그래서 당신 옆에 딱 붙어있으려고!
그 여자 귀가 그렇게 잘 들린다면 우리한테도 같은 무기가 필요하거든.
(의심과 냉소에 찬 눈빛으로 나지막이) 대신 하나만 명심해!
만에 하나 당신이 서커스맨과 관련되어 있다면 젤 먼저 내 손에 죽어!

권주 (날 서) 그러시던가요! 그러고 보니 나한테 공조를 제안한
첫 번째 파트너네요. 데. 릭. 조 경감님. (지지 않고 보는 위로)

53 회의실 밖 복도 / D

날 선 채드, 미형2를 경계심 가득히 바라보며 서 있는 골든타임팀원들,
권주 나오자 걱정으로 다가가는데.

박중기 괘안십니꺼?

권주 (팀원들 괜히 머쓱해 보며) 쉬라고 했는데 여기서 뭣들 하는 거예요!

박은수 (서운하단 듯 권주 보며) 바늘 가는데 실 안 가나요?

박중기 (미소로) 하모! 지금 우리 없이 혼자 오니까 이런 일 생기는 거 아닙니까?
들어보니 저노마들 한미 특별 협약으로 왔다카던데 아무리 그래도 그렇지...
센터장님을 범인 취급하는 이유가 뭐랍니꺼?

권주 (흔들리는 눈빛 다잡고) 김포공항 CCTV 사진 분석했더니 범인이 저와 똑같은
얼굴로 나왔대요. 제 얼굴로 분장을 한 모양이에요.

구광수 !! (범인의 악랄함에 새삼 충격 받으며) 와... 완전 미친놈이네...

권주 (끄덕이며) 다행히 그쪽 요원이 분장한 흔적을 찾아서 오해가 풀렸어요.
데릭 조 경감도 우리 팀에 협약 기간 동안만 합류하기루 했구요.
(더 궁금한 게 많은 팀원들 표정 모른 체 하며) 내려오느라 힘들었죠?
오늘은 좀 쉬어요. 내일부터 본격적인 수사 시작될 겁니다.
그리고 (따스하게 팀원들 보며) 와줘서 고마워요...

일동 ("센터장님 우릴 뭘로 보고!" "한 번 팀은 영원한 팀 아닌교?"
저마다 한 마디씩 하며 당연하단 듯 권주 따스한 미소로 보는 위로)

54 비모지방경찰청 주차장 / D

채드 (걱정스런 / 이하 영어 / E) 공조라고요?

55 차 안 / D

데릭 (이하 영어) 복잡하게 생각할 거 없어.
놈이 저 여자에게 집착하고 있으니 우리에게 미끼가 생긴 거 뿐이다.
(채드, 미형2 향해) 너희들은 지금부터 탑승객 위주로 용의자 조사한다.
난 골든타임팀에서 놈의 접근을 기다릴 테니.

미형들 (목례하고 나가는데)

채드 (나가려다 돌아보며 / 이하 한국어) 참 이거... (태블릿피씨 주며)
센터장 알리바입니다. 그 여자 신고센터랑 강력팀이 공조한 골든타임팀을
만들어서 범죄율을 줄였고 연쇄 살인마도 세 명이나 검거했더라구요.
6년 전 LA 쇼핑몰 폭탄테러 사건 기억나시죠?
한국인 경찰 출신 유학생이 테디베어 샵 수색 요청을 했는데,
거기서 파이프 폭탄 발견된 거요. 그 사건 해결한 주인공이더라구요.
(조심스레) 근데... 파트너 킬러라는 소문이 있습니다.

데릭 (태블릿피씨 받아들고 내용 멈칫 보며) 파트너 킬러?

채드 (인터컷으로 시즌 1, 2, 3 관련 상황 지나고) 첫 번째 파트너만 살아있고
두 번째 파트너인 장경학 경정은 연쇄 살인범이 조작한 차량사고로 사망했구요.
세 번째 파트너 도강우 경감은 연쇄 살인범 카네키 마사유키 검거과정에서
사망했습니다. 본인도 폭발사고로 다리를 다친 적이 있더라구요.
(주저하다 걱정스런 표정으로) 암튼 느낌이 안 좋습니다. 조심하세요. (나가면)

데릭 ..! (생각 고르며 권주가 했던 말 침착하게 복기하는 위로)

인터컷 회의실 / D (시즌 4 2부 52씬의 확장씬)

권주 *(단호하게 일별하며) 대신 저도 조건이 있습니다.*

제 청력에 대한 비밀은 지켜 주시구요. 골든타임팀은

저에게 목숨 같은 팀이니 국제 협력 형사로 출동팀 업무에 반드시

참여하세요. 또! 여기는 한국이니 총기사용을 함부로 하는 것도 금합니다.

내일 청사에서 뵙죠. (나가면)

데릭 *!! (허!! 권주의 뒷모습 어이없단 듯 노려보는 위로)*

데릭 (생각 고르다 국장에게 전화한다 / 이하 영어) 네. 국장님.

(사이) 한국 광수대 팀장한테 연락했단 그 여자 경찰 정보, 근거가 있습니다.

국제 협력 형사로 잠시 합류... (사이) 무슨 걱정하시는 줄 압니다.

며칠만 더 시간 주시면 됩니다! (핸드폰 끊은 뒤 승아의 문자를 확인하면)

인터컷 *승아 문자 (서툰 한국어) / D (시즌4 1부 61씬의 인터컷의 풀버전)*

오빠 살려줘....강도가 지금 날 찾고있어...112에 신고했는데 너무 무서워...(중략)

그 여자도 그 문신이 있었어.

오빠가 말한, 엄말 죽인.... 그 (소용돌이) 귀신의 문신....말야......

데릭 (처절한 아픔 속 묘하게 흔들리는 눈빛으로 핸드폰 부서져라 움켜쥐는 위로)

56 회의실 / N

창밖으로 모심숲 보는 박은수와 일각에 서서 데릭 신상 관련 자료 들여다보는 권주.

인터컷 *데릭 신상자료 (한글) / N*

이름: 데릭 조 스콧 (한국명 조승호) 계급: 경감

주민등록번호: 830624-1729945 (입양 전)

주소: 918 S Oxford Ave, Los Angeles, CA 90006 미국

UCLA 생물학 전공, LA 주립대 의전원 중퇴.

미국 폴리스 아카데미 - LAPD 범죄현장감식반(CSU) - LAPD 올림픽 경찰서 갱 전담팀.

12살 때까지 한국에서 거주.

비모도에서 동생과 함께 현 LA 경찰서 치안감 맥 스콧에게 입양.

한국어, 영어 수화에 능통. LA 거대 범죄 조직 다수 검거. (중략)

박은수 (집중하는 권주 일별하며) 대사관 통해 받은 자료인데
12세 때 미국 백인 경찰 가정에 동생과 입양됐더라구요.
의전원에 다녀서 인지 현장 의학지식이 뛰어난 데다
크라브마가나 레슬링 같은 실전형 무술 유단자구요.
(하다 승아 사진 보여주며) 조승아 씨인데... 데릭 조 경감 많이... 닮았네요.

권주 ?! (승아 사진 아프게 보다 비모도란 단어 멈칫 보고는 데릭의 말 복기하는 위로)

플래쉬백 회의실 / D (시즌4 2부 52씬)

데릭 *(날카롭게 일별하며 / 이하 한국어) 이유는 모르겠지만*
그놈은 당신이랑 놀고 싶은 모양이야. 그래서 당신 옆에 딱 붙어있으려고!
그 여자 귀가 그렇게 잘 들린다면 우리한테도 같은 무기가 필요하거든.
(의심과 냉소에 찬 눈빛으로 나지막이) 대신 하나만 명심해!
만에 하나 당신이 서커스맨과 관련되어 있다면 젤 먼저 내 손에 죽어!

권주 (마음의 소리) 목소리에 뭔가 감추는 듯한 느낌이 있었어... 뭐지...

박은수 (답답한 듯 청사 뒤쪽 창 너머 펼쳐진 깊은 산과 숲 일별하며)
근데 저 산 너무 울창해서 으스스하네요.

권주 (박은수 시선 따라 깊은 산속 바라보면)

비모청 복도 일각 TV에서 앵커가 "최근 혼자 캠핑을 즐기는 혼캠족이란 신조어가 등장할 만큼 홀로 캠핑하는 인구가 늘어났는데요. 그만큼 각종 강력범죄 역시 늘어나는 추세입니다. 특히 홀로 여행 온 여성들을 노리는..."뉴스 멘트 말하는 위로.

57 모심숲 전경 / N

울창한 나무가 우거진 깊은 산 위로.

자막 **모심숲**

이하은 (E) 몇 년 전에 커플이 모심숲 근처로 백일 여행을 왔대요.
근데, 횟집에서 밥 먹다가 남자가 다른 테이블에 앉은 여자한테
한눈팔았다고 둘이 대판 싸운 거예요.

58 동 숲 일각 / N

야영장에서 떨어진 숲속 입구 마주 보듯이 설치된 두 텐트 그늘막 아래 앉은 이하은과 장예숙, 전등불 켠 채 이야기 나누고 있다.

이하은 (공포스러운 분위기 한껏 잡아가며) 그래서 여자가 완전 열받은 거죠!
장예숙 (긴장해서 듣는 위로)

59 비모시 모심숲 입구 / N / 이하 이하은의 이야기

울창한 숲 안으로 씩씩대며 걸어가는 커플녀(23세, 여)를 커플남(24세, 남)이 다급히 쫓아가고 있다.

커플남 (커플녀 손목 간신히 잡으며) 아 미안하다고! 화 좀 풀어라!
커플녀 (버럭 뿌리치며) 혼자 있고 싶다고 했지!!!
계속 쫓아오믄 나 다신 오빠 안 봐!!!
커플남 (다신 안 본다는 말에 주춤하며) 아, 알았어. 그럼 횟집에서 기다릴 테니
화 풀고 와... 알았지?
커플녀 (대꾸 없이 모심숲 길을 거침없이 올라가면)
커플남 (한숨 쉬다가 화 풀리면 내려오겠지 싶어 뒤돌아서는데)

60　　모심숲 일각 / N

커플녀　(식식대며 숲 안으로 들어서다 순간 길은 사라지고 울창한 수풀만 보이자) 뭐야... 왜 길이 없어졌지?? (순간 부스럭 소리에 뒤돌아보면 수풀 사이에 노란 눈빛 반짝이다 사라지는데) 오빠야? 장난치지 말고 나와. 나 무서워!!

61　　모심읍 횟집 일각 / N

커플남, 한숨 쉬며 들어서 앉았던 테이블로 가 앉는다.

사장　왜 혼자와? 여자친구는?

커플남　(머쓱해서) 혼자 숲 좀 걷다가 온대요. 저보고 기다리라고...

사장　혼자? 이 밤에? 혹시 저승길로 간 건 아니지???

커플남　(놀라) 저승길이요?

사장　(모심숲 가리키며) 저기 숲 안쪽 길인데 거긴 절대로 가면 안 돼! 개인지 늑댄지 알 수 없는 짐승이 나오거든. 며칠 전엔 새벽 약수 뜨던 노인네가 산송장 됐어. 목이 물려가지고. 우리 마을 사람들은 절대 그 길로 안가....

커플남　(어이없어 보며) 에이... 그런 게 어디 있어요... 너무 전설의 고향이시다. (하는데 모심숲 쪽에서 기분 나쁜 울부짖음 들려오자 얼어붙었다가 아닌 척) 하하핫! 아, 놀래라. (하지만 불안하게 모심숲을 보는 위로)

인터컷　　모심숲 일각 / N

성황당 앞 오색천이 사납게 휘날리고 알 수 없는 짐승의 울음소리가 사방에서 들려오자 공포에 질려 도망가는 커플녀, 신발이 벗겨져 넘어지고 만다. 순간 숲속에서 튀어나온 짐승의 그림자, 커플녀의 목을 콱! 물고는 그대로 숲속으로 끌고 들어가는데!!!

이하은　(E / 과장되게 놀래키며) 왁!

62 다시 모심숲 일각 / N / 이하 현실

장예숙 (이하은의 비명에 놀라) 엄마야! (가슴 쓸어내리고) 아우 놀랐잖아.

이하은 (몰입해서 고통스러운 연기하며) 그날 밤 여자친구가 돌아오지 않자 찾아다닌 남친은... 숲속에서 여자친구 목만 발견했대요. 그런데 아무리 찾아도 몸통이 없는 거예요... 바로 저승길 짐승이... 다 먹어치운 거죠!!

장예숙 (어색하게 웃고) 그래?

이하은 (정색하며) 아줌마 이거 진짜! 레알! 실화라니까요. 암튼 내일 아침에 일어나면 저승길 말고 왼쪽 길로 딱! 돌아서 오름에 갈게요. (하품하면)

장예숙 그래. 알았으니 일찍 일어 날려믄 얼른 자자. (전등불 끄고 이하은 들여보낸 뒤 주머니에서 (노란) 알약 꺼내 삼키고 어두운 모심숲 묘한 표정으로 바라보는데)

63 모심숲 모심길 / N

숲으로 들어서는 장예숙, 초점 잃은 눈으로 홀린 듯 계속
걸어 들어간다. 갑자기 어디선가 들리는 짐승의 괴괴한 울음소리.
우뚝 걸음을 멈춘 장예숙, 느릿하게 뒤를 돌아보는 순간,
두 개의 눈이 어둠 속에서 번쩍하고 빛나더니 장예숙에게 덤벼드는데!

64 모심숲 야영장 텐트 안 + 밖 + 장예숙 텐트 / N

침낭 안에서 곤히 자던 이하은, 숲속에서 짐승의 울부짖음 들리자 놀라 일어난다.

이하은 (두리번거리며) 뭐지? 아 씨, 개소름!! (손전등 들고 나와 대충 신발 구겨 신고 장예숙 텐트를 살피는데) 아줌마 소리 들었어요?
(아무 대답 없자 들어서지만 장예숙의 모습은 보이지 않고)
뭐야 이 아줌마... 어디 갔어? 이 밤에... 이거 쫌 오반데.
(순간 저 멀리 모심숲에서 비명 소리 들리자) 아줌마???
(주저하다 다급히 손전등 들고 모심숲을 향해 뛰어가는데)

65 모심숲 일각 / N

오로지 손전등 빛에 의지해 깊숙한 숲으로 들어가는 이하은,
순간 기척이 느껴져 손전등 비추지만 아무것도 없다.

이하은 ... (침 꿀꺽 삼키고 다시 주변 비추며) 아줌마...! 아줌마!!
(다른 방향에서 기척이 느껴지자 돌아서는 순간
무언가를 물고 달려가는 짐승의 검은 그림자 스치자) !!
(놀라 도망치다 나무뿌리에 걸려 넘어지고 순간 길바닥 짚은 손에
찐득한 뭔가 묻어 손전등으로 비춰보면 피와 장예숙의 찢어진 점퍼와 알약통이다) !
피...피!!! 아아악!! (앉은 채로 뒷걸음질 치다 피 묻은 손으로 덜덜 떨며
112에 신고하는데) 112죠? 여기 짐승이.... 아줌마를 물어간 거 같아요!

66 112 신고센터 / N

천상필 (신고 전화 받으며) 네? 그게 무슨...

이하은 (E / 다급해 버럭) ...아줌마를 (지...지직)...것 같다구요!!

천상필 (잘 안 들리고) 신고자분?

67 모심숲 일각 / N

이하은 (벌벌 떨며 통화 중이다) 여보세요? 여보세요?? (핸드폰 상단에 통화권 이탈 표시
뜨자) 뭐야, 미쳤나봐! (핸드폰 높게 치켜들다 통화권 표시 뜨자 안도하며)
여기 모심 캠핑장 근처인데 사람이 없어졌어요! 빨리 좀 와주세요!

68 112 신고센터 / N

천상필 (집중해 듣지만 황당하고) 그러니까 같이 캠핑하던 사람이 실종됐단 말씀이신가요?

이하은 (E) 네!! 짐승 울음소리가 숲에서 들리더니 아줌마가 사라졌어요!
바닥에... 피가 흥건한 게.. 아줌마를 끌고 간 게 분명해요!!!

요원1 (옆자리에서 나직이) 장난 전화 아니에요?

천상필 (긴장한) 목소리가 심각한 거 보니 아닌 거 같아요.
(다급히 권주에게 전화한다) 센터장님, 저 천상필입니다. 기억하시죠?

권주 (기억하고 반가워 / E) 천 팀장님? (오랜만이네요)

천상필 (반가워하며) 네. 지금 제가 비모도 112 센터에 근무 중이거든요. (하다 아차 싶고)
인사는 다음에 드리고 아무래도 이상한 신고 전화가 들어와서요....

69 회의실 / N

권주 (천상필과 통화하며) 이상한 신고 전화요?

천상필 (E / 걱정스러운) 이하은, 22세 대학생이라는데 산짐승이 캠핑하던 아줌마를
끌고 갔답니다!

권주 (생각 고르며) 장난 전화는 아니구요?

천상필 (E) 네 모심숲 위치 추적 됐고 계속 울고 있습니다. 취한 것 같지도 않구요....

권주 !!! 제가 그쪽으로 갈께요. 신고자분 전화 끊지 못하도록 해주세요!!
(박은수에게) 지금 센터로 가봐야 할 것 같아. (다급히 앞장서면)

박은수 네. (따라가면)

70 112 신고센터 / N

권주 다급히 들어서 센터장 자리로 박은수는 일각 뒤쪽 빈 요원 자리에 앉는데.

권주 (센터 요원들에게) 내일 정식 출장 예정인 강권주 센터장입니다.
급한 신고가 있어서요. 다들 제 지시를 따라주시기 바랍니다.

일동 네! (긴장해 권주 보면)

권주 (헤드셋 쓰며 천상필에게) 전화 돌려주세요. (천상필, 다급히 연결하면) 신고자분!
비모지방경찰청 112 신고센터장 강권주입니다. 다시 한 번 차분히 말씀해
주시겠어요?

71 모심숲 일각 + 112 신고센터 / N

흙먼지와 피 뒤집어쓰고 부들부들 떠는 이하은, 핸드폰으로 통화하고 있다.

이하은 (눈물 가득해) 몇 번을 말해요!! 갠지 늑댄지 아줌마를 잡아간 것 같다구요!

권주 (**112 신고센터**에서 침착하게 / **이하 교차편집**) 하은 씨 진정하구요.
실종자 이름이나 전화번호 말해줄 수 있어요?

이하은 잠시만요!! (장예숙 텐트로 들어가 짐 살펴보다가) 어떡해. 핸드폰도 놓고 갔나봐!
(하다 지갑형 핸드폰 케이스 열어) 여기 쭝 있는데 아줌마 얼굴 맞아요!
이름은 장예숙이고 주민번호는 740505-2738201이에요.

권주 (박은수에게) 장예숙 씨 신상정보 알아봐.
(다시 이하은과 통화하며) 장예숙 씨는 어떻게 알게 됐죠?

이하은 (떨리는 손 다잡고) 아까 감탱 글램핑장에서 만났는데 아줌마가 먼저 말을 걸었어요.

72 감탱 글램핑장 마당 / D / 이하 이하은 회상

숲으로 둘러싸인 마당, 바비큐 그릴 주변으로 여러 사람들 모여 맥주 마시고 있다.
화기애애하게 대화 나누는 이하은 곁에 앉는 장예숙 (40대, 여).

자막 **감탱 글램핑장**

자막 **PM 06:10 모심숲 등산객 실종 사건 발생 4시간 전**

이하은 (자리 정리하며) 전 먼저 일어날께요! 해지기 전에 가서 텐트 쳐야죠.

감탱 (맥주 마시며) 혼캠, 무섭긴 한가부지? 말했잖아. 모심 오름, 여자 혼자
쉽지 않다구.

이하은 (발끈) 그래서 그런 거 아니거든요?! (하는데)

장예숙 (가만히 듣다 불쑥 끼어들어) 학생! 나도 같이 가면 안 될까?

이하은 (곤혹스럽고) 네? 아, 그게...

감탱 (멈칫 찡그리다 내색 않고) 아이참 누님도. 혼캠 몰라요?
(나직이) 누님은 열 시라니까. 그 전엔 가봐야 소용없어요.

장예숙 (감탱 보며) 여기서 기다리기 초조해서 그래. (이하은 두 손 꼭 붙들고) 부탁할게.

대신에 텐트 대여료 내가 내줄게!

이하은 (돈 내준다는 말에 혹해) 정말이죠? 나중에 딴말하기 없기예요!

감탱 (고집 피우는 장예숙 짜증 섞인 눈빛으로 보는 위로)

73 112 신고센터 + 다시 모심숲 이하은 일각 / N / 이하 현실

이하은 (**모심숲 일각**에서 목소리 덜덜 떨며 / **이하 교차편집**)
제가 마침 멍청비용이 나가서... 그니까 실수로 돈 나간 게 있어서
그 말에 혹했어요. 그런데 방금 아줌마 비명 소리에 숲으로 가봤더니
진짜 갠지 늑대처럼 생긴 게 아줌마를 끌고 가더라구요!

권주 (놀라지만 침착하게) 개나 늑대인 건 확실한가요?

이하은 맞는 거 같아요. 어쩌면 저승길 짐승인지도 몰라요!

권주 (저승길 짐승? 의아하지만 요원1에게) 모심숲에 사람을 공격할만한
개과의 야생동물 사는지 확인하고 숲 지형 특이점도 찾아주세요.

요원1 네. 알겠습니다. (어색한 듯) 센터장님 편하게 말 놓으세요!

박은수 (권주에게 다급히) 센터장님 찾았습니다! 이름은 장예숙 48세, 직업 요양보호사이며
폭력전과가 있던 남편 곽춘수와 15년 전에 이혼했구요. 자녀 곽규민군이
성아 고등학교 재학 중 1년 전에 사망했다고 나옵니다.
(뭔가를 발견하고 놀라) 센터장님! 장예숙 씨도 3월 25일, 민에어
MD036편으로 김포공항에서 비모도로 내려왔다고 뜹니다!

권주 !! (마음의 소리) MD036편이라면 서커스맨이 탔을지 모를 항공기 중 하나잖아?
(이하은에게) 하은 씨! 장예숙 씨 관해서 더 말해줄 거 있나요?

이하은 (생각 고르다 뭔가 떠오르자) 실은 아줌마가 우울증약을 계속 먹는 것 같았어요.
그 노란 알약 있잖아요. 우리 엄마도 우울증이라 제가 잘 알거든요.

권주 !! (이하은에게) 하은 씨 잘 말해줬어요. 경찰이 곧 가니까
텐트 안에서 꼼짝 말고 기다리고 있어요!
(다급히 코드제로 버튼 누르면 화면에 ***00:00:01*** 카운트 시작된다, 무전으로)
코드제로 사건 발생! 신고자는 이하은, 모심읍 모심로 160, 모심숲에서 캠핑을
하던 장예숙 씨가 모심숲 모심길에서 불상의 산짐승으로부터

공격을 받은 후 사라진 것으로 보인다.
신고자의 말에 따르면 현장에 혈흔이 발견되었고 장예숙 씨를
끌고 간 짐승은 개나 늑대로 보인다고 한다.
장예숙 씨가 아들 사망 후 우울증약을 복용하고 있다고 하니 참고 바란다.
출동팀 및 인근 지구대와 산림 구조대는 출동 바란다!

자막 **PM 10:10 모심숲 등산객 장예숙 실종 사건 발생**

74 비모 수련원 전경 / N

75 502호 / N

침대와 탁자 놓인 방 안 박중기와 구광수가 짐 푸는 데 권주 공청 무전 들린다.

박중기 (무전 하며) 여기는 출 하나, 수련원에서 출동하겠십니더!
(구광수 돌아보며) 니 운전되겠나.

구광수 내비 있는데요. 뭐... (짐에서 방검복 꺼내 입고 출동하는데)

76 비모도 호텔 전경 (데릭 숙소) / N

77 동 안 / N

객실에서 채드, 미형2과 회의 중이던 데릭, 권주의 전화 받고 있다.

권주 (E) 실종자 장예숙 씨는 민에어 MD036편 탑승객 중 한 명이고
숲에 간 이유는 아직 밝혀지지 않았습니다. 체격이 저희가 쫓는
범인과 유사한 점이 있긴 합니다. 약속대로 출동하시죠!!

데릭 !!! (명단 속 외모와 키 살피고 표정 날 서지며)
탑승객 명단 확인했고 합류합니다. (전화 끊고 출동 준비하면)

채드 (걱정으로) 혼자서 괜찮으시겠습니까.

데릭 (끄덕이며 총 장전하고 나간다)

78 112 신고센터 / N

권주 (박중기에게 채널1로 무전 하며) 박 팀장님, 데릭 조 경감님도 동행합니다!

박중기 (E) 네 알겠습니다.

79 비모도 호텔 앞 + 차 안 / N

구광수가 운전하고 조수석에 박중기 앉아있는 승합차량, 일각에서 기다리고 선 데릭 앞에 정차한다.

박중기 (창문 밖으로 고개 내밀곤) 시간 없으니 후딱 타소!

데릭 (뒷자리에 타면 차량 그대로 출발한다)

구광수 (어색한 분위기 깨듯 가볍게 인사하며) 골든타임팀 출동팀원 구광수 경위입니다.

박중기 (데릭 관찰하듯 보다) 골든타임팀 출동팀장 박중기 경감입니다.

데릭 LAPD 데릭 조 경감입니다.

박중기 (불편하게 보며) 아까 일은 다 잊고... 잘 부탁드립니데이.
(데릭에게 준비한 무전기 내밀며) 출동 부호는 출 셋으로 하시면 됩니다.
동생 일은 유감입니더...

데릭 (대꾸 없이 무전기 받는다)

80 도로 + 차 안 / N

어쩐지 음산한 기운 감도는 구불구불한 산간 도로를 달리는 차 안.

구광수 (어둡고 비까지 와서 잔뜩 긴장해) 길이 험하네요.

데릭 (유심히 창밖 살펴 보다) 실종자가 민에어 탑승 여성이라는데
상개동 사건과 연관지을 만한 건 없습니까?

구광수 아직까진요.

박중기 (깊고 울창한 숲속으로 차량 점점 들어서자 자신도 모르게)
근데... 산이 억수로 험하네. 머시 툭 튀나와도 한 개도 안 이상하겠네.

구광수 (아무래도 심상찮은 느낌에 표정 굳고 급커브 구간에 차 확 틀며) 꽉 잡으십쇼!

81 112 신고센터 / N

권주 (박은수에게) 박 요원은 산림휴양과에 협조 요청하고 야생동물 구조팀 불러!

박은수 네 알겠습니다.

82 모심숲 주차장 / N

이미 도착한 지구대와 구조대 차량 보인다. 일각 이하은 구조대 치료받고 있으면
사이렌 소리와 함께 다급하게 도착한 승합차량에서 내리는 박중기와 구광수
그리고 데릭! 모심 지구대 경찰들 달려오는데!

박중기 골든타임팀 출동팀장 박중깁니더!
협력 형사인 데릭 조 형사, 출동팀 구광수 형사고예.

모심1, 2 (인사하며) 모심 지구대입니다.

일각 산림휴양과 차량 도착해 산림휴양과 공무원(이하 산림)과
장비를 챙긴 야생동물 구조(이하 야생1, 2)도 다급히 내리는데!!

산림 (뛰어와 공무원증 보여주며) 산림휴양과 고덕환 계장입니다!
따라 오십쇼. (숲 안내자 역할로 앞서가자)

데릭, 박중기, 구광수, 모심1, 2, 야생1, 2 (산림 따라가고)

83 모심숲 일각 / N

나무가 터널처럼 우거져 있는 숲길을 산림이 앞장서서 가면
그 뒤를 손전등으로 훑으며 따라가는 데릭과 박중기, 구광수, 모심1, 2, 야생1, 2.
마침내 이하은이 말한 장예숙의 실종 현장 보인다.

무언가에 공격당한 듯 혈흔과 끔찍하게 찢긴 소지품이 수풀 사이로 흩어져 있는데!

박중기 (동물 발자국 보고) 여! 무신 짐승 발자국이 있십니더!

야생1 (다급하게 다가와 자세히 보며) 늑대보다는 작고 웬만한 대형견보단 큰데요?

데릭 (쓰러진 풀들이 억지로 세워진 듯한 자국 묘하게 살피는데)

구광수 (놀라) 여기요!! (찢긴 장예숙의 등산점퍼 찾아 들어 올린다)

박중기 (달려가 확인하면 등산점퍼에 너덜너덜하게 뜯긴 자국 선명한데)
허 이거 산짐승이 한 짓 아닙니까!

일동 !!!

데릭 (등산점퍼에 묻은 혈흔 보고 / 마음의 소리) 다행히 부상은 심하진 않은 거 같은데.
(팔꿈치에 덧댄 가죽에 선명하게 찍힌 이빨자국 예민하게 일별하며) 뭔가 이상해.
동물 잇자국이라고 하기엔 너무 넓어. 마치 사람 어금니처럼...
(주변을 주의 깊게 살펴보다 일각 바닥 쪽을 뚫어지게 보는데)

박중기 일단 발자국 쫓아가 보입시더! (앞서 일각으로 가면)

일동 (쫓아가는데)

84 모심숲 말 목장 일꾼 숙소 터 / N

무너진 콘크리트로 둘러싸인 숙소 터(말 목장 일꾼 숙소로 추정되는) 보인다.
야생1, 2, 모심1, 2, 산림, 박중기, 구광수, 데릭 숨죽여 다가가 안으로 들어서면
안쪽엔 생활 쓰레기가 가득 쌓여있고 주변으로 노출된 배관들 방치돼 있다.
일각 구석의 개들, 무언가를 난폭하게 뜯어먹는 소리 들리는데!!

산림 (긴장해서) 저깁니다. 예전 말 목장 마을 일꾼 숙소요.

데릭, 박중기, 구광수 서로 눈짓하곤 총 들고 조심스레 안으로 들어가면.

인터컷 동 안 / N

사나운 이빨의 커다란 들개(보더콜리, 잉글리쉬쉽독 등 목장견류)들이 먹이 다툼하듯 으르렁거리며 뭔가를 뜯어먹고 있다!!!

일동 ??!!!!

85 112 신고센터 / N

박중기 (E) 여기는 출 하나, 센터장님! 개들이 뭔가를 뜯어먹고 있십니더!

권주 !!

일동 !!! (술렁이고)

86 다시 말 목장 일꾼 숙소 터 밖 + 안 / N

선두에 박중기, 데릭, 구광수 조심스레 다가가자 인기척 느낀 들개들, 사납게 짖어대며 달려드는데! 다급히 앞으로 나서는 야생1, 2. 들개들 향해 마취 블로건 쏘지만 빗나가자 다급히 마취 주사기 교체하려는 순간! 더욱 거칠게 달려오는 들개!

데릭 위험해요!!

야생1, 2를 향해 달려드는 들개 앞을 가로막는 데릭, 눈을 마주치지 않도록 몸을 옆으로 돌려 막아내자(보디블로킹 : 개의 공격성 제어를 위한 훈련법) 물러서는 들개!

데릭 (들개와 눈 맞춘 채, 손 내밀고) 포획용 올가미 있습니까!

야생1 네! 여기요! (올가미 던져주는데)

데릭 (동시에 다시 한번 달려드는 들개 목에 빠르게 올가미를 끼워 위로 들어 올리면, 버둥거리는 들개!) 쉬잇.... 쉬잇... (온화한 목소리로 진정시키는)

야생2 (재빨리 다가가 가지고 온 간식 내밀면, 차츰 진정되는 들개)

데릭 (엉덩이 톡톡 두드려주며) 괜찮아. 먹어도 돼. 아무도 해치지 않아. (겨우 진정되는 들개를 따라 다른 개들도 꼬리를 말고 끼잉거리며 얌전해지는데)

구광수 (놀라 보며) 개를 잘 다루네요.

데릭 (개를 쓰다듬어주곤) 마약탐지견과 오래 일을 했습니다.
(일어서 날 서 주변 살피면)

박중기 (다급히 개들이 먹던 주변 훑는데 쓰레기뿐이다) 쓰레기뿐입니다.
(나뭇가지로 뒤적이는 쓰레기 사이 포름알데하이드병 굴러다니는데)

산림 (어느샌가 다가와 안타깝게 보며) 저 뒤로 말 목장 마을이 있었는데
모심길 만든다고 도청에서 싹 밀어버리면서 사람들이 다 떠났죠.
그때 버려진 개들 중에 운 좋게 안락사를 피한 애들 같네요.

박중기 !! (무전 하며) 여기는 출 하나! 개들 먹이 중에 사람 신체는 없는 것 같십니더!

근처를 어슬렁거리고 있던 들개, 갑자기 끙끙거리더니 뭔가를 토해낸다.
데릭과 박중기, 구광수 다급히 다가가 들개의
토사물 사이에서 찢어진 분홍 티셔츠 조각을 발견하는데..!!!

일동 !!! (당혹스러운 눈빛으로 서로를 본다)

87 다시 112 신고센터 / N

권주 !! (후 아니란 말에 안도하면서도 걱정에 눈빛 흔들리고 / 마음의 소리)
대체... 장예숙 씨는 어디 있는 거지? 장예숙 씨를 끌고 간 건 뭐고?
(생각 고르는데)

요원1 (전화 울린다, 받으며) 네 112 신고센터입니다. (듣다) 여보세요? 여보세요!
...(갸웃하며 보다 혼잣말로) 뭐지. 장난 전화인가... (끊으면)

권주 (멈칫 보다 요원1에게) 방금 번호 추적해 봐!

요원1 (당황해서 멈칫) 네? 아. 네. (추적 시작하면)

88 다시 말 목장 일꾼 숙소 터 데릭 일각 / N

데릭 하! (얼른 옷가지 살핀 후 주변 향해) 피해자 끌고 간 거 산짐승 아닙니다!

옷가지에 난 치열 상태로 보면 사람이나 고릴라 같은 영장류입니다.

구광수 (충격과 경악으로) 영장류요?

데릭 게다가 현장을 조작하려고 풀을 반대로 밟았어요!
(단호하게) 이건 사람 짓입니다. 산짐승이 아니라!

일동 !!!! (술렁이며 서로를 당황해 보는 위로)

89 다시 112 신고센터 / N

권주 (공청 무전 들으며 충격에) 잠시만요, 그러니까 지금 사람이 장예숙 씨를 끌고 갔단 건가요?

일동 (술렁이는데)

박은수 센터장님! (생각 고르다 조심스럽게 혼란스런 목소리로) 예전에 세미나에서 동물망상증이라고 자신을 동물이라고 믿는 정신 질환 얘기, 들은 적이 있어요!

권주 (놀라 흔들리는 눈빛으로) 동물망상증? (손끝 떨리는데)

인터컷 112 신고센터 요원1 일각 / N

요원1 *(번호 추적 결과에 놀라) 센터장님! 지금 핸드폰 가입자 확인됐는데..! 곽규민... 장예숙 씨 사망한 아들로 나오는데요???*

권주 뭐? (놀라 눈빛 흔들리는 위로)

90 모심숲 깊은 곳 / N

장예숙 공포에 질려 빽빽한 넝쿨숲 사이를 헤치며 도망치면 그 뒤로 거칠고 사나운 들개들 장예숙을 쫓고 있다! 마침내 작은 비탈 발견하자 몸을 숨기는 장예숙!

장예숙 (겨우 숨 돌리면 온몸 상처 꽤 심하다, 공포에 터져 나오는 오열 참아 누르며) 제발 저 좀 살려주세요... 제발... (규민의 핸드폰으로 다시 신고 전화 거는데)

개들 (인근까지 다가와 바닥에 코 박고 냄새 추적하며 킁킁대고)

장예숙 !! (헉 입 막고 소리 죽인다)

개들 (주변 살피듯 두리번거리다 다른 곳으로 사라지는데)

장예숙 (터질 듯한 비명 틀어막으며 간신히 넝쿨숲에서부터 기어 나오면)

저 멀리 낡은 슬레이트 지붕이 덮힌 돌담집에서
옅은 불빛이 새어 나오자 희망에 차 다급히 절뚝거리며 달려간다.

91 돌담집 전경 / N

92 동 방 밖 + 방 안 + 밖 / N

농기구와 낡은 보조 발전기 등 산생활에서 쓸 법한 여러 잡동사니들이
찢긴 장판이 깔린 방 한켠에 자리해 있고 낡은 가구엔 먼지가 앉아있다.
나와 문단속하고 있던 남자(덥수룩한 수염에 벙거지 모자), 처참한 모습으로
다급하게 달려오는 장예숙 잠시 보다 다가오는데.

남자 (묵묵히 장예숙 보다 다가오며) 무슨 일이오??

장예숙 (숨 몰아쉬고 겨우 입 벙긋거리며) 아까... 숲길을 걷는데...
들, 들개들이 저를 공격했어...요.....
(혼미한 듯 눈동자 힘없이 굴리며) 119 좀 불러주세요.

남자 ... (장예숙 상처 보다 방문 쪽 턱짓하며) ...들어가요. 119 부를 테니...

장예숙 고맙습니다... (남자 말투가 묘하게 어눌하지만 눈치채지 못하고 방으로 들어간 후
핸드폰으로 전화하려는데 안테나가 안 뜬다. 다급히 방 일각에 놓인 유선전화
들어보지만 연결음이 안 들리고, 보면 전선이 끊겨있는데) !!

순간 불길함을 느끼며 주변 천천히 돌아보는 장예숙, 최소 몇 년은 비어있던 게
분명한 두껍게 먼지 쌓인 바닥 눈에 들어오는데..!!
그제야 뒷걸음질 치면서 방문 열고 나가려고 하지만 어느샌가 잠긴 방문!

장예숙 ! (잠긴 방문 힘껏 흔들며) 저기요! 이보세요!! (순간 문틈 사이로 남자 보이는데)

93 마당 일각 / N

어느샌가 모여든 사납고 거친 들개무리들 사이 서 있는 남자.

남자 (머리 쓰다듬어 주면서) 놓친 줄 알았는데 잘 잡아왔네.
(히죽 웃으며) 고생했으니 뭘 줄까?
(개들 흥분해 짖자 다독이며) 니들 삼 일 굶었으니 배고프겠지?
(꼬챙이 든 채 날 선 눈빛으로 집안 향해 천천히 다가오기 시작하면)

94 다시 방 안 / N

장예숙 !!!!! (그제야 자신을 끌고 간 존재 어렴풋이 기억나기 시작하고) !!
(순간!! 잠긴 문 거칠게 열고 들어오는 남자를 향해 바들바들 떨며)
제발 살려주세요...!! 아들을 만날 수 있다고 해서 여기까지 왔어요.
아들 얼굴만 보면... 그땐 죽어도 되니까 제발..... 네? 흑흑...

눈물 흘리며 손 싹싹 빌다 남자가 다가오자

장예숙 (뒤로 물러서며) 왜 이래요... 무서워요...... 이러지 마세요.
(하다 무언가 보자 패닉에 휩싸여) 당신 뭐야? ...아아악!!!

순간 마치 맹수처럼 입가에 날카로운 송곳니 돋은 남자,
다급하게 물러서는 장예숙에게 네 발로 기어 그대로 물 듯 덤벼드는데!

"동물망상증이라고?? 그 번호로 다시 전화해서 나한테 돌려!"
지시하는 권주의 다급한 눈빛과
말 목장 일꾼 숙소 터 반대쪽으로 달려가는 데릭의 날 서고 예리한 눈빛,
그 뒤를 따르는 박중기와 구광수의 결연한 눈빛,
비명을 지르는 장예숙을 향해 살기어린 짐승 울음소리를
내며 거칠게 달려드는 남자의 눈빛 교차되는 위로!

자막 PM 10:40 모심숲 등산객 장예숙 납치 사건 발생 30분 경과

지나면서 보이스 시즌 4 2부 엔딩!!

Season 4 • 3화

자막　**본 드라마는 실제 사건에서 영감을 얻었으나 드라마적으로 재구성된 픽션이며 등장하는 직업, 기업, 단체와 어떠한 관련도 없음을 밝힙니다.**

1　모심숲 깊은 곳 / N

장예숙 공포에 질려 빽빽한 넝쿨 숲 사이를 헤치며 도망치면 그 뒤로 거칠고 사나운 들개들 장예숙을 쫓고 있다! 마침내 작은 비탈 발견하자 몸을 숨기는 장예숙!

장예숙　(겨우 숨 돌리면 온몸 상처 꽤 심하다, 공포에 터져 나오는 오열 참아 누르며) 제발 저 좀 살려주세요... 제발... (규민의 핸드폰으로 다시 신고 전화 거는데)

개들　(인근까지 다가와 바닥에 코 박고 냄새 추적하며 킁킁대고)

장예숙　!! (헉 입 막고 소리 죽인다)

개들　(주변 살피듯 두리번거리다 다른 곳으로 사라지는데)

장예숙　(터질 듯한 비명 틀어막으며 간신히 넝쿨 숲에서부터 기어 나오면)

저 멀리 낡은 슬레이트 지붕이 덮인 돌담 집에서 옅은 불빛이 새어 나오자 희망에 차 다급히 절뚝거리며 달려간다.

2 돌담 집 전경 / N

3 동방 밖 + 방 안 + 밖 / N

농기구와 낡은 보조 발전기 등 산생활에서 쓸 법한 여러 잡동사니들이
찢긴 장판이 깔린 방 한켠에 자리해 있고 낡은 가구엔 먼지가 앉아있다.
나와 문단속하고 있던 남자(텁수룩한 수염에 벙거지 모자), 처참한 모습으로
다급하게 달려오는 장예숙 잠시 보다 다가오는데.

남자 (묵묵히 장예숙 보다 다가오며) 무슨 일이오??

장예숙 (숨 몰아쉬고 겨우 입 벙긋거리며) 아까... 숲길을 걷는데...
들, 들개들이 저를 공격했어...요.....
(혼미한 듯 눈동자 힘없이 굴리며) 119 좀 불러주세요.

남자 ... (장예숙 상처 보다 방문 쪽 턱짓하며) ...들어가요. 119 부를 테니...

장예숙 고맙습니다... (남자 말투가 묘하게 어눌하지만 눈치채지 못하고 방으로 들어간 후
핸드폰으로 전화하려는데 안테나가 안 뜬다! 다급히 방 일각에 놓인 유선전화
들어보지만 연결음이 안 들리고, 보면 전선이 끊겨있는데) !!

순간 불길함을 느끼며 주변 천천히 돌아보는 장예숙, 최소 몇 년은 비어있던 게
분명한 두껍게 먼지 쌓인 바닥 눈에 들어오는데..!!
그제야 뒷걸음질 치면서 방문 열고 나가려고 하지만 어느샌가 잠긴 방문!

장예숙 ! (잠긴 방문 힘껏 흔들며) 저기요! 이보세요!! (순간 문틈 사이로 남자 보이는데)

4 마당 일각 / N

어느샌가 모여든 사납고 거친 들개무리들 사이 서 있는 남자.

남자 (머리 쓰다듬어 주면서) 놓친 줄 알았는데 잘 잡아왔네.
(히죽 웃으며) 고생했으니 뭘 줄까?
(개들 흥분해 짖자 다독이며) 니들 삼 일 굶었으니 배고프겠지?

(꼬챙이 든 채 날 선 눈빛으로 집안 향해 천천히 다가오기 시작하면)

5 다시 방 안 / N

장예숙 !!!!! (그제야 자신을 끌고 간 존재 어렴풋이 기억나기 시작하고) !!
(순간!! 잠긴 문 거칠게 열고 들어오는 남자를 향해 바들바들 떨며)
제발 살려주세요...!! 아들을 만날 수 있다고 해서 여기까지 왔어요.
아들 얼굴만 보면... 그땐 죽어도 되니까 제발..... 네? 흑흑...

눈물 흘리며 손 싹싹 빌다 남자가 다가오자

장예숙 (뒤로 물러서며) 왜 이래요... 무서워요...... 이러지 마세요.
(하다 무언가 보자 패닉에 휩싸여) 당신 뭐야? ...아아악!!!

순간 마치 맹수처럼 입가에 날카로운 송곳니 돋은 남자,
다급하게 물러서는 장예숙에게 네 발로 기어 그대로 콱 팔을 무는데!
피 흘리며 다급히 물러나는 장예숙의 머리를 꼬챙이로 후려치는 남자!
흐릿해지는 의식을 어떻게든 안간힘으로 붙들곤 바닥에 떨어진 규민의 핸드폰 주워
남자 몰래 챙기는데 성공하는 장예숙이지만 결국 기절하고 만다.
장예숙을 툭툭 쳐보고 반응이 없자 들쳐 메고 나가는 남자.

6 112 신고센터 / N

신고센터 내 아담한 규모로 정면엔 **"친절, 신속, 정확"** 슬로건이,
밑에는 대형 TV만 한 전광판으로 지도가 펼쳐져 있고 맨 앞줄엔 접수,
그 뒷줄 분석지령, 맨 뒷줄 자치경찰로 섹션이 나뉘어 있다.
센터장 자리의 권주와 신고 전화 집중하는 요원1(30대, 남, 고원기) 보인다.

권주 동물망상증이라고?? (요원1에게) 그 번호로 다시 전화해서 나한테 돌려!

요원1 네! (연결하면)

권주 (긴장하며 대기하고 있는데 공청 무전으로 신호음만 계속 울린다)

요원들 ...(긴장에 입이 바싹 마르고, 연결이 안 된단 안내음만 나오자 탄식하는데)

권주 !! (다급히 천상필에게) 천 요원님! 방금 번호 꺼지기 전 마지막 위치 추적하세요!

천상필 네. (위치 추적 시작하면) 센터장님, 곽규민 핸드폰이 공기계인지
GPS 추적은 불가능하고 기지국 추적만 가능할 것 같습니다.

권주 그럼 기지국으로 위치 추적하세요!

천상필 네!

요원2 (20대, 여, 부선영, 그 모습 보고 있다 문득 갸웃하고 요원1에게 속삭이며)
근데 저승길 짐승... 비모도 괴담 영상에서 본 거 같은데. 그 유티버 있잖아요.

요원1 누구? (나직이) 아... 감탱?

박은수 (요원1, 2에게) 그게 무슨 말이죠?

요원2 (고갤 갸웃거리며) 감탱이라고 비모도 괴담 소개하는 유티버가 있는데
저승길 짐승 얘기를 했던 거 같아요.
저승길에서 죽은 사람을 만나게 해준다나 상담도 했던 거 같구요.

박은수 (눈빛 흔들리며 권주 향해) 장예숙 씨 그거 보고 죽은 아들 만나러
온 거 아닐까요?

권주 ...?! (틀린 말 아니다, 생각 고르는 위로)

7 모심숲 데릭 일각 / N

데릭을 따라 일꾼 숙소 터를 벗어난 박중기, 구광수, 모심1, 2, 야생1, 2, 산림!
한참을 달려가다 순간 성황당 나무가 있는 길가를 지나는데.

데릭 (성황당 나무 안쪽을 바라보다 나뭇가지 사이 아슬아슬하게 걸린 소형 카메라
발견하고) 저거 산림청 카메랍니까?

산림 (데릭 따라보다) 아뇨. 저흰 이런 데 달진 않는데요.

구광수 !!! (팔 걷어붙인 후 나무 타고 올라가 가지에 걸린 카메라 떼어낸다)
사제 카메라네요. 스피커 기능도 있구요.

데릭 (나뭇가지에 남은 테이핑 자국 보며) 일부러 숨겼어요. 비 때문에 떨어졌구요.

박중기 그라믄 몰카라는 건데??? (날 서 무전 하며) 여기는 출 하나, 센터장님!
성황당 나무에 누가 몰카 겸 스피커를 설치했습니더!
이거 단순 유해동물 피해나 실족사고 아니라 납치에 그 이상도 의심됩니더!

8 다시 112 신고센터 / N

박중기 (E) 여기는 출 하나, 센터장님! 성황당 나무에 누가 몰카 겸 스피커를 설치했습니더!
이거 단순 유해동물 피해나 실족사고 아니라 납치에 그 이상도 의심됩니더!

권주 ! (무전 하며) 현장 사진 좀 보내주시겠어요?

박중기 (E) 네 알겠십니더.

권주 (바로 여러 장의 사진 전송되자 요원들과 박은수에게 보여주며)
어때요? 아까 말한 유티비 속 화면과... 비슷한가요?

요원들 (유티비 동영상과 사진들 가늠하며 보다 서로 얼굴 보며) 맞는 것 같은데...?

요원2 (순간 성황당 장면 멈춰서 보여주며) 맞아요! 여기랑 똑같은 장소예요!

권주 (보면 정말 각도만 다를 뿐 나무의 배치 등이 똑같다,
순간 이하은이 했던 말 떠올리는 위로)

플래쉬백 모심숲 일각 + 112 신고센터 / N (시즌4 2부 71씬)

이하은 *아까 감탱 글램핑장에서 만났는데 아줌마가 먼저 말을 걸었어요.*

권주 !!! 잠깐만, 이하은 씨가 말한 글램핑장 이름도 감탱이랬어!...설마!
(박 요원에게) 감탱 유티버 당장 조사해봐!

박은수 네. (다급히 검색하더니 표정 굳어) 센터장님! 여기요! (모니터 보이면)

권주 (감탱의 신원 확인 내용 보며 표정 흔들리는 위로)

인터컷 감탱 (박종범) 신상명세 / N

이름 : 박종범　　주민번호 : 860325-1994754

주소 : 비모 비모시 순덕읍 순덕오피스텔 1동 1105호

학력 : 영인 고등학교 졸

직업 : 크리에이터, 유티비 '감탱의 캠핑괴담' 채널 유티버, 감탱 글램핑장 운영 중

경력 : 2011.10 ~ 2013.05 서울충무로 '러비 더 펫' 애견분양가게 근무

박은수　(화면에 뜬 정보 보며) 이름 박종범! 불법 강아지 분양으로 고발당한 펫숍에서 일했습니다! 그리고 이건 박종범이 유티비에 올린 저승길 관련 영상이구요!!
(권주에게 영상 보여주는 위로)

9　감탱의 캠핑괴담 (컴퓨터 화면) / N

동영상 밑으로 **'2020년 12월 10일'**이란 업로드 날짜 표시돼 있고 조악한 배경 **"감탱의 캠핑괴담 -[충격실화] 저승길! 모심숲의 비밀?"** 인트로 지나가면.
감탱이 글램핑장 마당에 모닥불을 피워놓고 전통 옷차림으로 앉아있다.

감탱　(흥분한 목소리로) 비모도 괴담 전문 유티버 감탱입니다.
오늘 또 다른 목격자분을 모시고 급 라이브 진행하고 있습니다!
바로 어제!!! 모심숲 저승길에서 죽은 아버지를 만난 한정혁 씨입니다!!!
(화면 확대되면 모자이크 처리된 목격자가 옆에 앉아있는데)

목격자　(감동 가득한 목소리로) 정말로 돌아가신 아버지 목소리를 들었어요!!
진짜... 제 아버지 목소리였어요. 흑흑...

감탱　(목격자 따뜻한 눈빛으로 다독이며) 이거 완전 레어한 경험인데!!
아버지와 추억이 많으셨나봐요!

목격자　(흐느끼며) 제가... 아버지 집까지 담보로 해서... 사업을 하다 망하는 바람에...
(오열하며) 근데 아버지가 다 용서해 주셔서 다시 시작해 보려구요.
이게 다 감탱 씨 덕분입니다. (눈물 훔치는)

감탱　(시청자들을 향해) 모심숲은 원래 저승과 이승 사이 결계 역할을 하던 곳이었다고 합니다! 무서운 저승길 짐승이 지키고 있지만 저 감탱만 있으면!!

무사히 그곳에 도착할 수 있습니다!! 돌아가신 부모님과 그리운 이들에게
마지막 말을 전하고 싶다면! 저 감탱이 도와줄게요!

10　112 신고센터 / N / 이하 현실

권주　!! (예민하게 화면 보는데)

박은수　(일각 모니터로 무언가 확인하고는 놀라 다급히 권주에게) 혹시나 해서
박종범 전과랑 수사대상자 검색해봤는데 사기 전과가 엄청난데요!

권주　(다가가 화면 보는 위로)

인터컷　감탱 (박종범) 경찰청 범죄 경력 조회 / N

2014.11.25. 보이스 피싱 조직 용팔파 말단 조직원 (상담원)
전자금융거래법, 전기통신사업법 위반 단순 가담으로 징역 6월에 집행유예 1년
2015.09.22 중고 판매 사이트 '중고넷'에서 명품시계 및 명품 악세사리 거래
사기 혐의로 벌금 5백만 원
2016.03.16 아이돌 그룹 '엑스톤'콘서트 티켓 판매 사기 혐의, 준사기죄로 벌금 3백만 원
2018.01.24 피해자에게 고가의 부적과 무속용품 강매 및 대형 굿판 주선, 수수료
8천만 원과 굿판 비용으로 2억 원을 갈취, 징역 2년에 집행유예 3년 및
벌금 1천만 원 추징 (이하 생략)

권주　(당혹스럽고) 이 정도 사기 전과면 아들을 잃고 극도로 우울한
장예숙 씨에게 의도적으로 접근했을 가능성이 높아!
게다가 보이스 피싱 조직에서 상담원으로 일했으니 목소리 변조도 가능했을 거야!
(무전 하며) 여기는 센터, 성황당 카메라 주인으로 추정되는 사람은 박종범,
유티버 감탱으로 사기 전과자이며, 비모도 저승길에서
죽은 사람을 볼 수 있다며 사기를 쳐 왔을 가능성이 높습니다!

박중기　(E) 여기는 출 하나, 장예숙 씨 핸드폰 확보 했으니까네 두 사람 대화 내역
있는지 확인해 보겠십니더!

11 다시 모심숲 일각 / N

박중기 (액정 건드리자 바로 메인 화면 뜨면) 다행히 비번이 없네.
(문자 어플 켜 보자 바로 감탱과의 대화 뜨는 위로)

인터컷 장예숙 문자 내용 / N

3월 2일

감탱 ***수호신 모심할망 제사 비용 천만 원 입금해야 날 나옵니다!***

장예숙 ***천만원이나요?***

감탱 ***아들을 별로 보고싶지 않으신가봐?!***

장예숙 ***아니에요! 어떻게든 해볼게요!***
....감탱님?
감탱님! 제발 문자 좀 봐주세요.

3월 3일

감탱님! 제발 문자 좀 봐주세요.

3월 4일

(거듭해 감탱 부르는 말 수십 번 반복 중략)

3월 5일

장예숙 ***감탱님 저 입금했어요.***
...감탱님 저 비행기 타러 가요. 하루 먼저 갈게요.

박중기 !! (격분해 무전 하며) 여기는 출 하나, 감탱 이 자식 죽은 아들을 보여주겠담서 장예숙 씨한테 천만 원을 뜯어냈습니더! 문자 내용 전송합니다.

12 다시 112 신고센터 / N

권주 !!! (전송된 문자 보며 충격에 눈빛 흔들리고 박은수에게 날 서) 당장 박종범 핸드폰 위치 추적해!

박은수 잠시만요! (신상명세에 있는 핸드폰 번호로 추적해) 모심로 30, 감탱 글램핑장으로 나옵니다.

천상필 (심각하게 모니터 들여다보다 놀라 벌떡 일어나) 센터장님! 방금 곽규민 핸드폰 기지국 위치 떴는데 모심로 15, 반경 내 감탱 글램핑장이 있습니다.

(곽규민 핸드폰과 감탱 글램핑장 위치 전광판으로 전송하면)

권주 (날 서 보며 확신으로) !!!! (다급히 무전 하며) 여기는 센터, 감탱 글램핑장 운영자인 박종범이 저승길 괴담을 이용해 투숙객 장예숙 씨에게 1년 전 사망한 아들을 만나게 해주겠다며 사기를 친 정황이 드러났다.

장예숙 씨가 소지한 걸로 추정되는 아들 곽규민의 핸드폰 기지국 범위 내에 해당 글램핑장이 있는 등 용의점이 발견됐으니 출동팀은 박종범의 현재 위치 모심로 30, 감탱 글램핑장으로 이동 바란다! 다시 한 번 말한다.

13 모심숲 일각 / N

권주 (E) 여기는 센터, 감탱 글램핑장 운영자인 박종범이 저승길 괴담을 이용해 투숙객 장예숙 씨에게 1년 전 사망한 아들을 만나게 해주겠다며 사기를 친 정황이 드러났다. 장예숙 씨가 소지한 걸로 추정되는 아들 곽규민의 핸드폰 기지국 범위 내에 해당 글램핑장이 있는 등 용의점이 발견됐으니 출동팀은 박종범의 현재 위치 모심로 30, 감탱 글램핑장으로 이동 바란다!

일동 (충격에 말을 잃는데) !!

박중기 (눈빛 날 서지며) 나랑 조 형사님, 지구대원들은 감탱 글램핑장 갈 테니 광수 니는 여기 분들이랑 인근 수색해라!

데릭 (박중기와 모심1, 2와 함께 달려가면)

구광수 (산림, 야생1, 2에게) 전화가 걸려왔단 기지국이 어딥니까?

산림 (앞장서며) 이쪽입니다! (구광수와 야생1, 2 뒤따라가는 위로)

보이스 4 〈심판의 시간〉 타이틀 뜬다.

14 CTC 뉴스 인서트 (여러 뉴스 연속적으로 이어짐) / D

스튜디오에 앉아 심각하게 멘트 하는 앵커.

앵커1 (**'40년 동안 이어져 온 학대... 그 끝은 살해'** 타이틀 띄우고) 지난 16일 44세 전모 씨는 77세 양아버지를 칼로 찔러 사망에 이르게 했습니다. 전 씨가 의붓형과 싸우던 중 "검은 머리 짐승은 거두는 게 아니랬는데"라는 말을 듣고 홧김에 살인을 저지른 것입니다.

앵커2 (**'난 미성년자니까 감옥 안 가, 뺑소니 사망 사고 이후 인증샷 올린 무개념 10대들'** 타이틀 띄우고) 어제 오후 8시경, 양영시 백서 사거리에서 뺑소니 사망 사건이 일어났습니다. 가해자들은 부모님 차를 훔친 청소년들로 사고 직후 인증사진을 올리기도 하며 사건 경위를 묻는 경찰에게 어차피 미성년자라 감옥도 안 가는데 이런 걸 왜 묻냐는 발언 등으로 논란에...

앵커3 (**'손 씻고 도망가라, 아들에게 살해된 어머니의 마지막 말'** 타이틀 띄우고) 지난 11일, 풍산시 한 아파트에서 살해된 60대 여성이 발견되었습니다. 가해자로 지목된 30대 남성은 사망한 여성의 아들로 말다툼 끝에 어머니를 살해하였습니다. 여성은 의식을 잃어가는 중에도 아들에게 손 씻고 도망가라며 아들을 위하는 모습을 보였다고 합니다.

앵커4 (**'초등학생 친딸 수차례 성폭행한 인면수심 아버지 무죄 주장'** 타이틀 띄우고) 지난 12월 4일 초등학생 친딸을 지속적으로 성폭행한 아버지 김 모 씨(44세)의 재판이 열렸습니다. 김 모 씨는 재판 내내 사랑하는 방법을 알려준 것이라며 무죄를 주장하고 있습니다.

제3화 저승개가 사는 길

자막 **어디에선가 먼 먼 훗날**
나는 한숨 쉬며 이 이야기를 하고 있겠지.
숲속에 두 갈래 길이 있었다고,
그리고 나는 사람들이 덜 걸은 길을 택했다고,
그로 인해 모든 것이 달라졌다고.

15 감탱 글램핑장 전경 / N

자막 **감탱 글램핑장**

자막 **PM 10:50 모심숲 등산객 장예숙 납치 사건 발생 40분 경과**

감탱 (E) 아, 미치겠네! 이 아줌마 대체 어떻게 된 거야!

16 마당 / N

모닥불 피울 수 있는 마당 일각, 캠핑 의자에 앉아 담배꽁초 비벼끄는 감탱, 신경질 난다는 듯 핸드폰으로 모심숲 성황당 앞이 찍힌 카메라 영상을 계속해서 돌려보고 있는데.

감탱 나타나지도 않고.. 카메라는 맛탱이 가고... (하다 갸웃) 신고라도 한 거 아냐?!

순간 핸드폰 영상 너머로 미리 녹음된 감탱의 변조된 음성이 흘러나온다.

녹음 (E / 여러 겹으로 메아리처럼 울리는) 엄마... 엄마... 나야, 규민이...

감탱 (킥킥, 흡족한 듯) 이게 누구 목소린지 알 게 뭐야. (하는데)

박중기 (E) 딱 봐도 니 목소리 아이가.

감탱 !! (놀라 돌아보면, 어느새 도착한 승합차와 경찰차 보이고! 다가오는 박중기, 데릭, 모심1, 2 보다 아무렇지 않은 척 일어나) 아이고, 수고들 많으십니다.

데릭 (다가서며) 장예숙 씨 어딨습니까?!

감탱 누구요? (동시에 앞에 놓인 바비큐 그릴 발로 차 넘어뜨리며 다급히 옆에 있던 가스 토치 들고 미친 듯이 도주하는데)

박중기 이 자식이! (쫓아가면)

데릭 (예리하게 퇴로를 살피다, 박중기와 다른 길로 빠르게 추적하는데)

17 감귤밭 일각 / N

감귤 나무 사이를 뒤도 안 돌아보고 죽기 살기로 뛰던 감탱,

일각 주차된 픽업트럭 문을 다급히 연다!

순간 뒤에서 제압 시도하는 박중기를 밀치고 가스토치로 위협 후 올라타려는데

반대쪽에서 막아서는 데릭에게 단번에 제압되는 감탱! 그대로 나동그라진다!

데릭 (귤밭에 처박힌 감탱을 그대로 제압하며) 장예숙 씨 어딨어!

감탱 (애써 모른 척) 장....누구요? (하다 버럭) 당신들 죄 없는 시민한테 이래도 돼???

박중기 이 자식이 경찰한테도 사기칠끼가??!

니 장예숙 씨랑 문자하고, 카메라 달고!

뭔 짓 했나!? 비모도 살인 사건 다 조사해뿌면 나오게 돼있다마!!

감탱 (파랗게 질려) 살인 사건이요? 난 아줌마가 신고한 줄 알고 도망친 거 뿐이라구요!!

박중기 임마가 아직도 정신을 못 차리고!

감탱 (발악하듯) 진짜 모른다니까요!! 죽은 아들 꼭 봐야 한다길래 도와준 거라고요!!

(장예숙의 말 회상하며) 그 아줌마 아들 학폭으로 죽었대요. 정신 나간 새끼들이..

곽규민한테 걸레 빤 물까지 먹였다나 봐요...

인터컷 *곽규민 교실 / D / 감탱의 설명*

곽규민 걸레 빤 물 마시면 둘러싸 낄낄거리는 대여섯 명의 일진들 보인다.

굴욕과 공포로 구토하는 곽규민에게 거친 발길질이 오가는데.

감탱 *(E) 뭐, 사는 게 지옥이니 차라리 죽는 게 낫다 싶었나 보던데...*

감탱 근데 그 새끼들 부모가 쌉부자들이라 아줌마가 몇 달을 법원 문턱

들락거려 올 초에 겨우 승소했대요.

(핸드폰 꺼내 장예숙에게 전송받은 사진 보여주고)

이걸 꼭 아들한테 보여주고 싶다는데, 난들 별수 있냐구요!

데릭, 박중기 (핸드폰 받아서 들여다보면)

인터컷 *핸드폰 사진 속 장예숙의 친필 쪽지 / N*

사랑하는 나의 아들 규민아.

마침내 그 애들이 널 괴롭혔다는 사실을 인정했어.

이제 겨우 1심이고 앞으로 갈 날이 멀지만 엄마 지치지 않고 계속 싸울 거야.

오늘 엄마 만나고 편히 눈 감았음 좋겠다 규민아.. 엄마가 미안해... 엄말 용서해줘..

인터컷 *판결문 (손해배상 청구의 소) / N*

서울중앙지방법원 / 제5민사부

판결 : 사건 2020가합 635 손해배상(기)

원고 : 장예숙

소송대리인 변호사 : 박광철

피고 : 송현수 외 4

변론종결 2021. 1. 12.

판결선고 2021. 2. 5.

주문

1. 피고들은 각자 원고에게 금 1억 5천만 원을 지급하라.

2. 소송비용은 피고들이 부담한다.

이유

1. 피고들은 피해자의 목에 강제로 개목줄을 매어 끌고 다니며 폭력을 행사하여 심각한 상해를 입혔고 이로 인하여 피해자는 사망에 이른 사실이 인정된다. 또한 피고들과 그 부모는 원고 등 피해자의 가족들에게 사과를 하거나 원만한 해결을 위해 노력하는 모습조차 보이지 않았다.

(중략)

일동　!!

감탱　(억울하단 듯) 난 진짜, 그 아줌마 마음의 평화 찾아 줄라구 한 거라니까요!!

박중기　(확 주먹을 들며) 이 자식이 끝까지 터진 입이라꼬!

권주　(E / 채널1로 나직이) 박 팀장님. 감탱이 거짓말하고 있는 건 아닌 거 같습니다.

데릭　(박중기 진정시키며) 흥분은 나중에 하고 증거부터 확보하세요.
실시간 전송 장치 쓴 거 보니 망가지기 전 데이터는 있을 겁니다.
(감탱 일으켜 박중기와 급발 나가면)

18　사무실 / N

벽에는 손님들과 찍은 폴라로이드 사진들이 붙어있고 일각 컴퓨터 책상에 앉은 감탱 짜증난단 표정으로 ***"21.03.26 오후 9시 50분"***부터 영상 재생하면 검은 화면에 빗소리만 들리는데!!

감탱　(이것저것 클릭하고 볼륨도 조절해보지만 계속 검은 화면이고)
더는 안 돼요. 완전 맛탱구리 갔어요.

박중기　(뒤에서 팔짱 끼고 모니터 보다) 멀쩡한데 구라치는 거 아이가?

감탱　와 형사님 맨날 속고만 살았나! 소리 끝까지 키웠거덩요!

데릭　(생각 고르다 채널3으로 무전 하며) 센터장! 영상이 전혀 안 나오는데
소리라도 들어봐요!

19　112 신고센터 / N

권주　!! (채널1, 3으로 박중기와 데릭에게만 들리게) 무전기 스피커 옆에 대고
첨부터 다시 들려주세요!

잠시 후 공청 무전을 통해 권주만 들을 수 있는 장예숙 목소리가 들려오는데...!

장예숙 (E / 울먹이며 나직이) 규민아.. 규민아 제발 엄마 만나러 와줘... (하다 잠시 후 개 짖는 소리들 사이로) 뭐야...사, 살려주세요!! 사람살려!! 살려주...!!!

권주 !!! (빗소리에 섞인 요란한 개 짖는 소리와 사람의 비명 소리 등 끔찍한 소리에 당황스럽지만 애써 집중하는 위로)

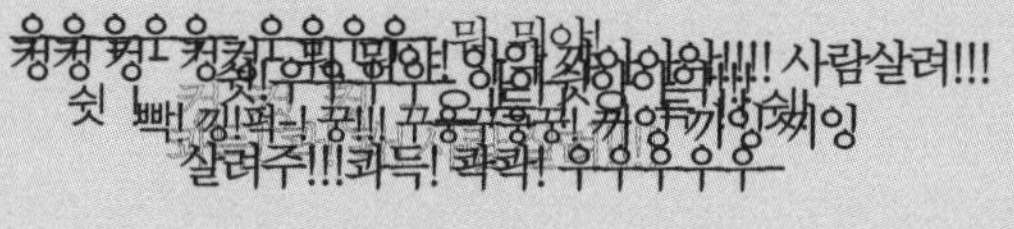

쉿 !컹 컹 컹 -으!득 ! 으 득 !!쉿 !

빡!낑! 퍽-! 꿍!!! 꾸웅꾸웅꿍! 끼잉 끼잉 끼잉

쉿 ! 으 득 으 득 !! 쉿 !

빡! 퍽-!

권주 (집중하며 / 마음의 소리) 장예숙 씨와 개들 사이에 무슨 소리가 섞여 있어.
(뭐지? 미간 좁히며) 처음엔 무언가로 때린 거 같아.
그 다음엔 퍽 소리 나게 쥐었고!
(고개 갸웃하고) 설마 개 주둥이를 움켜쥔 건가?!
(다급히 눈뜨고는 1, 3채널로 무전 하며) 장예숙 씨 말고 또 누군가 거기 있었어요!
(확신에 차) 개들을 때리고 주둥이를 손으로 움켜쥔 듯한 소리가 들립니다!

20 사무실 / N

권주 (채널1, 3으로 / E) 장예숙 씨 말고 또 누군가 거기 있었어요!
(확신에 차) 개들을 때리고 주둥이를 손으로 움켜쥔 듯한 소리가 들립니다!

박중기, 데릭 !!!

데릭 (표정 굳어져) 머즐 컨트롤(Muzzle control)[4] 입니다.

4 강한 어미 개가 어린 개를 혼낼 때 입 부분을 살짝 물듯이 손으로 개의 주둥이를 잡고 개를 통제하는 방식

어미 개가 어린 개를 혼내는 방식이에요!
이 사람, 자기가 개들의 우두머린 줄 알고 있어요!

감탱 (옆에서 듣고는 대충 눈치로) 어? 개요? (조심스레)
혹시 들개 남자가 한 짓 아닐까요?

박중기 (감탱에게 엄포 놓듯이) 또 뭔 입을 털라꼬 개소리를 하나!

감탱 (진지하게) 진짜 있다니까요! 제가 지난주에 성황당에
카메라 밧데리 갈러 가는데 들개 수십 마리가 저를 둘러싸더라니까요...
근데! 숲속에 어떤 남자가 휘파람을 부니까 순식간에 사라졌어요!

박중기 니 괜히 수 쓰믄 가중처벌인 거(하는데)

데릭 (박중기 제지하고) 그 남잘 본 게 어딥니까!

감탱 동심 숨골 근처였어요.

데릭 !! (눈빛 날 서) 그자가 용의자일 겁니다! 범인은 오랜 시간 숲에서 야생 짐승들과
살았을 수 있어요! 그래서 개들을 능숙하게 다루는 거구요. 당장 지원 요청하세요!

박중기 !! (다급히 무전 하며) 여기는 출 하나, 진범은 숲에 살면서
개들을 지 입맛대로 다루는 놈이라캅니다!
동심 숨골 근처에서 목격됐다카니 싹 다 그 앞으로 모이소!
(데릭, 모심1, 2와 함께 감탱 연행해 다급히 뛰쳐나가는데)

21 112 신고센터 / N

권주 (답답하고 천상필에게) 혹시 숨골 상황 센터에서 볼 수 있는 방법 없나요?

천상필 (난감한 듯) 숲이라 CCTV가 없어서요.

권주 (생각 고르다 다급히 양 과장 명함 꺼내 전화하지만 받지 않자 포기하고
무전 하며) 여기는 센터, 아무래도 센터에서 도움주기가 어렵습니다.
현장 형사분들이 애써 주셔야겠습니다.

박중기 (E) 걱정 마이소!! 저희가 잘 찾아보겠십니더.

박은수 센터장님! (권주에게 다급히 장예숙 119 신고기록 보여주며) 혹시 몰라서
장예숙 씨 119 기록 받아봤는데... 아들 죽고 몇 번 약물 과다복용으로
응급실에 실려 간 적 있어요. 심리적으로 무척 불안한 상태인 것 같습니다.

권주 ! (마음의 소리) 아들에 대한 죄책감으로 정상적인 판단이 어려운 상태일 거야.
아무리 재판에서 이겼다고 해도 죽은 아들이 돌아오진 못할 테니...
(걱정으로 초조해지며 박은수에게) 장예숙 씨 범인에게 납치되었을 가능성이 높아.
혹시 모르니 콜백(Call back)[5] 올 수 있게 계속 문자 넣어봐.

박은수 네! (**"장예숙 씨 경찰입니다." "어떤 상황인지 알아요."**
"도움을 드리고 싶어요." 등의 문자 계속 넣고)

22 어둠 속 모처 / N

고통에 끙끙거리던 장예숙, 정신 들어 황급히 주변을 돌아보면
철창 안에 갇혀있다. 주변의 개들 역시 악취 나는 철창 안에서
맹렬하게 짖어대는데!! 바닥 콘크리트 위로 개들이 먹다 흘린 듯
썩은 고깃덩어리들이 보인다.

장예숙 !! (공포에 질려 다급히 옷 안쪽에 숨긴 곽규민의 핸드폰 확인하면
112 센터로부터 콜백 문자 와 있는데) !! (주저하다가 전화 걸고)

23 다시 112 신고센터 + 어둠 속 모처 / N

권주 (수색 현장에 귀 기울이는 한편 초조하게 신고 전화 체크하고 있는데)

천상필 (다급하게) 센터장님! 곽규민 핸드폰에서 전화 왔습니다!
장예숙 씨 같습니다.

권주 !!! (표정 결연해져 받고) 네. 112 신고센터장 강권주 경감입니다.

장예숙 (E) .... (차마 말을 하지 못하고)

권주 (안도하지만 차분하게) 장예숙 씨 맞으시죠?

장예숙 (공포에 질려 떨며 / E) 네...

권주 (애써 침착하게) 지금 경찰들이 모심숲을 수색하고 있어요.

5 신고 접수 중 끊긴 전화에 대해 다시 전화를 걸거나 문자메시지를 보내 주는 경찰 시스템

(귀 기울이며) 지금... 갇혀 계신 거죠? 어딘지 아시겠어요?

장예숙 (E / 흐느껴 울며) 흑… 모르겠어요. (하다) 우리 규민이를… 만나기로 했는데…
엄마 만나러 왔을 텐데… 내가 또 혼자 됐어요…
난… 엄마 자격이 없어요. 나 같은 거 살리려고 하지 마세요…

권주 (장예숙의 심리상태 느껴진다) 장예숙 씨 지금 어떤 마음인지... 압니다.
그동안 혼자 얼마나 외롭고 힘들었는지도 알구요.
하지만 장예숙 씬 강한 사람이에요. 어려운 상황에서도 끝까지 싸워 이겼고...
어떡하든 규민이 만나려고 여기까지 왔잖아요.
두 사람 억울했던 시간만큼 앞으론 행복하게 살아야죠.
그게 홀로 떠난 규민이에게 장예숙 씨가 해줄 수 있는 일입니다.
꼭 이겨내서 자랑스러운 엄마가 되자고 약속해요.

장예숙 (**어둠 속 모처**에서 권주의 진심 느껴지고 / **이하 교차편집**) 흐흐흑...
(흐르는 눈물 참으며) 노력해 볼께요.

권주 지금 어디 갇혀있는지 보이는 대로 설명해줄 수 있겠어요?

장예숙 (덜덜 떨면서) 네. 좁은 창고 같은데. 철창에 갇혀있어요. 저쪽에 냉동고도 보여요..

권주 (간간이 개 짖는 소리 의식하며) 주변에 개들이 있나 봐요.

장예숙 네. 다 크고 사납게 생겼는데 철창에 갇혀있어요. 절 공격한 개들 같아요...
(기억나듯) 개들이... 그 남자를 아주 잘 따랐구요.

24 도로 + 승합차 안 / N

운전하는 박중기 옆으로 데릭이 앉아있다.

권주 (채널1, 3으로 데릭과 박중기에게만 들리게 / E) 여기는 센터, 곽규민 핸드폰으로
장예숙 씨 연락 왔습니다! 어딘지 모르겠지만 철창 안에 갇혀있답니다.
다른 철창 안엔 개들이 있구요.

데릭 (예민하게 권주 무전 듣다가 무전 하며) 혹시 주둥이가 길고 날렵하게 생긴
개들인지 물어보세요!

인터컷　　112 신고센터 / N

권주　(절실하게) 장예숙 씨 그 개들 혹시 주둥이가 길고 날렵하게 생겼나요?

장예숙　*(E) 네... 맞아요.*

권주　(채널1, 3으로 데릭과 박중기에게 / E) 맞다고 합니다.

데릭　! (확신에 찬 눈빛으로 권주에게 무전 하며) 보더콜리 같은 목장견일 겁니다.
(생각 고르며) 개들을 이 정도로 길들였다면 범인은 말 목장 일꾼이었을
가능성이 높아요!

25　　112 신고센터 + 어둠 속 모처 / N

권주　!! (데릭의 말 일 리 있다, 다급히 장예숙에게) 혹시 범인 얼굴이나
특징 기억나나요?

장예숙　(**어둠 속 모처**에서 애써 생각 고르며 / **이하 교차편집**) 수염이 덥수룩했어요.
모자를 너무 깊게 눌러써서 얼굴은 못 봤구요...
그리고... (몸서리치며) 아까 개들만 절 물었던 게 아닌 거 같아요...
(조금 전 상황 떠올리는 위로)

인터컷　　모심숲 일각 / N / 장예숙 회상

개에 쫓겨 도망가다 넘어지는 장예숙! 개떼들이 물기 시작하자
비명과 함께 공포에 힘껏 몸을 웅크리는데.
순간 잠시 공격을 멈추는 개들! 뒤이어 콱 하며 무언가
자신을 무는 느낌이 나자! 온힘을 다해 등산점퍼를 벗어던지고 도망치는 장예숙!
얼핏 돌아보자 어둠 속 자신을 물었던 무언가가 사람 같았던 느낌이 드는데!

권주　(마음의 소리) 물어..? 그럼... 정말로 동물망상증?
게다가 개를 이용해 여자를 사냥했다면 성적 목적일 가능성도 있어!

장예숙　... (순간 문밖에서 인기척 느껴지자 공포에) 그 남자가 돌아오는 거 같아요.

권주	!! (장예숙에게) 장예숙 씨 절대 자극하지 말고 침착하게 대응해야 합니다.
장예숙	(겁나고 두렵지만) 알았어요... (하다 남자 들어서자 황급히 핸드폰을 숨긴다)
권주	(들어서는 남자의 발소리 들으며 다급히 요원2의 명찰보고) 부 요원! 모심길 개발 현장이나 말 목장에서 일한 적 있고 개를 잘 다루는 중년 남자 당장 수배해!
요원2	알겠습니다. (다급히 모심 마을 이장 전화번호 찾아내 전화하며) 삼촌! 저예, 선영이예. 양식장 부 씨 딸! (사이) 주무셨수과? 급헌디 물어볼 게 있수다!
권주	(초조한 듯 주먹 움켜쥐는데)

26	다시 어둠 속 모처 / **N** (가학적이지 않고 상징적으로 부탁드립니다.) 생고기 든 남자가 들어오자 미친 듯이 짖기 시작하는 철창 속 개들!

장예숙	(덜덜 떨며 남자 살펴보는데)
남자	(장예숙 슥 보다) 일어났네?
장예숙	(두 손 싹싹 빌며) 살려주세요... 아무한테도 얘기하지 않을게요, 네?
남자	(장예숙 묘하게 보며) 예의 바르고 이쁘네... 좋은 냄새가 나.
장예숙	(공포에 질리지만 애써 참으며) 제발... 나가게 해주세요! 개들한테 하는 거 보니까 당신 착한 사람 같아요. 네?
남자	(히죽 웃다 흡족한 듯 혼잣말처럼) 시키는 대로 하면 색시랑 같이 살아도 된다고 했어. 기다려봐. 애들 밥 주고.

인터컷	*112 신고센터 / N*
권주	*(집중해 듣다 순간 멈칫하는데)*

남자	(개들에게 생고기 들고 다가서며) 배고프지? 우리 색시 데려온 누구한테 큰 상을 줄까? 초롱이? 귀동이? (한 손에 먹이 든 채 철창 열어 개들 둘러보며) 쉿! 조용해 봐.

개들 (조용해지는데 유독 한 마리 개만 음식을 보자 흥분해 미친 듯이 짖는다)

남자 (표정 묘해지며) 우리 초롱이 말 안 듣네.

순간 갑자기 풀쩍 뛰어오른 개, 남자 손에 든 고기를 낚아채 먹는데!

남자 (순식간에 표정 야차처럼 변해 옆에 세워둔 꼬챙이로 개 머리 내려치며) 은혜 모르는 똥개새끼! 주인을 몰라봐! (쓰러진 개 내려치다 문득 툭 발로 차보고 반응 없자) 에이... 죽었네... 씨...

장예숙 !!! (경악에 차 온몸 떨리고)

남자 (남자의 살기에 기죽어 끼잉대는 다른 개들에게) 니들도 예절을 잊으면 초롱이처럼 되는 거야!! (쓰러진 개 질질 끌고 나가며) 얘들아, 밥 먹자!

개들 (우르르 쫓아나가면)

장예숙 (문이 닫히고 잠시 쥐 죽은 듯 조용해진 순간 밖에서 개들 먹는 소리 들린다) !!! (패닉 상태로 바들바들 떠는데)

27 112 신고센터 + 어둠 속 모처 / N

요원들 !! (공청 무전 너머 들리는 소리에 공포와 경악으로 술렁이면)

장예숙 (**어둠 속 모처**에서 패닉 와서 덜덜 떨며 / **이하 교차편집**) 저도 죽일 거예요! 제발 구해 주세요... 제발!!! (필사적으로 주변 살펴보는데)

권주 (떨리는 주먹 쥐며) 장예숙 씨!! 이럴수록 침착해야 합니다! (필사적으로 집중하며 / 마음의 소리) 문을 열고 닫을 때 철판 특유의 울림이 있어. 설마... 컨테이너 창고? (하는데 장예숙 비명 들리자) 장예숙 씨?? 장예숙 씨!!!

장예숙 저기.. 저기... (빈 철창 구석에 처박힌 피 묻은 형광 운동화 한 짝 보며 공포에 이성 잃고) 흑흑... 형광색 여자 운동화에... 피가... 피가 묻어있어요!! (충격에 헐떡이면)

권주 (다급히) 장예숙 씨 천천히 호흡하세요!! (무전 하며) 여기는 센터, 장예숙 씨가 감금된 곳은 컨테이너로 추정되며

피 묻은 형광색 여자 운동화를 발견한 것으로 보아 피해자가
더 있을 것으로 보인다. 시간이 없다!! 빠른 수색 바란다!

28　　산길 도로 + 승합차 안 + 모심 지구대 경찰차 안 / N

데릭　(순간 스치듯 본 감탱의 사무실 벽에 붙은 폴라로이드 사진 떠올리는 위로)

인터컷　*사무실 / N (시즌4 3부 18씬의 확장씬)*

형광색 운동화를 신은 캐주얼한 차림의 여고생 박이슬과
감탱이 웃고 있는 사진 (2020년 12월 27일 "이슬도착" 써 있는) 벽에 붙어있는데!

데릭　(피해자가 여고생일지도 모른단 생각에 다급히 무전 하며) 여기는 출 셋,
모심 하나, 박종범에게 확인할 게 있습니다!

모심1　(E) 여기는 모심 하나, 말씀하십시오!

데릭　(감탱에게 날 서 추궁하듯) 니 사무실 폴라로이드 사진 속 여자애 기억하지?
형광 운동화에 이슬이란 이름!

감탱　(**경찰차 안**에서 생각 고르다 기억해낸 듯 / **이하 교차편집**)
아.. 박이슬! 그 날탱이! 대전에서 할머니 죽으니까 자퇴하고 내려온 고삐린데
돈도 안 내고 몰래 저승길로 튄 싸가지라니까요.

데릭　!!! (마음의 소리) 역시 내 생각이 맞았어! (확신으로 무전 하며)
여기는 출 셋, 센터장! 박종범 사기 피해자 중에 형광 운동화를 신은 여고생이
있었습니다. 이름 박이슬, 거주지가 대전이라고 하니 실종 상탠지 찾아봐요!

29　　112 신고센터 / N

권주　(박은수에게) 대전의 박이슬이란 여고생! 실종 상태인지 확인해 봐!

박은수　네 알겠습니다. (찾아보고 놀라) 동거 중인 남자친구한테 가출 신고된 상탭니다!!

일동　(술렁이고)

권주　!!! (다급히 무전하고) 박이슬! 대전 성안여고 자퇴생으로

현재 가출 신고된 상태입니다. 앞선 피해자일 가능성이 높아요!
(범인과 장예숙 대화 상황 복기하며 초조하게 집중하는 위로)

플래쉬백 다시 어둠 속 모처 / N (시즌4 3부 26씬)

장예숙 *(공포에 질리지만 애써 참으며) 제발....나가게 해주세요!*
개들한테 하는 거 보니까 당신 착한 사람 같아요. 네?

남자 *(히죽 웃다 흡족한 듯 혼잣말처럼) 시키는 대로 하면 색시랑 같이*
살아도 된다고 했어. 기다려봐. 애들 밥 주고.

남자 *(E) 시키는 대로 하면 색시랑 같이 살아도 된다고 했어.*

남자 *(E) 시키는 대로 하면 색시랑 같이 살아도 된다고 했어.*

남자 *(E) 시키는 대로 하면 색시랑 같이 살아도 된다고 했어.*

권주 (되뇌듯) 색시랑 같이 살아도 된다고 했어...
마치 누군가의 지시를 받는 것처럼 말하고 있어.
설마..... 공범이 있는 건가? (혼란스러운 듯 눈빛 흔들리는 위로)

30 모심숲 입구 / N

다급히 선 승합차에서 내리는 데릭과 박중기,
경찰차에서 내리는 모심1, 2 모여 선다.
일각에서부터 달려오는 구광수와 야생1, 2, 산림.

박중기 (굳은 표정으로 구광수 야생1, 2, 산림 돌아보며)
현재 실종자 장예숙 씨랑 연락은 됐지만,
언제 용의자가 장예숙 씨를 해칠지 모르는 상황입니더!
박이슬이라는 다른 피해자가 더 있을 가능성도 있고예.
용의자는 개를 이용해 여자를 사냥하는 변태적 취향의 남성으로 숨골 안 컨테이너에 거주할 가능성이 높으니 다 같이 가입시더!

일동 (결연하게) 네! (다급히 달려가면)

31 112 신고센터 + 어둠 속 모처 / N

권주와 요원들 긴장해 공청 무전에 귀 기울이고 있는데.

권주 (애써 침착하며) 장예숙 씨 좀 있음 경찰이 도착할 거예요.

장예숙 (**어둠 속 모처**에서 어쩔 수 없는 공포감에 / **이하 교차편집**) 무, 무서워요...
제발... 빨리 와주세요...
(초조하게 주변을 돌아보는데, 순간 일각 벽에 걸린 열쇠 발견하고) ...!!
벽에 열쇠가 걸려있어요! 저걸로 철창문을 땄던 것 같아요!!

권주 하지만... (혹시 위험할까 갈등하는데)

장예숙 (애써 굳게 결심하며) 해볼게요!

주변을 살피다 옆에 굵은 철사로 된 올무를 발견하는 장예숙!
창살 사이로 손을 뻗어 겨우 손끝에 걸린 올무를 당겨 쥔다.
단단한 철사 끝을 휘둘러 벽에 걸린 열쇠를 쿡쿡 찔러보는 장예숙.
"조금만... 조금만 닿으면..." 철창 밖으로 팔을 최대한 뻗어
벽에 걸린 열쇠 떨어뜨리는 데에 성공하는데!!!

장예숙 후... (철창 열쇠 잡아채 조심스럽게 철창문 열고 나가고 권주에게)
나왔어요. (다친 다리 조심스레 디뎌보며) 움직일 순 있을 것 같아요.
(하는데 일각 다른 철창에 갇힌 마르고 작은 개 발견한다) ...!

권주 (장예숙의 망설임 눈치채고) 장예숙 씨? 무슨 일이에요?

장예숙 (개가 끼잉 하고 울자) 다친... 개 한 마리가 갇혀있어요..
(주저하다 결국 철창문 열어주고 컨테이너 문 열면 먼저 나가 사라지는 개)

32　동 컨테이너 건물 앞 / N

조심스럽게 컨테이너 밖으로 나오는 장예숙, 어둠 속에서 주변을 살핀다.

장예숙　(속삭이듯 통화하며) 주변이 다 숲이에요.
(순간 멀리 남자가 동물들의 가죽 벗기는 작업을 하고 보이자, 얼른 몸을 숨기며)
그 사람이 있어요!!

33　112 신고센터 / N

권주　(장예숙과의 통화에 집중하며 무전 한다) 여기는 센터, 지금 장예숙 씨가
탈출 중입니다. (장예숙에게) 혹시... 여학생은... 보이나요?

34　컨테이너 건물 앞 + 112 신고센터 / N

장예숙　(다급히 둘러보다, 안타까운) 아뇨... (숨어서 남자를 조심스레 살피다 공포에 질려)
근데 저 남자... 동물들... 가죽을 벗기고 있어요! ... 사향노루... 같아요!
TV에서 봤어요... (옆엔) 회색빛 나는 새(뜸부기)도 있고...

권주　!!! (**112 신고센터**에서 무전 하며 / **이하 교차편집**) 범인은 현재
은신처로 추정되는 컨테이너 인근에서 동물 가죽을 벗기고 있다고 한다.

장예숙　(계속 남자 관찰하다 전화 받는 모습을 보며) 지금... 전화가 와서 받고 있어요!!

권주　!!! 지금이 기회예요. 장예숙 씨! 얼른 숲으로 가서 몸을 숨기세요!

장예숙　(권주 말이 끝나기 무섭게 이 악물며 발걸음을 재촉해 숲으로 향하는데)

인터컷　*바깥 작업장 일각 + 컨테이너 안 / N*

전화 받던 남자, 표정 굳어 다급히 컨테이너 건물 문 열고 들어가는데!!
순간 머리끝까지 화가 나 컨테이너를 쿵쿵 치고 고함을 지르던 남자,
휘파람을 불자 곳곳에 펴져있던 개들이 남자를 향해 몰려든다!

35 모심숲 장예숙 일각 / N

권주 (주변 소리 감지하고 / E) 빨리 숲으로 들어가 숨으세요!!

장예숙 !! (우거진 숲으로 뛰어 들어가는데)

남자 (흥분해 들개처럼 냄새 맡듯 킁킁거리며 멀리 숲 사이로 도망치는 장예숙의 뒷모습 바로 발견하고 버럭) 거기 서!! (개들과 함께 분노로 추적하는)

36 112 신고센터 / N

권주 (충격으로 귀 기울이며 / 마음의 소리) 전화를 받자마자 장예숙 씨를 찾았어!
설마? 공범이 정보를 주고 있는 건가?
(다급히 박중기에게 무전 하며) 지금 장예숙 씨가 도망가려다 들켰어요!
빨리 구해야 합니다!!! 서둘러 주세요!!

37 다시 모심숲 비탈길 일각 (동심 숨골로 가는 길) / N

박중기 (무전 받자 다급히) 네 알겠십니더! (주변 경찰들에게) 서두릅시데이.
장예숙 씨가 위험합니더!

일동 (뛰기 시작하고)

데릭 (따라 뛰며 무언가 생각 고르는데)

38 다시 112 신고센터 / N

권주 (장예숙 핸드폰 너머 급박한 상황 들으며) 장예숙 씨 조금만 더 버텨주세요!!
저희가 반드시 구해드리겠습니다!! (결연한 긴장감으로 주먹 꽉 쥐는데)

39 컨테이너 밖 + 숲길 / N

최선을 다해 뛰지만 결국 개들에 둘러싸인 뒤 남자에게 잡히고 마는 장예숙!

장예숙　　놔!! (죽을 각오로 바닥의 돌 들어 닥치는 대로 휘두르며) 이 나쁜놈!
그 여자애처럼 죽이려구!! 넌 살인마야! 살인마!! (외치면)

남자　　(눈빛 살기등등해 장예숙 손에서 돌 뺏고)
이번엔 착한 색시가 올 거라고 했는데.
색시가 아니라 개였네... 입질하는 개는 주둥이를 쳐 죽이라고 했어. 히히..
다시는 입질 못하게!! (마치 개처럼 장예숙에게 으르렁거리며 핸드폰 뺏어 박살내고 거칠게 끌고 가면)

장예숙　　아아악! (비명 지르며 끌려가는데)

40　　다시 112 신고센터 / N

장예숙　　(E / 처절한 비명을 끝으로 전화 끊기자)

권주　　!!! (벌떡 일어나고) 장예숙 씨!!

박은수　　(화면 속 위치 추적 알려주던 기지국 표시 사라지는 모습에 다급해지는)
기지국 신호가 사라졌어요!! 아무래도 핸드폰이 부서진 것 같습니다! (안타까운데)

권주　　(무전 하며) 여기는 센터, 장예숙 씨 통신이 끊겨 위치정보를 알 수 없습니다!
(간절하게) 서둘러 주세요!!!

인터컷　　모심숲 비탈길 일각 / N

일동　　*(다급히 추적하다 무전 듣고는) !!! (걸음 빨라지고)*

권주　　(후 괴로운 듯 떨리는 손으로 마른세수하는데)

요원2　　(일각에서 메모하며 통화 후 끊고는 벌떡 일어나 권주에게) 센터장님!
비슷한 용의자를 찾은 것 같습니다!
예전에 말 목장에서 일하던 구업진이란 사람인데
자꾸 개 흉내를 내는 바람에 쫓겨났다고 합니다.
43세로 주민번호 확인했습니다!

권주　　!!! (박은수에게) 박 요원, 신상명세 확인해봐!

박은수 네! (다급히 요원2의 메모 받아 정보 입력하자 뜨는 인적 사항 보며 놀라고) !!!
센터장님! 이거 좀 보세요! (권주에게 모니터 보여주는 위로)

인터컷 *남자 (이하 구업진) 신상명세 / N*

이름 : 구업진 주민등록번호 : 790812-1020387

주소 : 목포시 목포읍 294-8

학력 : 성심초등학교 졸 (군대 면제)

비고 : 만 6세에 사랑보육원에서 구정탁에게 입양.

만 10세, 구정탁이 운영하는 개 농장에서 개 목줄에 묶여 있던 것을 시청에서 발견,

구업진은 개밥을 먹으며 개 우리에서 생활했으며,

구정탁의 명령에 개 도살에 직접적으로 참여했던 정황이 드러남.

구정탁의 진술에 의하면 구업진이 지적장애 3급인 것에 대한 화풀이였다고 함.

목포정신건강복지센터 기록: 동물망상증, 피해망상, 지적장애 3급 진단

권주 (모니터에 뜬 신상명세 보며 무전 한다) 여기는 센터!
용의자 신원 확인된 것 같습니다!
이름은 구업진, 나이는 43세. 개 농장을 하는 양부 밑에서 자랐구요...
(구업진이 당한 여러 사건 기록 보며 주먹에 힘들어 가는 위로)

인터컷 *구업진 학대 몽타주 / D+N*

- 개 농장, 핏물 범벅인 앞치마에 장화를 신은 양부 옆에서
개 사체 뒤처리를 하는(보이진 않고) 어린 구업진.

- 개 우리, 피멍 들어 퉁퉁 부은 눈의 어린 구업진, 양부에게 뒷덜미 잡혀
질질 끌려와 개들이 갇힌 철창에 던져진다. 철창을 부여잡고 울부짖는 모습.

- 개 농장, 갑자기 우리가 열리며 개밥을 주는 양부. 개들 사이에 섞여 허겁지겁
개밥을 먹는 어린 구업진.

- 개 우리, 점차 외모와 행동도 개와 유사해지는 어린 구업진.

자신을 물려는 개의 주둥이를 콱 쥐고 흔들어 복종시킨다.
두려워하던 눈빛이 살기로 바뀌는데!

권주 (무전 하며) 개 우리에서 개밥을 먹는 등 끔찍한 학대를 받아
동물망상증에 걸린 것 같습니다!!

박은수 (옆에서 걱정스레) 어린 시절에 이런 학대를 당했다면...

권주 (확신에 차) 자발적인 판단이 거의 불가능해!
(다시 무전하고) 구업진을 조종하는 공범이 있을 가능성도 높습니다!!

41 모심숲 동심 오름 일각 / N

박중기 (무전 하며) 공범이라고예? 그라믄... 단순 납치가 아닐 수도 있단 말입니까?

데릭 !!! (확신에 차) 맞아요. 이 사건, 불법 밀렵이 발각되자
목격자를 없애려고 했을 수도 있어요!
(하다, 짐작만 했던 단서가 서서히 확신으로 바뀌는 위로)

인터컷 모심숲 일각 / N (시즌4 2부 83씬의 확장씬)

데릭 *(팔꿈치에 덧댄 가죽에 선명하게 찍힌 이빨자국 예민하게 일별하며) 뭔가 이상해.*
동물 잇자국이라고 하기엔 너무 넓어. 마치 사람 어금니처럼...
(주변을 주의 깊게 살펴보다 일각 바닥 쪽을 뚫어지게 보는데)

나무 일각에 올무가 놓인 자국, 바닥에 흘린 핏방울(아직 굳지 않은)과
동물 털, 혈변 발견하는 데릭!

데릭 *(마음의 소리) 동물이 올무에 걸려 몸부림친 흔적이야.*

순간 다른 곳을 살피던 야생1, 2 "이쪽으로 개 발자국들이 나 있습니다!" 외치자
달려가는 박중기, 구광수와 데릭, 산림 그리고 모심1, 2!

일동 (놀라보면)

데릭 (무전 하며) 구업진이 짐승 가죽을 벗기고 있다고 했었죠?

동물 박제 첫 단계가... 가죽 벗기깁니다.

(모심길 주변 무성한 숲을 일별하며 확신에 차) 괴담 때문에

사람들이 잘 다니지 않는 이곳에서 밀렵꾼들이 희귀동물들을 사냥해왔던 겁니다!!

42 112 신고센터 / N

권주 (데릭 무전 듣자 다급히 요원1에게) 모심숲 저승길 근처에 희귀 야생동물이

사는지 확인해봐!

요원1 (빠르게 조사하고) 네. 천연기념물 8종에 오소리 같은 희귀멸종동물

15종이나 살고 있습니다!

사향노루 같은 희귀동물은 오천만 원에 거래된다는 기사도 있구요!

권주 !!! (무전 하며) 조 경감님 말이 맞았어요!

천연기념물 8종, 희귀멸종동물 15종이 살고 있다고 합니다.

사향노루는 (아주) 큰 금액으로 거래되구 있구요.

(마음의 소리) 만약 그런 거라면 더더욱 장예숙 씨한테 시간이 없어! 집중하자.

분명 들었던 소리 속에 단서가 있을꺼야! (간절하게 집중하는 위로)

인터컷 112 신고센터 / N (시즌4 3부 39씬을 권주 청력으로 재구성)

이 나쁜놈!

그 여자애처럼 죽이려구!! 넌 살인마야! 살인마!!

저벅저벅저벅저벅

쏴아아아아아아아

이번엔 착한 색시가 올 거라고 했는데.

색시가 아니라 개였네...

퍽!! 퍽퍽!

이 나쁜놈!

그 여자애처럼 죽이려구!! 넌 살인마야! 살인마!!

저벅저벅저벅저벅

쏴아아아아아아아

이번엔 착한 색시가 올 거라고 했는데.

색시가 아니라 개였네...

퍽!! 퍽퍽!

권주 (마음의 소리) 희미하지만 물소리가 났어.
물이 흐르는 소리는 아니야...
떨어지는 소리에 가까워.... 설마??? (눈 번쩍 뜨고)

43 다시 모심숲 일각 / N

권주 (E) 박 팀장님! 장예숙 씨가 납치됐던 컨테이너 근처에 폭포가 있는 것 같습니다!

박중기 (당황해 무전 하며) 폭포요??

권주 (E) 네 희미하긴 하지만 폭포 소리가 들렸어요! 작은 폭포 같아요.

모심1 아!!! 북쪽으로 작은(비 올 때만 흐르는 간헐) 폭포가 있긴 합니다.
이쪽으로 오세요! (다급히 앞장서면)

일동 (다급히 따라가는데)

산림 (순간 눈빛 흔들리고) 저 잠시만...! 제, 제가 지름길을 압니다.

일동 (돌아보는 위로)

44 112 신고센터 / N

권주 (데릭 무전 들으며 생각 고르는데)

박은수 (미심쩍은 표정으로 생각 고르다) 센터장님! 아까 장예숙 씨가 컨테이너에서
도망쳐 나왔을 때, 구업진과 통화한 게 공범이라면... 좀 이상하지 않으세요?
마치 출동팀 동선을 아는 사람처럼 전화했잖아요.

권주 !! (설마? 눈빛 묘하게 흔들리며 출동팀에게 전용 채널로 무전 하는)
센터장입니다. 출동팀분들만 공유해야 할 정보가 있어요. (의미심장한 표정 위로)

산림 (E) 폭포 가는 길은 이쪽이 지름길입니다.

45 폭포 숲골 일각 / N

선두의 산림 뒤로 다급히 따르는 데릭, 박중기 보인다.

그 뒤로 좀 멀리 야생1, 2를 따르는 구광수와 모심1, 2 올라오고 있다.

박중기 (산림 말에 뒤돌아 후발팀 향해) 이쪽이 지름길이랍니더! 서두르이소!

데릭 (주변 이끼가 적은 바위들 살펴보며 박중기에게 나직이) 지금 북쪽으로 가는 거 맞습니까? 보통 남쪽으로 갈수록 이끼가 적어지는데... 지금처럼요.

(묘하게 산림 일별하면)

박중기 (표정 변해) 저기요! 계장님!! 지금 북쪽으로 가고 있는 거 맞십니꺼??

산림 (순간 표정 관리하며) 모심숲 제 손바닥 안입니다. 북쪽 맞으니 따라만 오세요!

박중기 (묘한 의구심으로) 지 좀 보입시더! (다가서는데)

구광수 (E / 밑에서 버럭) 컨테이너 찾았습니다!!

일동 (구광수 외치는 곳 향해 달려가 서면)

저 아래 선 구광수가 치운 덩굴 사이로 멀리 녹슨 컨테이너 건물 보이는데!!!

박중기 (일동 둘러보며) 계장님이랑, 야생동물 구조대분들은

개들 공격 대비해서 거리 두고 뒤쪽에 서고예!

모심 지구대분들은 컨테이너 건물 뒤로 퇴로 막아주이소!

일동 네!!! (대답하고 컨테이너 건물 쪽으로 달려가는데)

박중기 (들어가려는데 누군가 어깨를 잡자 놀라 돌아보면 데릭이다)

데릭 (박중기에게 조용히 하라는 눈짓하는 위로)

46 컨테이너 건물 앞 + 안 / N

조용히 손으로 데릭과 구광수의 자리 지정하고

셋, 둘, 하나 센 뒤 문을 쾅 차고 들어서는 박중기!

뒤이어 데릭과 구광수도 뒤따른다!

악취와 함께 드러나는 컨테이너 안엔 빈 철창뿐, 아무도 없는데!

데릭 (총을 내리고 주의 깊게 살피면 열린 철창, 먹다 남은 뼈와 여고생(박이슬) 것으로

추정되는 형광색 신발 한 짝 등이 보인다) !!

구광수 (한쪽 냉동고 문 열자 천연기념물 등 각종 야생동물 사체가 가득하고, 잔혹함에 기막힌) 나쁜 놈들! 귀한 생명을... 가리지 않고 죄다 잡아들였나 보네요.

모심1 (황당해 보며) 뜸부기..? 이거 비모도에서도 사라진 지 오래됐는데 여기 있었네요.

박중기 (한숨과 분노로 무전 하며) 여기는 출 하나,
구업진은 현재 컨테이너 건물을 버리고 도주한 상태다.
냉동고 안에는 각종 희귀동물과 천연기념물들 사체가 가득하다.
(부러 들으란 듯 목청 키워) 공범 단서는예? 네? 아, 금방 찾을 것 같다고예?

순간 야생1, 2와 함께 뒤따라와 초조한 듯 살펴보던 산림,
후다닥 야생1, 2 밀치고 숲으로 도망가려는데!

47 동박 / N

날카로운 시선으로 주시하던 데릭, 기다렸다는 듯 뒤쫓아 산림의 목을 강타한다!
억! 하는 소리와 함께 사냥칼을 꺼내는 산림, 다가오는 데릭을 향해
사냥칼 휘두르는데. 데릭 날쌔게 칼날 피해 그대로 산림에게 펀치를 날린다.
고통에 비명 지르며 바닥으로 나동그라지는 산림.

인터컷 112 신고센터 / N

권주 *(박은수에게) 빨리 산림휴양과 고덕환 계장 알아봐!*

박은수 *네, 센터장님! (찾아보고) 총포소지 허가자로*
유해조수 구제 명목으로 엽총 2정 구입기록이 있습니다.

권주 *!!!*

박중기 (뒤에 따라와 서며 산림 향해) 내가 아까부터 수상하다캤다!
장예숙 씨 우째했노! 니가 구업진 시켜가 내빼라했지! 이 변태자식아!

산림 (발악하듯 변명하며) 그 새끼가 한 짓이야!! 그 새끼 짓이라고!!

갑자기 어떤 여자한테 들킨 것 같다고 전화를 했어.
그래서 알아서 하라고 했다고. 어차피 비 오면 흔적도 잘 안 남으니까...

인터컷 모심숲 성황당 일각 / N / 회상

구업진, 천연기념물 동물을 정신없이 쫓아가던 중 성황당으로 조심스레 들어오는 장예숙과 마주친다. 개들을 보자 비명을 지르는 장예숙! 예상치 못한 상황에 당황한 구업진, 개들과 장예숙을 쫓다 놓치고 마는데! 다급히 산림에게 전화하던 구업진, "이새꺄 알아서 처리해!"라는 소리 듣고 살기 어린 표정 짓는 위로!

산림 난 그냥 말 목장에서 쫓겨난 새끼, 심부름이나 시킨 건데!
지가 오바하면서 개처럼 충성을 다하더라고!

인터컷 폐가 / N / 회상

쓰레기와 먼지 쌓인 바닥에 앉아 마시던 술병 집어 던지는 구업진, 개들의 오물로 지저분한 일각 아무렇게나 누워 쪽잠에 든다. 그런 구업진을 내려다보는 산림.

산림 몇 달 전 그 기집애도 그냥 사고였어!!
구업진 그 새끼가 쫓아가니까... 지가 도망가다 떨어져 죽은 거라고!
(비굴하게) 모르지, 그 변태 새끼가... 뭐 좀 해보려고 덤벼들다 그런 걸지도...!

인터컷 모심숲 일각 / N / 회상

비탈길을 달리며 노루를 쫓던 산림과 구업진, 멀리 수풀 너머 언뜻 보이는 박이슬을 노루로 착각하고 총으로 쏴버린다! 산림의 명령으로 달려간 구업진, 총알이 스쳐 쓰러진 박이슬을 잡으려는 순간

박이슬, 격렬히 저항하다 비탈로 굴러 사망하고 만다.

박중기 (수갑을 꺼내며) 터진 입이라꼬! 니가 그렇게 만들고 이용한 기 아이가!!
(수갑 채우고) 고덕환 씨!! 당신을 납치, 감금 및 살인 교사,
야생생물보호법 위반 혐의로 체포합니더! 변호인 선임권, 진술거부권,
변명의 기회가 있십니더!
(무전 하며) 여기는 출 하나, 공범이자 산림청 공무원 고덕환 체포했고
구업진 계속 추적합니더! (모심2에게) 여서 고덕환 델꼬 있고 (야생1, 2에게)
여기 증거품 부탁드립니더! (일동 돌아보며) 가입시더!

데릭 잠시만요! (생각 고르며) 아무 데로나 도망치진 않았을 겁니다.
분명 개들을 몰고 드나드는 아지트가 있을 텐데...
(눈빛 번뜩이며) 조금 전 말 목장!! 거기로 갔을 겁니다!
동물 가죽을 벗기고 나면 방부액 처리를 합니다.
그래서 거기 일꾼들 숙소 터에 포름알데하이드(formaldehyde)[6] 약병이
있었던 거구요!! (무심히 목격했던 장면들 떠오르는 위로)

플래쉬백 말 목장 일꾼 숙소 터 밖 + 안 / N (시즌4 2부 86씬)

박중기 *(나뭇가지로 뒤적이는 쓰레기 사이 포름알데하이드 병 굴러다니는데)*

구광수 (기가 막히고) 그러고 보니 그 개가 토했던 옷... 박이슬이 입었던 거네...

플래쉬백 말 목장 일꾼 숙소 터 밖 + 안 / N (시즌4 2부 86씬)

*근처를 어슬렁거리고 있던 들개, 갑자기 끙끙거리더니
뭔가를 토해낸다. 데릭과 박중기, 구광수 다급히 다가가 들개의
토사물 사이에서 찢어진 분홍 티셔츠 조각을 발견하는데..!!!*

6 부패를 막고 조직을 굳히는 박제용 약물

박중기 (분노에 차 버럭) 당장!!!! 거로 갑시더!!
(무전 하며) 여기는 출 하나, 처음 개들이 모여 있던 일꾼 숙소 터가
구업진의 진짜 은신처였을 가능성이 높습니다. 출발하겠습니다!!

일동 (모심1 포함, 다급히 구업진 찾아 추적하면)

48 112 신고센터 / N

권주 (무전 듣고는 기함한다) !!!! 여기는 센터!
현재 공범인 고덕환 체포 후 장예숙을 납치한 구업진 은신처를 파악해
일꾼 숙소 터로 출동팀과 지구대가 추적 중이다.
119 구조대, 야생동물구조대 지원 바란다!

49 모심숲 비탈 일각 / N

장예숙을 질질 끌며 비탈길을 올라가는 구업진, 뒤로 개들이 따르고 있다.

장예숙 (절망 가득해 질질 끌려가는데 문득 주머니에서 다 구겨진 종이쪽지
발견한다, 펴보면 **"사랑하는 나의 아들 규민아.(중략)"** 로 시작하는
쪽지 (씬17 인터컷)인데, 종이를 꾹 움켜쥐고 구업진 노려보다 쓰러지며)
히, 힘들어요!

구업진 (살기등등한 표정으로 돌아보면)

장예숙 (무릎 꿇은 채 두 손 싹싹 빌며) 내가 잘못했어요.
너무 놀라고 갑작스러워서 그랬어요.
잠깐만 쉬었다 가요... 아무도 안 쫓아오는데요.
(덥석 손잡고) 우리 둘이... 외로운 사람끼리 잘 살아봐요...
네? 착한 색시 될게요. (최선을 다해 웃는 척하면)

구업진 (찰나적으로 긴장 푸는데)

장예숙 (순간 구업진의 허리에 매달려 있던 손전등 빼어 구업진의 머리를 친 뒤 도망간다)
여기요!!! 저 여기에 있어요!! 살려주세요!!!

구업진 (호되게 맞은 머리를 감싸다 날 서 달려가 장예숙 머리채 잡아채려는 순간)

장예숙 (그대로 비탈길에서 구르고 만다) 아아악!!!

구업진 (장예숙 머리채 잡으려다 놓친 자신의 손 당황해 보며) 또 죽었네, 내 색시...!
(떨어진 장예숙을 따라 비탈 아래로 내려가려는데 저 멀리 경찰들 손전등 빛 보이자, 아래쪽과 번갈아 보다) 에이, 지랄 염병!!
(중얼중얼 욕하며 개들 데리고 다급히 도주하는데)

인터컷 비탈 옆 수풀 / N

장예숙이 떨어진 비탈 아래쪽을 노란 눈동자가 번뜩이며 보고 있다.

50 비탈 밑 일각 / N

비탈 위로 장예숙을 질질 끌고 간 흔적과 개들 발자국 따라
추적하는 데릭과, 박중기, 구광수, 모심1.

데릭 (풀 눌린 자국을 따라 올라가다 길가의 박살난 손전등 발견하고) 잠깐!
(손전등 잔해와 주변의 짓밟힌 풀 가리키며) 여기 누군가 싸운 흔적입니다.
(비탈 아래 보며) 흙이 쓸린 모양 보니까 누군가 한 명은 이쪽으로 추락했구요.

박중기 !! (갈등하다 빠르게 판단하며 구광수에게) 광수야 니는 지구대랑
저 짝 밑에 가가 수색하고 있어바라.
내랑 조 형사님은 일꾼 숙소 터로 함 가볼란다! (다급히 비탈 위로 올라가면)

구광수 네 알겠습니다. (바로 모심1 데리고 조심스레 비탈길 내려가는데)

51 비탈 밑 폭포 일각 / N

구광수와 모심1, 장예숙의 이름을 부르며 조심스레 빽빽한 수풀 사이를
내려가고 있다. 옆으론 폭포에서 떨어진 물이 계곡을 따라 흐르고.
미끄러움에 휘청대며 여기저기 살피지만 장예숙은 보이지 않는데!!

52 비탈 밑 폭포 숨골 / N

작은 숨골 안 깊숙이 떨어진 장예숙 다리는 부러진 채, 좁은 공간에 끼어 옴짝달싹하지 못하고 있다. 고통에 신음하며 잃어가는 의식 붙들기 위해 안간힘 쓰는 장예숙 위로.

권주 *(E) 그동안 혼자 얼마나 외롭고 힘들었는지도 알구요.*
하지만 장예숙 씬 강한 사람이에요. (중략)
꼭 이겨내서 자랑스러운 엄마가 되자고 약속해요.

장예숙 (어떻게든 힘을 내서 몸을 움직여 보려 하지만 도저히 불가능하자)
흑흑 규민아... 미안해... 엄마는 포기하지 않으려고 했는데 엄마... 너무 힘들어...
(어떻게든 움직여 보려 하지만 안 되자 서서히 의식을 잃어 가는데)

개 (씬31, 장예숙이 구해준 / 일각에서 다가와 짖어대며 장예숙의 얼굴을 핥아댄다)

장예숙 (얼굴 찡그리며 겨우 눈을 뜨는데 개가 내려다보자 놀라고) 넌!

구광수 (E / 멀리서 고함치며) 장예숙 씨!! 경찰입니다!!! 어디 계세요!!

장예숙 (어떻게든 목소리를 내보려 하지만 쉽지 않고) 여... 여기...!!
(구광수의 목소리 멀어지는 듯 하자 나오지 않는 목소리 쥐어짜며)
여기예요..!! 여기요!!
(순간 바깥을 향해 함께 컹컹 짖어대는 개를 놀라면서도 애틋하게 보는데)

53 112 신고센터 / N

요원들과 권주 간절한 표정으로 공청 무전에 귀 기울이고 있는 위로.

54 폭포 일각 / N

구광수와 모심1, 개울가와 폭포 근처 필사적으로 뒤지지만 빽빽한 바위, 얽힌 나무뿌리밖에 보이지 않는데.

장예숙 (E / 들릴 듯 말듯 희미하게) 여, 여기요..!!

구광수　네? (순간 의아한데 쏟아지는 폭포수 너머로 넝쿨들 보이고) !!!
(희미하게 개가 짖는 소리 들려온다, 폭포 뒤를 향해) 장예숙 씨?!

장예숙　(E / 목소리를 쥐어짜내) 사... 살려주세요!!! 살려주세요!!!

구광수　!!!! (그제야 물줄기에 가려진 숨골 발견하고) 장예숙 씨?!
(폭포물 아랑곳 않고 바로 뛰어 들어가는데)

55　폭포 숨골 안 / N

구광수, 개 짖는 소리를 따라 필사적으로 몸을 낮춰 들어가며 손전등 비추자
신음하며 쓰러져 있는 장예숙과 옆에 선 개 한 마리 보인다.

구광수　(다급하게 다가가서 장예숙 상태 보며) 장예숙 씨? 정신 차리세요!!
경찰입니다!! (하다, 추가 부상이 없도록 바로 눕히며 무전 하는)
여기는 출 둘, 장예숙 씨 폭포 안쪽 숨골에서 발견했습니다.
다리 부상이 심해 들것이 필요합니다. (방검복 벗어 장예숙의 머리에 대준다)

56　112 신고센터 / N

요원들 공청 무전에 귀 기울이고 있다 구광수의 말에 환호하며 안도하는데!!!

권주　!!! (안도로 무전 하며) 여기는 센터!
폭포 인근 숨골에서 부상 당한 피해자 발견했습니다! 119 구급대 지원 바랍니다!

119　(E) 네 알겠습니다!

57　말 목장 일꾼 숙소 터 일각 / N

구업진을 추적하던 데릭과 박중기 역시 구광수의 무전 듣고 안도하는데!!!

박중기　(순간 멀리 말 목장 일꾼 숙소 터 앞 꼬챙이를 휘두르며 개들을 재촉하는 구업진

보이자) 저깄다!!!

데릭과 박중기, 총을 꺼내며 다급히 쫓아 올라가는데!
말 목장 일꾼 숙소 터 안으로 다급히 사라지는 구업진과 개들!

58 말 목장 일꾼 숙소 터 안 / N

데릭과 박중기, 총을 겨누며 조심스럽게 안으로 진입하는데..!
낡은 가구들과 구멍 난 공간 여기저기 개들이 남긴 배설물들과
포름알데하이드 병과 각종 쓰레기들이 굴러다닌다.
순간 일각에 숨어있다 꼬챙이를 들고 데릭과 박중기 앞에
나타나는 구업진! 휙 휘파람 불자 개들 순식간에 구업진을 에워싼다!

데릭 (구업진을 둘러싸며 보호하는 대여섯의 개들이 으르렁대며 덤벼들 기세 보이자)
가족 같은 개들을 방패로 쓰겠다?

구업진 (헐떡이며) 얘네는 니들처럼 배신 안 해! 나한테 목숨까지 바친다구!
남들은 날 등신이라고 손가락질해도 얘넨 달라!!

데릭 (차갑게 보며) 아니, 주인의 폭력에 길들어진 거다. 니가 당해온 것처럼!!
착각하지 마, 넌 그 애들 가족이 아니라 밀렵꾼에 빌붙어
힘없는 생명을 잔인하게 이용한 쓰레기일 뿐이니까!

구업진 (눈빛 짐승처럼 변해) 터진 입이라고 맘대로 떠드는구나. 죽여!!
(신호하자 개들 데릭과 박중기에게 달려들면)

데릭 (개들이 오지 못하도록 공포탄으로 위협사격 하고)

박중기 (역시 위협사격 하며 물러나는 순간 미리 설치해 놓은 올무에 걸린다) 뭐꼬!

개들 (날카로운 송곳니 드러내며 박중기와 데릭에게 덤벼들면)

다급히 덤벼드는 개들 왼팔로 쳐내고는 벨트를 풀어
제압에 성공하는 데릭! 서열 높은 개가 데릭에게 복종하자
다른 개들 역시 점차 꼬리를 말기 시작하는데!

박중기 (그 틈을 타 올무를 풀어내는 순간 데릭 뒤로 달려드는 구업진 보며) 조심하이소!

데릭 (돌아보면 어느샌가 다가온 구업진이 꼬챙이 휘두르자 왼팔로 제압하고) 열등감 때문에 인간을 물어뜯는 너보다 개들이 더 순수해. (구업진 내동댕이치는데)

구업진 (피투성이가 돼도 일어나 발악하듯 덤벼들며) 니가 뭘 안다고 떠들어! (데릭의 오른팔을 강하게 물면)

데릭 !!!

박중기 (버럭) 어델 쳐물고 자빠졌노! 총 맞기 싫음 빨리 이빨 빼라! (구업진에게 총 겨누는데)

데릭 쏘지 마세요! (통증 느껴지지만, 구업진의 목덜미 움켜쥐고 눈 맞추며) 그래, 알아! 어린 시절 니가 당한 학대!! 살기 위해 개 사료까지 먹으며 버틴 거 다 안다고!

구업진 (멈칫 눈 커지고)

데릭 (피가 배어나는 팔 점점 고통스럽지만) 너한테 딱 한 번이라도! 손 내밀어준 사람이 있었다면... 이 지경까진 안 됐겠지. 근데 그게 이제껏 개처럼 산 변명이 될까? 지금이라도 인간으로 살고 싶으면, 떳떳하게 죗값 치러!

구업진 !! (눈빛 미묘하게 흔들리지만, 부러 더 독하게 깊이 무는데)

박중기 (데릭의 팔에 깊이 박힌 듯 보이는 구업진의 이빨 보자 기함하며 다급히 구업진 뜯어내려는데)

데릭 (침착하게 박중기 저지하며 구업진 향해) 사실... 넌 그냥 사람이 그리웠던 거잖아. 그래서 고덕환이 널 이용하는 걸 알면서도 참았던 거 아니야? 언젠가 널 이 숲에서 데리고 나가주길 바라면서... (격하게 흔들리는 구업진 바라보며) 기대하지 말고, 스스로 나가. 가서 인간으로 살아. 아직 늦지 않았으니까. (진심 어린 눈빛으로 보면)

구업진 !!

구업진, 결국 물고 있던 데릭의 팔을 뱉어내며 주저앉아 서럽게 통곡하는데...

데릭 (그런 구업진 아픈 듯 보다 일각으로 걸어가는 눈빛 묘하게 흔들리고)

박중기 .....?! (데릭의 눈빛 속 아픔 의아하지만 구업진에게 다가가 수갑 채우고 무전 하며) 여기는 출 하나! 용의자 구업진 체포로 모심숲 등산객 장예숙 씨 실종 사건 종료했습니더!

자막 **PM 11:30 모심숲 등산객 장예숙 납치 사건 종료**

59 112 신고센터 / N

공청 무전에 집중하고 있던 권주와 요원들, 안도의 한숨 내쉬며 환호하지만 몇몇 요원들은 처음 겪은 상황에 긴장이 풀리지 않은 기색이 역력한데.

박은수 (후 안도의 한숨 내쉬며) 조 형사님, 실력 좋네요!

권주 (데릭 묘한 아픔 느껴지지만 내색 않고) 구 형사님! 장예숙 씨와 대화 가능할까요?

60 모심숲 입구 + 112 신고센터 / N

경찰차 여러 대와 앰뷸런스 도착해 있다. 야생동물 구조대와 산림청 직원들 들개들 포획해 옮기고 압수된 증거품 (밀렵도구와 야생동물) 운반하느라 바쁜 일각, 들것에 실려 앰뷸런스로 향하는 장예숙, 구광수의 핸드폰으로 권주와 통화하는데.

권주 (**112 신고센터**에서 / **이하 교차편집**) 덕분에 또 다른 희생도 막고 동물들도 구했습니다. 아드님이 자랑스러워할 거예요.

장예숙 (울컥 눈물 참고) 고맙습니다... 다 센터장님과 형사분들 덕분이에요. 참 (조심스레) 아까 그 운동화... 그... 친군....

권주 (참담한 표정으로 차마 말 못 하고)

장예숙 (자신의 예상이 맞자 입술 꾹 깨문다, 후)

권주 장예숙 씨 오늘 마음 잊지 마시고... 열심히 사셔야 해요.

장예숙 (권주의 마음 안다) ...걱정 마요. 이제는 잘 살아볼게요.

(순간 뭔가 생각난 듯 다급하게) 센터장님!
절 구해준 그 개... 그 갤 찾아야 해요! (다급히 주변 살피면 야생1, 2가
막 포획 틀에 넣은 개(장예숙 구한) 데려가고 있는데) 잠시만요!

구광수 (다급히 다가가 야생1과 포획틀 채로 개 들고 오며)
다른 개들한테 오랫동안 따돌림과 공격을 당한 것 같다네요.

장예숙 !! (겁에 질려 끼잉거리다 장예숙 보자 반가운 듯 꼬리 흔드는 개 아프게 보며)
고마워... 날 구해줘서... (옆에 선 야생1에게) 얘 꼭 데리러 갈 테니까
며칠만 보호해 주세요. 다른 데 보내지 마시구요.

장예숙, 포획틀 속의 개 마치 죽은 아들을 바라보듯 애틋하게 보면
앙상한 꼬리 흔들어대던 개, 장예숙의 눈을 오랫동안... 따스하게... 바라보는 위로.

61 다시 112 신고센터 / N

권주 (무전 너머 장예숙 말 들으며 눈물 차오르지만 내색 않고)

박은수 (진심 가득한 표정으로) 장예숙 씨와 저 개 앞으로 행복하면 좋겠네요.

62 다시 모심숲 입구 일각 / N

멀어지는 개와 눈인사를 끝낸 장예숙, 구광수에게 핸드폰 돌려주고
앰뷸런스에 실리는데 일각에서부터 데릭과 박중기 다급하게 다가온다.

데릭 (대원 막아서며 장예숙에게) LA 경찰입니다. 살인 사건 때문에 물어볼 게 있어서요.

구급대원 (곤란한 듯) 죄송합니다만 병원으로 빨리 이송해야 해서요.

장예숙 잠시만요, 중요한 일 같은데 말씀하세요. (데릭 보면)

데릭 (장예숙이 자신이 본 여자와 체격이 다른 것 확인하며) 민에어 MD036
비행기 안에서 (권주 사진 보이며) 혹시 이렇게 생긴 여자 봤습니까?

장예숙 (고개 저으며) 못 봤어요. 실은 제가 우울증약을 먹고 잠이 들어서요.

박중기 조금만 더 생각해보이소... 탑승구에서든가...

데릭 (장예숙 손목 위 안쪽 살펴보곤 문신 없자) 됐습니다. 협조 감사합니다.
(돌아서다 장예숙 길게 보며) 아들도 이제 알 겁니다. 어머니가 얼마나 노력했는지.
그러니 너무 자책하지 마세요. (가면)

장예숙 !! (눈물 글썽이다 구급차 타고 간다)

박중기 (장예숙 태우고 출발하는 구급차 아프게 보는데)

구광수 (일각에서 다가와 절룩이는 박중기 발목 살피며) 괜찮으세요? 형님?

박중기 그라모! 이까짓 거 갖고. 조 형사님 나보다 더 씨게 다쳤는데(하는데)

데릭 (일각에 도착한 채드의 승합차에 올라타 떠난다)

박중기 (사라지는 승합차 보며) 누가 어메리카 스타일 아니라꼬 쿨하다 못해 춥다!
(투덜대지만 데릭에 대한 묘한 신뢰 생기는 위로)

63 해녀의 집 전경 / N

부귀남 (E) 캬아 이제 좀 견적 나오네요.

64 동안 / N

양 과장과 부귀남 및 형사들 흥이 올라 다금바리 안주 삼아 술 마시고 있다.

부귀남 (살짝 취해) 솔직히 그 잘나가는 센터장이 이 섬에 온 이유가 좀 이상했주게.
이건 분명! 미국 여자 죽인 범인 잡고 세계적으로다 유명해져서
고위간부직 점프 꿈꾸는 거 아니겠수과?
이제 감 잡았주마씸! (회 세 점을 한 번에 털어먹는데)

양 과장 (골똘히 생각에 빠져 있다가) 한 점씩 먹으라게! 회로 배 채울 일 있어!

부귀남 큼 아무리 삼촌이라도 밥상머리 앞에선 잔소리 맙서양.

양 과장 아 이놈이 삼촌한테 말뽄새 봐라 (하는데)

형사1 (TV보다 놀라) 과장님 저거 좀 보시라게!!!

양 과장 뭔데 호들갑이라게? (일각 놓인 TV 보는 위로)

인터컷 *TV 뉴스 화면 / N*

비모지방경찰청 앞에서 리포트하는 기자1 보인다.

기자1 *방금 전 비모도의 관광코스로 유명한 모심길에서 48세의 장모 씨가 야생동물 밀렵 현장을 지나다 납치, 살해당할 뻔한 사건이 일어나 큰 충격을 주고 있습니다.*

65 비모지방경찰청 전경 / N

자막 **비모지방경찰청**

66 동 앞 / N

대여섯 명의 기자들 저마다 카메라 대동하고 비모경찰청 등진 채 리포트 중이다.

기자1 범인은 비모산림청에 재직 중인 산림휴양과 공무원 고모 씨로 산에 거주하는 구모 씨와 함께 멸종위기 야생동물 수십 종을 불법으로 밀렵하고 이를 목격한 사람들을 살해하려던 것으로 밝혀졌습니다.

기자2 (심각한 표정으로) 이들은 모심숲에 버려져 야생화된 개들을 범행에 이용했으며 신고 전화를 받은 골든타임팀의 재빠른 초동대응 덕분에 장모 씨가 구조되었습니다. 구모 씨의 은신처로 알려진 폐 말 목장에선 지난 12월 실종된 대전 여고생의 시신이 발견되어.. (중략)

기자3 나홀로 걷기 여행을 즐기는 여성의 수요가 느는 가운데 강력범죄 피해 역시 매년 증가하는 추세입니다. 지자체에서도 걷기 여행을 관광 상품으로 내놓으며 적극 홍보에 나서지만 그에 반해 인적이 드문 산책로에 대한 안전대책은 미흡한 것으로 나타났습니다. 전문가들은 인적이 드문 곳의 CCTV와 비상벨 설치 등 범죄 예방을 위한 지자체 노력이 시급하다고...(중략)

순간 구업진과 산림(고덕환)을 태운 경찰차 현관 앞으로 도착하자 대기하던 기자들 몰려들며 플래시 터지면 경찰들 두 사람 재빠르게 연행해간다. 일각에서 그 모습 보고 있던 권주와 박은수, 뒤이어 도착한 승합차에서 내리는 박중기와 구광수 반기는데.

권주 (박중기 걱정스레 보며) 병원 갔다 오세요. 내일이라도.

박중기 (당치도 않다는 듯) 마 이거가꼬 병원은 뭐할라꼬예!

구광수 (못 말린단 듯 고개 저으며) 우리 형님 고집이랑 맷집은 못 이기죠.

권주 (단호하게) 저번에 총 맞은 자리도 욱신거린다면서요.
꼭 가세요. 안 가면 화낼 겁니다.

박중기 (못 이긴다는 듯) 알겠십니더.

박은수 (의아한 듯 주변 살피다) 조 형사님은요?

박중기 밑에 형사가 데리고 와서 갔십니더! 조 형사님 제법이던데예?
권총 없으면 암 것도 못하는 줄 알았는데...

구광수 근데 구업진한테 심하게 물린 거 같던데 치료 안 받아도 되나?

권주 (멈칫, 데릭 걱정되는 위로)

67 비모도 호텔 전경 / N

68 동 객실 / N (미형2 - 이하 영어만 사용)

침대에 걸터앉은 데릭, 옆 테이블에 간단한 의료도구 상자 펼쳐져 있고, 통증을 참으며 자신의 찢긴 오른팔 상처 직접 꿰매는 위로.

플래쉬백 112 신고센터 / N (시즌4 3부 19씬)

권주 *!! (채널1, 3으로 박중기와 데릭에게만 들리게) 무전기 스피커 옆에 대고 첨부터 다시 들려주세요!*

플래쉬백 사무실 / N (시즌4 3부 20씬)

권주 *(채널1, 3으로 / E) 장예숙 씨 말고 또 누군가 거기 있었어요!*
(확신에 차) 개들을 때리고 주둥이를 손으로 움켜쥔 듯한 소리가 들립니다!

데릭 (혼잣말로 기막힌 듯) 정말로 그 소리들이 다 들린다고....
(탁자 위에 놓인 ***"주광시 도정동 존속 살인 사건 보고서***
⊙ 사건개요 2020. 9. 25.
21:00 경 주거지인 주광시 도정구 도정3로 150(지번주소 : 도정동 125) 행복빌 아파트 204호에서
가해자 문하람(18세, 남)이 중식도(중략)"

"양영시 월덕 마을 존속 살인 사건 보고서
⊙ 사건개요 2020. 12. 25. 00:00 경 자신의 주거지인 강원도 양영시 소혜읍 월덕리 1
양계농가에서 가해자 주범태(17세)가 피해자인 조부(중략)"
한 장씩 넘기며 날 선 한숨 내쉬다 문득 승아 문자 떠올라 핸드폰 꺼내 확인하는 위로)

인터컷 *승아 문자 (서툰 한국어) / N*
오빠 살려줘....강도가 지금 날 찾고있어...112에 신고했는데 너무 무서워...(중략)
그 여자도 그 문신이 있었어.
오빠가 말한, 엄말 죽인.... 그 (소용돌이) 귀신의 문신....말야......

인터컷 *비모도 방파제 / D / 이하 데릭의 28년 전 회상*
익사한 여자 시신을 눕혀놓고 지켜보는 형사(과거 형사1)와 순경(젊은 양 과장).
울음을 터뜨리며 손을 뻗는 어린 데릭(11살). 데릭 모 손목
안쪽에 새겨진 작은 소용돌이 문신(방금 전 새겨져 바닷물에 쪼그라든
흔적 포함)보이자 비명 지르며 눈 질끈 감는데!

데릭 (아직도 생생한 아픔 겨우 추스르며 마른세수하는데)

69 비모지방경찰청 앞 + 비모도 호텔 객실 / N

권주 (!) 좋아요. 탐문 수사는 잘 되고 있나요?

데릭 (**비모도 호텔 객실**에서 통화하며 / **이하 교차편집**)
다들 알리바이가 있고 남은 용의자 하나만 내일 탐문 예정입니다.
현재 급성 충수염으로 입원 중이구요.

권주 입원이요? (예상치 못한 정황에 의구심 차는 위로)

70 비모도 병원 전경 / N

간호사1 (E) LA 경찰?

71 5층 너스스테이션 일각 + 공수지 병실 (507호) 앞 + 안 / N

야간 교대를 하러 온 간호사1이 507호실 앞 대기 의자에 앉은
미형2(닉) 바라보며 퇴근 준비 중인 간호사2에게 수군거리고 있다.

간호사2 507호 환자한테 낼 아침에 물어볼 게 있다구 아까부터 저러구 있어요!

간호사1 (놀라 병실 일별하며) 507호 환자? 미국에서 사고라도 치고 온 거야 뭐야?

간호사2 (링거 챙겨들고는 한숨으로) 그러게 말이예요. 링거만 바꾸고 퇴근할께요.
(507호 병실 안으로 들어가) 공수지 씨? (침대 커튼 걷어 보지만 침대 비어있자
의아한 표정으로) 공수지 씨?
(하며 이불 걷는 순간 뭔가 발견하고 기절할 듯 비명 지르며) 꺅!

미형2 (순간 문 벌컥 열고 들어서 간호사2에게) 무슨 일입니까!

링거 든 트레이 떨어뜨린 간호사2 떨리는 손으로 침대 위 가리키면
갈기갈기 찢어진 환자복과 바닥에 떨어진 과도 보인다!!

미형2 !!! (다급히 전화 걸면)

72 다시 비모도 호텔 객실 / N

채드 (옆에서 전화 받고는 다급히 데릭에게) 공수지가 사라졌답니다!

데릭 (표정 싹 변해) 그게 무슨 소리야?

채드 (당황하고) 닉 말로는 잠깐 화장실 간 사이에 그런 것 같답니다!

인터컷 비모지방경찰청 앞 / N

권주 *(전화로 채드의 목소리 전해 듣고) !!!*

데릭 !! (충격에 눈빛 변해 권총 장전하고) 지금 병원으로 간다.
비모청 협조 받아서 CCTV부터 확보해! (일어서) 나중에 통화하죠.
(전화 끊으려는데)

73 다시 비모지방경찰청 일각 / N

권주 잠시만요!! 저도 가겠습니다!!! (전화 끊고 옆에 있는 박중기, 구광수, 박은수에게)
LA 형사들이 추적하던 용의자가 갑자기 사라졌대요. 가 봐야 할 것 같아요.

박중기 (다급히 걸어오며) 저도 가겠 (순간 부상 입은 다리 삐끗해 표정 찌푸리고) 아...!

권주 (놀라 보며) 무리하지 마세요! (구광수 보며) 구 형사님 가시죠!

구광수 네! (권주와 다급히 달려가는데)

74 5층 + 비상계단 + 화물 엘리베이터 앞 (어두워 잘 보이지 않고) / N

공수지 병실(507호)을 중심으로 미형2, 간호사가 각각 반대쪽
복도와 병실 살피는 동안 사람들의 눈을 피해 비상계단 문을 열고 들어온
사복 차림의 공수지, 아픈 아랫배를 움켜쥔 채 끙끙거리며
화물 엘리베이터 향해 걸어간다.
환자밴드가 바닥에 떨어지는 줄도 모르고 필사적으로 버튼을 누르던 공수지
마침내 땡 하는 소리와 함께 엘리베이터 도착하는데.

순간 어디선가 "자랑, 자랑 우리 애기 제와 도라, 느네 애기 제와주마. (중략)"
굵은 남성 목소리로 노랫소리가 들리는 듯 하자 놀라는 공수지!

인터컷 *어둠 속 비상계단 / N*

짙은 검은색 선글라스, 트렌치코트에 붉은 하이힐을 신은 여자와 날이 바짝 선 양날 도끼를 든 왜소증이 나타나 공수지에게 서서히 다가서려는 순간!

흔들리는 표정으로 다급히 차량에 타는 데릭의 날 선 눈빛!
"센터 부탁해!" 박은수에게 외치며 차로 달려가는 권주와 구광수의 당혹스런 눈빛!
비상계단 어두운 일각 선글라스를 벗고 권주와 똑같은 얼굴로 자장가를 부르는 여자의 괴괴하고 살기 가득한 눈빛 위로.

자막 **AM 12:30 MD036 비행기 탑승객 공수지 도주 사건 발생**

지나면서 보이스 시즌 4 3부 엔딩!!

Season 4 • 4화

자막 **본 드라마는 실제 사건에서 영감을 얻었으나 드라마적으로 재구성된 픽션이며 등장하는 직업, 기업, 단체와 어떠한 관련도 없음을 밝힙니다.**

1 비모도 호텔 객실 / N

채드 (옆에서 전화 받고는 다급히 데릭에게) 공수지가 사라졌답니다!

데릭 (표정 싹 변해) 그게 무슨 소리야?

채드 (당황하고) 닉 말로는 잠깐 화장실 간 사이에 그런 것 같답니다.

인터컷 *비모지방경찰청 앞 / N*

권주 *(전화로 채드의 목소리 전해 듣고) !!!*

데릭 !! (충격에 눈빛 변해 권총 장전하고) 지금 병원으로 간다.
CCTV 당장 확보하라고 해! (일어서) 나중에 통화하죠. (전화 끊으려는데)

2 비모지방경찰청 일각 / N

권주 잠시만요!! 저도 가겠습니다!!! (전화 끊고 옆에 있는 박중기, 구광수, 박은수에게)

LA 형사들이 추적하던 용의자가 갑자기 사라졌대요. 가 봐야 할 것 같아요.

박중기 (다급히 걸어오며) 지도 가겠 (순간 부상 입은 다리 삐끗해 표정 찌푸리고) 아...!

권주 (놀라 보며) 무리하지 마세요! (구광수 보며) 구 형사님 가시죠!

구광수 네! (권주와 다급히 달려가는데)

3 5층 + 비상계단 + 화물 엘리베이터 앞 (어두워 잘 보이지 않고) / N

공수지 병실(507호)을 중심으로 미형2, 간호사가 각각 반대쪽
복도와 병실 살피는 동안 사람들의 눈을 피해 비상계단 문을 열고 들어온
사복 차림의 공수지, 아픈 아랫배를 움켜쥔 채 끙끙거리며
화물 엘리베이터 향해 걸어간다.
환자밴드가 바닥에 떨어지는 줄도 모르고 필사적으로 버튼을 누르던 공수지
마침내 땡 하는 소리와 함께 엘리베이터 도착하는데.
순간 어디선가 "자랑, 자랑 우리 애기 제와 도라, 느네 애기 제와주마. (중략)"
굵은 남성 목소리로 노랫소리가 들리는 듯 하자 놀라는 공수지!

인터컷 *어둠 속 비상계단 / N*

짙은 검은색 선글라스, 트렌치코트에 붉은 하이힐을 신은 여자와 날이
바짝 선 양날 도끼를 든 왜소증이 나타나 공수지에게 서서히 다가서려는 순간!

간호사1이 "공수지 씨!" 외치며 다가오는 소리 커지자 왜소증 한 걸음 물러서고,
그 순간 화물 엘리베이터에 탄 공수지, 그대로 문 닫고 내려가는데!
탕비실과 연결된 비상계단 문 벌컥 열리며 간호사1 들어온다!

간호사1 공수지 씨! (건성으로 둘러보곤 재빨리 나가는데)

왜소증 (어둠 속 날 서 엘리베이터 노려본다)

4 비모지방경찰청 앞 / N

결연한 표정으로 일각 출동팀 승합차를 향해 달려간 구광수와 권주.
조수석에 권주 타자 운전석에 앉은 구광수가 다급히 차 출발하는데!

5 비모도 호텔 앞 + 데릭 차 안 / N

호텔 앞 도로로 쏜살같이 빠져 나오는 검은 승합차.
운전석엔 채드, 조수석엔 데릭이 타고 있다.

데릭 (미형2에게 이하 스피커폰으로 통화하며 / 이하 영어) 지금 가고 있다!!
실시간으로 상황 보고해! (날 선 표정으로 주먹 움켜쥔 채 창밖 보는데)

채드 (액셀러레이터 밟으며 거칠게 운전하는 위로)

자막 **AM 12:30 MD036 비행기 탑승객 공수지 도주 사건 발생**

보이스 4 〈심판의 시간〉 타이틀 뜬다.

6 CTC 뉴스 인서트 (여러 뉴스 연속적으로 이어짐) / D

스튜디오에 앉아 심각하게 멘트 하는 앵커.

앵커1 (**'40년 동안 이어져 온 학대... 그 끝은 살해'** 타이틀 띄우고) 지난 16일 44세 전모 씨는 77세 양아버지를 칼로 찔러 사망에 이르게 했습니다. 전 씨가 의붓형과 싸우던 중 "검은 머리 짐승은 거두는 게 아니랬는데"라는 말을 듣고 홧김에 살인을 저지른 것입니다.

앵커2 (**'난 미성년자니까 감옥 안 가, 뺑소니 사망 사고 이후 인증샷 올린 무개념 10대들'** 타이틀 띄우고) 어제 오후 8시경, 양영시 백서 사거리에서 뺑소니 사망 사건이 일어났습니다. 가해자들은 부모님 차를 훔친 청소년들로 사고 직후 인증사진을 올리기도 하며 사건 경위를 묻는 경찰에게 어차피 미성년자라 감옥도 안 가는데 이런 걸 왜 묻냐는 발언 등으로 논란에...

앵커3 (**'손 씻고 도망가라, 아들에게 살해된 어머니의 마지막 말'** 타이틀 띄우고)
지난 11일, 풍산시 한 아파트에서 살해된 60대 여성이 발견되었습니다.
가해자로 지목된 30대 남성은 사망한 여성의 아들로 말다툼 끝에 어머니를 살해하였습니다. 여성은 의식을 잃어가는 중에도 아들에게 손 씻고 도망가라며 아들을 위하는 모습을 보였다고 합니다.

앵커4 (**'초등학생 친딸 수차례 성폭행한 인면수심 아버지 무죄 주장'** 타이틀 띄우고)
지난 12월 4일 초등학생 친딸을 지속적으로 성폭행한 아버지 김 모 씨(44세)의 재판이 열렸습니다. 김 모 씨는 재판 내내 사랑하는 방법을 알려준 것이라며 무죄를 주장하고 있습니다.

제4화 해녀할망의 숨비소리[7]

자막 **모든 일은 수영과 같다.**
바다를 헤치고 나가다 파도에 휩쓸릴 때
헤엄치는 사람이 용감하게 대응하지 않으면,
바다는 여지없이 그를 삼켜버리기 때문이다.
- 토마스 카릴 -

데릭 (E) 아직도 공수길 못 찾았다고?

7 도로 + 데릭 차 안 / N
채드 운전석에 앉아 속도 올리면, 조수석에 앉은 데릭 통화 중이다.

미형2 (E / 당황스러운 듯 숨 내쉬며 / 이하 영어) 죄송합니다.
5층 병실과 복도 싹 다 뒤졌는데 보이질 않습니다.

7 해녀들이 숨이 찰 때 물 밖으로 나와 내뿜는 휘파람 소리

데릭 (전방 보이는 비모도 병원 날 서 노려보며) 내가 도착하기 전까지 어떻게든 찾아내! 절대 놓쳐선 안 돼!

8 5층 + 비상계단 + 화물 엘리베이터 / N

전화 끊고는(블루투스 이어폰 설정) 초조한 표정으로 비상구 문 열어보는 미형2,
B2에 멈춰 있는 화물 엘리베이터 보는데 순간
바닥에 떨어진 공수지의 환자밴드 발견하자 눈빛 변하고 주워든다!

미형2 (다급하게 비상계단 내려가며 데릭과 다시 통화하고) 캡틴! 공수지 찾은 거 같습니다!! 화물 엘리베이터 앞에 공수지 환자밴드가 떨어져 있어요!! 지하 주차장으로 간 것 같습니다!

데릭 (E / 날 서) 뭐? 도주하기 전에 반드시 잡아! 수단과 방법을 가리지 말고!

9 지하 주차장 (지하 2층) / N

쾅 하는 소리와 함께 주차장으로 비상계단 문 열고 들어서는 미형2,
주차장 일각 아랫배 움켜쥔 채 다급히 차에 올라타는 공수지 보이는데.

미형2 !!! (데릭에게) 공수지 지금 자동차로 도주 시도 중입니다!
(다급히 공수지 차로 달려가 신분증 보여주며) 공수지 씨,
LA 올림픽 경찰서 갱 전담팀 니콜라스 잭슨 형사입니다.
서울 상계동에서 일어난 사건으로 탐문조사 중이니 협조 부탁합니다.

공수지 (겁에 질려 다급히 시동 거는데)

미형2 (놀라 다급히 차 앞 막아서며) 공수지 씨!! 멈추세요!
(그럼에도 불구하고 공수지 차 출발 하려하자 당황해 총 겨누며 버럭)
경찰 명령에 불응 시 발포한다!! 멈춰!

공수지 !!! (총 보자 더욱 겁에 질려 차 출발시키려다 결국 끽 브레이크 밟는 위로)

10 데릭 차 안 / N

데릭 (순간 끼익하는 소리 들려오자 미형2에게) 무슨 소리야???

미형2 (E) 공수지 차가 바로 앞에서 멈췄습니다!

11 출동팀 승합차 / N

운전석에 구광수, 조수석에 권주 앉은 승합차 도로를 달리고 있다.

권주 (무전기 통해 들리는 끼익하는 거친 파찰음 소리와 데릭의 통화내용 집중해 듣다 날 서 다급히) 총 거둬요! 아직 확실한 용의자 아닙니다! (구광수에게) 구 형사님! 서둘러 주세요!

구광수 (속도 내며) 네!

12 지하 주차장 / N

날 선 표정의 미형2, 아랫배를 움켜쥔 채 차에서 내려서는 공수지 앞으로 다가서는데.

미형2 (고압적 태도로) 당신은 리사 조 살인 사건의 용의자입니다. 지시에 따르지 않으면 체포 (하는데)

공수지 (순간 아랫배의 상처가 살짝 터진 듯 옷 위로 피 물들고 / 한국어, 영어 섞어) 아악! 아저씨 나 죽을 것 같아요!!! 수술한 데 터진 거 같다구요!!

미형2 !! (당황해 보는데)

13 비모도 병원 전경 / N

14 동 앞 + 로비 / N

파찰음과 함께 로비 입구로 도착한 승합차에서 내린 데릭과 채드, 그 뒤 도착한 승합차에서 내리는 권주와 구광수,

다급하게 안으로 들어가 코너 옆에 위치한 엘리베이터로 달려가는데!!
권주 역시 다급히 뒤따라 달리는데 비상계단 쪽에서 "강 센터?" 하고
권주를 부르는 도강우 목소리가 들린 것만 같다. 놀라 돌아보는 권주!
어둠 속 비상계단을 통해 지하로 내려가는 누군가의 실루엣이 보이는데!

권주 !! 도.. 팀장님?? (충격에 온몸이 떨려와 서는데)

인터컷 엘리베이터 앞 / N

다급히 엘리베이터에 올라타는 데릭, 채드, 구광수.

구광수 *센터장님? (코너 뒤로 뒤쳐진 권주 부르면)*

권주 (떨리는 목소리 겨우 다잡고는) 잠시만요. 먼저 올라가세요.
(자신도 모르게 사라진 실루엣을 쫓아 비상계단으로 내려가는데)

데릭 (예리한 눈빛으로 살피듯 권주 보는 위로)

15 지하 1층 복도 / N

비상구 문을 열고 지하 1층 복도로 나오는 권주, 문을 잠근 매점과
캄캄한 공간을 둘러보는데! 순간 등 뒤로 검은 실루엣의 누군가 휙 지나간다!
황급히 고개 돌리는데!

권주 (경계심 가득해 보는 순간 입간판 발견하자 허탈하고 / 마음의 소리)
강권주... 정신 차려. 도 팀장님은 죽었어.
(하는데 순간 어딘가에서 참매 소리 들리자 얼음처럼 굳는데) ...!!
(점점 커지는 참매 소리에 맞춰 발밑의 바닥이 출렁이기 시작하자
벽 잡고 호흡 고른다) 후... (순간 찰나적으로 어떤 기억이 떠오르는 위로)

인터컷 알 수 없는 숲속 / D / 권주의 일루전

달려도 달려도 끝이 없는 숲속 울음 터뜨리며 누군가에게 정체 없이 쫓기는 소녀,
하늘 위엔 참매가 먹이를 노리듯 빙빙 돌고 있는데!!

공황증세로 숨을 쉬지 못하는 권주의 귓가에 마치 속삭이듯
"아무도 우릴 떼어놓을 수 없어. 우리는 가족이야 한 몸에서 태어난..."
이라는 남성인지 여성인지 알 수 없는 음성이 들린다!

권주 !! (고통스러울 정도로 빠르게 뛰는 심장 움켜쥐고) 헉... 헉...
(이를 악물며 / 마음의 소리) 진정하자, 강권주.
서커스맨에 대한 생각을 너무 해서 그래... 요즘 쉬지도 못했잖아...
(겨우 진정하는 순간 핸드폰 벨 소리 울리자 받으며) 네. 구 형사님.

구광수 (E) 센터장님! 아직 밑에 계신 거예요?

권주 (애써 침착하게) 아, 잠깐 살필 게 있어서요. 금방 갈게요. (다급히 올라가면)

인터컷 *지하 1층 복도 기둥 뒤 / N*

트렌치코트 차림에 붉은 하이힐 신은 권주와 똑같이 생긴 여자(귀를 쫑긋
움직이며) 살기 가득한 눈빛으로 열린 비상구 사이로
계단을 올라가는 권주 흥미롭게 지켜보는 위로.

공수지 (애써 당당하게 / E) 영장은 갖고 왔어요? 없음 말 안 해요!

16 공수지 병실 (507호) / N

권주와 유사한 외모로 애써 당돌한 표정으로 앉아있는 공수지를 마주 보고 선 데릭.
옆에 채드, 구광수, 미형2, 구석의 간병인까지 지켜보는 일각 권주 들어오면.

데릭 (버티는 공수지 보고 참아 누르며 / 이하 한국어) 다시 묻습니다.

3월 25일 김포공항 도착 3시간 전 뭐 했습니까!

공수지 (순간 움찔하지만 지지 않고) 난 그런 거 모르구여. 영장 없음 말 안한..(하는데)

데릭 (버럭) !! 지금 장난하는 걸로 보이나!! 계속 이딴 식으로 협조 안 하면 살인 혐의로 체포할 수 있어!!!

공수지 (데릭 서슬에 움찔하면서도 애써) 기브 앤 테이크 몰라요? 나도 뭔가 받아야 불지. 처벌 안 한다고 걸던가요.

데릭 (드글대는 표정으로 / 영어) 좋아... 내가 찾는 놈만 아니면 처벌 안해. 그러니까 더 이상 내 시간 뺏지 말고 솔직히 말해! (공수지 날 서 보면)

공수지 (버티다 결국 포기한 듯) 후... 클럽에서 애들이랑 생파 하다가 ...애드걜 먹었어요. 미국서 몇 개 가져온 거. 요즘 공부 스트레스 완전 심하단 말이에요!!! (억울한 듯 미국 경찰들 돌아보며) 형사님들은 알죠? 미국에선 불법 아닌 거! 기말에 에세이도 수십 갠데. (영어) 아빠한테 그거 먹었다고 걸림 날 죽일 거라구요! 오죽하면 (찢어진 환자복 가리키며) 이 난리를 치고 나갔겠어요.

권주 그 약 미국에선 모르지만 한국에선 불법이에요.

공수지 (데릭과 권주 불안하게 보며) 그러든 말든! 난 말했으니까 약속 지켜요!! 난 그 살인 사건이랑은 아무 상관 없다구요!! (상개동 클럽에서 찍은 SNS 사진 보여주며) 여기 찍힌 날짜랑 시간 (3/25 PM07:05)보이죠? (사진 아래 문장 "우울할땐흔들어봐 #DANCE #생축")

데릭 !! (소매를 걷고 있던 공수지의 손목 안쪽 재빠르게 훑고는 실망한 표정으로) 마지막으로 하나만 더 묻죠. 비모도 올 때 비행기에서 (권주 가리키며) 이렇게 생긴 여자 승객 본 적 있습니까?

공수지 (고개 저으며) 아뇨. 비즈니스석에 젊은 여잔 나 하나였어요.

데릭 후... (채드, 미형2에게 / 이하 영어) 용의자 아니야. (날 서 나가면)

권주 ! (따라 나가다 명함 주며) 공수지 씨 나중에라도 생각나면 얘기해요. (진심 어린 눈빛으로) 그리고 경찰 수사 협조했다고 말해줄 테니 애드걜 밀반입 조사받으세요. 공수지 씨 미래를 위해서라도요. (나가면)

공수지 (데릭과 권주 사라지자) 아 뭐야!! 얘기가 다르잖아!! (손에 잡히는 물건들 던지며 불안으로 눈빛 흔들리다 일각 눈치 보는 간병인에게 날 서) 아빠한테 입만 벙긋해봐!!
(다시 초조함으로 손톱 끝 깨물다) 살인자가 나랑 같은 비행길 탔다고?
(핸드폰보다 침대 위에 던지고 누워버리는 위로)

17 병원 밖 / N

데릭과 권주, 구광수, 채드, 미형2가 나와 차를 세워둔 곳으로 걸어간다.

채드 (데릭 눈치 보며) 괜찮으세요, 캡틴...

데릭 (굳은 표정으로) 오늘부로 그 시각 비행기에 탄 모든 승객 다시 용의선상에 둔다.
(가려다 여전히 창백한 권주 일별하며 / 이하 한국어) 그리고
패닉 디스오더(Panic disorder)[8] 같은데... 빨리 치료하죠. 더 늦기 전에.
(다시 가면)

권주 제 일은 제가 알아서 합니다.

데릭 (멈칫 돌아서 차갑게 보며) 당신 걱정돼서 하는 말 아닙니다. 당신이 있어야
그놈 잡을 수 있으니까. 알아서 몸 관리해요. (대답 듣지 않고 차에 타면)

권주 !! (차에 타는 데릭 길게 바라보는데, 오른팔 다친 듯 보이고)

18 출동팀 승합차 안 / N

묵묵히 운전 중인 구광수의 옆으로 생각에 잠겨 창밖 보는 권주.

구광수 (운전하며 권주에게 조심스레) 센터장님...
힘드심 언제든지 말씀하십쇼. 제가 뭐라도...(하는데)

권주 (얼른 속내 감추고 미소로) 괜찮아요. 지금까지 얼마나 많은 일을 겪어 왔는데요.
(하다 생각난 듯 미안한 표정으로) 참, 티나 씨 면회 아직 못 갔죠.
반가 내고 다녀오세요.

8 공황장애

구광수 (머쓱해 웃으며) ...괜찮습니다. 이해해 주겠죠.

권주 범인도 잡아야하지만 소중한 사람도, 더는 놓치지 말자구요.
(하지만 묘하게 눈빛 흔들리면)

구광수 (그런 권주 걱정스레 보는 위로)

19 비모 수련원 전경 / N

박중기 (E) 공수지 각성제 걸릴까봐 도망친 거였다꼬?

20 502호 / N

발목에 붕대 감은 박중기, 침대 머리맡에 부적을 붙이며 구광수와 이야기하고 있다.

박중기 (답답하단 듯) 서커스맨이랑 가장 유사한 용의자 였다카믄서 아이면
대체 누가 범인이라는 기고? 귀신이 곡할 노릇이네...

구광수 그러게 말이에요. (박중기 부적 흥미롭게 보며) 형수님이 또 챙겨줬어요?

박중기 (침대로 와 앉아) 챙겨주긴 마! 내가 갖고 왔제. 이놈의 마누라 비모도로
출장 간다꼬 빼져가꼬...

구광수 ...형수님 잘 해 드리세요. (장난스레) 뭐 또 누가 압니까... 외로운 마음에...

박중기 모꼬! 이 자식이... 형님한테 그걸 말이라고 하나???

구광수 (웃으며) 아 말이 그렇단 거죠. 형수님이 형님 얼마나 생각하는지 아시믄서.
(하다 문득 생각난 듯) 참 아까 센터장님... (하다) 아닙니다....

박중기 뭐꼬? 싱겁긴. (미심쩍은 듯 보는 위로)

권주 (E / 놀라) 학대?

21 501호 / N

실내복으로 침대에 앉아 핸드폰 든 박은수를 바라보는 권주.

박은수 (놀란 표정으로) 제 동기 중에 미국 영사가 있는데
조 형사님 치안감 아버지한테 학대받았단 소문이 있더라구요.
왼팔이 무통각 된 것도 그거 때문이라고...
(조심스레) 여동생 승아 씨에 대해선 더 안 좋은 소문이 있구요.
의전원 그만두게 된 것도 양부 때문이라던데요. (권주에게 핸드폰 보이면)

권주 (보며 놀라는 위로)

인터컷 *민사소송 소장 (핸드폰 화면) / N*

피해자 : 데릭 조 스콧(조승호)

주소 : 918 S Oxford Ave, Los Angeles, CA 90006 미국

가해자 : 맥 스콧

주소 : 400 S Kenmore Ave, Los Angeles, CA 90020 미국

1/ 입양된 직후 12세 때부터 가해진 언어적, 신체적 학대에 따른 피해보상금 3,000달러 요구

2/ 가해자 맥스콧의 현재 LA 경찰서 치안감 자격 박탈 요구

박은수 이게 집에서 독립한 뒤에 걸었던 아동 학대 소송인데요.
패소하게 되자 "스콧"이란 성을 버리고 입양 전 성인 "조(Cho)"씨로 개명해서
승아 씨랑 둘이 살았던 거 같아요.
세상에 가족이라곤 둘 뿐이었던 거죠. 그런 여동생이 죽었으니...
조 형사님... 저만큼 멘탈 잡는 게 전 대단해 보여요.

권주 ...! (좀 전의 상황 떠올리는 위로)

인터컷 *112 신고센터 / N (시즌4 3부 58씬 권주 시점의 확장씬)*
무전에 집중하는 권주 귀에 들리는 데릭의 목소리.

데릭　　*(E) 그래, 알아! 어린 시절 니가 당한 학대!!*
살기 위해 개 사료까지 먹으며 버틴 거 다 안다고!

권주　　(예상치 못한 데릭 과거를 듣자 조금씩 데릭의 행동이 이해가 되는데)
박은수　그리고... 아까 박 팀장님이 여기 지리 잘 아는 출동팀 형사가 필요할 것 같다고...
(권주 살피며) 혹시 심대식 형사 비모도에 있는 거 아세요?
권주　　(전혀 몰랐단 듯 놀라) 심 형사가?
박은수　(끄덕) 재활 성공해서 생활안전과로 복직했다더니 금방 휴직했나 봐요.
비모도 우미리 해변에서 다이버샵 강사하고 있대요.
(조심스레) 여기 지리도 잘 알 테고, 골타팀 경험도 있고... 어떠세요?
권주　　(생각 고르다) 내일 한번 만나 볼게. 박 요원도 오늘 고생했는데 얼른 쉬어.
(짐에서 세면도구들 챙겨 화장실로 가면)

22　　화장실 / N
세수하던 권주 거울 속 얼굴을 들여다보는 순간 아까 병원에서
보았던 알 수 없는 기억들 다시 떠오른다.
묘하게 엄습해 오는 불길한 예감에 깊은 한숨 내쉬는 위로.

플래쉬백　알 수 없는 숲속 / D / 권주의 일루전 (시즌4 4부 15씬의 인터컷)
달려도 달려도 끝이 없는 숲속 울음 터뜨리며 누군가에게 정처 없이 쫓기는 소녀,
하늘 위엔 참매가 먹이를 노리듯 빙빙 돌고 있는데!!

플래쉬백　지하1층 복도 / N (시즌4 4부 15씬)
공황증세로 숨을 쉬지 못하는 권주의 귓가에 마치 속삭이듯
"아무도 우릴 떼어놓을 수 없어. 우리는 가족이야 한 몸에서 태어난..."
이라는 남성인지 여성인지 알 수 없는 음성이 들린다!

권주 (마음의 소리) 하지만 그... 참매 소리... 이상할 정도로 생생했어...
마치... 내가 숲속에 있는 것처럼...
(하다 힘껏 머리 흔들며) 강권주 정신 차려! 이럴 때가 아냐.
모든 용의자의 알리바이가 증명됐어. 이러다 서커스맨 놓칠 수도 있어!!
(결연한 표정으로 청장에게) 핸드폰으로 전화한다, 받으면)
네, 청장님. 밤늦게 죄송합니다만 급하게 드릴 말씀이 있어서요. (중략)

청장 (E) 상개동 일가족을 살해한 범인이 자네 얼굴로 변장한 것 같다고?

권주 (심각하게) 네 늦게 말씀드려서 죄송합니다.

청장 (E) 아니네. 신중하느라 그런 거겠지. 골든타임팀 업무에 지장 가지 않는 선에서 잘 해보게나. 감 청장에게 말해두지.

권주 감사합니다. (전화 끊고는 결연하게 주먹 쥐는 위로)

23 비모도 호텔 객실 / N

테이블 위 스탠드 불만 켜진 어두운 객실,
데릭 소파에 혼자 앉아 탑승객 명단 속 공수지 ***(공수지 / 7F / 981022-2773912 / 대학생 (컬버 대학) / 172cm 52kg)*** 지우고는 상개동 살인 사건 현장과 관련 자료 복기하며 추리하는 위로.

인터컷 205호 / N / 이하 데릭의 추리

이현민, 차마 가족을 공격하지 못하고 손도끼 내던져 버리는 순간
검은 우비의 누군가 들어와 이현민과 현민 부모를 잔혹하게 살해한다.

데릭 (이하 마음의 소리) 범인은 문하람, 주범태처럼 가정불화가 있는
이현민에게 계획적으로 접근했어.
범인이 시키는 대로 이현민이 가족들을 손도끼로 협박하는 동안
몰래 들어와 온 가족을 살해했고... 앞의 두 사건처럼 존속 살인으로
조작할 생각이었는데 (주먹을 꽉 쥐며) 갑자기 승아가 나타난 거지...

인터컷　*205호 / N*

살해당한 일가족을 내려다보던 검은 우비, 순간 인기척에 문 쪽으로 고개 돌리면 황급히 사라지는 승아 보인다! 눈빛 번뜩이다 쫓아나가는 검은 우비.

데릭　범인은 206호로 도망간 승아를 찾아냈고
끔찍한 폭행을 가한 뒤 비상계단을 통해 끌고 내려왔어.
그 계단은 나무에 가려진 건물 바깥쪽에 있었기 때문에
누구 눈에도 띄지 않았을 거야.

인터컷　*비상계단 + 비상계단 입구 + 수완 아파트 뒷골목 / N*

검은 우비, 의식 잃은 승아를 끌고 내려온다. 철거 중인 아파트에 쌓여있는 폐기물중 누군가 버린 대형 트렁크(혹은 음식물 쓰레기통) 발견하자 재빨리 승아를 그 안에 넣는 검은 우비, 순간 바닥에 떨어지는 승아의 경보기를 급히 집어 자신의 주머니에 넣는 위로.

데릭　화단 옆에 놓인 폐기물 중 승아를 숨길 만 한 걸 골라 이동했고.
외진 마을버스 차고지 옆 대형쓰레기통으로 가서
(터질 것 같은 마음 가까스로 억누르며)
승아를... 살해한 거야. 시간을 갖고... 천천히...... 마치 벌을 주듯......

부검의　*(E) 조승아 씨는 심각한 오버킬이 있는 걸로 나왔습니다.*

데릭　(겨우 호흡 고르며) 그리고 다시 현장으로 돌아왔어, 우리가 도착한.
혹시나 자신이 실수한 것이 있나 확인하기 위해서.

인터컷　*수완 아파트 2동 인근 (어둡고 으슥한) / N*

사람들 사이에 숨어 수완 아파트 2동을 지켜보는 검은 우비.

흥분감을 억누르며 승합차가 다급히 도착하고 광수대와 데릭, 채드가 달려 들어가는 모습을 본다. 잠시 후, 다급하게 비상계단 입구로 나오는 데릭.

데릭 *(혼란과 분노로 돌아보며) ...!! 승아야!!!! 승아야!!!*

(중략)

데릭 *!!! (눈 벌게져 다급히 핸드폰 빼앗아) LAPD 데릭 조 경감입니다! 범인에 대해 아는 대로 말해요! 놈이 승아... 내 동생을 납치해갔어요.*

권주 *!! (우려 가득해 다급히 / E) 지금 그 범인, 과거 두 가족을 몰살한 연쇄 살인마예요! 3개월에 한 번씩, 25일마다 저질렀구요! 특별한 청(력, 하려다 참고) 범인은 여성일 가능성이 있습니다.*

데릭 *(당황스러운) 여자요? 일가족을 살해하고 내 동생을 비상계단으로 끌고 간 범인이 여자라구요?*

데릭 (처절한 심정에) 범인은 특별한 청력으로 나와 강 센터의 통화를 들었고 강 센터가 자신에게 반응한 것을 알자 게임을 시작한 거야!

인터컷 *수완 아파트 2동 인근 (어둡고 으슥한) / N*

검은 우비. 건축폐기물 속 인부들이 버린 청소용 염산병 보이자 집어 드는 위로.

인터컷 *수완 아파트 뒷골목 일각 갈림길 / N*

갈림길에서 일부러 쓰레기통 넘어뜨리는 검은 우비, 데릭을 마을버스 차고지로 유인하며 뛰기 시작한다.

인터컷 *마을버스 차고지 밖 일각 / N*

승아를 구하기 위해 달려오는 데릭을 묘한 미소로 숨어 지켜보는 검은 우비.

데릭 (온몸이 분노로 차오르고) 강 센터 말대로 그놈은 우릴... 갖고 놀았어.
우리를... 승아야... 조금만 기다려줘...
니가 당한 고통... 그놈한테 수천 배로 되돌려 줄게.
(피 토하듯 주먹 부서져라 움켜쥐는 위로)

24 비모지방경찰청 전경 / D / 다음 날

감 청장 (E) 솔직히 놀랐어. 청장님께서 갑자기 골타팀 비모청에 발령 내시니까.

25 동 감 청장실 / D

태극기와 비모지방경찰청 깃발, 여러 상패가 전시되어있는 가운데,
감 청장이 권주와 마주 앉아있다. 테이블 위에는 골든타임팀 발령 대장 보이는데.

권주 (결연한 표정으로) 네. 미리 말씀드렸어야 했는데...
서울청에서 이미 다른 용의자 추적하는 중이어서 잘못하면
감 청장님께 누가 될 수 있다고 생각했습니다.

감 청장 (일견 이해한단 표정으로) 하긴 강 센터가 외유성 출장 자청할 리 없다 했어.
참. 데릭 조 형사도 골타팀에 합류했다며?

권주 네. 조 형사님이 먼저 공조를 원해서요.

감 청장 (못 마땅한 듯) 콘트롤 쉽지 않아 보이던데.

권주 (생각 고르고 차분하게) 지금으로선 범인을 직접 본 유일한 목격자이기도 합니다.
비모청과 골든타임팀 업무 피해 없게 수사해 보겠습니다.

감 청장 (생각 고르다) 좋아. 상황 실장한테 말해두지. 더 필요한 건?

권주 긴급체포나 가택수색도 사후 보고 가능하도록 부탁드릴게요..

감 청장 (생각 고르며) 예민한 문제긴 한데 나도 노력할게. 단, 조건이 있어.
너무 서두르지 마. 이 섬만의 독특한 문화가 있단 말도 잊지 말고.

권주 명심하겠습니다. (일어나 나가면)

감 청장 (그런 권주 묘한 걱정에 차 바라보는 위로)

26 출동팀 사무실 앞 + 안 / D

양 과장 (박중기와 구광수 돌아보며) 어떤가? 급하게 정리한다고 하긴 했는데...

박중기 (둘러보다) 아늑하니 좋십니더. (일각 선반 위 놓인 조왕중발 가리키며)
(농담하듯) 저건 뭡니까? 제사상두 아이고...

양 과장 액막이라고 알지? (과장되게) 내가 이 나이까지 쌩쌩한 게 다
저거 덕분이라니까. 건 그렇고, 미국 형사... 감당할만 해?
그쪽은 워낙 공권력이 세니... 맘에 걸려서 말야.

박중기 같이 출동해보니께네... 말은 통하는 거 같으니 걱정 마이소.

양 과장 (어깨 으쓱하며) 고생들 하게. 필요한 거 있음 언제든 말하고. (가면)

권주 (E) 오늘부터 비모청 112 신고센터에서 6개월간 골든타임팀이 시범 운영됩니다.
골든타임팀은 골든타임 안에 생명을 구하고자 하는 팀인 거 잘 아시죠?

27 112 신고센터 / D

신고센터 내 아담한 규모로 정면엔 **"친절, 신속, 정확"** 슬로건이,
밑에는 대형 TV만 한 전광판으로 지도가 펼쳐져 있고 맨 앞줄엔 접수,
그 뒷줄 분석 지령, 맨 뒷줄 자치경찰로 섹션이 나뉘어 있다.
권주와 박은수가 전광판 아래 서서 센터 요원들을 보며 서 있는데.

권주 (전광판에 띄운 비모도 전도 속 비모청 주변 행정구역을 손으로 가리키며)
비모지방청에서 3분 이내 도착 가능한 순동, 탐서동, 도상동 총 10개 동
긴급사건 위주로 출동할 예정이구요.
(일동 미소로 둘러보며) 앞으로 잘해보죠! 그럼 근무들 하세요.

요원들 네! (모니터로 시선 집중하면)

권주 (박은수에게) 난 심 형사 잠깐 만나고 올게. 센터 좀 부탁해.

박은수 (권주에게) 네. 잘 다녀오세요.

천상필 (권주에게 뭔가 말하려다 타이밍 놓치자 박은수에게 다가와 조심스레) 박 요원님!
시간돼요? 잠깐 부탁할 게 있어서.

박은수 (천상필 반갑게 보며) 네. 무슨...(하다) 근데 왜 계속 존댓말하세요?
전처럼 편하게 말씀하세요.

천상필 (사람 좋게 웃으며) 요즘엔 존댓말 하는 게 편하더라구요.
선배, 후배기 전에 다 같은 동료들인데.

박은수 (공감하듯 미소로 보다) 참, 부탁할 게 있으시다구...

천상필 아... 골든타임팀에 꼭 오고 싶단 친구가 있어서요.
탐서 경찰서 안전과 소속인데 사이버 수사론 나름 실력이 좋습니다.
부담 갖지 마시구 지원서만 한번 받아주세요. (가면)

박은수 (미소로) 네. (하고는 무작정 찾아왔다고? 황당한 듯 밖 보는 위로)

28 112 신고센터 앞 / D

박은수 (냉랭한 표정으로 나와 서면)

한우주 (일각에 인사 요약 카드와 지원서 들고 초조하게 서 있다 경례하며)
충성! 골든타임팀 박은수 지령팀장님이시죠.
탐서 경찰서 안전과 한우주 순경입니다!
골든타임팀에 꼭 들어가고 싶어서 찾아왔습니다!!

박은수 지원선가요? 전달할게요. (한우주에게서 지원서와 인사 요약 카드 받아 들어가려는데)

한우주 (옆에 따라붙으며 간절하게) 어필할 기회는 주셔야죠!
(핸드폰으로 팬카페 보이면서) 제가 골타팀 팬카페 운영자거든요.
골타팀처럼 대박적이면서 보람 쩌는 일을 하고 싶습니다!

박은수 (어이가 없어) 허... 경찰을 재미로 해요?

한우주 (곰곰이 생각하다가) 네. 안정성과 월급도 보긴 하지만
일은 재미가 먼저죠! (진심으로) 저, 진짜 찐으로! 교대 없이 뺑뺑이
돌려도 골타팀 넣어만 주시면 빡세게 일하겠습니다! 참!
(핸드폰으로 **"상개동 일가족 살인 사건, 미국인도 사망"**) 기사와

기자들의 SNS (**"상개동 일가족 살인 사건의 범인 신창섭. 익명의 경찰 관계자에 따르면 범인은 여성이라는 미국인 유가족의 주장..." 등**), 음모론 커뮤니티, 채팅방, 유티비 등을 팔로우하는 자신의 계정 보여주며) 상개동 리사 조 살인 사건 뭐 좀 나왔나요? 어제 그 오빠란 미국 경찰이 출동팀에 합류한 거 보니까 뭐가 있는 거 같던데... 내부망에선 완전 핫이슈였거든요.
미국 경찰 여동생을 죽인 한국 살인범!

박은수 호기심이 지나치네요. (들어서려는데)

한우주 잠시만요! (박은수 등에 대고) 이거 하나만 더! 들어주세요!!
실은 제가 그 피해자 고딩, 이현민 인스냅 확인했거든요.
(돌아보는 박은수에게 핸드폰으로 ***"이현민이 방 안에서 입 찢는 포즈 취하며 방금 배달된 박스에서 '삐에로 스마일' 배지 꺼내 자랑하는"*** 영상 보여주며)
삐에로 스마일 배지 언박싱 영상 찍은 게 있더라구요.
그 배지, '서커스 삐에로'라는 게임 만렙 유저들한테만
보내 주는 리미티드 굿즈 거든요. (눈 반짝이며) 제 생각엔 그 사건
이현민의 자작극 아니면, 같이 게임하는 애들 짓일 겁니다.
솔직히 서커스 삐에로 하는 애들 치고... 절대!! 정상인 애가 없거든요.
(하다 어이없단 박은수 표정에 민망해)
뭐, 아님 말구요. 그럼 연락 기다리겠습니다! (급히 가면)

29 복도 일각 / D

한우주 (코너 돌아 벽에 붙어 서서 자책하듯) 아 너무 센 척 오졌나... 이놈의 과몰입..!!
근데 내 실력이 쩔어서 혹하신 것 같긴 하던데...

30 다시 112 신고센터 / D

박은수 (어이없단 듯 들어서며 한우주의 인사카드 읽어보는 위로)

인터컷　　한우주 인사 요약 카드 / D

이름 : 한우주 주민등록번호 : 921027-1029387

학력 : 우성대학교 사이버해킹보안과 졸업

계급 : 순경 / 직책 : 비모지방경찰청 탐서경찰서 안전과 통신수사요원

비고 : 2017.12.11. 사이버 특채

2017.11.27. 직접 개발한 악성코드 '유니버스H' 로 대형 피싱 사이트 일망타진

2018.05.19. '보이스 피싱계 대부 곽성철 사건' 본청 사이버수사대 근무지원

(이하생략)

박은수　　(그러나 곱씹을수록 한우주의 마지막 말이 마음에 걸리는데)...
(다급히 월덕1 (시즌 4 1부 박은수의 선배)에게 전화하고) 어, 선배.
좀 물어볼 게 있어서. (잠시) 월덕 마을 사건 주범태 있잖아. 혹시 걔가...

31　　돌핀 다이버 가게 전경 / D

자막　　**비모도 우미면 돌핀 다이버 가게**

32　　동 안 / D

선반 위 각종 다이버 장비들 놓여 있는 일각, 다이버 체험하는 관광객 사진들이
가득한 벽면 보는 권주. 사진 속 강사 차림의 심대식 보이자
반가움에 미소 짓다 멈칫, 과거(시즌 1)와는 너무 다른 무표정한 모습 안타까운데!

심대식　　(들어서다 권주 보자 흔들리는 표정 애써 감추며) 오랜만이네요. 센터장님.
권주　　(돌아보며 반가움과 복잡한 마음으로 길게 보다) 할 얘기가 있어서 왔어요.

33　　인근 공터 / D

바닷가를 바라보며 벤치에 앉아있는 심대식과 권주.

권주 늦었지만 복귀 축하해요.
내 청력... 모른 척해 준 것도 늘 고마웠구요.

심대식 하고 싶은 얘기가 뭡니까?

권주 단도직입적으로 말할게요. 심 형사님 도움이 필요해요.
(결연하게) 골든타임팀 복귀해줘요.

심대식 (냉소적으로) 대한민국에 형사가 그렇게 없나요? 나 같은 비리 형사를 다 찾아오게.

권주 (따뜻하게 보며) 미련이 있으니 사직 대신 휴직한 게 아닌가요.
동료 경찰들 눈은 좀 따갑겠지만 우리한텐 심 형사님이 필요해요.
특별사법경찰제로 최대한 잡음 없이 처리할 테니까.
(결연한 표정으로) 실은 나처럼 특별한 청력을 이용해,
세 가족을 살해한 연쇄 살인마가 이곳에 있거든요.
이 섬에 대해 잘 아는 팀원이 필요해요...

심대식 (표정 차가워져 일어서며) 헛걸음하셨네요. 제가 있어봤자
골든타임팀에는 아무 도움도 안 됩니다.
(시계 보며) 그럼, 강습 있어서 가보겠습니다. (가려다 멈칫 권주 돌아보며)
센터장님... 바다에 들어가면 뭐가 젤 좋은 줄 아세요?
아무것도 안 들리는 겁니다. (목례하고 담담하게 가면)

권주 !! (무슨 말인지 안다, 쉽지 않겠다 싶어 한숨 내쉬는데
박은수로부터 전화 온다, 받으며) 어, 박 요원. 무슨 일이야?

박은수 (긴장해 / E) 센터장님! 이현민과 주범태가 같은 게임을 했는데
이름이 '서커스 삐에로' 랍니다!
우연의 일치라고 하기엔 좀 이상하지 않으세요?

권주 (눈빛 흔들리며) 알았어. 지금 들어갈게.

34 돌핀 다이버 가게 앞 / D

반슈트 차림(다이빙 슈트의 상체를 허리에 묶은 상태)으로 다가오는 심대식에게

기다리고 있던 강습생들 앞으로 와 선다. 바닥에 공기통과 레귤레이터(호흡기) 준비돼 있는데.

심대식 (장비 작동법 보여주며) 오늘은 공기통과 레귤레이터 연결하는 방법을 배울 겁니다. (레귤레이터 꼭지 가리키며) 이 부분이 딘인데 이렇게 공기통에 맞춰 끼우고 코크를 돌려 고정하세요. (이하 생략)

강습생들 (어설프게 따라하는데)

심대식 (강습 진행하지만 마음이 잡히지 않는 듯 흔들리는 눈빛 위로)

권주 *(E) 미련이 있으니 사직 대신 휴직한 게 아닌가요.*

정곡을 찌른 듯한 권주 말에 낮은 한숨 내쉬는 순간 갑작스럽게 모태구에게 당한 끔찍한 순간 떠오르고 억제하기 힘든 격렬한 분노가 솟구치는 위로.

플래쉬백 다시 지하실 일각 / N (시즌1 15부 99씬)

천천히 쓰러진 심대식 앞으로 다가가는 모태구.

모태구 *(가만히 음미하듯 내려보다) 인간은 무엇으로 완성되는 줄 알아? (몸 숙여 심대식 귀에 속삭이듯) 바로... 고통이지. (다시 일어나, 킥킥, 재미있다는 듯 웃다 싸늘하게) 그러게... 왜 까불어.*

모태구, 이내 잔혹한 미소를 지으며 케틀벨 쳐든다.

플래쉬백 지하실 안 / N (시즌1 16부 8씬)

모태구의 폭행 이어지며 엉망으로 떡이 된 심대식 가까스로 숨만 내쉬고 있다.

강습생들 (격한 분노를 보이는 심대식 걱정스레 바라보며) 강사님? 연습 다 했는데요?

심대식 (정신 들어 표정 고치며 얼른) 아. 한 번 더 해보세요!

강습생들 (연습하면)

송 사장 (일각에서 다가오며 심대식에게 나직이) 경찰 왜 왔어? 무슨 문제 있는 거 아니지?

심대식 (무심히) 별일 아니에요.

송 사장 (큼) 그렇담 다행이고. 참 채 강사 오늘 못 온다고 연락 왔어?

심대식 아뇨. (고개 저으면)

송 사장 (짜증난단 듯) 참나!! 뭐하는 거야! 강습 예약 잔뜩 받아 놨는데. (전화 걸며 가면)

심대식 (복잡한 마음 애써 추스르는 위로)

35 비모지방경찰청 전경 / D

데릭 (E) LA 경찰에서 이현민 삭제된 핸드폰 계정을 복구해보니...

36 동 회의실 / D

권주와 데릭, 박중기, 구광수, 박은수가 심각한 표정으로 앉아있다.
테이블 위엔 주광시, 양영시, 상개동 주요 단서가 되는 사진들이 놓여 있는데.

데릭 텔레노트로 누군가와 대화한 단서가 나왔습니다.
(복구된 채팅 대화 내용을 보여주며) 전체 대화 복구는 불가능하지만
누군가와 비밀 대화를 꾸준히 했단 단서는 됩니다.

권주 그럼 서커스맨이 텔레노트로 이현민에게 접근했을 수도 있겠네요.

박은수 (끄덕이며) 다른 피해자들도 마찬가지였을 거예요.

데릭 (고개 끄덕이며) 모든 용의자가 혐의를 벗은 상태니까.
처음부터 다시 시작하는 겁니다.
한국 쪽은 강 센터장이 알아서, 우리는 텔레노트 확인합니다.
서로 정보 얻는 대로 공유하죠.

박중기 (흔쾌히) 알겠십니더. 딸랑 증거라꼬 있는 기 현장에 찍힌 여자 스니커즈

발자국 하나뿐이니... 인자부터 빡세게 뭐든 파봐야 하지 않겠십니꺼.

권주 (데릭 향해) 참! 저희 팀에 지원한 사이버 요원이 있는데
이현민이 서커스 삐에로란 고어 게임 유저라고 하네요.
확인해 보니 양영시의 주범태도 그 게임을 했구요.

데릭 같은 게임이요? (순간 눈빛 날카로워지며) ?! 그 사이버 요원 어딨습니까!

권주 지금 밖에서 기다리고 있어요.

데릭 !!

37 동 밖 / D

한우주 노트북 소중하게 감싸 안은 채 긴장한 표정으로 기다리다
권주 나와 서자 감격으로 본다.

한우주 (바짝 긴장해 뻣뻣하게 경례하며) 안녕하십니까!! 한.우.주.입니다!!
만나 뵙게 돼서 정말 영광입니다. 강권주 센터장님!

권주 들어와요.

한우주 (권주 따라 들어가는 위로)

한우주 (E) 다크웹에 서버를 둔 게임인데, 10대 매니아들 사이 나름
충성도가 높습니다.

38 동 안 / D

권주, 데릭, 한우주 노트북 화면을 보며 앉아있다.

한우주 (노트북으로 화면에 게임 포스터와 공략법, 게임플레이 장면을 띄워놓고)
일명 패륜게임으로 유명! 이지레벨에서 일정 점수를 따면
하드레벨 플레이 자격이 되는데 그땐 유저 본인이
삐에로가 돼서 친구나 담임, 가족을 죽이는 게 메인 이벤트입니다.

(잔인한 게임 장면 띄우는 위로)

인터컷 *게임 화면 이지모드 / D*

흉악하게 생긴 삐에로가 길가에서 각종 무기를 들고 지나가던 행인들을 죽인다.

권주 !!! (잔혹하고 사실적인 그래픽에 놀라는데)

한우주 (무기 아이템 리스트 등 띄우고) 이지레벨을 5단계까지 클리어해야
하드 레벨이 시작되는데요. 어후... 무기나 살인 방법이 완전 싸패 수준입니다.
폭행 대상도 이지는 행인이었다면, 하드는 학교 반 친구, 가족 식으로 가까워지죠.

인터컷 *게임 화면 하드모드 / D*

삐에로가 된 플레이어가 집으로 들어가 가상의 가족들을 갈고리, 까꾸리, 드릴 등을 이용해 잔인하게 살해하고 있다.

한우주 하드는 무기도 엄청나요. 갈고리, 드릴에다가 심지어 해녀 까꾸리도 있더라구요.
(권주, 데릭에게) 아, 까꾸리란 건 해녀들 물질할 때 쓰는 낫 같은 겁니다.
(메인에 뜨는 삐에로 스마일 로고 가리키며)
이건 하드레벨 상위 1프로 랭커한테만 주는 영광의 배지! 구요.
이현민 책상에도 이 스티커가 붙어있던데요.

권주, 데릭 !!!

한우주 (치 떨며) 더 소오름 돋는 건 그 랭커들끼리 서로 이상한 소속감을
갖는단 거예요.

권주 수고했어. (데릭에게) 만약 문하람도 이 게임을 했다면 이 안에
단서가 있을지 몰라요.

데릭 (날카로운 눈빛으로 끄덕이면)

권주 (한우주에게) 한번 알아봐 줘.

한우주 (기뻐하며) 걱정 마십쇼! 제가 최선을 다하겠습니다.

데릭, 권주 (의욕과다인 한우주 제법인 듯 보다 나가고)

39 동박 / D

마주 보고 선 권주와 데릭.

권주 (충격적이란 듯) 세상에 그런 게임을 아이들이 하다니요.
서커스맨... 추적할수록 정말 끔찍한 존재란 생각밖에 안 드네요.

데릭 (냉정하게 일별하며) 그러니까 우리가 반드시 잡아야죠. 센터장 그 능력으로.
참... (권주의 귀 날카롭게 보며) 그 청력 어떻게 생긴 겁니까?

권주 (멈칫 잠시 주저하다 툭) 12살 때 교통사고를 당해서... 6개월간 혼수상태였어요.
머리를 심하게 다쳐서 뇌수술을 몇 번이나 했다는데... 기억엔 없구요.
(애써 담담한 척) 결국 깨어나긴 했지만, 눈이 안 보였어요.
2년 동안 어둠 속에 갇혀있는 기분이었죠.
그래서... 뭐라도 느껴보려고 애썼는데
어느 순간부터 아주 작은 소리가 들리기 시작하더라구요.
담당 의사 말론 뇌수술 부작용으로 청신경이 발달한 게 아닐까... (말끝 흐리는데)

데릭 (자신도 모르게 생각 고르며)...그렇다면 범인도 뇌수술 후유증 가능성이 있겠군요.

권주 (후유증? 설마 싶은 표정으로 데릭 예리하게 살피며) 참 건 그렇고..
공수지 손목을 살피는 것 같던데. 제 손목도 그렇고...
설마 숨기는 게 있는 건 아니죠?

데릭 (순간 당황하지만) 잘못 본 겁니다.
(말 돌리듯) 그리고... 더 심해지기 전에 필요 없는 소리, 무시하는 법도 배워요.
당신이나 나한테 가장 필요한 일이니까. (권주 보다 가면)

권주 (뜻밖의 대답에 위로받으면서도 의혹으로 데릭 길게 보는 위로)

비모청 복도 일각 TV에서 앵커가
"마을 어촌계와 결탁한 유명 리조트 건설사의 날치기식 사업허가 정황이 드러났습니다. 바다 생태계 파괴를 우려하며 공사를 반대한 해녀들을 비롯

마을 주민들은 주민 설명회조차....” 뉴스 보도하는 위로.

자막 **AM 11:30 우미리 어촌계장 피습 사건 발생 5분 전**

40 112 신고센터 / D

신고센터 내 아담한 규모로 정면엔 **“친절, 신속, 정확”** 슬로건이,
밑에는 대형 TV만 한 전광판으로 지도가 펼쳐져 있고 맨 앞줄엔 접수,
그 뒷줄 분석지령, 맨 뒷줄 자치경찰로 섹션이 나뉘어 있다.

박은수 (전화 받고) 네 112 신고센터입니다.

감순 (E / 바들바들 떨며) 아이고 이를 어떡합니까게? 사람 살려줍서!

박은수 (심상치 않은 목소리에) 진정하시구요. (잠시 듣고는) 네?
그게 정말인가요? (하는데 순간 권주 센터 안으로 들어오자) ...잠시만요!
센터장님 지금 우미리 해변에서 감순 씨한테 신고 전화가 걸려왔습니다!
자신이 해녀인데 상군해녀[9]가 어촌계장에게 흉기를 휘두르고 있다는 내용입니다.

권주 (센터장 자리로 와 헤드셋 끼며) 전화 돌려봐!

박은수 네! (신고 전화 돌려주면)

권주 (전화 받으며) 네 112 신고센터 강권주 센터장입니다. 지금 해녀분이 흉기를
휘두른다고요?

감순 (E / 경악해 떨며) 예 맞수다. 순례 할망이 까꾸리로 고수동을 죽이려햄수다!
빨리 오십서, 누구 하나 죽을크라!

41 우미리 해변 갯바위 / D

까꾸리를 높이 쳐든 고순례(70대, 여)가 목발을 놓쳐 주저앉아있는
고수동(40대, 남)을 금방이라도 내리찍을 기세로 위협한다.

9 상, 중, 하군의 해녀 중 가장 실력이 좋은 급의 해녀

기겁한 고수동이 어떻게든 도망치려 해보지만 쉽지 않고!

일각 감순(50대, 여, 순한 인상) 덜덜 떨며 핸드폰으로 권주와 통화 중이다.

고순례 우리 가은이헌티 왜 그랬냐! 차라리 날 갖다 바치쥬! (까꾸리 거칠게 휘두르는데)

고수동 (식은땀 가득한 얼굴로 간신히 피하고) 대체 무신 소리꽈! 바치긴 뭘 바첩다까게!

일동 (고순례가 휘두르는 까꾸리에 찍힐까 두려워 차마 다가서지 못하고) 아이고!!

고순례 우리 가은이 저 물속에서 죽어 있는 거 내가 보고 와쪄!

(피 토하듯) 니놈이 한 짓 들통날까 봐 아이 무쇠솥에 넣어 죽이지 아녀시냐!

감순 (발 동동 구르며) 퍼, 퍼뜩 오라게!!

42 112 신고센터 / D

권주 (차분하게) 무슨 상황인지 좀 더 설명해주시겠어요?

감순 (E / 횡설수설하듯) 이게 다 내가... 바닷속 무쇠솥에서..

죽은 가은이를 봐서 저런 거우다! 가은이는 순례 할망 손녀데...

고수동이가 애를 죽여다가 솥에 가뒀다고...

권주 (순간 놀라지만 애써 침착하게) 바닷속 무쇠솥에 시신이 있다구요?

감순 (E / 울먹이며) 글타니께... 나랑 고순례 할망은 우미리 해녀고예,

고수동은 어촌계장이지마씸...

권주 !!! (감순 음성 분석하며 / 마음의 소리) 성대가 경직돼 있지 않아. 거짓말은 아냐...

(박은수에게) 박 요원! 우미리 어촌계장 고수동과 해녀 고순례 할머니에 대해

알아봐! 손녀 가은 씨 핸드폰 번호 빨리 확보하고!

박은수 네! 잠시만요. (다급히 컴퓨터로 해녀협회, 우미리 어촌계 대장 등 찾아보며

권주에게) 센터장님! 가해자 74세 고순례 할머니는 딸 사망 후 20세인

손녀 고가은과 함께 살고 있구요. 두 사람 다 현직 해녀로 등록돼있습니다.

피해자 48세 어촌계장 고수동은 고순례 씨와 친척 관계구요.

등록된 고가은 핸드폰 번호로 전화해보겠습니다!

(권주 끄덕이자 다급히 전화 걸지만 받지 않자 표정 굳어) 꺼져있다고 나옵니다...!

권주 !! (날 서 박은수에게) 당장 고가은 위치 추적해봐!

박은수 네! (위치 추적 결과 보며 긴장해) 센터장님! 고가은 핸드폰 오늘 오전 우미리 해변에서 꺼졌습니다.

권주 !!!! (다급히 코드제로 버튼 누르면 화면에 ***00:00:01*** 카운트 시작된다, 무전으로)
코드제로 사건 발생! 해녀 고순례 할머니가 어촌계장인 고수동을
까꾸리란 (물질) 도구로 공격하고 있단 신고가 들어왔다.
장소는 우미면 우미해변로 317 인근.
신고자에 따르면 조금 전 우미리 바다 무쇠솥 안에서
고순례 할머니의 손녀 고가은으로 추정되는 시신이 발견됐으며
고수동이 살해했다고 주장하고 있다.
출동팀과 우미리 지구대는 방검복과 방검 장갑 착용 후 조속히 출동 바란다!

자막 **AM 11:35 우미리 어촌계장 피습 사건 발생**

42-1 출동팀 사무실 / D

촌스러운 커튼이 달린 창과 가운데 공청 무전기가 놓인 책상 하나, 컴퓨터가 놓인 책상이 셋, 한쪽엔 커피포트와 믹스커피, 그리고 조왕중발이 보이는 일각 박중기, 구광수 앉아있으면 데릭 들어서는데 공청 무전 울린다.

박중기 (무전 하며) 출 하나, 둘, 셋, 출동합니더!

일동 (재빨리 방검복 및 방검 장갑, 총기 챙겨 달려나가면)

42-2 112 신고센터 / D

권주 (감순에게) 신고자분! 지금 경찰이 출동했으니 금방 도착할 겁니다.
아까 하시던 말씀 계속해 주시겠어요?

감순 (E / 여전히 흥분한 목소리로) 오늘 고수동 고 잡놈이 해녀들 바다 팔아먹느라 정신이 없었다게?! (다급히 설명하는 위로)

43 우미리 해변 갯바위 / D / 이하 회상

우미리 어촌계장 고수동(목발을 짚은)과 수산청 공무원이 나란히 서서 바닷가 풍경 흐뭇하게 바라본다.

공무원 우리 계장님 장사수완 장난 아니시네.

고수동 (어깨 펴며) 내 말대로 하믄 자다가도 돈이 떨어진다고 했잖어. 리조트만 자리 잡아 봐, 아주 떼돈이 들어 온다게. (하는데)

고순례 (달려와 서슬 퍼런 분노로 테왁[10] 던지며) 이게 뭐하는 짓이냔! 이놈아! 해녀 바다 앞에 리조트를 짓냐게?? 다이버 놈들한테 우리 바다 팔아먹은 것도 모자라냐!!

고수동 하이고 가은이 해변에서 다이버놈들하고 허구 헌날 술 파티 하든마씸! 가은이나 똑바로 단속하주!

고순례 (멱살 잡으며) 단속? 우리 가은이한테 손만 대! 내가 가만 있을크냐! (싸움 거칠어지면)

44 갯바위 일각 / D

멀리 고수동과 고순례 싸우는 모습에 깊은 한숨 내쉬며 쑥 잎으로 수경을 닦는 등 물질 준비를 서두르는 감순과 서너 명의 해녀들.

해녀2 그나저나 가은이 갸는 아직도 다이버들이랑 붙어 다니주? 진짜 가은이가 전복 명당 귀띔해준 거 아님수과?

감순 (묵묵히 듣다가 한숨 쉬고) 가은이 그럴 애 아니니께 걱정 마씸. 먼저 들어갈게예. (테왁에 의지해 바다로 헤엄쳐 나간다)

감순 *(E) 싸우는 꼴도 보기 싫어 물로 들어갔는디...*

10 해녀들이 헤엄치는 데 쓰는 도구

45 바닷속 / D

암초에 붙은 해산물을 채취하는 감순. 허리에 찬 망사리에 넣으며 주변을 살피는데 일각 바위틈 쇠사슬이 감긴 커다란 무쇠솥 보인다!

감순 (솥뚜껑 틈으로 긴 머리카락 나와 있는 것 보자 기함하고 / 마음의 소리) 뭐야!! 사람 머리카락이라?? (순간 머리카락에 엉켜있는 비즈 머리끈을 보자 큰 충격으로 다급히 챙겨 수면 위로 올라간다) !!

46 우미리 해변 갯바위 / D

격하게 싸우고 있는 고순례와 고수동 사이로 미친 듯이 달려가 끼어드는 감순!!

감순 (공포에 질려 고순례에게) 아이고 할망! 일났수다! 바닷속 무쇠솥 안에 사람이 들어있는 거 같은디... 이게 있었수다! (움켜쥔 머리끈 내밀면) 이거 가은이가 절대로 몸에서 떼지 않는 거 아니우과!

일동 !!!!

고순례 (한눈에도 손녀 머리끈이라는 것 알자 몸 떨리는데) !!! 아니 이게 왜... (다급히 바다로 뛰어드는 위로)

47 바닷속 / D

오리발을 거세게 움직이며 무쇠솥으로 다가가는 고순례. 무쇠솥 사이에 흘러나온 기다란 검은 머리카락을 보자 미친 듯이 쇠사슬 풀어 무쇠솥 뚜껑을 열려고 시도하지만 쇠사슬은 꿈쩍도 안 하는데! 차오르는 숨을 억누르며 쇠사슬을 당겨보거나 뚜껑을 옆으로 밀어도 미동조차 없는 무쇠솥! 다급히 따라 들어간 해녀들이 발버둥치는 고순례를 잡아끌며 위로 데려간다.

48 우미리 해변 갯바위 / D

고순례를 끌어올린 감순 포함 서너 명의 해녀들이 다급히 고순례의 물질 모자 내려주는 등 응급 처치하면 고순례, 겨우 숨 돌아와 헐떡이다
저 멀리 허겁지겁 자릴 피하는 고수동 보자 까꾸리 들고는 살기에 차 덤벼드는데!!

49 우미리 해변 갯바위 / D / 이하 현실

감순 (고순례와 고수동의 대치 상태 걱정스레 보며) 실은 며칠 전에 술 취한 고수동이가 가은일 죽이겠다며 난리가 났다게! 가은이 말론 고수동이가 양귀비를 키운댜! (겁에 질려) 혹시... 그것 때문에 가은이 죽인 거 아니우??? 우리 마을엔 사람 죽이고 무쇠솥에 넣으면 들키지 않는단 미신이 있수다!

50 다시 112 신고센터 / D

권주 ?!!! (충격으로 / 마음의 소리) 범죄를 감추려고 살인을... 했다구?! (다급히 감순에게) 무쇠솥 어디서 보셨어요?

감순 (E) 우미리 해변에서 쭉 나가면 거북바위 암초가 있지예. 바로 그 아래서 봤다게.

권주 !!! (천상필에게) 해양경찰에 수색 지원 요청하세요! (박은수에게) 고수동 배임수재나 횡령 전과 있는지 빨리 확인해!

천상필, 박은수 네, 알겠습니다!

천상필 (비모지방해양경찰청에 전화해) 112 신고센터 천상필 경위입니다! 우미리 해변 거북바위 아래 무쇠솥에서 시신이 발견됐다는 신고를 받아 수색 요청합니다! 20세 여성 고가은 씨가 피해자로 추정됩니다. (듣고는 권주에게) 센터장님, 근처에 경비정이 있어서 5분 안에 도착할 거 같답니다.

권주 (결연하게 고개 끄덕이고) 신고자분! 고가은 씨에 대해 아는 대로 얘기해주시겠어요?

51 우미리 해변 갯바위 / D

감순 (슬프고 안타까운 표정으로) 고가은이는 할망의 외손녀인데...
지 엄마가 일찍 세상을 떠서 할망이 자기 성 씨 주고 키웠수다.
근데 가은이가 요새 바람이 나선 서울로 가고 싶어 안달이 났다게...

52 바닷가 근처 횟집 안 + 밖 / N / 이하 감순 회상

물질을 끝내고 어망을 어깨에 멘 고순례와 감순이 횟집을 지나가다가
남자 다이버 및 관광객들과 어울려 술을 먹고 있는 고가은 발견한다.

고순례 (어망을 바닥에 팽개치고 고가은 밖으로 끌고 나와) 물질도 안 나오고 여서 뭐핸!!!
고가은 (서울말 하며) 아 왜 나 놀다 갈 거야! (약간 취해 반항하듯) 왜 난 놀면 안 돼!
고순례 (못 보던 옷 보자) 너 이거 무슨 돈으로 샀냐?
너 설마...고수동이 협박해서 또 돈 받안?!
고가은 할망! 이제 걱정 말라게! 수동 삼촌이 양귀비밭 동영상 경찰에
신고 안 하는 대신에 서울 보내준다 햅서!
고순례 하이고 이 철없는 것아! 그러다 수동이한테 해꼬지라도 당하면 어쩔라고!!
고가은 (큰소리치며) 아 괜찮다니까! 서울 가믄 큰돈 벌어서
앞으로 할망 호강할 일만 남은크라!
고순례 (속에서 천불 나고) 너 걷자마자 배운 게 물질인데 어디를 간다크냐!!
우리 바다는 우리가 지켜야지!
고가은 또 그 소리!! 할망 그럴 때마다 숨이 막혀죽을꺼 같다게! (확 일각으로 달려가면)
고순례 (속이 타들어 가며) 가은아!! 가은아!! 하이고 저것이......

53 바닷속 + 동위 배 / D

고순례를 비롯한 해녀들과 고가은이 암초 사이로 해산물을 채취하고 있다.
가득 찬 어망을 본 고순례의 신호로 해녀들 올라가려는 순간
고가은 바위틈, 풍성한 전복밭 보자 손부터 뻗는데...

고순례 !! (기겁하며 고가은의 뒷덜미 낚아채 데리고 올라간다)

집으로 돌아가는 배 위, 시무룩해 고순례 등지고 앉은 고가은.
주변 감순 등 몇몇 해녀들 보인다.

고순례 (답답해서) 그거 하나 더 따려고 욕심부리다 물숨 먹고 죽을 크라!
해녀는 자기 숨만큼만 일하는 거라고 몇 번이나 말함시냐!

고가은 (입 불퉁 나와) 눈앞에 전복들이 그득한데 그걸 안 따?!
이러니까 할망이 평생 가난하게 물질만 하는크라! 난 그렇게 살기 싫어!

감순 (옆에서 망사리 정리하며) 가은아, 할망 말 들으라. 욕심부리다 탈 난 해녀 많다.
그래도 만에 하나 일 생기면 꼭 해심 마을 샘굴로 가서 그 물 마셔야 핸.
해녀들 수호신 해심 할망 알젠?
굴 안에 손가락으로 큰 구멍을 내준 덕에
바닷물이 들어 용천수가 트였다게! 그거 마시면 물숨 싹 가실 크라.

고가은 (고집 부리듯) 난 할망이랑 달라예... (답답한 듯 바다를 보는데)

감순 *(E) 그렇게 키운 손녀를 잃었는데 순례 할망 정신이 온전하겠수과?*

54 112 신고센터 / D / 이하 현실

권주 (안타까움과 분노에 주먹 쥔 두 손에 힘 들어가고 / 마음의 소리)
대체 누가 이런 끔찍한 짓을...

박은수 (신고자료 보며 권주에게) 최근 해녀분들와 어촌계장 사이에 갈등이 많았네요.
특히 고가은이 고수동을 뇌물수수로 신고했어요. 양귀비를 몰래 키우는
동영상도 찍었다는데 막상 제출은 안 해서 진실은 알 수 없지만요.

권주 !!!

55 우미리 해변 갯바위 / D

까꾸리를 휘두르는 고순례를 피해 목발을 짚어가며 필사적으로 도주하는 고수동.

고수동 (관광객들 다급하게 밀치고 버럭 소리 지르며) 비켜! 막지 말고 꺼지라게!!

고순례 (살기등등해 따라가며) 고수동 이놈아!! 저승까지 도망가 봐라! 내가 멈추나!

고수동 (뛰다 넘어지지만 악착같이 갯바위 일각으로 피한다)

인터컷 갯바위 감순 일각 / D

감순 *(헉! 놀라 쫓아가며 권주에게) 둘이 갯바위 쪽으로 가고 있다게!!*

56 112 신고센터 / D

권주 (다급하게 무전 하며) 여기는 센터, 출동팀 거의 도착하셨죠?
확인 결과 리조트 건설이랑 다이버 해산물 무단 채취 문제로
해녀들과 고수동 어촌계장 사이에 갈등이 심했는데
특히 고가은이 고수동을 뇌물수수로 신고하고
양귀비를 몰래 키운다고 주장해 사이가 나빴다고 합니다.

57 출동팀 차 안 / D

운전석엔 구광수, 조수석엔 박중기, 뒷좌석엔 데릭 앉아있다.

박중기 (무전 하며) 여기는 출 하나, (앞에 우미리 해변 보며) 거의 도착해 가입니더!

58 갯바위 일각 / D

고순례를 피해 갯바위 일각 해녀 쉼터까지 오는 고수동.

고수동 (빠르게 주변을 살피다 도주로가 없자 돌아보면 고순례가 서 있다)

고순례 (까꾸리 번쩍 쳐들며) 같이 죽자. 가은이 죽었음 내가 살 이유 하나도 없다.

고순례 성큼성큼 다가가 고수동의 목을 까꾸리로 찍으려는 순간!
간신히 까꾸리 날을 피한 고수동이 고순례와 몸싸움을 시작한다!

인터컷 갯바위 감순 일각 / D

감순 *(일각에서 발을 동동 구르며 초조하게) 둘이 까꾸리 잡고 싸우고 있어예!*
이러다 정말 하나 죽어마씸! 빨리! 빨리 좀 말려달라게!!

59 우미리 해변 일각 / D

파찰음 내며 다급히 멈추는 차에서 빠르게 내리는 데릭, 박중기, 구광수!
해변 일각 구경꾼들 모인 곳을 향해 다급히 뛰어간다.

박중기 (무전 하며) 지금 막 우미리 바닷가에 도착했십니더! 갯바위로 이동 중입니다!

60 동 갯바위 일각 / D

고수동과 고순례의 격한 싸움이 이어지는데 발목 부상으로 운신이 쉽지 않은
고수동과는 달리 형형한 눈빛의 고순례, 까꾸리로 고수동의 등을 찍는다!

고수동 (극심한 고통 느끼며) 윽!!

까꾸리를 빼 들고 다시금 높이 쳐든 후 고수동의 목을 찍으려는 고순례!

박중기 (E) 할매요, 멈추이소!!

순간 구경꾼들 사이 도착한 박중기, 구광수, 데릭이 고순례를 향해 총 겨누며 선다.

감순 순례 할망!!! (구석에서 보고 있다 다가와) 순례 할망!!! 제발 그만둡서. 양?

박중기 (진심으로) 할매요, 지도 딸아를 가진 애빕니더.
할매 마음 모르는 거 아닌데... 조금만 침착하소.

구광수 (무전 하며) 여기는 출 둘, 센터장님! 지금 고순례, 고수동 씨 대치 중인
해녀 쉼터[11]에 도착했습니다.

데릭 (빠르게 갯바위 훑으며 예리하게 동선 파악한다)

61 다시 112 신고센터 / D

권주 (긴장해) 박 팀장님, 구 형사님, 조 형사님! 반드시 구조 바랍니다!

62 갯바위 출동팀 일각 / D

박중기 할매, 진짜 바닷속에서 가은이 봤씁니꺼? 잘못 본 거일 수도 있고...

고순례 그럴 리가 어수다!! 어떤 할망이 지 새끼를 몬 알아보나!!
지 어멍 유품이라 만날 머리에 하던 크라!!

고수동 (틈을 타 애절하게) 살려줍서! 이 할망이 잠수병으로 미쳐부려시냐!

고순례 이노미 끝까지 터진 주둥이라고!! (고수동 목 까꾸리로 찍으려는데)

박중기 (이 악물고 버럭) 할매요! 할매 감옥가믄 가은이 장사는 누가 지내주는교!
우리가 도울 테니 제발 그것 좀 내려 놓이소.

고수동 (발악하며) 미친 할망을 왜 설득을 하냐게? 총으로 빨랑 쏴버립서!

박중기 (버럭) 조용히 하소마! (하는데)

데릭 (나직이 박중기에게) 신뢰감을 쌓으면서... 할머니 시선 끄세요.
나랑 구 형사님이 마무리합니다! (총 거두고 삼단봉에 손을 가져간다)

박중기 (끄덕이며) 할매요, 진정하고 그거 내려놓읍시더.

고순례 (울먹이며) 금수만도 못한 놈 내 손으로 죽이고 갈 거우다!!

11 '불턱'으로 해녀들이 옷을 갈아입거나, 불을 지펴 몸을 녹이던 공간

박중기 (진심 어린 시선으로) 그걸로 내리 찍는다꼬 맘이 풀리겠습니꺼? 법에 맡기이소! 내가 저 살인마 평생 감빵에서 못 나오게 할 끼니까. 함 믿어 보이소. (손 내밀면)

고순례 거짓말하지 맙서양! (하지만 눈빛 격하게 흔들리는데)

데릭 !! (순간 빠르게 삼단봉 뽑아내며 뛰어가 까꾸리 막아내는데)

구광수 (순간 고순례의 뒤쪽에서 양 팔목 붙잡아 제압에 성공한다)

고순례 (마지막까지 거칠게 반항하며) !!! 놔라! 이것들아! 놔!!

박중기 (안쓰럽게 보며 고순례 수갑 채우고) 고순례 씨, 당신을 살인미수 혐의로 체포합니더. 변호인 선임권, 진술거부권, 변명의 기회가 있십니더!

고순례 아이고... (억울함이 사무쳐 통곡하는데)

감순 (다가가 고순례 안아주며) 할망... 이를 어째... (울먹이고)

고수동 (의기양양하게) 미친 할망 같으니! 잠수병으로 정신 놓은 모양인데... 형사님들! 빨리 병원에 처넣어 다신 못 나오게 해줍서!

데릭 (고수동 날 서 보며 버럭) 지금 혐의 풀린 줄 착각하나 본데 시신이 고가은 씨 아니라도 당신 살인 사건 주요 용의잡니다!

고수동 (기절초풍하게 놀라) 그게 무슨 소리우과!! 난 엄연히 피해자라!! (우미1, 2에게 인도되어 가면)

구광수 여기는 출 둘, 고순례 체포로 우미리 어촌계장 피습 사건 종료! (무전하면)

데릭 (순간 일각 팔짱 끼고 구경 중인 외국인 관광객 일별하는데)

자막 **AM 11:45 우미리 어촌계장 피습 사건 종료**

63 112 신고센터 / D

요원들 (조용히 안도하는 한편 긴장을 늦출 수 없는데)

권주 (천상필에게) 해경은요?

천상필 좀 전에 시신 인양 중이라고 연락이 왔습니다.

권주 !!!

64 바닷속 / D

절단기로 무쇠솥을 감싼 쇠사슬을 끊은 해경 잠수 요원들이 솥뚜껑을 열면
그 안에 잔뜩 웅크린 여자의 머리카락 물길에 출렁이는데!
안을 들여다보고 당황하는 잠수 요원들 시신을 바디백 안에 넣어 수면으로 오른다.

65 연안 구조정 위 / D

바디백을 가지고 수면 밖으로 나오는 잠수 요원들. 연안 구조정에 있던
해경구조대가 바디백을 끌어올려 갑판에 놓자 구조대장(이하 대장1)이
다급히 다가와 살펴본다.

대장1 (바디백 지퍼 내리고 살피다 심각하게 무전 하며) 여기는 해경 하나, 지금
무쇠솥 안에 젊은 여성시신 확인했습니다. 아직 비누화[12]가 안 된 걸 봐선
유기된 지 며칠 안 지난 것 같습니다.
(끔찍한 듯 시선 틀며) 근데... 시신 얼굴은 심하게 훼손돼 있고 몸엔
자창이 있는데... 처음 보는 모양이네요.

66 112 신고센터 / D

천상필 (해경 무전 듣고 권주에게 다급히 달려가 전하면)

권주 !!! (눈빛 흔들리며 다급히 출동팀에 무전 한다)

67 출동팀 차 일각 / D

수갑 찬 고순례를 출동팀 차에 태우는 데릭, 박중기, 구광수 위로
들려오는 권주의 무전!

12 시체의 중성 지방이 효소 등으로 가수 분해되어 비누와 같은 불용성의 시체 밀랍을 형성하는 사후 현상, 시랍화(Adipocere)라고도 한다.

권주 (E) 여기는 센터, 현재 무쇠솥에 유기된 여성 시신을 인양했는데
얼굴이 심하게 훼손된 상태라 신원 확인이 어렵답니다.
또한 몸에서 자창이 발견되었는데 처음 보는 형태라구 하구요.

고순례 (듣고는 몸부림치며) 하이고 우리 가은이여... 우리 가은이... (울부짖는데)

일동 (고순례의 모습 가슴 아프게 보고)

박중기 (고순례에게) 진정하이소... (데릭, 구광수에게) 그쪽으로 가겠습니다.
(무전 하며) 여기는 출 하나, 지금 고순례 씨가 가서 확인할 예정입니더.

68 부둣가 / D

해경구조대 연안 구조정이 선체를 대고 서는 일각 출동팀 차 달려와 서고
데릭, 박중기, 구광수, 고순례 내린다. 뒤이어 우미리 지구대 차량,
해경과학수사팀 차량 도착하면!

고순례 (수갑 풀고 부축 받아 내려서고) 아이고 가은아!!! (울부짖는데)

69 부둣가 심대식 일각 / D

일각에서 강습생들 인솔해 나오는 심대식, 순간 멈춰서는 출동팀 차 놀라 본다.

강습생들 (수군거리며) 뭐야. 사람 죽은 거야?

심대식 (역시 놀라 따라 보다가 지구대 경찰들 사이 박중기와 구광수 보이자
반가움과 복잡한 마음 교차하는데)

70 부둣가 / D

폴리스라인이 쳐지고 관광객들이 모여드는 가운데
박중기와 구광수의 부축을 받아 걸어가는 고순례
공포와 충격에 휩싸인 채 바디백에 담겨있는 시신으로 다가간다.

해경1 (바디백 지퍼를 내려주면)

고순례 (벌벌 떨며 확인하고 잔혹함에 치를 떨다 놀라며)
우, 우리 아가 아닌디양! 우리 아는 키도 이렇게 안 컸어랑.

일동 ?!! (서로 얼굴 마주 보며 당황하는데)

데릭 (바디백 속 시신, 승아의 시신과 오버랩되자 고통스럽지만 애써 참으며)
잘 확인해 보세요. 정말 아닙니까?

고순례 (단호하게 부정하며) 참말이라! 절대 아니라! (발목에 새겨진 돌고래(다이버 타투)문신 가리키며) 우리 가은인 발목에 이런 거 어수다양!

71 부둣가 심대식 일각 / D

심대식 (시신 발목에 돌고래 문신 보고 눈빛 흔들리고) !!
저 돌고래 문신 채 강삽니다!

송 사장 (갸웃하며) 에이 채 강사 문신 저거 아니지 않아. (하는데)

심대식 채 강사 맞아요. 잠깐 여기 계세요! (다급히 경찰들에게 다가간다)

72 부둣가 / D

박중기 (다가오는 심대식 발견하자 놀라) 이게 누꼬? 대식아! 여 어쩐 일로 왔나!

구광수 (역시 심대식 복잡한 시선으로 보는데)

심대식 (간단하게 목례하고는 시신의 발목 문신 확인하고 흔들리는 눈빛으로)
이 여자 저랑 같이 일하는 다이버 강사 같아서요. 그 친구 발목에도 똑같은 문신이 있었거든요.

일동 ?!! (놀라 심대식 보는데)

데릭 (바디백 속 시신 자창 살피다 일어서며) 트렌치 스파이크 나이프 자국입니다.
삼각형 모양 때문에 봉합수술도 어려운 악질적인 흉기죠.
(생각 고르며 시신의 팔 안쪽 살피고) 그리고 이 주사 자국, 마약 중독자들의 베니펀쳐(venipuncture)[13]구요.

구광수 (기가 막힌다는 듯) 흉기에 마약이요???

해경1	(시계 보곤) 저기... 이제 국과수로 부검 차 이동해야 해서요
박중기	시신에 마약 중독 정황 있다카니 확인 꼭 하이소 (우미리 지구대 경찰에게) 고순례 씨 인계 좀 해주이소!
우미1, 2	(경례하고 고순례 차에 태우려 하면)
고순례	(뛰는 심장 겨우 진정시키며 출동팀에게 간절하게 매달리며) 경찰 선상님들, 우리 가은이 꼭 찾아줍서. 저 죽은 아이가 다이버 아가씨면 우리 가은이한테도 뭔 일 있을지 몰라예! 둘이 참 친했다게(하는데)
우미1, 2	할머니 가셔야 해요. (고순례 태우려 하면 고순례 막무가내로 버티고)
데릭	(고순례 모습 일별하며 박중기에게) 경찰서에 가도 가만 안 있을 겁니다. 가족의 생사도 모르는 상황이라면.
박중기	!!! (데릭, 우미1, 2에게) 확인할 일 생길지 모르니 할머니 여기 계시게 해주이소. (심대식에게) 그 다이버 강사 이름이 뭐라캤지?
심대식	채소윤이요.
박중기	(무전 하며) 여기는 출 하나, 센터장님! 시신이 채소윤 씨 맞는지 신원 확인 좀 부탁합니데이. 발목에 (돌고래) 문신 사진 전송합니더!

73	112 신고센터 / D
권주	(전송된 사진 확인하고 박은수에게) 박 요원! 채소윤 씨 신원 조회하고 SNS에서 개인 사진 찾아봐. (전송받은 사진 속, 돌고래 문신 보이며) 이 문신 있는지도.
박은수	네! (다급히 신상명세와 SNS 조회하는데)

13 정맥천자, 주사침을 정맥에 직접 찌르는 것을 말한다.

인터컷 채소윤 신상명세 / D

이름 : 채소윤 주민번호 : 930912-2947412

주소 : 비모 비모시 우선읍 다솜빌라 201호

학력 : 서한 고등학교, 서한 대학 졸

직업 : 돌핀 다이버 강사

자격증 : UTR 강사 자격증 보유

비고 : 사금융 대부업체 채권 추심 직원에 의한 폭행으로 세 차례 신고 접수

(5,000만 원 체납 관련 (연이자 24%), 원금 및 채무불이행 이자 포함 금액 8,750만 원)

엑스터시 투약 혐의 (벌금형 1,500만 원)

박은수 (눈빛 변해 다급히) 센터장님, 채소윤 씨
마약류관리법 위반사항, 사금융 대출 있습니다!
(개인 SNS 사진 중 문신 사진 전송하며) 그리고... 여기 문신 사진입니다.

권주 !!!! (사진 두 개 비교하면 같다) 똑같잖아!!!
(박은수에게) 한우주 순경, 서커스맨 추적 잠시 중단하고
채소윤 관련 모든 기록 다 모으라고 해! 최근 통화 내역부터 사소한 금융 거래까지!_

박은수 네. 알겠습니다. (한우주에게 전화하며) 어, 한 순경... (권주 요청 사항 전달하면)

권주 (다급히 무전 한다) 여기는 센터, 확인 결과 돌고래 문신의 위치와 모양이
동일해 채소윤 씨일 가능성이 높다.
또한 채소윤 씨는 엑스터시 투약으로 인한 마약류관리법 위반 전과가 있으며
사금융 대출 등 채무도 확인됐다!

74 부둣가 / D

일동 (예상치 못한 전개로 다들 큰 충격에 휩싸이는데)

박중기 일단 본청 국제마약과 동기한테 좀 알아보겄십니더. (일각으로 가면서 핸드폰 하면)

데릭 (송 사장과 심대식에게) 채소윤 씨가 마약하고 있는 거 알았나요?

송 사장 (당황하고) 아뇨, 어린이 대상 강습 때문에 성범죄 경력 조회 동의서만 받았지,
그런 건 몰랐습니다. (문득 생각난 듯) 하... 그래서 긴 팔만 입고 다녔나??

박중기 (일각에서 전화 끊고 다가와) 요즘 러시아랑 조선족이 연합한 흑룡파 아덜이 들여오는 물건들이 있다카는데 최근 바다에서 잃어버렸단 소문이 있십니더.

데릭 (순간 65씬에서 본 동양계 외국인(블라디보스톡) 머리를 스치고, 날 서) 어떤 물건이죠?

박중기 MIDA(엠아이디에이)라 카던가...

데릭 !! Star flower, 별꽃이라고 불리는 액상으로 된 마약입니다. 환각이나 중독성이 매우 높죠. 순도 높은 물건은 부르는 게 값이니... 지금쯤 눈에 불을 켜고 찾아다닐 겁니다.

박중기 하 이노마들... 흑룡파 자료 곧 보내준다카니 좀만 기다리소!!!

75 112 신고센터 / D

박은수 (한우주에게 전화 받으며 놀라) 텔레노트로 마약을 팔았다고? 산 게 아니고?

76 회의실 / D

한우주가 모니터 화면 속 채소윤의 강습생 명단과 텔레노트 아이디 주인의 신분을 확인하며 전화하고 있다.

인터컷 *모니터 화면 (채소윤 강사 강습생 명단, 텔레노트 마약 거래 아이디 명단) / D*

▶ 채소윤 강사 강습생 명단 (돌핀 다이버)

최주영 / 0109461775 / 921021-2881041 / caMDyoung@qmail.com / 서울시 고동구 고성2로

전수빈 / 0109973558 / 900516-2331405 / bockchi21@weum.net / 경기도 양포시 서동

오건희 / 0102561736 / 880122-1946358 / gone0ne@qmail.com / 전라북도 송덕군 송연읍2로

▶ 텔레노트 마약 거래 아이디 명단

caMDy_0ung / 최주영 / 921021-2881041 / 0109461775 / caMDyoung@qmail.com

bock2s / 전수빈 / 900516-2331405 / 0109973558 / bockchi21@weum.net

Ogonehee / 오건희 / 880122-1946358 / 0102561736 / gone0ne@qmail.com

(중략, 이하로 수 명의 강습생과 텔레노트 아이디가 일치하고 있다)

한우주 (명단 보며) 수강생 신분증을 도용해서 아이디들을 만들었네요!
IP 추적 결과 채소윤 본인이 맞고요!
엑스터시나 마리화나가 대부분인데 최근엔 별꽃을 구했다고 올렸습니다.
던지기 수법[14]으로 판 거 같구요.

77 112 신고센터 / D

박은수 알았어. (놀라 끊고는 권주에게 다급히 보고하면)

권주 !!! (박은수의 말 듣고 표정 변해 무전 한다) 여기는 센터,
채소윤 인터넷 거래 내역 추적 결과 아이디를 도용해
마약을 소량씩 판매한 기록을 확인했다.
엑스터시나 마리화나가 대부분이었다가 최근엔 액상 마약을 판매한 것으로 보인다!

78 다시 부둣가 / D

일동 !!!

구광수 (허) 놈들이 잃어버린 마약 가방이 채소윤 손에 들어갔고
그걸 찾으려다 살해한 것 같은데요?

데릭 (날 서) 채소윤에게 숨긴 장소를 자백받기 위해 고문을 했고
채소윤은 그 쇼크로 사망한 겁니다.
만약 고가은도 관련되었다면 지금 상당히 위험할 겁니다.

일동 ! (심상찮은 예감에 서로 얼굴 마주 보는데)

송 사장 (옆에서 생각 고르다 벼락같이) 아! 그러고 보니... 저번 밤에
젊은 여자 둘이 뭔갈 들고 가는 걸 봤어요! (떠올리는 위로)

14 채팅 등으로 판매자와 구매자가 거래한 뒤 약속한 장소에 각자 마약을 놓고 가져가는 비대면 거래 수법

79　　바닷가 일각 / N / 이하 회상

송 사장이 심각한 표정으로 아내와 통화하고 있다.

송 사장　(버럭 화내며) 나라고 돈 벌기 싫어서 이런 줄 알아?
경기가 안 좋은데 어떡해!!!
(바위 뒤로 뭔가를 들고 가는 사람 발견해 기웃거리지만 잘 보이지 않자)
암튼 나중에 통화해!!! (전화 끊고 자세히 보면 채소윤과 고가은처럼 보이는데)

80　　다시 부둣가 / D / 이하 현실

송 사장　채 강사랑 그 해녀 애 같던데. 갈색 운동 가방을 들고 가더라구요!
일동　!! (날 서 생각 고르면)
데릭　(관광객들 사이 자꾸 이쪽을 주시하는 외국인 묘하게 거슬리는데)

81　　112 신고센터 / D

박은수　(채소윤의 신용카드와 은행 입출금 내역 보며) 센터장님!
최근 채소윤 계좌에 출처를 알 수 없는 현금이 입금돼 있습니다!
권주　고가은이 채소윤을 믿고 따랐다면 마약 가방을 주워
함께 판매했을 가능성 있어. (하는데 데릭 무전 들어온다)
데릭　(채널3으로 나직이 / E) 여기는 출 셋, 센터장! 구경꾼들 사이에
아까부터 우리를 보는 외국인이 있어요...
권주　(채널3으로 무전 하며) 외국인이요?
(하다 표정 묘해지고 / 마음의 소리) 그러고 보니... 아까 무전 할 때
주변에서 외국어가 들렸던 것 같아!! (미간 모으며 다급히 복기하는 위로)

플래쉬백　112 신고센터 / D (시즌4 4부 74씬의 권주 시점)

데릭　*(E) 채소윤 씨가 마약하고 있는 거 알았나요?*

사장 *(E) 아뇨, 어린이 대상 강습 때문에 성범죄 경력 조회 동의서만 받았지,*
그런 건 몰랐습니다. 하… 그래서 긴 팔만 입고 다녔나??

일단 본청 국제마약과 동기한테 좀 알아보것십니다.
Полиция нашла тело девушки... *…고 있는 거 알았나요?*
아뇨. 어린이 대상 강습 때문에 성범죄 경력 조회 동의서만 받았지,
그런 건 몰랐습니다. 하 그래서 긴팔만 입고 다녔나??
И женщина, которая сейчас со мной
Нам нужно сделать это быстро.

일단 본청 국제마약과 동기한테 좀 알아보것십니다.

Полиция нашла тело девушки...

채소윤 씨가 마약하고 있는 거 알았나요?

아뇨. 어린이 대상 강습 때문에 성범죄 경력 조회 동의서만 받았지,

그런 건 몰랐습니다. 하 그래서 긴팔만 입고 다녔나??

И женщина, которая сейчас со мной

Нам нужно сделать это быстро.

권주 (박은수에게) 박 요원! (러시아 말을 들리는 대로 박은수에게 말해주면)
박은수 (표정 변해 통역하며) 경찰이 그 여자 시신을 발견했다...
(놀라 권주 보며) 지금 데리고 있는 여자도... 빨리 처리해야 한다는데요!
누군가한테 보고하는 것 같아요!
권주 !!! (다급히 채널1, 2, 3으로) 구경꾼 중 누군가 러시아어로 경찰이 시신을
발견했다고 그 여자도 처리하란 말을 했습니다!
조 형사님 말대로 고가은, 마약 조직에 납치됐을 가능성이 높습니다!

82 다시 부둣가 / D
데릭, 권주 무전 듣자 박중기와 구광수에게 외국인(조직원4) 눈짓하는데....

박중기 (조심스레 다가서려 하면)
조직원4 !!! (순간 눈치채고 다급히 몸 돌려 도주한다)

조직원4를 다급하게 추적하는 데릭, 박중기, 구광수, 심대식!

83 112 신고센터 / D

권주(현장 무전에 귀 기울이며 긴장하는데 순간 모르는 번호로 전화 걸려오자 주저하다 받으며) 네. 강권주 센터장입니다. (듣고는 놀라) 공수지 씨?

84 비모도 병원 전경 / D

85 지하 주차장 + 112 신고센터 / D

사복 차림의 공수지 핸드폰으로 통화하며 자신의 차를 향해 급히 걸어가고 있다.

공수지 (다급히 두려움으로 두리번거리며) 언니... 저 좀 만나주세요.

권주 (**112 신고센터**에서 / **이하 교차편집**) 무슨 일 있어요?

공수지 (극도로 긴장해 서둘러 차로 향하며) 그게... (후 호흡 고르며) 어젯밤에 화물 엘리베이터 타고 도망가려고 할 때요. 비상계단에서 들었던 자장가... 비행기 안에서도 들은 거 같아요! (목소리 떨며 아까 본 동영상 회상하는 위로)

인터컷 *공수지 병실 (507호) / D / 공수지 30분 전 회상*

뒹굴거리며 핸드폰 속 갤러리를 보던 공수지, 순간 충격으로 손 멈추는데...!

인터컷 *공수지 동영상 / N*

비즈니스석에 앉은 공수지 통로 쪽을 배경으로 셀카 동영상을 찍고 있다.

공수지 *여러분, 수지가 집으로 내려갑니다. (하는데)*

남자 *(공수지의 등 뒤로 지나가는 뒷모습 얼핏 찍히며) 자랑, 자랑 우리 애기 제와 도라,*

느네 애기... (비모도 전통 자장가 부르며 지나가는데)

공수지 *(불쾌해하며) 어 뭐야. 지방방송 (바로 동영상 꺼지는데)*

플래쉬백 5층 + 비상계단 + 화물 엘리베이터 앞 / N (시즌4 4부 3씬)

환자밴드가 바닥에 떨어지는 줄도 모르고 필사적으로 버튼을 누르던 공수지.

마침내 땡 하는 소리와 함께 엘리베이터 도착하는데.

순간 어디선가 "자랑, 자랑 우리 애기 제와 도라, 느네 애기 제와주마. (중략)"

굵은 남성 목소리의 자장가가 들리는 듯 하자 놀라는 공수지!

권주 (당황해서) 자, 자장가요?

공수지 (두려움에 울상 지으며) 네! 울 할망도 불러줬던 건데...

(혼란스러운 듯 횡설수설하며) 그 살인자 어젯밤에 나 찾으러 온 거 같아요.

언니... 그 남자, 내가 지 찍은 거 알구 쫓아온 거 같다구요!!!

권주 !! 남자요? (혼란스런 눈빛 흔들리며) 수지 씨 우리가 쫓는 사람은 남자가 아니라

여자예요. 일단 그 동영상 나한테 보내주구 병실에서 기다리고 있어요.

내가 바로 갈게요!

공수지 (떨리는 손으로 급하게 동영상 전송하고) 싫어요!!! 완전 쎄해서

여기 못 있겠어요! 10분 후에 수록 공원에서 봐요 언니!!

(핸드폰 끊고는 차 앞에 서는 순간 차창에 뭔가 힐끗 비치자 뒤돌아보는데)

86 다시 112 신고센터 / D

권주 (전화 끊고는 다급히 채널3으로 무전 하며) 여기는 센터, 조 형사님!

지금 공수지 씨한테 연락이 왔는데 비행기에서 찍은 동영상에

용의자로 추정되는 남자 목소리가 담겨있다고 합니다.

뭔가 착각한 거 같긴 한데...

지금 받았으니 확인해 볼께요.

데릭 (채널3으로 / E) 우리가 쫓는 건 여자 아닙니까. (어이없지만) 나한테도 보내줘요!

권주 잠시만요. (동영상 재생해보는데)

인터컷 공수지 동영상 / N

비즈니스석에 앉은 공수지, 통로 쪽을 배경으로 셀카 동영상을 찍고 있다.

공수지 *여러분, 수지가 집으로 내려갑니다. (하는데)*

남자 *(공수지의 등 뒤로 지나가는 뒷모습 얼핏 찍히며) 자랑, 자랑 우리 애기 제와 도라, 느네 애기... (비모도 전통 자장가 부르며 지나가는데)*

공수지 *(불쾌해하며) 어 뭐야. 지방방송 (바로 동영상 꺼지는데)*

권주 (집중하며 과거 음성 파일에서 들은 서커스맨의 음성과 매치해보는 위로)

오늘은 시간이 부족할 것 같아서
자랑, 자랑 우리 애기 제와 도라, 느네 애기 제와주마..

권주 ?!! (황당한 표정으로 / 마음의 소리) 역시! 서커스맨의 목소리와 전혀 달라.
서커스맨은 여자였는데 이 목소린 남자야.
(분석하며) 변조된 것 같지도 않고.
(다급히 데릭에게 무전 하며) 조 형사님! 동영상을 봤는데 남자가 자장가를 부르면서 지나가는 영상이에요. 서커스맨과는 음성이 완전 달라요.
성별도 다르고 변조한 느낌도 아니구요.
공수지 씨가 착각한 것 같은데 가서 만나보고 다시 연락하죠!
조 형사님은 고가은 씨 꼭 구해주세요!
(하고는 박은수에게) 공수지 씨 좀 만나고 올게. (혹시나 몰라 갈등하다)
수록 공원에 지구대 지원요청하고. (나가면)

박은수 네. 걱정 말고 다녀오세요. (다급히 센터장 자리로 가며 무전하고)
여기는 센터! 수록 지구대 지원 부탁합니다.

87 다시 지하 주차장 일각 / D

공수지가 몸을 돌린 순간 높은 굽의 하이힐 신은
미니스커트 차림의 권주 모습을 한 여자 바로 앞에 서 있다.

공수지 (순간 당황하며 여자에게) 어, 경찰서에 계신 거 아니었어요? 어떻게 이렇게 빨리...

여자 (손톱을 빨갛게 칠한 손으로 공수지의 뺨 쓰다듬으며) 그럼 누구 전환데...
어디 조용한 데 가서 얘기할까?

공수지 (방금 전 통화한 권주와 다른 목소리에 자신도 모르게 물러서는데)

여자 서둘러. 그 살인마 아직도 병원에 있을 수도 있잖아.

공수지 (어쩔 수 없이 주변 돌아보다 차 문 열고 타면)

여자 (조수석으로 가 타는데)

공수지 (룸미러로 몰래 여자의 눈치를 보며 어제의 상황 회상하는 위로)

인터컷 공수지 병실 (507호) / N (시즌4 4부 16씬의 확장씬)

권주 *! (따라 나가다 명함 주며) 공수지 씨 나중에라도 생각나면 얘기해요.*
(명함을 내미는 손톱이 짧고 단정한데)

공수지 (점점 위화감 강해지며 / 마음의 소리) 어젯밤엔... 손톱이... 짧았었는데...
(게다가) 목소리도 달라...
(직감적으로 위험 느끼고 애써 태연하게 핸드폰 뒤로 감추며) 아, 참!
언니... 생각해 보니까요. 제가 착각했나 봐요.
자장가 좀 들었다고 범인이라니...
그리고 제가 본 사람은 남자였어요.
언니는 분명 여자라고 했잖아요... 언니 닮...
(하다 몰래 핸드폰 긴급통화 누르려 하지만 두려움에 손가락 자꾸 빗나가고)

여자 (차가운 눈빛으로) 어디로 전화 걸려는 건데...? 다치기 싫으면 조용히...
(순간 "습습" 숨을 들이쉬며 목 꺾다가 굵은 남성 목소리로 버럭)
아, 짜증나게. 너도 그년처럼 물러터져선!

니가 알아서 한다더니! 이게 무슨 꼴이야!!
자랑, 자랑 우리 애기 제와 도라, 느네 애기 제와주마..

공수지 (소스라치게 놀라 손을 덜덜 떠는데)

여자 (굵은 남성 목소리로 서늘하게) 니가 들었단 자장가가 이거니?
(공수지를 전혀 다른 사람처럼 살의에 찬 눈빛으로 바라보면)

공수지 언니 왜... 그래요... 무섭게... (극도의 공포에 질려 차 문 열고 도망치려는데)

여자 (순간 억세게 공수지의 뒷덜미를 낚아채고 품에서 꺼낸 주사기
거칠게 팔에 꽂는 위로)

데릭 (E) 거기 서!

88 부둣가 일각 / D

주변 구경꾼들과 노점 기물들을 밀치며 도주하는 조직원4를 치열하게 쫓고 있는
데릭, 박중기, 구광수, 심대식!!

수록 공원으로 차 거칠게 몰며 공수지에게 전화 거는 권주의 다급하고 날 선 눈빛!
부둣가 일각 조직원4를 맹렬히 쫓는 데릭과 박중기, 구광수, 심대식의 결연한 눈빛!
굵은 남성의 목소리로 "고자질한 아이는 입을 찢으라고 했거든." 말하며
자동차 조수석에 의식을 잃은 공수지를 태운 채 달리는 권주와 똑같이 생긴
여자의 살기에 찬 눈빛! 긴박하게 교차하는 위로!!

자막 **PM 12:05 MD036 비행기 탑승객 공수지 납치사건 발생**

지나면서 보이스 시즌 4 4부 엔딩!!

Season 4 • 5화

자막　**본 드라마는 실제 사건에서 영감을 얻었으나 드라마적으로 재구성된 픽션이며 등장하는 직업, 기업, 단체와 어떠한 관련도 없음을 밝힙니다.**

1　112 신고센터 / D

권주　(전화 끊고는 다급히 채널3으로 무전 하며) 여기는 센터, 조 형사님!
지금 공수지 씨한테 연락이 왔는데 비행기에서 찍은 동영상에
용의자로 추정되는 남자 목소리가 담겨있다고 합니다.
뭔가 착각한 거 같긴 한데...
지금 받았으니 확인해 볼께요.

데릭　(채널3으로 / E) 우리가 쫓는 건 여자 아닙니까. (어이없지만) 나한테도 보내줘요!

권주　잠시만요. (동영상 재생해보는데)

인터컷　공수지 동영상 / N

비즈니스석에 앉은 공수지, 통로 쪽을 배경으로 셀카 동영상을 찍고 있다.

공수지　*여러분, 수지가 집으로 내려갑니다. (하는데)*

남자　*(공수지의 등 뒤로 지나가는 뒷모습 얼핏 찍히며) 자랑, 자랑 우리 애기 제와 도라,*

느네 애기... (비모도 전통 자장가 부르며 지나가는데)

공수지 *(불쾌해하며) 어 뭐야. 지방방송 (바로 동영상 꺼지는데)*

권주 (집중하며 과거 음성 파일에서 들은 서커스맨의 음성과 매치해보는 위로)

오늘은 시간이 부족할 것 같아서
자랑, 자랑 우리 애기 제와 도라, 느네 애기 제와주마..

권주 ?!! (황당한 표정으로 / 마음의 소리) 역시! 서커스맨의 목소리와 전혀 달라.
서커스맨은 여자였는데 이 목소린 남자야.
(분석하며) 변조된 것 같지도 않고.
(다급히 데릭에게 무전 하며) 조 형사님! 동영상을 봤는데 남자가 자장가를
부르면서 지나가는 영상이에요. 서커스맨과는 음성이 완전 달라요.
성별도 다르고 변조한 느낌도 아니구요.
공수지 씨가 착각한 것 같은데 가서 만나보고 다시 연락하죠!
조 형사님은 고가은 씨 꼭 구해주세요!
(하고는 박은수에게) 공수지 씨 좀 만나고 올게. (혹시나 몰라 갈등하다)
수록 공원에 지구대 지원요청 하고. (나가면)

박은수 네. 걱정 말고 다녀오세요. (다급히 센터장 자리로 가며 무전하고)
여기는 센터! 수록 지구대 지원 부탁합니다.

2 다시 지하 주차장 일각 / D
공수지가 몸을 돌린 순간 높은 굽의 하이힐 신은
미니스커트 차림의 권주 모습을 한 여자 바로 앞에 서 있다.

공수지 (순간 당황하며 여자에게) 어, 경찰서에 계신 거 아니었어요? 어떻게 이렇게 빨리...

여자 (손톱을 빨갛게 칠한 손으로 공수지의 뺨 쓰다듬으며) 그럼 누구 전환데...
어디 조용한 데 가서 얘기할까?

공수지 (방금 전 통화한 권주와 다른 목소리에 자신도 모르게 물러서는데)

여자 서둘러. 그 살인마 아직도 병원에 있을 수도 있잖아.

공수지 (어쩔 수 없이 주변 돌아보다 차 문 열고 타면)

여자 (조수석으로 가 타는데)

공수지 (룸미러로 몰래 여자의 눈치를 보며 어제의 상황 회상하는 위로)

인터컷 공수지 병실 (507호) / N (시즌4 4부 16씬의 확장씬)

권주 *! (따라 나가다 명함 주며) 공수지 씨 나중에라도 생각나면 얘기해요.*

(명함을 내미는 손톱이 짧고 단정한데)

공수지 (점점 위화감 강해지며 / 마음의 소리) 어젯밤엔... 손톱이... 짧았었는데...

(게다가) 목소리도 달라...

(직감적으로 위험 느끼고 애써 태연하게 핸드폰 뒤로 감추며) 아, 참!

언니... 생각해 보니까요. 제가 착각했나 봐요.

자장가 좀 들었다고 범인이라니...

그리고 제가 본 사람은 남자였어요.

언니는 분명 여자라고 했잖아요... 언니 닮...

(하다 몰래 핸드폰 긴급통화 누르려 하지만 두려움에 손가락 자꾸 빗나가고)

여자 (차가운 눈빛으로) 어디로 전화 걸려는 건데...? 다치기 싫으면 조용히...

(순간 "습습" 숨을 들이쉬며 목 꺾다가 굵은 남성 목소리로 버럭)

아, 짜증나게. 너도 그년처럼 물러터져선!

니가 알아서 한다더니! 이게 무슨 꼴이야!!

자랑, 자랑 우리 애기 제와 도라, 느네 애기 제와주마...

공수지 (소스라치게 놀라 손을 덜덜 떠는데)

여자 (굵은 남성 목소리로 서늘하게) 니가 들었단 자장가가 이거니?

(공수지를 전혀 다른 사람처럼 살의에 찬 눈빛으로 바라보면)

공수지 언니 왜... 그래요... 무섭게... (극도의 공포에 질려 차 문 열고 도망치려는데)

여자 (순간 억세게 공수지의 뒷덜미를 낚아채고 품에서 꺼낸 주사기

거칠게 팔에 꽂는 위로)

데릭　(E) 거기 서!

3　부둣가 일각 / D

주변 구경꾼들과 노점 기물들을 밀치며 도주하는 조직원4를 치열하게 쫓고 있는 데릭, 박중기, 구광수, 심대식!!

박중기　(무전 하며) 여기는 출 하나! 마약 조직원으로 보이는 용의자 추적 중인데...
(부둣가 인근 우미리 수산 경매장으로 들어가는 조직원4 보이자)
지금 부둣가 옆 경매장 안으로 도주했십니더.

데릭, 박중기, 구광수, 심대식이 조직원4를 쫓아 경매장 입구로 뛰어가는데.

4　112 신고센터 / D

박은수　(센터장 자리에 서서 다급히) 천 요원님! 경매장 안에 접속 가능한 CCTV 있나요?
천상필　네! (빠르게 조사하고) 경매장 안 방범 CCTV, 전광판 연결하겠습니다.
(전광판에 경매장 CCTV 띄우고) 출입구는 정문 말고 후문도 있구요.
박은수　천 요원님, 거기로 지구대 지원 요청해 주세요.
천상필　네 알겠습니다. (무전 하며) 우미리 지구대는 경매장 후문으로 출동해 용의자 도주로를 차단하고 대기 바란다.
박은수　(긴장하며 전광판 속 CCTV 화면 지켜보는데)

5　우미리 경매장 일각 / D

각종 해산물이 바닥에 진열되어 있는 대형 창고 같은 공간.
스티로폼 박스를 옮기던 상인을 밀치며 도주하는 조직원4!

하지만 출동팀 능숙하게 날아오는 기물들을 피해 조직원4를 바짝 따라잡는다.

조직원4 (낭패한 표정으로 둘러보다 일각 얼음포대 옮기던 지게차 발견하고) !!
(운전사 밀쳐내곤 지게차 운전하며 출동팀을 향해 얼음포대 쏟아 붓는데)

박중기 (간신히 얼음포대 피하고 총 겨누며) 헛짓거리 고만하레이. 멈추지 않으면 쏜다!

데릭 (날 선 모습으로 총 겨누고) 당장 내려. 안 내리면 쏜다.

조직원4 (지게차 앞 포크로 박중기 찍으려 액셀 밟아 돌진하는데)

데릭 (지게차 바퀴에 총 쏘면)

지게차 바퀴에 총알 명중하고, 순간 벽에 박으며 멈추는 지게차.
조직원4 내려 다급하게 도망치려다 자신을 둘러싸는 출동팀을 보며 굳는데...
자신을 가격하려는 구광수를 재빨리 피한 조직원4,
어느새 트렌치 스파이크 나이프 (이하 나이프) 휘두르며 반격한다!

구광수 (멈칫하며 몸을 뒤로 빼는 순간 칼날 아슬아슬하게 목을 스치는데) 으윽...!

조직원4 (날카롭게 공격 자세를 취하면)

순간 박중기가 옆에 떨어진 나무 상자를 휘둘러 조직원4가 쥐고 있던
나이프를 떨어뜨리고 심대식과 구광수가 도주하려는 앞뒤를 막아선 뒤
측면으로 달려든 데릭이 조직원4를 거칠게 제압한다.

조직원4 으아아악!!! (러시아어 욕설 내뱉으면)

데릭 (다그치듯 / 이하 영어) 고가은 어딨어. 어딨는지 당장 말해.

조직원4 (이하 영어) 꺼져, 새끼야! (순간 품에서 예비용 나이프 꺼내 자해하려 하면)

데릭 (팔꿈치 꺾어 나이프 떨어뜨린 후 팔로 조직원4의 어깨 감싸 누르며)
시간 벌려는 페이크인 거 모를 줄 알아?
(힘주면 우드득하는 소리와 함께 조직원4의 어깨가 탈구된다)

조직원4 (극한의 고통에 참을 수 없는 신음 소리 내며)
지금 두목이 데리고 있어... 난 그것밖에 몰라!

(끙끙거리며 애원하듯) 진짜 몰라...

데릭 (이하 한국어) 지금 두목이 고가은을 데리고 있답니다. 장소는 모르구요.
(조직원4 밀치며) 체포하세요.

박중기 (다급히 수갑 채우며) 당신을 납치 및 살인 특수폭행, 폭처법 위반 혐의로 체포합니더. 변호인 선임권, 진술거부권, 변명의 기회가 있십니더.
(무전하고) 여기는 출 하나, 흑룡파 조직원으로 추정되는 공범 체포했다.

6 수록 공원 전경 / D

자막 **수록 공원**

7 수록 공원 일각 / D

권주 차와 수록 지구대 경찰차가 사이렌 없이 일각 길가에 선다.
권주와 수록1, 2 다급히 차에서 내려서는데.

권주 (핸드폰으로 공수지에게 전화 걸어보고) ...안 받네. (묘한 불길함에 공수지의 SNS 찾아 수록1, 2에게 보여주며) 이렇게 생긴 친구예요. 흩어져서 찾아보죠.

수록1, 2 네. 알겠습니다. (권주와 반대 방향으로 가면)

권주 (공수지와 비슷한 스타일의 행인 여성을 보고) 저, 공수지 씨?
(돌아보지만 아니자) 아 죄송합니다. (다른 사람들 살피면서도 뭔가 불길한데)

8 수록 해변 전경 / D

자막 **수록 해변**

9 동 방파제 / D

한적한 방파제 앞에서 이리저리 포즈 취하며 사진을 찍고 있는 여대생 3명.
"좀만 더 뒤로 가봐!" 위치 정해가며 사진 찍는데.

여대생1 (카메라 줌인하다, 방파제 구석 무언가 발견하고) 뭐야, 저게...

여대생2 (포즈 잡다 바람에 옷 흐트러지자) 바람 많이 불잖아! 빨리 찍어.

여대생1 니네 뒤에 이상한 게 있는데? (카메라 내리고 여대생2, 3의 뒤쪽 가리키면)

여대생들, 의아한 듯 돌아서서 방파제 끝을 보는 순간
겉옷, 신발, 주사기 등이 테트라포드에 흩어져 있다.

여대생3 (놀라) 저게 다 뭐야?!

여대생2 (살펴보다 공포로) 누, 누가 바다에 떨어진 것 같은데? 엄마야...

여대생1 (떨리는 손으로 112에 신고하며) 여보세요? 거기 경찰이죠? 여기...
누가 바다로 떨어진 것 같아요! 방파제에 주사기랑 옷, 신발 같은 게 있어요.
(두리번거리다 순간 구석에 소지품 쏟아진 가방 발견해 보는 위로)

10 112 신고센터 / D

요원1 (전화 받으며) 네. 112 신고센터(하는데 듣다) 네? 거기가 어디라구요?
네, 신분증이 있다구요? 네... 그 이름 좀 말씀해 주시겠어요? (다급히 박은수 향해)
박 요원님! 수록 해변 방파제에 주사기랑 소지품이 떨어져 있는 걸
발견했단 신고 전화입니다! 소지품 주인 이름은 공수지구요.

박은수 네? 전화 돌려주세요. (들으며) 네, 112 신고센터 박은수 지령팀장입니다.
소지품 주인이 공수지 씨라구요? 근처에 공수지 씨는 안 보이나요?

인터컷 방파제 일각 / D

여대생1 *(겁먹은 채로 주민등록증 확인하며) 네. 이 사람은 없는 것 같아요...*

(옆에 공수지의 가방 든 여대생2에게서 ***"다 짜증나, 아빠도 짜증나 학교도 짜증나! 미칠 것 같아! 더 이상은 못해! 다 죽어버려!!!"****라고 시작하는 쪽지(컴퓨터 작업한) 받아들며) 그리고 가방에... 쪽지가 하나 있는데... 다 짜증나고 없어지겠다고... 써 있는 게...꼭...유서 같아요..*

박은수 !!! 유서요? (무전 하며) 센터장님! 수록 해변 방파제에서 공수지 씨의 소지품과 유서로 추정되는 쪽지가 발견됐다고 합니다.

11 수록 공원 일각 / D

권주 (헬륨풍선 등 여러 노점상 구경하며 오가는 20대 여성들 살피는데 순간 박은수의 무전 듣고 충격에 휩싸여) 수록 해변? 알았어. 내가 바로 갈게.
(수록1, 2에게 무전 하며) 여기는 센터장, 수록 해변 방파제에서 공수지의 소지품과 유서로 추정되는 쪽지가 발견됐다고 한다. (멀리서 달려오는 수록1, 2와 다급히 달려가 수록 지구대 경찰차에 올라타고)

12 수록 해변 방파제 일각 / D

인적 드문 해변 일각 길로 거친 파찰음과 함께 도착하는 수록 지구대 경찰차.
권주와 수록1, 2 다급히 차에서 내려 방파제 앞으로 서둘러 가는데
불안한 얼굴의 여대생들 테트라포드 인근에 서서 기다리고 있다.

여대생1 (불안하게) 이거 뭐예요... (일각의 가방과 쪽지 내밀면)

권주 (장갑 끼고는 쪽지를 다급히 받아 살펴보고 충격으로 고개 들어)...!
(방파제 주변 살피며 수록1, 2에게) 주변에 다른 단서들 더 찾아보세요.
(하다 일각 옷과 신발 옆에 놓인 주사약 라벨 보며) 애...드...갤?
(다급히 수록1에게) 이거 애드갤이란 향정신성약품입니다!

수록1 (놀라 다급히 무전 하며) 여기는 수록해변로 10, 방파제에서 실종자 소지품이 발견됐습니다. 향정신성약품 주사 후 추락 사고 가능성 높습니다.

수색 지원 바랍니다!

권주 (흔들리는 눈빛으로 여대생들에게) 여기... 다른 사람은 전혀 못 봤나요?

여대생2 (고개 저으며) 우리 밖에 없었어요.

권주 (다급히 소지품 확인하는데 핸드폰은 없고) 혹시 가방 안에 핸드폰은요?

여대생1 신분증 찾아보느라고 뒤졌는데 없었어요. (여대생2 보면 그렇다고 끄덕이고)

권주 !!!! (주위를 예리하게 살피며 / 마음의 소리) 대체 뭐지... 불안정한 상태긴 했지만..
이런 극단적 선택을 할 정도는 아니었는데...
후... (혼란스러움에 머리 짚으며 깊은 한숨 내쉬는 위로)

13 비모지방경찰청 주차장 / D

형사과 차 운전석에 앉은 부귀남 시동 걸고 있으면 양 과장과 형사1, 2 달려와
양 과장은 조수석에 형사1, 2는 뒤에 다급하게 탄다.

형사1 (무전 하며) 여기는 형 하나, 지금 수록 해변으로 출동 중이다!

양 과장 (당혹스런) 진짜 방파제의 그 가방이랑... 공찬석 검사 딸 꺼라게?

형사1 네. 지구대 애가 신용카드랑 신분증 확인 끝냈수다.

양 과장 허... 이거 참... (말을 잇지 못하다) 거... 센터장은 왜 거기 있다게?

부귀남 (출발하며 나직이) 센터 동기한테 들었는데 서울 그 사건 범인이라믄서
어젯밤에 입원한 애 병실을 쳐들어가 아주 잡은 모양이우다.

양 과장 ...!! (표정 굳어지는 위로)

14 112 신고센터 / D

박은수 (생각 고르고 앉아있다가 좀 전 박중기 무전 생각해내 권주에게 무전 하며)
여기는 센터, 센터장님! 지금 현장에서 흑룡파 조직원 체포했구요.
고가은 씨 납치는 자백했는데 장소를 모른다고 합니다.

15 수록 해변 방파제 일각 + 우미리 경매장 후문 밖 / D

권주 (무전 듣고 센터장 전용 채널로 무전 하며) 알았어, 박 요원.
수록 해변 방파제에서 공수지가 쪽질 남기고 사라졌어...
자살인지 사고인지... 조사할 테니 센터상황은 박 요원이 보고하면서 진행해줘.

박은수 (센터장 채널로 / E) 네 알겠습니다.

권주 (채널3으로 데릭에게 무전 하며) 여기는 센터장, 조 형사님! 공수지가
수록 해변 방파제에서 쪽지를 두고 사라졌습니다.
자살가능성을 배제할 수 없을 것 같아요...
애드겔 주사 흔적이 있습니다... (후)

데릭 ! (**경매장 후문 밖**에서 당장이라도 공수지 현장에 가고 싶지만 결심한 듯
채널3으로 무전 하며 / **이하 교차편집**) 우리가 고가은 구할 동안 공수지 반드시
찾아요. 반드시요!

자막 **PM 12:15 MD036 비행기 탑승객 공수지 실종 사건 발생**

16 수록 해변 방파제 일각 + 112 신고센터 / D

권주 (데릭의 처절한 마음 느껴지고, 채널3으로 무전 하며) 알겠습니다!
힘들겠지만 조 형사님은 고가은 사건에 집중해주세요.
(센터장 전용 채널로 무전 하며) 박 요원, 조직원들이 채소윤을 죽이기까지 했지만
마약 가방 위치를 몰라서 고가은을 납치했을 가능성이 높아.
(간절하게) 반드시 고가은 구해야 해!

박은수 (**112 신고센터**에서 / **이하 교차편집**) 네 걱정 마세요. 최선을 다하겠습니다.
(생각 고르다 요원1에게) 채소윤에 대한 정보가 더 필요해요. 찾아보세요!

요원1 네. 알겠습니다. (자료 찾기 시작하면)

17 우미리 경매장 후문 밖 / D

구광수 (무전 하며) 여기는 출 둘, 계속 고가은 추적하겠습니다.

데릭 (날 서 체포된 조직원4 뚫어질 듯 노려보는데)

박중기 (일각에서 핸드폰으로 본청에서 온 자료 확인해보며) 러시아와 조선족 연합조직 흑룡파, 주 거래 마약은 MIDA, 아까 말한 별꽃 그거고예.
주 무기는 트렌치 스파이크 나이프인데 채소윤 자창 자국과 비슷합니더.
두목 리춘석. 한국 올 때마다 짝으로 움직이는 애가 셋이고
(전송자료 속 얼굴 비교해보며) 저기 잡힌 점마는 블라디보스톡 놈인데
가장 꼬래비 같십니더. (핸드폰으로 전송받은 사진 보여준다)

일동 !! (충격으로 보는 위로)

보이스 4 〈심판의 시간〉 타이틀 뜬다.

18 CTC 뉴스 인서트 (여러 뉴스 연속적으로 이어짐) / D

스튜디오에 앉아 심각하게 멘트 하는 앵커.

앵커1 (**'40년 동안 이어져 온 학대... 그 끝은 살해'** 타이틀 띄우고) 지난 16일 44세 전모 씨는 77세 양아버지를 칼로 찔러 사망에 이르게 했습니다. 전 씨가 의붓형과 싸우던 중 "검은 머리 짐승은 거두는 게 아니랬는데"라는 말을 듣고 홧김에 살인을 저지른 것입니다.

앵커2 (**'난 미성년자니까 감옥 안 가, 뺑소니 사망 사고 이후 인증샷 올린 무개념 10대들'** 타이틀 띄우고) 어제 오후 8시경, 양영시 백서 사거리에서 뺑소니 사망 사건이 일어났습니다. 가해자들은 부모님 차를 훔친 청소년들로 사고 직후 인증사진을 올리기도 하며 사건 경위를 묻는 경찰에게 어차피 미성년자라 감옥도 안 가는데 이런 걸 왜 묻냐는 발언 등으로 논란에...

앵커3 (**'손 씻고 도망가라, 아들에게 살해된 어머니의 마지막 말'** 타이틀 띄우고) 지난 11일, 풍산시 한 아파트에서 살해된 60대 여성이 발견되었습니다. 가해자로 지목된 30대 남성은 사망한 여성의 아들로 말다툼 끝에 어머니를 살해하였습니다. 여성은 의식을 잃어가는 중에도 아들에게 손 씻고 도망가라며 아들을 위하는 모습을 보였다고 합니다.

앵커4 (**'초등학생 친딸 수차례 성폭행한 인면수심 아버지 무죄 주장'** 타이틀 띄우고)
지난 12월 4일 초등학생 친딸을 지속적으로 성폭행한 아버지 김 모 씨(44세)의 재판이 열렸습니다. 김 모 씨는 재판 내내 사랑하는 방법을 알려준 것이라며 무죄를 주장하고 있습니다.

제5화 해녀할망의 숨비소리

자막 **모든 일은 수영과 같다.**
바다를 헤치고 나가다 파도에 휩쓸릴 때
헤엄치는 사람이 용감하게 대응하지 않으면,
바다는 여지없이 그를 삼켜버리기 때문이다.
– 토마스 카릴 –

19 수록 해변 + 방파제 입구 / D
방파제로 이어진 길목에 수록 지구대 경찰들(2명 정도) 출입금지 테이프 붙이고 몰려드는 구경꾼들 막아서고 있다. 순간 요란한 파찰음과 함께 형사과 차 도착하고 부귀남, 형사1, 2와 양 과장 내려 서둘러 안쪽으로 달려간다.

양 과장 (E) 이 약을 공수지가 주사한 것 같다고?

20 수록 해변 + 방파제 / D
해경 보트 주변 바다를 탐색하고, 경찰들 방파제 주위의 테트라포드로 내려서서 구석구석 살펴보고 있다. 과수팀원들, 공수지의 소지품 등 증거마다 번호판 놓고 지문채취와 사건 현장 촬영이 진행 중인데.
양 과장, 일각 권주를 못마땅하게 일별하며 과수팀장(30대 후반 남)과 마주 서 있다.

과수팀장 (끄덕이며 주사기와 주사약 등을 들고 조심스레)
그런 것 같수다. 이게... 우리나라에선 금지 약물인데
공부할 때 집중력 높아지고 잠도 안 온다고 외국에선 쉽게들 구해서
주사한다마씸. 약 하고...(위태로운 방파제 바라보며)
충동적으로 행동하다 사고들이 나젠.

양 과장 이거 참... 공 검사가 딸 자랑을 그렇게 했는데... (한숨 쉬면)

권주 (다가와 혼란에 찬 표정으로) 양 과장님 잠시 드릴 말씀이 있습니다.

양 과장 (권주 보면)

권주 사실 제가 어제 공수지를 만났는데 이 정도로 불안정한 상탠 아니었어요.
그리고 좀 전에 전화해서 범인이 찍힌 동영상이 있다구 만나자고도 했구요.
(갈등하다 조심스레) 어쩌면 이 사건 상개동 범인과 관련이 있을지 몰라요.

양 과장 (미심쩍은 표정으로) 동영상?

권주 네. (핸드폰의 동영상을 틀어주며) 이 사람을 범인이라고 생각한 것 같았어요.

양 과장 (동영상 보다 표정 변해 버럭) 강 센터! 지금 나랑 장난하는 겐가??
범인은 강 센터랑 똑같이 생긴 여자라며...
근데 이걸 살해 증거라고 내미는 거야?
어제 앨 얼마나 잡았음 공수지가 이런 헛소리를 하겠나!
(대답 듣기도 싫다는 듯) 됐고. 여긴 내가 할 테니까 센터 가서 일 보게!

권주 (지지 않고) 저도 이 영상을 다 믿는 건 아닙니다.
하지만 공수지가 이런 얘길 했을 땐 이유가 있는 거 아닙니까!

양 과장 됐다고 했잖아. 지금부턴 우리 형사과 소관이니까 신경 꺼.
그리고 공수지, 섬에서 우리 경찰 젤로 도와주는 검사 딸이네.
우리가 센터장보다 더 안타깝지. 덜하진 않아. (돌아서는데)

권주 ! (날 서) 맘대로 하세요. 하지만 저한테도 특별팀 수사 권한 있습니다.
지구대 경찰 동행해서 주변 단서 찾겠습니다. (냉정하게 옆에 선
수록1, 2에게 눈짓하고 가면 수록1, 2 양 과장 눈치 보다 따라간다)

양 과장 (그런 권주 황당하단 듯 보는 위로)

21 수록 해변 일각 / D

방파제를 벗어나 해변으로 온 권주, 수록1, 2와 일각에 선다.

권주 (수록1, 2에게) 분명히 목격자가 있을 거예요. 탐문 부탁해요.

수록1, 2 네 알겠습니다. (일각으로 가면)

권주 (공수지를 지키지 못한 분노로 마른세수하다 다시 결연한 눈빛으로 돌아와 공수지와의 통화 떠올리는 위로)

플래쉬백 지하 주차장 + 112 신고센터 / D (시즌4 4부 85씬)

권주 *(당황해서) 자, 자장가요?*

공수지 *(두려움에 울상 지으며) 네! 울 할망도 불러줬던 건데...*
(혼란스러운 듯 횡설수설하며) 그 살인자 어젯밤에 나 찾으러 온 거 같아요.
언니... 그 남자, 내가 지 찍은 거 알구 쫓아온 거 같다구요!!!

권주 *!!! 남자요? (혼란스런 눈빛 흔들리며) 수지 씨 우리가 쫓는 사람은 남자가 아니라 여자예요. 일단 그 동영상 나한테 보내주구 병실에서 기다리고 있어요.*
내가 바로 갈게요!

권주 (확신으로 / 마음의 소리) 거짓말이 아니었는데...
그 공포도 진짜였구. (호흡 고르며 최대한 집중하고) 침착해야 해. 강권주.
분명 내가 모르는 뭔가가 있어. (일각 수록1, 2에게)
전 여기 더 탐문할 테니 병원 주차장 CCTV부터 확인해주세요.
(알겠다며 달려가는 수록1, 2를 보다 주변을 돌아보는 위로)

22 우미리 경매장 후문 밖 / D

건물 밖으로 폐기된 나무상자와 소금포대, 얼음포대 등이 쌓여있는 일각
데릭, 박중기, 구광수, 심대식이 조직원4를 둘러싸고 서 있다.

데릭 (조직원4의 몸 뒤져 핸드폰 꺼내지만 이미 박살난 상태, 눌러도 화면 뜨지 않자 던진 뒤 날 서 / 영어) 이런다고 내가 못 알아낼 것 같나? 고가은 어딨어. 당장 말해! (반대쪽 어깨 탈구시킬 듯 누르는데)

조직원4 (비명에 몸부림치며) 난 정말 어딨는지 몰라!

박은수 (E) 여기는 센터, 채소윤 진술서에서 새로운 정보를 더 찾았습니다.

23 112 신고센터 / D

박은수 (채소윤의 정보 중 **"수희동 엑스터시 투약, 매매 사건 보고서"** 속 진술서를 읽으며) 채소윤이 처음부터 마약에 빠진 것은 아닙니다. 부친의 사채 빚 때문에 생긴 공황장애를 고치려 다이버를 하던 중 기체 마취에 빠져 더 강한 자극인 마약을 찾게 된 거라고 진술 했구요.

요원들 !!!

조직원1 (E / 험악하게) 여기라? 그럼 양귀비 키우는 동네에 숨겨놨다 그 말이니? 이것들... 머리 좋구만 (기래).

24 해심 마을 입구 / D

알록달록한 지붕과 아담한 집들이 바다 근처에 자리한 어촌 마을.

자막 **해심 마을**

주차된 흑룡파 승합차 보이는 일각 두목이 고가은과 조직원1을 살기 띤 눈으로 지켜보고 있다. 옆에서 조직원2, 3 고가은 감시하듯 서 있는데.

조직원1 (고가은에게 핸드폰으로 지도 보여주면)

고가은 (두려움 애써 감추며) 맞, 맞읍서. 언니가 여기다 숨겨놓음 모를 꺼라고... 계장 삼촌이 이 마을은 단속 안 나오게 막아뒀다고... (좀 전의 상황 회상하는 위로)

25 모처 일각 / D / 이하 고가은 회상

검은색 승합차에서 내리는 단단한 체구의 흑룡파 두목과 조직원1, 2, 3.

트렁크 앞에 두목이 서자, 조직원1이 트렁크를 연다.

안에는 고가은이 온몸이 묶인 채 쓰러져 있는데..

두목 (고가은 멱살 거칠게 잡아 올리며) 아직도 말할 생각 안 드니? 가방 어딨니?

고가은 (공포에 질려) 살려줍서.. 제발요. 전 아무것도 몰라예.....

내가 신고할라 하니까 바로 언니가 뺏어가서 정말 몰라예...! 제발 살려줍서!

두목 (버럭) 하...그래도 이년이 (품 안에서 트렌치 스파이크 나이프 꺼내 목 근처 피나도록 누르며) 물건 어딨는지 말 안하믄 니 언니랑 똑같은 구멍 니 눈깔에 내주디.

고가은 !! (공포에 질려 턱이 덜덜 떨리는 순간 감순의 목소리 떠오르는 위로)

플래쉬백 바닷속 + 동 위 배 / D (시즌4 4부 53씬)

감순 *(옆에서 망사리 정리하며) 가은아, 할망 말 들으라. 욕심부리다 탈 난 해녀 많다.*

그래도 만에 하나 일 생기면 꼭 해심 마을 샘굴로 가서 그 물 마셔야 헨.

(중략) 굴 안에 손가락으로 큰 구멍을 내준 덕에

바닷물이 들어 용천수가 트였다게!

고가은 (눈빛 흔들리며 / 마음의 소리) 굴 안에 바다로 이어지는 구멍이 있다고 했어...

어쩌면 거기로 도망갈 수 있을지 모르젠...

(간신히 용기 내) 해심 마을에 있는 샘굴에 숨겨놨다고 했어예.

26 해심 마을 입구 / D / 이하 현실

고가은 (그러나 샘굴이 어딘지는 모르고, 불안한 심정으로 해심 마을 안쪽을 살펴보면)

두목 (고가은 표정 의심 가득 해 보며) 잔머리 쓰다간 너도 죽고 니 할마이도 죽는다.

(일각에 선 조직원2에게 눈짓 보내면 조직원2, 고가은 낚아채 거칠게 붙잡고

해심 마을 안으로 향한다)

27 해심 마을 일각 / D

고가은과 조직원2, 마을 이곳저곳 살펴보며 걸어가는데.
작은 슈퍼 일각 평상에 앉아 TV 틀어 놓고 보는 노인들에게 몰래 구조의 눈짓해보지만 알아보지 못하자 절망하며 스쳐가는 고가은.

고가은 (샘굴 찾는 척 하지만 미치겠고 / 마음의 소리) 샘굴이 대체 어딨는 거지? 이러다 들키면... 할망... 제발 도와줘. 나 너무 무서워.
(초조하게 손목에 있는 다이브 컴퓨터 시계를 다른 손으로 만지작거리는데)

순간 저 멀리 나무와 수풀 사이로 해심 샘굴 입구가 보이자

고가은 (안도감과 두려움에 눈빛 흔들리다 결심한 듯 조직원2에게) 저기가 샘굴이요.
조직원2 (수풀사이 작은 샘굴로 들어가는 계단 보이자 고가은에게) 야, 잠깐 스라.

28 샘굴 입구 + 안 / D

샘굴 계단 입구에 선 고가은과 조직원2, 그 뒤로 두목과 조직원1, 3이 뒤따라오는데.

고가은 (앞에 서서 보다) 마을 사람들도 잘 모르는 곳이라예.
두목 (계단 아래 흘끗 보다 조직원2에게만 들리게 나직이)
가방 찾음 저년 바로 죽여 버리라.
조직원2 네! (고가은 살기 띠고 보며) 안 가니? (고가은 등에 나이프 겨누면)
고가은 (조직원2 눈치 보며) 계단 미끄러우니 조심하우다.
(조심조심 돌계단 밟고 내려간다)

용천수가 나지막하게 차 있는 샘굴 안쪽 마지막 돌계단에 서는 고가은,
순간 미끄러지는 척하며 그대로 넘어진다.

고가은 (비명 소리 내며) 아, 아이고... 못 일어나겠수다. (몰래 바닥에 있던 돌 움켜쥐면)

조직원2 (나이프 바꿔 쥐고 고가은 거칠게 일으키며) 이년이 어디서 쑈를... (하는데)

순간 일어나며 조직원2 머리를 돌멩이로 힘껏 치는 고가은!
조직원2, 악 소리와 함께 엎어지며 피 흐르는 머리 움켜쥐곤 "이년이!"
외치며 칼을 휘두른다! 다급히 피하지만 다리 쪽을 베이는 고가은,
고통에 터져 나오는 비명 겨우 참아내며 다시 한번 안간힘으로 돌멩이를
조직원2 머리에 내려치고는 다급히 안으로 뛰어 들어 작은 구멍으로 빠져 나가는데.

29 샘굴 계단 + 안 / D

계단에 서 있다 샘굴 안에서 들리는 조직원2의 비명에 다급히 내려가는
두목, 조직원1, 3.

조직원2 (머리에 피 흘리며 고통스러워하다 두목보자 바닥에 엎드려)
죄송함다. 그년이... 우릴 따돌릴라고 여기로 온 거 같습다!

조직원1, 3 (샘굴 살피다 뒤쪽 가리키며) 형님 저기...

두목 (다급히 들여다보면 작은 샘굴 뒤쪽으로 구멍이 나 있다) !!!
등신 새끼들, 간나 년한테 뒤통수나 처맞고!! (조직원2의 얼굴을 잔혹하게
난타하고는 조직원1, 2, 3에게) 당장 물건 찾고 그년 모가지 따라. 당장!!

조직원1, 2, 3 네! (뒤쪽 구멍으로 다급히 나가는데)

30 다시 해심 마을 일각 / D

샘굴 뒤쪽 구멍을 통해 바다로 이어진 동네 일각으로 나오는 조직원1, 2, 3과 두목.
마을 곳곳을 험악하게 뒤지기 시작하는데! 몰래 112 신고하려던 마을 사람,

조직원2에게 발각돼 멱살 잡혀 바닥에 내팽개쳐지고 핸드폰마저 박살나는데.
순간 길목을 따라 고가은 다리에서 흘린 핏방울 이어진 것을 발견하는 조직원.

조직원1 (핏자국을 따라 시선 옮기면 멀리 어선들 정박한 쪽으로 달려가는 고가은 뒷모습 보이고, 눈 벌게져) 저기다!

두목 (돌아보고 살기로) 저년 잡아.

조직원1, 2, 3 (다들 동시에 나이프 꺼내들고) 네! (다급히 선착장 향해 달려가는데)

31 해심 마을 선착장 전경 + 일각 / D

중소형 어선들과 보트들이 정박해 있는 작은 규모의 선착장이 자리해 있다.
다급히 자신을 쫓아오는 두목과 조직원1, 2, 3을 피해 나무 데크를 따라
겁에 질려 도망치는 고가은, 말뚝 근처에 고정할 때 쓰는
큼직한 돌 발견하자 멀찍이 바다에 던진 뒤 인근 어선으로 달려가는데.
날 서 고가은을 추적하던 두목, 조직원1, 2, 3. 풍덩 소리에 데크 쪽으로
달려가 서면 누군가 뛰어내린 듯 바다에 물결 퍼지고 있다!

조직원1 그년이 물속으로 뛰어든 거 같습다.

두목 하!! (침착하게 생각 고르며 조직원2에게 어선 쪽 가리키고) 대갈빡 잘 굴리는 년이다! 니는 저쪽 뒤지고 우리는 바닷속 찾는다. 지깟 년이 해녀여도 숨이 막히면 올라올기래.

조직원2 네! (어선 쪽으로 날 서 달려가면)

두목 (서슬퍼래 바다 뚫어져라 보며) 올라만 와봐라. 산 채로 눈깔을 도려주갔어!

32 어선들 일각 / D

한 어선의 선실 뒤에 숨어 두목과 조직원들의 분위기를 살피는 고가은.
조직원2가 갑자기 어선들 향해 달려오자 당황하고, 어선과 어선을 건너뛰며
숨을 곳을 찾다 다급히 눈에 보이는 대로 한 어선의 어창 안으로 뛰어 들어가는데!!

33 어창 안 / D

뛰어든 고가은, 머리 위까지 가득찬 물에 놀라는 순간
끼이익 쾅 하는 소리와 함께 어창 문이 잠기자 당황하는데!
다급히 굳게 닫힌 문을 몇 번 두드려 보지만 열리지 않고.

고가은 (순간 다친 다리가 바닷물과 만나자 참을 수 없는 고통과 빠른 출혈이 시작된다!)
아악...! 할, 할망... 흑흑... (손으로 피를 막으며 손목의 다이브 컴퓨터 시계
보고 혼잣말로) 맞아... 언니가 이 시계 선물로 주면서 뭐라고 했는데...
(채소윤의 당부 안간힘으로 기억하는 위로)

인터컷 갯바위 일각 / D / 고가은 회상

고가은 *(채소윤이 내미는 시계 놀라 보며) 언니 이렇게 귀한 걸... 나한테 줘도 되수과?*

채소윤 *귀하긴... (고개 젓고 고가은 팔에 억지로 채워주며) 물질하다 사고 나면*
여기 버튼을 눌러. 우리 다이버 샵 사람들한테 구조 신호가 갈 거야!
우리끼리 GPS 연동해 뒀거든. 이 언니가 너니까! 특별히 선물해준다!

고가은 *(비즈 머리끈 풀어) 난 줄 게 이것밖에 없네...*
그래도 나한텐 엄청 특별한 물건이라...

채소윤 *(미소로) 고마워 잘 받을게. (비즈 머리끈으로 자신의 머리 묶으며) 어때. 어울려?*

고가은, 떨리는 손가락으로 긴급구조 버튼 누른 후
애써 수면 위로 솟구쳐 호흡하지만 어창 속 공기 빠르게 줄어드는 게 느껴지는데!

34 우미리 경매장 밖 / D

대기하고 있던 우미3, 4에게 조직원4를 인계하는 데릭, 박중기, 구광수, 심대식.

데릭 (주변 돌아보며) 놈들도 마약 가방 위치를 모르고 있어요.
그래서 고가은까지 납치한 겁니다!

박중기　(걱정스레) 해안가 따라 수색합시더. 고가은과 채소윤이 겹치는 동선에 단서가 있을 깁니더. (하는데)

순간 심대식 손목에 찬 다이브 컴퓨터 시계에서 신호음이 "삑삑" 울린다.
시계 액정에 표시된 내용에 놀라는 심대식!

인터컷　시계 액정화면 / D

발신자 : Chae 현재 위치 : 31° 25' 24" N / 145° 37' 21" E

심대식　! (놀라 손목에 찬 시계 데릭과 출동팀에게 보여주며) 지금 채 강사 시계에서 긴급 구조 위치전송이 왔어요! 다이버 잠수용 시계인데 저희 샵 다이버들끼리 GPS좌표를 알 수 있도록 개조한 겁니다.

일동　(놀라 서로 얼굴 보면)

데릭　(날 서) 고가은이 갖고 있을 가능성이 있어요. 좌표 위치가 어딥니까.

심대식　(긴장해) 북위 31도 25분 24초, 동경 145도 37분 21초예요.
좌표가 움직이지 않는 걸 보니 숨어있거나. 아님...(말끝 흐리는데)

박중기　!!! (다급히 무전 하며) 여기는 출 하나! 지금 심대식 형사 다이브 컴퓨터 시계에 채소윤 GPS 좌표가 뜹니더. 고가은일 가능성이 있다는데요.
북위 31도 25분 24초, 동경 145도 37분 21초 위치 알아봐 주이소!

35　112 신고센터 / D

박중기　(E) 여기는 출 하나! 지금 심대식 형사 다이브 컴퓨터 시계에 채소윤 GPS 좌표가 뜹니더!! 고가은일 가능성이 있다는데요.
북위 31도 25분 24초, 동경 145도 37분 21초 위치 알아봐 주이소!

박은수　(다급히 찾아보고는) 여기는 센터, 박 팀장님! 좌표 해심 마을로 나왔습니다.
해녀 어업구역 인근에 위치한 작은 어촌 마을이구요.
해심 지구대에 지원요청 할 테니 출동팀 바로 출동하세요.

천 요원님! 해경에 요청해 서쪽 해안 해경
VTS(해상교통관제센터)[15]로 북위 31도 25분 24초, 동경 145도 37분 21초
좌표 주변에 의심스러운 배가 있는지도 찾아봐 주세요.

천상필 네. 알겠습니다! (해경에 연락 시작하면)

36 수록 해변 일각 + 112 신고센터 / D

권주 (무전으로 현장 소식 듣자 눈빛 걱정에 차고 / 마음의 소리) 어촌 마을?
적어도 몇십 가구는 있을 텐데 그 안에서 무작정 고가은을 찾는 건 너무 무모해.
다른 방법이 없을까? (하다 순간 눈빛 번뜩이며 박은수에게 무전해)
여기는 센터장, 박 요원! 지금 우미리 지구대로 무전해서 고순례 할머니 연결해줘.

박은수 (**112 신고센터**에서 다급히 고가은 관련 자료 찾다가 권주의 무전 듣고
/ **이하 교차편집**) 할머니요?? 네 알겠습니다.

37 도로 + 출동팀 차 안 / D

다급히 출동차로 달려가는 데릭, 박중기, 구광수.
순간 박중기 고개 돌리는데 일각 서서 망설이는 심대식 보인다.

박중기 대식이 니는 우짤래? 우리 맘대로 강요할 수는 없는 기고. (살피듯 보면)

심대식 (갈등하다 결심한 듯) 뭐, 없는 것보단 나을 겁니다. 그리고...
예전에 다이빙 다니던 데라 잘 알아요.

박중기 (심대식 마음 씀씀이에 고맙고) 잘 생각했다. 대식아. 얼른 타라!

심대식 올라타자 다급하게 출발하는 출동차 위로.

38 112 신고센터 / D

15 해상의 안전을 위해 선박의 위치를 탐지하고 정보를 제공한다.

박은수 (무전 하며) 여기는 센터, 우미리 지구대 응답하세요. 고순례 할머니 손녀 고가은 씨... 해심 마을에서 사고를 당했을 가능성이 있습니다. 고순례 할머니와 얘기 좀 할께요.

우미1 (E) 네 알겠습니다.

박은수 (무전 하며) 센터장님! 지금 고순례 할머니와 무전 연결됐습니다. 그리고 고가은 씨 관련해서 새로운 자료를 찾았어요. 핸드폰으로 전송할께요. (전송하면)

39 수록 해변 일각 + 부둣가 일각 / D

권주 (다급히 무전 하며) 할머니, 112 신고센터 강권주 센터장입니다. 놀라지 마시고 침착하게 들어주세요. 손녀 가은 씨가 해심 마을로 납치당했을 가능성이 있어 경찰들이 구하러 갔습니다. (조심스레 주저하다) 납치한 놈들은 사망한 채소윤 씨 마약범죄와 관련이 있는 거 같구요.

고순례 (**부둣가 일각**에 서서 놀라고 / **이하 교차편집**) 그게 무슨 소리요! 가은이가?

권주 (핸드폰으로 자료 확인하다 놀라는 위로)

인터컷 고가은 송금 내역 / D

예금주 : 고순례 계좌명 : 탐서수협 일반예금

2020.01.06	*할망*	*200,000*
2020.02.22	*이건*	*100,000*
2020.03.09	*가은이가*	*140,000*
2020.05.28	*주는*	*200,000*
2020.09.11	*선물이야*	*500,000*
2020.12.31	*건강하게*	*400,000*
2021.01.09	*오래오래*	*100,000*

(중략)

권주 ! (무전 하며) 그리고 할머니. (어렵게 말 꺼내며) 가은 씨 계좌 추적해보니
할머니 계좌에 계속해서 송금했어요. 아마 관리를 잘 안 하는 계좌였을 거예요.
아무래도 고수동을 협박한 이유가... 할머니 노후자금을 모으려고 한 것 같습니다.

고순례 (당황해서 말을 잇지 못하고) ...누, 누가 그런 거 필요하다게?

권주 (결연하고 진심 어린) 할머니. 나중에 혼자 남을 가은 씨가
걱정돼서 해녀 시킨 거 알아요.
해녀들과 의지해 살면서 외롭지 않게요.
하지만 가은 씨가 그런 마음을 몰랐던 것처럼...
할머니도 이런 가은 씨 마음을 조금... 모르셨던 것... 같네요.

고순례 (억장 무너지고) 아이고... 우리 가은이가 나땜에 얼마나 갑갑했시카...
(주먹을 가슴에 대고 문지르며) 물숨 먹은 해녀는 죽는다고 그렇게 야단쳐 놓고.
내가 가은이 숨 막히게 한 물숨이었수다.
(애절하게 하소연하다 뭔가 깨닫고) 그 해심 마을! 고수동이네 비닐하우스가
있는 곳이우다! 그렇잖아도 가은이가... 고수동이놈 비닐하우스에서
몰래 빨간 꽃을 키우길래 찾아봤더니 양귀비 같다고...
나는 애가... 잘못 본 줄 알았수다!
동영상 보여준대도 헛소리 말라고 내가 보지도 않았는데...
필시 납치헌 놈들이랑 고수동이가 뭐가 있는 거구만...!!!

인터컷 *출동팀 차 안 / D*

데릭 *(뒷좌석에 앉아 무전에 귀 기울이다 다급하게 이하 무전 하며) 고가은 씨가
본 식물 어떻게 기르는지 물어보세요!*

권주 *(데릭에게 듣고는 고순례에게 / E) 그 식물 어떻게 키우는지도 들었나요?*

고순례 *(E) ...상추 사이에 섞여 있었다고 햅서...!*

데릭 *! (눈빛 번뜩이며) 양귀비 맞아요. 양귀비의 특징인 넓은 이파리를
감추려고 잎이 비슷한 채소에 숨겨서 키우는 게 마약범들의 수법이죠.*

권주 !

고순례 (심상찮은 분위기에 놀라) 내가 가야겠소. 내가 그 해심 마을 잘 안다게!!
해심 마을에 용하다는 샘굴도 나가 알려줬고 뒷구멍이 있다고 한 것도 나요...
그 용천수가 잠수병에 좋아 해녀들이 아프면 가는 곳이우다.

권주 !! (그제야 모든 것이 이해된다, 다급히 무전 하며) 여기는 센터장,
고가은이 해심 마을 샘굴에 갔을 가능성이 높다고 합니다.
(주저하다 결심한 듯) 고순례 할머니가 그 마을을 잘 안다고 하니
동행하는 게 좋을 것 같아요.

40 해심 마을 선착장 일각 / D

저 멀리 살기 가득해 어선을 필사적으로 뒤지는 조직원2 보이는데.
나무 데크 앞에서 바다를 바라보는 두목과 조직원1, 3은 인내심 바닥난 듯 발 구른다.

두목 (아무리 바다를 살펴도 고가은이 떠오르지 않자) 이년 아가미가 달린 것도
아닌데 왜 안 나오니. (답답해 둘러보다 조직원1, 3 조인트 까며) 이 간나새끼들
뭐 하고 있나! 그년 모가지 끌고 나와라. 내 손에 죽고 싶나. 당장 들어가레!!
(닥치는 대로 발길질도 하고) 내 손에 찢기고 싶지 않으면 쳐 뛰어 들어!

조직원1, 3 (둘 다 수영을 못해 발만 구르다 조직원3 결국 뛰어드는데)

두목 (씩씩거리다 일각 도로를 따라 다급히 달려오는 출동차와 해심 지구대 경찰차
발견하고 놀라) 저거 이 경찰 아니니... 젠장, 당장 나와라 당장!
(날 서 이 갈며 조직원1, 물에서 나오는 조직원3과 함께 마을 입구에 세워놓은
승합차로 달려가는 위로)

41 흑룡파 승합차 안 / D

운전석에 조직원3, 조수석에 조직원1, 뒷자리에 두목 다급히 앉는다.

조직원1 (조수석 창밖으로 조직원2 찾다) 형님, 용택이 아직 안 왔습다!

두목	(버럭) 그냥 출발해! 그 간나새끼 기다리다 다 같이 뒈질래?
조직원3	(다급히 액셀러레이터를 밟고 출동차와 경찰차를 피해 빠르게 달려가는 위로)

42 도로 + 출동팀 차 안 / D

운전석의 구광수, 조수석 박중기, 뒷좌석에 데릭과 심대식 앉아 해심 마을 선착장 쪽으로 달려오고 있다.

구광수	(순간 멀리 흑룡파 승합차 발견하고) 그놈들입니다. 저희 보고 도망가는데요?
박중기	(차창 너머 좌석 살피고 고가은 없자 무전 하며) 여기는 출 하나, 해심 마을 도착했는데 흑룡파 아덜 도망가고 있십니더. 고가은은 안 보입니더! 심대식(시계 데이터에 집중하며 초조한 듯) 좌표도 변화가 없어요. 2미터 정도 되는 물속에 있는 거 같구요. (걱정 가득해) 산소포화도가 안 좋은 걸 보니 사고가 난 것 같아요.
데릭	(듣고 눈빛 날 서지며) 물속으로 뛰어든 겁니다. 조직원들한테서 도망치려고.
박중기	(구광수 보며) 광수야. 니는 우리 셋만 내려주고 지구대랑 그놈들 잡으라. 우리가 고가은이 찾을 테니.
구광수	(끄덕이며) 알겠습니다. (다급히 차 세우곤 박중기, 데릭, 심대식 내리자 따라 세운 해심 지구대 경찰차에) 빨리 타요. 지금 저 차 추적해요! (해심1, 2 타자 출발하면)
데릭	(후 박중기, 심대식에게) 채소윤 상태를 보면 고가은도 고문당했을 겁니다. 그 상태로 물속은 더 위험할 테니... 빨리 찾아야 합니다...!

43 해심 마을 밖 도로 + 흑룡파 승합차 안 / D

속도 올리며 도망치는 흑룡파 승합차. 순간 요란한 굉음과 함께 코너에서 튀어나온 출동차가 흑룡파 승합차를 무서운 속도로 따라잡는데.
더욱 긴장하며 속도를 내는 흑룡파 승합차!

44 해심 마을 선착장 일각 + 112 신고센터 / D

데릭과 박중기, 심대식 데크에 서서 바다를 내려다보고 있다.

심대식 (비장한 표정으로 박중기에게) 아무래도 얕은 바다에 숨어있다 휩쓸린 것 같아요.
저라도 들어가 보겠습니다! (허리에 묶은 다이버 슈트 다급히 입기 시작하는데)

박중기 (무전 하며) 여기는 출 하나! 대식이가 바다로 들어가 찾아본답니더.

박은수 (대식이 돌아온 것이 반갑지만, 내색 않고 / E) 심 형사님 조심하시구요.
모두들 안전에 유의하시기 바랍니다.

심대식 (결의에 차 계속 슈트 입으면)

데릭 (일각 밀물과 썰물 차가 크다는 안전 안내문(시간 안내) 보고 마음에 걸리듯)
지금 밀물 시간입니다. 아무리 다이빙을 잘해도 혼자선 위험할 수 있어요.

심대식 (알지만 결연한 표정으로) 그치만... 방법 없잖아요. 이것 말곤.
(다이버 시계 점검하는데)

박은수 (**112 신고센터**에서 무전 하며 / **이하 교차편집**) 여기는 센터, 센터장님!
지금 구 형사님은 지구대와 용의차량 추적 중이고
박 팀장님과 조 형사님, 심 형사님은 고가은 수색 중입니다.

45 수록 해변 일각 / D

해변가에 아무렇게나 세워진 공수지의 차량(감식 중인) 등 사건 현장 주변을
살피던 권주, 순간 박은수의 무전 듣고는 일각 벤치로 가 무전에 집중하는데.

46 어창 안 / D

넘실거리는 어창 물 안에서 헉헉거리며 숨이 가빠오는 고가은,
다시 한 번 어창 문을 밀어 올려 보지만 굳게 닫힌 어창 문은 꿈쩍도 하지 않는데.

고가은 (점차 힘 빠지고 물밑을 살펴보면 다리 상처에서 흐르는 피가 물에 퍼지고 있다)
하, 할망...! (다시 어창 문 두드려보지만 소용없고 발작적으로 몸이 덜덜 떨려오기

시작하자 죽음의 공포가 엄습하는 가운데 / 마음의 소리) ...할망... 나 무서워... 나 좀 살려줘... 나... 이렇게 죽고 싶지 않아. 할망한테 못한 말 너무 많은데... (저체온증과 출혈성 쇼크 등 고통과 두려움에 호흡 가빠지는데)

47 다시 해심 마을 선착장 일각 / D

심대식 (갑작스러운 알람에 놀라 다이브 컴퓨터 시계보곤) 입출수 시점이 자꾸 바뀌고 있어요! 빨리 구조가 필요한 상태 같아요. (서둘러 입수 준비하면)

순간 일각 고순례가 탄 우미리 지구대 경찰차 다급하게 도착한다. 고순례를 비롯한 몇몇 해녀들(감순 포함) 함께 내리는데.

고순례 (다이버 슈트 다 입은 심대식 옆으로 와 다급히 바다에 뛰어들려고 하면)

심대식 (고순례 말리며) 밀물 때 함부로 들어가면 위험한 거 잘 아시잖아요. 제가 들어갈 테니...

고순례 (흥분해 심대식 밀치며) 시끄럽다게!

해녀들 (고순례 옆으로 모여서서) 우리도 도웁서! (다들 입수 준비하는데)

데릭 (밀물 때 다 돼서 무섭게 넘실대는 파도 냉정하게 보며 / 마음의 소리) 아무래도 이상해...
밀물이 얼마나 위험한지 아는 해녀가 바다에 함부로 들어갔을 리 없는데...
(일각 정박된 어선들 예민하게 둘러보다)
조직원들 시선을 돌리기 위한 페이크일지 몰라... (권주에게 채널3으로 무전 하며 나직이) 고가은 씨, 바다가 아니라 다른 곳에 숨었을 겁니다.
밀물 바다가 얼마나 위험한지 아는 해녀가 맨몸으로 뛰어진 않았을 거니까.
(일각 정박된 어선들 안, 숨을 공간들 날카롭게 일별하다 다급히 걸어가며)
혹시 고가은 구조요청 소리 들립니까?

48 수록 해변 일각 / D

권주 !!! (초조하게 귀 기울이며) 알았어요. 일단 무전기 높이 들어보세요.

49 어창 안 / D

몸이 굳고 지쳐 가라앉다 수면 위로 잠깐씩 떠올라
줄어드는 어창 속 공기를 들이마시는 고가은, 점차 숨이 가빠오는데...!

50 수록 해변 일각 + 어선들 일각 / D

권주 (필사적으로 눈을 감고 소리에 집중하면)

쏴아아아-! 쏴아아아-! 쏴아아아-! 쏴아아아-! 쏴아아아-!
휘이이이잉-! 휘이이이잉-! 휘이이이잉-!
부글부글 부글부글 부글부글
탕! 탕탕탕!!! 탕탕탕탕탕탕!!
고가은 씨! 고가은 씨 대답하이소!
어이 김씨 밧줄을 좀 땡겨!
쏴아아아-! 털털털털-!
뿌우... 쏴아아아-!

권주 (마음의 소리) 바람소리가 크고 거칠어서 잘 들리지가 않아.

데릭 (**어선들 일각**에서 무전기 높이 들다 무전 하며 / **이하 교차편집**) 센터장, 뭐가 좀 들립니까?

권주 ...잠시만요. ...바람이랑 파도소리 때문에 시간이 좀 더 필요해요.

데릭 (조금 더 어선 쪽으로 더 가까이 다가가며) 더 집중해요.
지금 구하지 못하면 고가은이 위험합니다. (자기도 모르게)
승아처럼 실수할 순 없어요!

권주 (순간 눈 커지며) 잠시만요. 방금 무슨 소리가 들린 것 같아요!

쏴아아아-! 쏴아아아-! 쏴아아아-! 쏴아아아-! 쏴아아아-!
휘이이이잉-! 휘이이이잉-! 휘이이이잉-!
부글부글 부글부글 부글부글
탕! 탕탕탕!!! 탕탕탕탕탕탕!!
고가은 씨! 고가은 씨 대답하이소!
어이 김씨 밧줄을 좀 땡겨!
쏴아아아-! 털털털털-!
뿌우... 쏴아아아-!

쏴아아아-! 쏴아아아-! 쏴아아아-! 쏴아아아-! 쏴아아아-!
휘이이이잉-! 휘이이이잉-! 휘이이이잉-!
부글부글 부글부글 부글부글
탕! 탕탕탕!!! 탕탕탕탕탕탕!!
고가은씨! 고가은씨 대답하이소!
어이 김씨 밧줄을 좀 땡겨!
쏴아아아-! 털털털털-!
뿌우... 쏴아아아-!

권주 ! 누가 철로 된 문을 두들기고 있어요. 바로 근처예요!

(하다 한번 더 문 두드리는 소리 들리자) ...왼쪽, 왼쪽이요.

데릭 (다급히 이동하며) 좀 더 구체적으로 말해 봐요!

권주 (소리 더 커지는 것 느끼고) 그 옆에 있는 배에서 소리가 나고 있어요!

데릭 (나란히 정박된 어선 중에 하나를 고르고) 여기가 확실합니까?

권주 (최대한 청력 집중해) 맞아요, 거기예요.

인터컷 어선 안 / *D*

비모호란 이름의 작은 어선에 올라타는 데릭, 빈 배의 내부 여기저기 보곤 어창 살피면 굳게 닫혀있는 상태다. 귀 대보면 정말로 누군가가 힘없는 손으로 두들기고 있는데. 다급해진 데릭, 막 무전하려는 순간!

권주 (무전에 귀 기울이다 멈칫 / 마음의 소리) 잠시만... 이 소리는 뭐지?

조 형사님 뒤에서 누군가가 조심스럽게 다가오고 있어! 설마?

51 어선 안 / D

권주 (다급히 / E) 조 형사님! 조심하세요. 지금 뒤에서 누군가 다가오고 있어요!

데릭 (놀라 돌아보는 순간 조직원2가 칼 든 채 달려든다) !

순간 턱 끝까지 다가오는 칼날을 아슬아슬하게 피한 데릭, 그대로 조직원2의 칼을 발로 차내고 제압하는데! 조직원2 어선 기둥에 거칠게 수갑 채워놓는 데릭.

데릭 (권주에게 무전 하며) 조직원 놈이 있는 걸 보면 고가은 씨 여기 숨은 거 맞습니다. (다급히 어선 이름과 어창 문 잠금장치 살피며 무전으로) 여기는 출 셋, 고가은 씨가 갇혀있는 곳 찾았습니다. 어선 이름은 비모호, 당장 선주 오라고 하세요. 잠금장치 풀게!

박은수 (잠시 후 / E) 여기는 센터, 선주분과 통화했는데 지금 멀리 있어서 1시간은 걸릴 것 같답니다! 어창 문 부숴도 된다구 하구요!

데릭 (날 서 어창 문을 당겨보지만 전혀 열리지 않고) !!

52 해심 마을 선착장 일각 + 어선들 일각 / D

막 수중 수색을 시작하려던 심대식, 고순례 등 해녀들과 박중기, 해심3, 4 등 다급히 데릭 무전 듣고 비모호 어선으로 달려온다.

데릭 (권총으로 어창 잠금장치 쏘고 열려고 하지만 낡은 문 안쪽 걸림쇠의 고장[16]으로 고무패킹과 문틀에 꽉 맞물려 열리지 않는데) 문이 고장 났어요. 고무패킹이 낀 건지 문이 열리지 않습니다!

53 어창 안 / D

순간 어창 밖에서 들리는 총소리와 웅성대는 소리에 안간힘으로 다시금 어창 문 두들기지만 끝내 의식이 흐릿해지며 그대로 물속으로 가라앉는 고가은.

고가은 (울먹이며 / 마음의 소리) 할망 미안해... 내가 할망 말 안 듣고 멋대로 굴다가 이렇게 됍서... (조금씩 정신 잃어 가는데)

16 어선의 경우 대부분 (알루미늄에 비해) 부식이 덜한 스테인리스로 문을 만들지만 그럼에도 오래 사용하거나, 해풍 및 태풍의 영향으로 노후화 된 문의 경우 적절한 보수 작업을 하지 않으면 걸림쇠가 망가지면서 압착이 되는 바람에 열리지 않는 상황이 생길 수 있다. - 과학수사 자문 최미정 교수 자문

54 어선 안 / D

다급히 어선 위로 올라온 고순례, 박중기, 심대식 등 어창 문 다 같이 잡고 당겨보지만 꿈쩍도 하지 않는데!

고순례 (손에 상처 나는 것도 아랑곳없이 문을 잡고 당겨보는데 여전히 열리지 않고)

심대식 (어창 문에서 손 떼고) 우리 힘으론 움직이지 않아요!

데릭 지렛대 될 만한 거 찾아보세요.

심대식, 박중기 (다급히 주변을 샅샅이 뒤지며 찾는데)

55 어창 안 / D

고가은 (일어나 보려 해도 자꾸만 힘이 빠져 주저앉게 되는 몸, 겨우 입과 코를 막고 숨을 참지만 의식 잃어가고 / 마음의 소리) 할망... 나 안 되굿서!
이게 끝인 것 갑서... 죽을 것 갑서...
할망이랑 살믄 숨을 못 쉬겠다고 하던 말 진심 아니었수다. 다 잘못핸...
(패닉으로 물 들이마시려는 순간 벼락같은 고순례의 목소리가 환청처럼 들린다) !

고순례 *(E) 물은 땅과 반대란다.*
땅에선 숨을 쉬어야 살 수 있는디...
물에선 숨을 참는 것이 사는 것이란다. 명심해라.

고가은 (애틋하게 / 마음의 소리) 할망...! (마지막 힘을 쥐어짜 숨을 참는데)

56 다시 어선 안 / D

감순 (다급한 마음에 갖고 있던 까꾸리 데릭과 박중기에게 보이며) 이거라도 해봅서!!

데릭 저한테도 주세요! (앞장서 문틈에 까꾸리를 끼우면)

해녀들 (까꾸리를 모아 다 같이 문틈에 끼워 지렛대처럼 힘주지만 어창 문 꿈쩍도 안 하는데)

심대식 (배 일각에서 찾은 빠루(쇠지렛대)를 들고 뛰어와 문틈에 끼우며) 다시 해보죠.

데릭 (심대식과 박중기와 함께 빠루 잡고) 셋 세면 동시에 당기세요. 하나, 둘, 셋!
(해녀들과 동시에 힘주면) 다시 한번요.

해녀들 하나, 둘, 셋! (동시에 힘주길 반복하는데)

안간힘으로 아주 작은 문틈 벌리는 순간 물속에서 의식을 잃고 가라앉아가는
고가은과 눈이 마주치는 고순례!

고순례 (문틈으로 고가은 보자 눈물 그렁해) 아이고 가은아!! 할망이 왔다 할망이!
조금만 버텨라. 하나, 둘, 셋 (해녀들 다시 당기면)

순간 있는 힘껏 힘을 모으는 데릭과 해녀들!! 순간 우드득 소리와 함께
꽉 끼인 어창 문이 열리는데.

해녀들 (감동에 찬 환호하며 만세하듯 두 손을 들어 올린다) 와!!

할망을 보자 마치 기적처럼 안간힘으로 물 위에 솟구치는 고가은,
턱까지 찬 숨을 내뿜자 "호오이 호오이" 숨비소리 내뱉으며 눈물 글썽거리는데.
그제서야 어선 위에서 서로를 안고 울음을 터뜨리는 고순례와 해녀들.
데릭과 심대식, 박중기 역시 안도하고.

57 수록 해변 일각 / D

권주 (무전 너머 숨비소리와 해녀들 얼싸안는 소리 들리자 안도한다)

58 어창 안 / D

다급히 어창 안으로 뛰어 들어 고가은을 밑에서 받쳐 위로 올라올 수 있게
돕는 심대식.

고순례, 해녀들 (손을 뻗어 가은이를 끌어올리며) 가은아 잘했다게!

고가은 (고순례에게 안기며 긴장 풀려) 할망!!!

고순례 이제 살았다... 살았어. 내 새끼... (고가은 기특한 듯 연신 머리 쓰다듬고)

고가은 (고순례 보며 미안함에 흐느끼는데) 할망... 미안핸 내가 잘못햅서... (하는데 갑작스럽게 가슴을 치며 발작한다)

일동 !!! (놀라고)

해심3 갑작스런 쇼크로 호흡곤란이 온 것 같습니다. (고가은의 옷 벗기려하면)

데릭 (해심3 제지하고) 잠깐만요. 고순례 씨가 도와주세요.

고순례 아, 그래야지! (다급히 고가은의 옷 벗기면)

데릭 (담요 가져와 고가은 덮고 다급하게 가슴 압박 시작한다)

고순례 (한동안 이어지는 응급처치 초조하게 지켜보는데)

고가은 (마침내 숨이 돌아오고)... 쿨럭, 쿨럭...!

고순례 (안도로 울며 고가은 꼭 끌어안는다) 아이고 내 새끼... 가은아..!

고가은 (안긴 채) 할망... 우리 할망 맞지? 이거 꿈 아니지? (품에서 벗어나 마주 보고 고순례 손 꼬옥 쥐며 희미한 미소로) 할망... 다시 못 보는 줄 알았네... (고개 툭 떨구고 눈물 흘리는) 미안해... 맨날 속만 썩여서 미안핸, 할망...

고순례 아니다! 할망이 다 잘못했다게, 할망이 니 맘도 몰라주고... (손바닥으로 얼굴 쓸며) 내 새끼... 살아줘서 고맙다. 고마워... (안고 같이 눈물 흘리는데)

데릭 (담담하게) 잘 버텼어요. (고가은의 옷으로 다리 상처 묶어 지혈해 준다)

박중기 (가슴 쓸어내리며 흐뭇한 표정으로 무전 하며) 여기는 출 하나! 고가은 무사히 구조했십니더. (어창 밖으로 나오는 심대식 기특하게 보며) 고생 많았다, 대식아.

심대식 ... (어색한 표정으로 고개 끄덕이는 위로)

59 112 신고센터 / D

박중기 (E) 여기는 출 하나! 고가은 무사히 구조했십니더.

요원들 (무전에 귀 기울이고 있다 작게 환호성하면)

박은수 (졸이던 가슴 쓸어내리고 무전 한다) 다들 고생하셨어요.

60 해심 마을 밖 도로 / D

다급하게 달리는 흑룡파 승합차 앞을 추월해 파찰음과 함께 거칠게 막아서는 출동차! 구광수 내려 도주로를 차단하고 두목과 조직원을 향해 총을 겨누며 다가가면 해심1, 2 뒤따라 내려 구광수의 지시에 따라 엄호하는데.

구광수 (차 문 열고 총 겨누며) 당장 손들어! 꼼짝 마. 움직이면 발포한다!

두목 !!! (이 갈며 분노에 발 구르는데)

구광수 (허공에 경고사격하고 버럭) 두 번 경고 없다. 손들고 나와!

구광수의 서슬 퍼런 경고에 두목과 조직원1, 3 차 밖으로 나와 두 손 들고 무릎 꿇으면, 다급히 차 안을 수색하는 해심1, 없다는 듯 구광수 향해 고개 젓는다.

구광수 (두목 다그치듯) 마약 가방 어딨어!

두목 (험악한 구광수 보며 억울한 듯) 우리도 모른다!
그 해녀년이 빼돌렸나 잡아왔는기래.
좀 더 조지면 알아낼 수 있는디 니들이 막은 거다. (눈 벌게져)
50억 날리고 듁갔는 건 나야! 어떤 갈아묵을 년놈인지 니들이 함 알아보레이.

구광수 (표정 굳어 무전 하며) 여기는 출 둘!
흑룡파 두목과 조직원 검거했는데 차 안에 마약 가방이 없습니다.
박 팀장님이 가은 씨한테 확인해주세요.

61 어선 안 / D

박중기 !! (무전 듣고는 고순례와 손 꼭 잡고 있는 고가은에게 조심스레)
가은 씨. 마약 가방에 대해 솔직히 말하이소! 가방 지금 어딨습니까?

고가은 전 정말 모른다고예! (흐느끼며) 며칠 전 물질하다 기차바위 아래서
갈색 가방을 주웠는데... (회상하는 위로)

62 갯바위 일각 / N / 이하 고가은의 회상

고가은이 사색이 된 얼굴로 갈색 운동 가방을 들고 채소윤과 다투고 있다.

고가은 (갈색 운동 가방을 안고 뒤로 물러나며) 안 된다게. 이거 마약 맞수다!
뉴스에서 양귀비로 이런 거 만드는 거 봤수다!

채소윤 (욕망에 흔들리는 눈빛으로) 너 진짜 바보처럼 왜 그래?
그냥 눈 한번 딱 감으면 돼! 이거 한 병만 팔아도 우린 부자야.
이 지긋지긋한 가난 탈출이라고!

고가은 (순간 흔들리지만 고개 저으며) 아닌 거 같수다, 언니... 난 무섭다게!

채소윤 (허 짜증난단 듯 고가은 보다) 그럼 내가 알아서 할 테니 넌 가만있어!
(독한 눈빛으로 바뀌어 고가은이 쥔 가방 뺏어 걸어간다)

고가은 (기겁하며 쫓아가지만 채소윤 손에 밀쳐져 바닥에 나동그라지고) 언니?... 언니!

고가은 *(E) 어제... 언니 다시 한번 설득해 보려고 집에 갔는데...!*
(두려움으로 흐느끼며) 그놈들이... 우릴 잡아갔수다.

63 모처 폐건물 + 흑룡파 승합차 / N

무릎 꿇은 채소윤을 트렌치 스파이크 나이프로 고문하는 두목. 옆에는
조직원1, 2, 3이 채소윤을 잡고 있다. 일각 조직원4에게 제압당한 고가은,
공포에 떨며 그 모습 보는데.

두목 (위협하며) 어디 숨겼니 가방! 셋 셀 동안 말 안하믄 각막부터 빼내 팔기야.

채소윤 (고통에 겨우 숨 쉬며) 마... 말했잖아요! 안방 장롱에 뒀다구요.

두목 (채소윤 머리를 거칠게 뒤로 젖히며) 다 뒤졌는데 없다.
(눈앞에 칼 보여주며) 이 칼이 왜 삼각형 모양인 줄 아니!?
사람 몸뚱아리 파재끼는 덴 이만한 게 없거든. (칼날로 몸 찌르면 / 보이지 않게)

채소윤 (끔찍한 고통으로) 아아아악!!

고가은 (조직원4의 손으로 입 막혀 몸부림치며) 읍읍...!

곳곳에 깊은 상처를 입고는 숨이 멎은 듯 쓰러지는 채소윤.
고가은, 형용할 수 없는 공포와 슬픔에 벌벌 떨기 시작한다.
순간 어디선가 사람 소리 들리자 조직원들 채소윤 일각에 던져버리고는
고가은 승합차에 태워 현장을 벗어나는데..!!

고가은 (차창 밖으로 쓰러진 채소윤 보며 울부짖고) 언니! 언니이!!

64 어선 안 / D / 이하 현실

고가은 (힘겹게 말을 이으며) 누군가 그 가방 빼돌렸수다!
(고순례에게 안겨 덜덜 떨며) 언니는 정말로 몰랐다고예.
그런 고문을 당하면 말을 안 할 수 없으예. (울음 터뜨리고)

데릭 (고가은의 말에 생각 고르며 / 마음의 소리) 누군가 가져갔다고?
만약 그렇다면 채소윤 집과 마약 가방이 있는 것까지
알고 있는 사람... 중 하나야...
(순간 번뜩 어떤 생각 스치는 위로)

플래쉬백 다시 부둣가 / D (시즌 4 4부 78, 80씬)

송 사장 *(옆에서 생각 고르다 벼락같이) 아! 그러고 보니... 저번 밤에
젊은 여자 둘이 뭔갈 들고 가는 걸 봤어요! (떠올리는 위로)*

송 사장 *채 강사랑 그 해녀 애 같던데. 갈색 운동 가방을 들고 가더라구요!*

묘하게 고가은을 몰아가던 송 사장의 모습 컷컷으로 지나가는데.

데릭 (마음의 소리) 얼굴은 한 번에 알아보지 못하면서 가방 색깔은 정확하게 말했어.
(다급히 고가은에게) 그 가방, 몇 시에 채소윤에게 줬습니까?

고가은 (갸웃하며) 한 6시쯤이고 이미 해가 졌어얏.

데릭 (무전 하며) 여기는 출 셋, 25일, 오후 6시 주변이 얼마나 보이는지 확인 가능합니까?

박은수 (잠시 후 / E) 여기는 센터, 25일, 6시에 해가 지고 구름이 많다고 나옵니다. 많이 어두웠을 것 같아요.

데릭 (허! 눈빛 싹 변해 박중기에게) 아까 다이버 샵 사장, 거짓말했습니다. 얼굴은 한 번에 못 알아보면서 고가은 씨가 주운 가방 색깔을 정확하게 알고 있어요.

일동 !! (서로 얼굴 보는데)

데릭 (심대식에게) 혹시 송 사장 마약 중독 증세 있었습니까?

심대식 (예민하게 생각 고르다 번뜩) 실은... 혀를 차면서 말하는 습관이 좀 거슬렸어요. 구강건조증이랑은 뭔가 달랐거든요. 킁킁거리는 적도 꽤 있었고.

데릭 !!!

플래쉬백 부둣가 / D (시즌 4 4부 74씬의 확장씬)

송 사장 *(당황하고 말하는 사이사이 미세하게 킁킁거리며) 쩝... 아뇨, 어린이 대상 강습 때문에 성범죄 경력 조회 동의서만 받았지, 그런 건 몰랐습니다. 쩝 (문득 생각난 듯) 하... 그래서 긴 팔만 입고 다녔나??*

데릭 립 스맥킹(lip smacking)[17]입니다! 킁킁거리는 건 코카인 부작용 증상 중 하나구요!

심대식 ...!

박중기 (눈빛 날 서지며) 그 송 사장 이름이 뭐꼬?

심대식 송수길이요.

박중기 (다급히 무전 하며) 여기는 출 하나, 돌핀 다이버 샵 사장 송수길, 거짓 진술 정황과 마약 중독 가능성 있어보이는데예, 채소윤 마약 가방 빼돌렸을 수도 있십니더. 핸드폰 위치 추적해주이소!

17 입술을 벌리고 다무는 것을 무의식적으로 하는 증상

65 112 신고센터 + 수록 해변 일각 / D

박은수 (빠르게 조사하고는 다급히) 송수길 핸드폰 유심이 빠져있어요.
천 요원님 송수길 차량은요?

천상필 차량번호인식 시스템[18] 검색해보니 32분 전, 우미리 선착장 입구를 통과했네요.

박은수 (무전 하며) 여기는 센터, 핸드폰 위치 추적은 어렵고
32분 전, 우미리 선착장 입구를 통과한 걸로 나옵니다.

권주 (**수록 해변 일각**에서 무전 듣고 놀라며 / **교차편집**) !

66 어선 안 + 112 신고센터 / D

심대식 (무전 옆에서 듣고 날 서) 거기다 늘 다이버 샵 보트를 대놓습니다.
없다면 바다로 나갔어요.

데릭 (무전 하며) 여기는 출 셋, 우미리 선착장에 돌핀 다이버 샵 보트 있습니까?

박은수 (**112 신고센터**에서 무전 듣고 해경에 전화해 / **이하 교차편집**) 네 비모청
112 신고센터 박은수 지령팀장입니다. 우미리 선착장에 돌핀 다이버 샵
소유의 배가 있는지 확인해주세요.
(듣고 무전 하며) 여기는 센터, 비모지방해경청 상황실에서 CCTV 확인결과
돌핀 다이버 샵의 다이버 보트는 32분 전쯤 바다로 나갔다고 합니다!

데릭 (심대식에게) 송 사장이 남몰래 갈만한 곳 압니까?
그곳에서 마약을 했을 겁니다.

심대식 (빠르게 생각 고르다 확신에 차) 금도봉 아래 군사 동굴[19]일 거예요.
근처 지나면서 섬 토박이 몇 명 말고는 모르는 곳이라고 말한 적이 있어요.

데릭 !!! (예리하게 바다 주시하며) 거깁니다!

박중기 하 새끼... 잘도 튀네. 출동하겠습니더.

18 차량번호판 및 탑승자 적재함 등의 영상 촬영 및 저장하여 모니터링 및 검색 백업이 가능한 시스템

19 일제강점기 당시 일본군이 비모도 주민을 강제 동원하여 구축한 군사시설물

67 112 신고센터 / D

박은수 (***"이름 : 송수길 /주민번호 : 790613-1014513/ 이혼사유 : 경제적 무능력"***
이혼서류 확인하며 무전으로) 여기는 센터! 송수길 지금 아내와 이혼소송 중입니다.
(세무서 신고 내역과 돌핀 다이버 2호점 폐업 확인서 빠르게 확인하고)
체인점을 낼 정도로 잘 나가다 작년부터 빚이 엄청나게 쌓였네요.

인터컷 돌핀 다이버 가게 / D

손님은 없고 각종 체납 고지서와 대출금 상환 독촉장 쌓인 일각
송 사장, 아내가 보낸 이혼서류 보고 격분해 전화를 걸어 거칠게 싸운다.

68 수록 해변 일각 / D

권주 (마음의 소리) 채소윤을 통해 마약을 접하면서
비슷한 처지였던 두 사람이 마약의 쾌감으로 현실도피를 한 거야...

69 금도봉 군사 동굴 입구 + 112 신고센터 / D

금도봉 앞으로 도착하는 출동팀, 봉우리 아래 짧은 자갈 해변과
군사 동굴이 보인다. 주변에 암초들이 솟아있고 해변 일각 작은 보트
(돌핀 다이버 로고가 적힌)가 정박되어 있는데.

자막 **금도봉 군사 동굴**

박중기 (무전 하며) 군사 동굴 근처 보트 발견했십니더. 검거 시작합니더!
박은수 (**112 신고센터**에서 다급히 우미리 설화 등 자료 보고 무전 하며 / **이하 교차편집**)
여기는 센터! 혹시나 해서 찾아봤는데 예전에 동물을 무쇠솥에 넣어서 바다에
공양하던 제사가 있었대요. 최근 용왕제에서도 고수동이 재연하기도 했구요.
예전엔 사람을 죽이고 무쇠솥에 넣으면 잡히지 않는단 미신도 있었답니다.

(후) 송수길이 고수동에게 누명을 씌우려 그걸 이용한 것 같습니다.
고가은과 사이가 나쁘단 건 이미 알았을 거고,
어쩌면 고수동이 양귀비 키운 것도 알았을 수 있죠.

일동 !!!

권주 (묘한 불길함에 / E) 박 팀장님! 군사 동굴 관련 정보도 적고
송수길은 현재 마약을 흡입했을 가능성이 높아요. 제발 조심하세요.

박중기 !!!! (무전 하며) 걱정 마이소. 마 이런 일 하루이틀입니꺼.
(데릭, 심대식과 바짝 긴장해 군사 동굴로 들어간다)

70 동안 / D

어둡고 넓은 군사 동굴 안을 손전등으로 비추며 송수길을 추적하는
데릭, 박중기, 심대식.

박중기 (손전등으로 여기저기 비추며) 이 모꼬.. 뭔 길이 이리 복잡하나??
(하다 소리 들리자 순간 긴장하며) 저기 발자국 소리 아입니꺼?

데릭 우리 발소립니다. 울려서 다시 들리는 거구요.

박중기 (채널1로 무전 하며) 센터장님, 그놈 소리가 어디서 들리는지
아시겠십니꺼? 방향 잡기 억수로 힘드네예.

권주 (들어보고 채널 1, 2, 3으로 당황해서 / E).....후...
공명현상[20]이 심해서 소리를 구분하기가 너무 힘들어요.

박중기 (아쉽지만 바짝 긴장해) 알겠십니더. 뭐라도 들리면 말씀해주이소.

심대식 (두 갈래 동굴 갈림길 사이 일별하며) 지난번 지나갈 때 송 사장이
노래기나 달팽이 같은 음지 생물들이 많다고 하더라구요.

데릭 ! (눈빛 날 서) 송 사장이 지나갈 때 손전등을 사용했다면, 분명 불빛 때문에
숨었을 겁니다. (다급히 손전등으로 스치듯 양 갈래 바닥을 비추자
한쪽 갈림길엔 이미 아무것도 없고, 다른 길엔 음지 생물들이 손전등 불빛을

20 물체가 고유 진동 수에 맞는 외부 진동에 반응하며 진동이 증폭되는 현상

피해 바위 사이로 스르륵 숨는다, 원래부터 없던 길을 가리키며)
이쪽입니다. 이쪽만 생물 반응이 없어요!

박중기 (길 안쪽 방금 밟힌 듯한 갯강구 보며) 진짜로 누가 밟고 갔네.

일동 !!! (확신에 차 달려가는데)

71 112 신고센터 / D

박은수와 요원들 공청으로 전해지는 현장 상황 들으며 긴장한다.

72 수록 해변 일각 / D

권주 역시 전해지는 동굴 속 다양한 소리를 구분하려 최대한 집중하는 위로.

73 군사 동굴 일각 / D

들어가며 구조물 살피지만 아무것도 보이지 않자 날 선 긴장 휩싸이는
데릭, 박중기, 심대식. 순간 어딘가에서, 휙 하며 작살 날아와
다급히 피하는 박중기의 앞에 간발의 차로 박히는데!
당황한 데릭, 박중기, 심대식이 잠시 흐트러진 순간
구조물 사이로 몸을 숨기고 있던 송 사장, 마약 가방과 작살촉 들고
맨 뒤에 있던 심대식의 뒤로 달려들어 목에 작살촉을 들이댄다!

박중기 (총 겨누며) 송수길 씨! 경찰 죽이면 당신 인생 끝입니더. 흉기 내려 놓이소!

송 사장 (약에 취해 흥분한) 난 그년이 갖고 온 가방 빼돌린 죄밖에 없어.
주인 없는 가방을 봤는데 니들 같으면 가만있겠어! 뺏는 게 임자지.
(더욱 위협적으로 심대식의 목에 작살촉 겨누는데)

데릭 (송 사장 손톱, 무거운 쇠 같은데 찍힌 듯 검게 죽은 것 확인하자 모든 추리가
맞춰진 듯 확신에 차) 개소리 그만해. 무쇠솥에 채소윤 넣은 거 너잖아!
양귀비밭 들킨 고수동이가 채소윤 죽인 것처럼 보이게 만들려고.

그 손톱도 그때 다친 거구!

인터컷 *부둣가 / D (시즌4 4부 72씬의 확장씬)*

바디백 속 채소윤의 자창을 살피던 데릭 일각 구경하고 있던 송 사장과

눈이 마주친다. 재빨리 시선을 돌리는 송 사장.

데릭 (E) 해녀들과 고수동의 갈등도 봤을 거고.

채소윤과 고가은이 친한 것도 알고 있었으니까.

인터컷 *갯바위 일각 / N (시즌4 5부 62씬 고가은 회상의 송 사장 시점)*

갈색 운동 가방을 두고 대화를 나누는 고가은과 채소윤을 지켜보는 송 사장.

가방을 챙겨들고 가는 채소윤을 의심스런 눈초리로 바라보는데!

인터컷 *다솜빌라 입구 + 201호실 안 / N / 송 사장의 회상*

갈색 운동 가방을 품에 안고 빌라 입구로 들어가는 채소윤을

뒤따라가던 송 사장, 다음날 밤, 복면을 하고 다시 찾아가

잠든 채소윤 몰래 장롱에서 갈색 운동 가방 찾아 내용물 보고는 훔쳐 나가는데!

송 사장 !!! (모든 것이 들키자 작살촉으로 심대식 목 더 세게 누르며)

나라고 돌려줄 생각 안 했겠어? 근데 당신들 알 거 아니야.

그 새끼들 얼마나 악질인지...

잘못했다간 나까지 골로 갔다고! (눈 벌게져 회피하고 싶은 기억 떠올리는 위로)

74 모처 폐건물 + 송 사장 차 안 / N / 이하 송 사장의 회상

채소윤 주변으로 두목 및 흑룡파 조직원1, 2, 3이 서 있다. (일각 조직원4에게 제압된 고가은 보이고) 두목, 트렌치 스파이크 나이프로 고문하자 곳곳에 깊은 상처를 입고 점점 의식을 잃어가는 채소윤.
폐건물 일각 주차된 차 안에서 채소윤을 겁에 질려 지켜보는 송 사장.
너무나도 처참하게 고문당하는 모습에 핸드폰 들어 112로 신고 전화하려는데.

송 사장 (차마 누르지 못하고 눈빛 변해) 아냐... 이거면 다시 시작할 수 있어. 다시...! 솔직히 가방에 손 댄 건 채 강사 너잖아. 다... 니 잘못이야...!

순간 어디선가 사람 소리 들리자 조직원들 채소윤을 일각에 던져버리고는 고가은 차에 태우고는 벗어나는데!
사람들(낚시꾼 등) 채소윤 미처 못 본 채 무심히 지나치자
얼른 달려간 송 사장이 채소윤을 차에 싣고 떠난다.

75 다이버 보트 + 바다 위 / N

다이버 보트 위에 준비한 무쇠솥 보인다.
송 사장, 비닐에 말아 데리고 온 채소윤을 무쇠솥에 넣고 뚜껑을 닫으려는데 순간 "살려...줘요..."란 희미한 말과 함께 무쇠솥에 갇힌 채소윤의 피투성이 손이 송 사장 손목을 턱! 잡는데.
무쇠솥 안, 채소윤과 눈이 마주치는 송 사장!
공포와 두려움에 온몸을 떨다 다급히 마약 흡입하고는 (보이지 않게) 날 서 채소윤의 손을 잡아 빼 무쇠솥 안으로 구겨 넣고 간신히 뚜껑을 닫는데!
(그러던 중 뚜껑에 자신의 손톱을 찍히고)
마침내 안간힘으로 무쇠솥을 배 밖으로 밀어내는 데 성공하는 송 사장, 바다 밑으로 기괴하게 가라앉는 무쇠솥 보며 초점 잃은 눈빛으로 히죽거리는 위로.

76 다시 군사 동굴 일각 / D / 이하 현실

송 사장 (죄책감과 불안에 휩싸일수록 더욱 마약 가방 세게 잡고 눈 벌게져)
이건 내 꺼야. 뺏어가는 새낀 누구도 용서 안 해!!
뺏어 가면 다 죽여 버릴 거야!

박중기 (총 겨누며) 정신 차리라! 시간 끌수록 당신만 불리하데이.

송 사장 (더 강하게 심대식 위협하고) 가까이 오면 이 새끼 죽어! (버럭 악을 쓰며)
니들만 아니었음 난 지금 부자였다고!!!

데릭 (냉정하게 보며) 아니 넌 지금!! 약에 취한 괴물일 뿐이다.
돈에 눈이 멀어 함께 일한 직원을 살해한 마약 중독자일 뿐이고!

송 사장 뭘 안다고 떠들어!! 너 같음 이 개같은 현실을 맨정신으로 버틸 수 있을 거 같아?! 이 약만 있으면 돼. 이것만 있으면 난 뭐든지 할 수 있다구!

데릭 (흔들림 없이) 아니. 넌 지금 끔찍한 마약 중독 후유증에 시달리고 있다.
처음엔 모든 걸 잊을 수 있었겠지. 하지만 마약에 빠지는 순간
니 정신은 망가지기 시작했어. 상상도 못할 불안과 의심, 공포에 휩싸인 채로!
그래서 마약이 위험한 거다. 평범한 가장을 살인자로 만드니까!!

송 사장 (작살촉으로 심대식 목 더 세게 누르며) 개소리하지 마!!
(집착과 광기에 차) 너도 알잖아.
돈이면 다 해결돼! 돈이면 죄책감도 필요 없고
떠난 가족도 돌아오는 게 세상이야. 이것만 팔면 난 부자야. 부자라고!!
(하지만 눈빛과 작살 잡은 손 흔들리는데)

데릭 (그런 송 사장 꿰뚫듯 보며)
진짜로... 가족을 위한다면... 여기서 멈춰! (심대식 향해 눈짓 보내면)

심대식 (끄덕이며 재빨리 송 사장 작살 잡은 손목 움켜쥐는 위로)

심대식의 완력을 당해낼 수 없자 심대식의 왼쪽 어깨를 물려는 송 사장,
순간 데릭 벼락같이 달려들어 송 사장을 제압하고 마약 가방 저 멀리 발로
차 버린다!

77 수록 해변 일각 / D

권주 (사람들 넘어지는 듯한 소리가 동시에 공명하며 울리는 순간 도강우 사망 상황 떠오르고 또 다시 팀원을 잃을 것 같은 트라우마에 흥분해 무전 하며)
박 팀장님, 괜찮으십니까? 누구 다쳤나요?

78 다시 군사 동굴 일각 / D

송 사장 (일각으로 날아간 마약 가방을 향해 발버둥치며)
놔, 놔아아아! (악을 쓰다 비굴한 목소리로)
약, 약 내놔! 내 약 내놔!! 약 달라구 이 새끼들아!
(끅끅거리며) 아파 죽을 것 같아... 제발 약 좀 줘.. 제발!

권주 **(흥분해 / E) 박 팀장님, 괜찮으십니까? 누구 다쳤나요?**

박중기 (수갑 채우며 권주에게 무전하고) 여기는 출 하나, 센터장님, 다 무사합니다.
송수길 씨! 당신을 채소윤 살인 및 시신유기, 마약류 관리법 위반
혐의로 체포합니다. 변호인 선임권, 진술거부권, 변명의 기회가 있습니다.
송수길 체포 완료했습니다.

송 사장 으아아악!!! (몸 뒤틀며 고함지르는 위로)

자막 **PM 01:00 우미리 고가은 납치사건 종료**

79 다시 수록 해변 일각 + 군사 동굴 안 / D

권주 (무전에 귀 기울이며 불안한 듯 거듭) 여기는 센터장, 다들 무사하신 거 맞죠?

박중기 (**군사 동굴 안**에서 무전 하며 / **이하 교차편집**) 네. 다행히 잘 끝났다니까예.

데릭 (일각에 서서 묘한 표정으로 불안한 권주의 무전 듣는데)

권주 (깊은 안도로 얼른 안정 취한 후) 박 팀장님! 심대식 형사랑
무전 좀 하게 해주세요.

심대식 (마지못해 박중기가 자꾸 내미는 무전기 받아들면) 네.

권주 (놀랐던 마음 내색 않고) 이 정도면 팀 합류하는 걸로 봐도 되겠죠?
오늘부로 특별사법경찰 발령 진행합니다.

심대식 .....!

80 112 신고센터 / D

공청 무전에 집중하고 있던 박은수와 요원들, 상황종료 무전에 안도하고.

박은수 (요원들 둘러보며) 모두 수고하셨어요. (천상필 향해) 특히 천 요원님.

천상필 (박은수에게 다가와) 아닙니다. 옛날 생각이 나서 가슴이 막 두근대던데요?
박 요원님이 고생 많으셨어요.

박은수 (그 마음 안다는 듯 미소로 끄덕이는 위로)

81 수록 해변 일각 + 군사 동굴 일각 / D

권주 (막막한 심정으로 주변 일별하는데 데릭으로부터 전화 온다, 받으면)

데릭 (**군사 동굴 일각**에서 다급히 / **이하 교차편집**) 공수지 찾았습니까?

권주 (입술 깨물고 주변 조사 중인 경찰들 보며) 지금 찾고 있어요.

데릭 새로운 단서는요? 더 나온 거 없습니까?

권주 (괴로워하며) 아직요. 유서 같은 쪽지가 발견돼서
다들 자살...로 생각하는 분위기예요.
그런데 이상한 건... 공수지도 핸드폰이 없어요. 다른 소지품은 다 있는데도요.
(마른세수하며) 조 형사님이 본 범인... 여성인 거... 분명하죠?

데릭 (초조한 듯) 여성으로 보였어요. 확실해요...!

권주 (애써 침착하게 논리와 상황 정리하며) 제가 들은 음성메일도 여성이 맞아요!
(확신하며) 여성은 성대가 짧아 목소리가 가늘고 높은데
남성은 그 반대라 만약 남성이 여성인 척 했다면
제가 분명히 눈치챘을 거예요.
아님, 서커스맨은 한 명이 아니던가요...
(하다 자기만의 생각에 빠져 혼잣말로) 아냐... 것도 아냐...
범인의 족적이 한 사람인 게... 이상하잖아...

(순간 혼란에 휩싸여 마른세수하며 후... 깊은 한숨 내쉬면)

데릭 (자기도 모르게 권주 다잡듯 힘주어) 이봐요, 센터장. 집중해봐요!
당신 보이스 프로파일러야! 당신 귀만 믿으라구.
어떤 괴물이든 내가 잡을 테니.

권주 !! (틀린 말 아니다 후 다시금 집중하려 애쓰는데 순간적으로 공수지를 찾다 본 수록 공원의 기억 다시 스치는 위로)

인터컷 수록 공원 일각 / D (시즌4 5부 11씬의 확장씬)

권주 *(무심히 풍선 쪽 돌아보는데)*

노점상 *(헬륨풍선 들고는) 다양한 목소리로 웃음 팡팡!*
하나에 삼천 원, 둘에 육천 원! 어린이 여러분 여기 와서 구경하고 가세요.
(풍선 속 헬륨 들이마시고 완전히 다른 성별의 목소리로 변해) 자 보세요~
완전 딴 목소리로 변했죠!

권주 !!!! (순간 눈빛 번뜩이며 / 마음의 소리) 만약 범인이 날 속이려고...
어떤 장치나 약물을 이용해서 목소리 성별을 바꾼 거라면?
(다급히 전화 끊고 핸드폰으로 메일의 음성 파일과 공수지의 동영상을 반복해 들어보는 위로)

인터컷 권주에게만 들리는 음성 파일 속 여성의 목소리 / D

대체 그 귀로 뭘 하고 있는 거야. 너무 멀어서 안 들리기라도 하는 거야?
마지막 기회를 줄게. 〈25, 천사의 동네, 205호〉
오늘은 시간이 부족할 것 같아서 특별 힌트를 더 추가했어.
잊지 마. 우리는 아주 특별한 운명을 타고났다는 걸.

인터컷 공수지 동영상 / N

남자 *(공수지의 등 뒤로 지나가는 뒷모습 얼핏 찍히며) 자랑, 자랑 우리 애기 제와 도라, 느네 애기... (비모도 전통 자장가 부르며 지나가는데)*

권주 (집중해서 두 소리를 비교해보는데)

오늘은 시간이 부족할 것 같아서
자랑, 자랑 우리 애기 제와 도라, 느네 애기 제와주마..

오늘은 시간이 부족할 것 같아서
자랑, 자랑 우리 애기 제와 도라, 느네 애기 제와주마..

권주가 집중할수록 극명하게 다르던 목소리의 성문이 비슷하게 일치해 가는데!

오늘은 시간이 부족할 것 같아서
자랑, 자랑 우리 애기 제와 도라, 느네 애기

권주 !!! (충격과 경악으로 / 마음의 소리) 맙소사...!
두 사람의 성문이... 동일해!
어떻게 성대를 조절했는진 모르겠지만 폐, 후두, 성도(vocal tract)[21]의 구조가 같아. 그렇다면... 같은 사람...?
(소름이 쫙 끼치고 데릭에게 다급히 전화하며) 조 형사님 말대로 성문분석을 해봤더니 협박 메일 속 여성과 동영상 속 남성 목소리 성문이 같아요!
하지만... 한 사람이... 완벽한 남성과 여성의 목소리를... 내는 건 불가능해요.

데릭 (당황스럽고) 그게 대체 무슨 말이에요! 알아듣게 설명해 봐요!

권주 (생각할수록 충격과 혼란에 휩싸이며) 그러니까 서커스맨은... 한 사람 안에 남성과 여성이 함께 살고 있다구요!

데릭 (충격에 말문 막히고) 그게 무슨 (하다 지금까지 의심스러웠던 여러 상황 컷컷으로 지나가며 혼란스러운 눈빛 번뜩이고) 범인 다인성 망상장애 환자일지도 모릅니다!

21 성대에서 입까지 공기가 지나가는 길

권주 (눈 커지며) 다인성 망상장애요? 그럼? 설마 (손끝 떨리고)

데릭 (다급히 생각 고르며 묘한 일감에) 서커스맨, 다중인격 환자일 수 있어요!

권주 네?! (충격에 눈빛 격하게 흔들리는 위로)

82 숲속 저택 전경 / D

현무암 돌담 안 사방이 막힌 저택으로 들어가는 차.

83 저택 앞 + 안 / D

누군가 차에서 내려 커다란 여행용 트렁크를 꺼낸 뒤 현관으로 들어와
계단으로 연결된 지하 붉은 색 문 앞으로 텅, 텅, 소리를 내며 밀고 간다.
지퍼 사이로 누군가의 긴 머리카락이 나와 있고
고통에 찬 끄으응거리는 신음 소리 흘러나오는데...!

84 레드룸 안 / D

형형색색의 가랜드와 알전구가 걸린 천장, 링과 저글링 같은
각종 서커스 용품들 사이 알록달록한 천막을 들어 올리면
그 안에 다양한 사람 얼굴을 한 실리콘 가면들이 걸려있는데...
순간 들어서는 누군가(뒷모습만 보이는) 책상 위 놓인 염산병에
공수지의 핸드폰 유심칩을 넣는다.
용액 속에서 망가져 가는 유심칩 바라보던 누군가
쓰고 있던 실리콘 가면을 벗는데, 권주 얼굴과 매우 흡사한 가면이다!
지금과는 다른 차분한 남성의 음성으로
"우리 강권주 센터장님. 기대해...
조만간 가짜 센터장 말을 들은 벌을 받게 될 거야.
이제 곧 샴쌍둥이들이 서로를 칼로 찌르게 할 거거든... 큭큭..."
이란 말과 함께 책상에 놓인 메스로 권주 얼굴 모양의 실리콘 가면,

즐기듯 싸아악 긋는 위로.

해변을 둘러보는 권주의 혼란에 휩싸인 눈빛,
군사 동굴 앞에서 바닷바람을 맞으며 통화하는 데릭의 확신에 찬 눈빛!
날카로운 메스로 가면 긋는 어둠 속 실루엣의 괴괴한 모습
얼굴 서서히 드러나며 (완전히 드러나진 않고) 섬뜩하게 교차하는 위로.

자막 **PM 01:30 MD036 비행기 탑승객 공수지 실종 사건 1시간 15분 경과**

지나면서 보이스 시즌 4 5부 엔딩!!

Season 4 • 6화

자막　**본 드라마는 실제 사건에서 영감을 얻었으나 드라마적으로 재구성된 픽션이며 등장하는 직업, 기업, 단체와 어떠한 관련도 없음을 밝힙니다.**

1　레드룸 안 / D

형형색색의 가랜드와 알전구가 걸린 천장, 링과 저글링 같은
각종 서커스 용품들 사이 알록달록한 천막을 들어 올리면
그 안에 다양한 사람 얼굴을 한 실리콘 가면들이 걸려있는데...
순간 들어서는 누군가(뒷모습만 보이는) 책상 위 놓인 염산병에
공수지의 핸드폰 유심칩을 넣는다.
용액 속에서 망가져 가는 유심칩 바라보던 누군가
쓰고 있던 실리콘 가면을 벗는데, 권주 얼굴과 매우 흡사한 가면이다!

누군가　(날 서고 예민해진 여성 목소리로) 어디 가둬버리지! 왜 데리고 온 거야?
재네 아빠 검사야! 이 섬을 다 뒤져서라도 찾아낼 거라고!
습습... (굵은 남성의 음성으로) 하, 이게 또 설교네?
누구땜에 이 개고생인데! 니가 그년한테 그 이메일만 안 보냈어도..!
(여성 목소리 나오려 하자) 습, 습, 입 닥쳐!! 그 혀 잘라버리기 전에!!
(폭발하던 분노 억누르며 차분해진 남성 목소리로) 우리 강권주 센터장님. 기대해...

조만간 가짜 센터장 말을 들은 벌을 받게 될 거야.
이제 곧 샴쌍둥이들이 서로를 칼로 찌르게 할 거거든... 큭큭...
(날 서 메스 들어 벗어둔 권주 얼굴 모양 실리콘 가면을 싸악 긋는 위로)

자막 **PM 01:30 MD036 비행기 탑승객 공수지 실종 사건 1시간 15분 경과**

2 군사 동굴 데릭 일각 + 수록 해변 일각 / D
박중기, 심대식 등이 현장 마무리 중인 군사 동굴 일각에 선 데릭,
핸드폰으로 권주와 통화하고 있다.

데릭 (충격 누르며) 몇 년 전 밤에 미국 산호세 강가에서 끔찍한 살인 사건이 있었어요.
용의자 중에 심한 야맹증이 있던 편의점 주인은 제외됐는데
알고 보니 시력이 좋은 다른 인격이 살인한 거였죠.
중증 다중인격환자의 경우 성별이 다른 목소리도 가능할 겁니다.
(상상만 해도 끔찍하고) 인격이 바뀌는 순간 호르몬까지 바뀌구요.
권주 !!! (**수록 해변 일각**에서 데릭의 말에 설득되고 / **이하 교차편집**)
그래서 여성 탑승객 중 범인이 없었던 거군요.
데릭 (날 서 이 갈듯) 남성이라면 일가족과 승아를 그렇게 만든 게 설명은 됩니다.
기본적으로 여성과 체력 차이가 날 수밖에 없어요.
(순간 승아 생각에 다시 분노 치솟지만 겨우 참아내다 버럭) 그렇다면 공수지
실종이 아니라 서커스맨에게 납치당한 겁니다!
우리가 찾지 못하는 곳에 숨겨놨을 거예요.
일단 청으로 들어와서 얘기하죠.
권주 알겠어요! (너무나 충격적인 가설에 자신도 모르게 휘청이다 겨우 바로잡는 위로)

구광수 (E / 놀라) 범인이... 다중인격이라구요?

3 비모지방경찰청 전경 / D

자막 **비모지방경찰청**

자막 **PM 05:00 MD036 비행기 탑승객 공수지 실종 사건 4시간 45분 경과**

데릭 (결연하게 / E) 다른 말로는 다인성 망상장애,
정체성이 두 가지 인격 이상으로 구분되는 성격 상태를 말합니다.

4 출동팀 사무실 / D

촌스러운 커튼이 달린 창과 조왕중발이 보이는 일각 서커스맨 관련
각종 자료들 벽면에 붙어있다. 테이블 위엔 상개동 현장 사진들과 다중인격 관련
자료들 보이고 권주, 데릭, 박중기, 구광수 심각하게 앉아 회의 중이다.

데릭 어린 시절 트라우마를 회피하는 과정에서 인격이 분화되는 병이구요.
10대 소년들이 가족을 살해한 것처럼 꾸민 패턴을 보면
가족에 대한 깊은 분노가 있을 겁니다.

권주 (심각하게) 가족 해체를 경험한 사람일 수 있겠네요.

데릭 (끄덕이면)

박중기 (허 어이없고) 어쨌든 다중인격인 새끼가 여자 인격으로 일가족을 죽였다
이거지예? 비행기 탈 때는 원래 남자 모습으로 탔을 수도 있고예.

권주 (주먹에 힘들어가고) 제가 들은 소리라면.. 가능합니다.

구광수 (상상을 초월하는 결과에 놀라) 허... 이러니 여자 탑승객을 싹 훑어도
잡지를 못했죠. 그럼 같은 비행기 탄 남자 승객들만 찾으면 되겠네요.
다른 단서는 없습니까?

권주 (고개 끄덕이며) 수록 지구대가 비모도 병원 주차장 CCTV를 조사해봤지만
고장 나 있다고 연락이 왔어요.
(MD036편의 좌석표를 내려놓고 짚어보며) 공수지 동영상 속 남자가
진짜 서커스맨이라면 MD036편 비즈니스석 뒤쪽 좌석에 탄 승객이거나

비즈니스석 화장실을 이용한 이코노미석 승객일 겁니다.

인터컷 *비즈니스석 / N / 이하 권주와 데릭의 추리*

비즈니스석 앞쪽에서 뒤쪽으로 걸어가는 누군가. 자장가를 흥얼거리며 통로 쪽으로 등을 돌린 채 셀카 동영상을 찍는 공수지 옆을 무심히 지나가는데.

공수지 *(불쾌해 하며) 어 뭐야. 지방방송 (바로 동영상 촬영 끄고 돌아앉으면)*

누군가 *(슥 공수지 눈에 새기듯 보고)*

권주 공수지가 저와 통화한 걸 알고 주차장에서 납치했구요.

인터컷 *공수지 납치 몽타주 / D*

- 지하 주차장, 권주의 얼굴을 한 누군가를 보고 경계를 푸는 공수지.

- 공수지 차 안, 뭔가 이상함을 느낀 공수지가 나가려는 순간 공수지의 팔에 애드갤 주사를 놓는 누군가! 기절한 공수지를 조수석에 태워 이동하는데.

*- 수록 해변, 공수지의 가방에서 핸드폰을 따로 챙긴 누군가, 대신 컴퓨터로 쓴 쪽지(**"다 짜증나,"**로 시작하는) 를 가방에 넣어두고 방파제로 가 겉옷, 신발, 주사기 등을 던져두곤 유유히 사라진다.*

권주 (공수지에 대한 걱정에) 빨리 범인을 찾아야 해요.
그래야 공수지를 구할 수 있어요!

데릭 (날 서 남자 탑승객 명단과 사진 내려놓으며) 남자 탑승객 명단을 받았으니 추려보죠.

일동 (결연하게 끄덕이는데)

구광수 (그제야 박은수 없는 거 깨닫고) 근데 박 요원은요?

권주 고가은 씨 협박 건 때문에 병원 잠깐 갔다 온다네요.

5 남비모도 병원 전경 / D

자막 **남비모도 병원**

고순례 (E) 가은이랑 이 늙은이 목숨을 살려준 것이우다.

6 동 병실 (이하 4인실) / D

침대에 누운 고가은 옆 고순례(환자복 설정)와 박은수 이야기 나누고 있다.

박은수 아니에요. (미소로) 할머니 덕분에 가은 씨 구했는데요.

고순례 (고마워하면서도 걱정스레) 참... 우리 애가...
고수동이 협박한 거 때문에 감옥 갈지도 모른다던데 그게 사실이수과?
난 상관없지만 우리 가은인...(하는데)

고가은 (애써 아무렇지 않게) 잘못했으니 벌 받아도 억울하진 않다마씸. (하지만 두렵고)

박은수 (그런 고가은 안타깝게 보며) 공익을 위해 동영상을 몰래 찍은 건 정상참작이
가능해도 협박한 건... 잘못한 게 맞아요. (하지만 따뜻한 미소로 명함 주며)
대신 국선 변호사께 두 분 얘기 잘 해볼게요.

고순례 (박은수 고맙게 보며) 고맙수다...
내가 내일이라도 청에 가서 경찰 양반들한테 제대로 조사받겠다마씸.
(하다) 가면 여경 양반도 같이 있수과?

박은수 (당황하지만 미소로) 전... 센터 근무라서요.

고순례 (실망한 듯) 그렇수과...? 여경 양반 같은 사람이...
같이 있어주면... 좋을쿠다. 아까도 그렇고...

박은수 (멈칫 고순례 보는데)

고순례 (그 시선 모른 채 고가은 머리 쓰다듬으며) 가은아. 이제 니가 뭘 하든...
할망은 안 말린다게. (대신) 그거 하나만 명심해라.
절대 욕심부리지 마라게...
우리(해녀) 어망의 어망 때부터 숨만치 딱 고것만 거둬서

여태 비모도 바다가 풍성한 게다....

고가은 공감한단 듯 고개 끄덕이는데 일각 벽에 걸린 TV에서 "속칭 별꽃 이라고 불리는 액상마약 MIDA 국내로 밀반입하던..." 뉴스 나오자 일동 보는 위로.

인터컷 *TV화면 / D*

기자1 *(흑룡파 두목, 조직원들이 잡혀 들어가는 비모청을 등지고 리포트 하고 있다)*
조선족과 러시아 연합 마약 조직 흑룡파가 골든타임팀에 의해
검거됐습니다. MIDA는 양귀비를 원료로 하는 신종마약으로 엑스터시의 100배에
달하는 중독성이 있다고 알려져 (중략)

기자2 *(우미리 마을 회관을 등지고 서서) 초대형 리조트와 결탁한 날치기 사업 허가*
논란이 무성했던 우미리 어촌계장의 대규모 비리가 밝혀져 파문이 일고 있습니다.
어촌계장 고 씨는 다이버 및 리조트 개발사에 뒷돈을 받아왔으며 뿐 아니라
개인소유의 비닐하우스에서 불법적으로 양귀비를 키워...(중략)

기자3 *이번 사건을 통해 해녀의 의미가 재조명됨과 동시에 근본적*
지원정책이 무엇인지에 대한 관심이 집중되고 있습니다.
전문가에 따르면 해녀는 자연과의 전통적인 공존 그리고 공동체적 협업문화를
지켜가는 귀중한 문화유산임에도 불구하고 (중략)

박은수, 고순례, 고가은 감회가 깊은 표정으로 길게 TV 뉴스 보는 위로.

박중기 (E) 그카믄 임마가 조 형사님이 본 서커스맨에 제일 가깝다 이겁니까?

7 출동팀 사무실 / D

데릭 (끄덕이며) 신체조건이 가장 비슷하고 명확한 알리바이가 없는 용의잡니다.

박중기 (황미나 신상명세서와 사진 날 서 일별하며) 확실히 체격이랑 이미지가
센터장님 판박이네예. 트랜스젠더다 보이까 호적상 남자라 용의자에 들지도 않았고.

권주 (긴장된 표정으로 황미나의 사진 보면 자신과 유사하다! 살피는 위로)

인터컷 *황미나 신상명세 / D*

이름 : 황미나 (개명 전 황진규) 주민등록번호 : 891024-1291910

주소 : 비모 비모시 광남구 광이3로 42 동미빌라 3동 204호

직업 : 보라아일랜드 젠더바의 댄서

비고 : 2014년 태국서 성전환 수술을 받은 트렌스젠더, 민에어 MD036편 탑승객

학력 : 광남상업고등학교 사유 : 지인방문 신체조건 : 172cm, 57kg

정신과 진료기록 : 불안장애로 인한 정기적 항불안제 처방

데릭 (날 선 표정으로 장수철 신상명세 보이며) 장수철은 석공 공예품 판매업자입니다. 황미나만큼은 아니지만 센터장과 비슷한 체형이고, 분장을 했다면 닮았을 겁니다. 좌석도 비즈니스석이었구요.

인터컷 *장수철 신상명세 / D*

이름 : 장수철 주민번호: 821008-1458695

주소 : 비모 비모시 한도읍 594나길 14

직업 : 비모 바당석공공예품 판매회사 운영

학력 : 비모전문대 호텔경영학과 사유 : 시장조사, 거래처 접대 신체조건 : 171cm, 63kg

권주 (떨리는 눈빛으로 황미나와 장수철의 사진 날 서 보다, 마지막 자료인 동방민 신상명세 ***"이름 : 동방민 주민등록번호 : 860909-1039382 주소: 비모 비모시 효진구 효진로 20 직업 : '석공 박물관' 대표이사 비고 : 前 SFX 특수분장 스튜디오 '뉴웨이브' 대표, 학력 : 미국 예일대 신체조건 : 176cm, 60kg"*** 와 사진 의아한 듯 들어보며) 이 사람은 누구죠? 저보단 키가 크네요.

데릭 (날 서) 참고인입니다. 사건 당시 영화제 파티가 열린 두촌동 호텔에 있었구요. 특수분장 스튜디오를 운영했길래 비행기 안에서 뭐라도 본 게 있을까 싶어서요.

박중기 (확신에 차 일동 돌아보며) 마!! 그라믄 얘기 끝났네예.
서커스맨인지 뭔지 그 문디쉐끼는 이 둘 중 하나네.
내캉 조 형사님은 황미나 맡고! 광수는 장수철이 맡아가 당장 끌고 오입시더!
(벌떡 일어서면)

권주 (따라 일어서며 핸드폰에 온 심대식의 문자 **"도착했습니다. 로비예요."** 읽고)
참 심대식 형사 특별사법 경찰로 합류하기로 했어요.
지금 로비로 왔다니까 내려가 보세요.

구광수 (반색하며) 그거 잘됐네요. 아까 보니까 실력 여전하던데, 대식이. 저랑 같이 가죠!

데릭 ?!! (심대식이라면 아까 그 형사? 생각 고르는데)

8 비모지방경찰청 전경 / N

9 동 로비 / N

박중기와 데릭, 구광수가 심대식 마주 보고 있다.

박중기 (웃으며 어깨 툭 치고) 잘 왔다마. 니 오니까 억수로 든든하네.
늦었지만 인사해라. 저 짝은 데릭 조 형사님. (데릭에게)
이 짝은 심대식 형사입니더. 아까 쌔빠지게 같이 뛰댕기면서 봤지예?

데릭 (손 내밀며) LA 올림픽 경찰서 갱 전담팀 데릭 조 경감입니다.

심대식 (어색하게 악수하며) 심대식입니다. 아깐 감사했습니다.

박중기 (심대식에게 수갑, 무전기 내밀며) 신분증은 내일 나온다카이 이거부터
챙기 놓고. 내는 조 형사님이랑, 니는 구 형사랑 탐문 가라. 돌아와서 반갑데이!

심대식 (무겁게 굳은 표정으로 수갑, 무전기 받으면)

데릭 (시선을 못 마주치는 심대식 묘한 관심으로 일별하는 위로)

10 해안 도로 + 출동차1 안 / N

운전석에 심대식, 조수석에 구광수가 앉아있다.

구광수	(장수철 가게 직원과 전화하며) 아 장 사장님 석공품 받으러 가셨구나. 아니, 따로 연락할 필요는 없구요. 내가 직접 주문할게요. (끊고 심대식에게) 장수철 10분 전에 효진동 소낭촌에 물건 받으러 갔다네?
심대식	갈동에서 출발했음 우리가 더 빠를 거예요. (능숙하게 차선 바꾸면)
구광수	(예전과 달라진 어두운 심대식 모습 안쓰럽게 보다) 그동안 맘고생 많았지? 다 지나갈 거다. 알잖아... 송충이는 솔잎을 먹고 살아야 하는 거.
심대식	(자르듯 전방만 보며) 앞서가지 마세요. 센터장님 흉내 내는 그 새끼, 잡을 때까지만 있을 꺼니까.
구광수	... (어두운 시선으로 바짝 날을 세우는 대식 안타깝게 보는 위로)

권주	(E / 날 서) 지금, 공수지 수사에서 손 떼란 말씀이신가요??

11	감 청장실 / N
	태극기와 비모지방경찰청 깃발, 여러 상패가 전시되어 있는 가운데, 감 청장이 자리에 앉아 권주와 이야기 중이다.

감 청장	(권주 단단히 단속하듯 일별하며) 그래. 양 과장한테 들었어. 공수지, 용의자 아닌 거 확인됐다며? 누가 봐도 자살인 정황인데... 지검장 후보랑 척지지 말자구.
권주	(물러서지 않고 보며) 청장님. 공수지 서커스맨을 목격했을지도 모릅니다. 그것 때문에 범인에게 납치됐을 가능성도 (하는데)
감 청장	(답답한 듯 권주 말 자르고) 말했잖아, 이 섬. 독특한 문화가 있다고! 여기 토박이들 다들 혈연관계라 강 센터 생각 이상으로 견고해. 평생을 여기 살았어도 겉도는 외지인들 많다고. (후 쐐기 박듯) 그 사람들한테 공수지 실종 받아들일 시간 준 뒤에 수사하자구. 강 센터가 어젯밤 공수지 병원 찾아간 걸로 꼬투리 잡히면 지금 하는 수사도 커버치기 힘들어!

권주 !!! (단호하게 나오는 감 청장 태도 당황스럽고)

감 청장 (오바했다 싶지만 부러 더 냉정하게) ....얘기 끝났으니 가봐.

권주 ... (일어서지만 묘하게 예민한 감 청장 도무지 이해가 되지 않는데)

12 동 밖 / N

권주 (후... 한숨 쉬며 나오다 한우주에게 전화하고) 상황은?

한우주 (E / 힘 빠져) 문하람이 죽은 지 좀 지나서 그런지 서치가 제대로 안 되네요.
딴 애들 채팅도 별 다를 건 없고 겜 얘기 뿐이구요.

권주 (담담하게) ...알았어.

한우주 (E) 아 그리고 쫌 오바긴 한데 (히죽) 저, 골타팀 발령이라고
저희 팀장님께 미리 얘기해도 될까요?

권주 (이해되고) 그래. 정식 발령 요청할 테니까 오후부터 센터에서 업무 봐.
공수지 핸드폰과 연동된 클라우드 계정 최대한 찾아보고.

인터컷 회의실 / N

한우주 *네 알겠습니다! (전화 끊자마자) 예에에에에쓰! (좋아서 난리 나고)*

권주 (날 서 생각 고르는 위로)

보이스 4 〈심판의 시간〉 타이틀 뜬다.

13 CTC 뉴스 인서트 (여러 뉴스 연속적으로 이어짐) / D

스튜디오에 앉아 심각하게 멘트 하는 앵커.

앵커1 (**'40년 동안 이어져 온 학대... 그 끝은 살해'** 타이틀 띄우고) 지난 16일 44세
전모 씨는 77세 양아버지를 칼로 찔러 사망에 이르게 했습니다. 전 씨가

의붓형과 싸우던 중 "검은 머리 짐승은 거두는 게 아니랬는데"라는 말을 듣고 홧김에 살인을 저지른 것입니다.

앵커2 (**'난 미성년자니까 감옥 안 가, 빵소니 사망 사고 이후 인증샷 올린 무개념 10대들'** 타이틀 띄우고) 어제 오후 8시경, 양영시 백서 사거리에서 뺑소니 사망 사건이 일어났습니다. 가해자들은 부모님 차를 훔친 청소년들로 사고 직후 인증사진을 올리기도 하며 사건 경위를 묻는 경찰에게 어차피 미성년자라 감옥도 안 가는데 이런 걸 왜 묻냐는 발언 등으로 논란에...

앵커3 (**'손 씻고 도망가라, 아들에게 살해된 어머니의 마지막 말'** 타이틀 띄우고) 지난 11일, 풍산시 한 아파트에서 살해된 60대 여성이 발견되었습니다. 가해자로 지목된 30대 남성은 사망한 여성의 아들로 말다툼 끝에 어머니를 살해하였습니다. 여성은 의식을 잃어가는 중에도 아들에게 손 씻고 도망가라며 아들을 위하는 모습을 보였다고 합니다.

앵커4 (**'초등학생 친딸 수차례 성폭행한 인면수심 아버지 무죄 주장'** 타이틀 띄우고) 지난 12월 4일 초등학생 친딸을 지속적으로 성폭행한 아버지 김 모 씨(44세)의 재판이 열렸습니다. 김 모 씨는 재판 내내 사랑하는 방법을 알려준 것이라며 무죄를 주장하고 있습니다.

제6화 유채꽃 밭 그 사나이

자막 **내 자식들이 해주기 바라는 것과 똑같이**
네 부모에게 행하라.
- 소크라테스 -

14 소낭촌 돌가족 마을 전경 / N

완만한 산등성이에 자리한 넓은 부지 안 길을 따라 기기묘묘한 돌조각이 배치된 광장, 현대식 저택(1층 박물관) 등이 보인다.

자막 **비모 효진동 소낭촌 돌가족 마을**

공 검사 (E / 버럭) 그러니까 지금 우리 수지가 자살일지 모른다... 그 말이우꽈, 형님?!

15 동 마을 안 / N

양복 차려입고 한 손엔 공수지 가방 (5부 9씬에 나온)을 든 초췌한 얼굴의 공 검사(공수지 부, 40대 후반), 날 선 표정으로 양 과장과 마주 서 있는데.

양 과장 (놀라 손사래 치며) 내 말은 그런 뜻이 아니고...

공 검사 (독한 눈으로 양 과장 보며 흥분해) 우리 수지 죽을 아이 아니오!! 절대!!! 넋들임[22] 하러 촌장 어르신 댁까지 와선 뭔 소립니까.

양 과장 (큼, 공 검사 눈치 보며 슬쩍) 솔직히 그뿐만 아니게. 서울서 온 미국 형사랑 센터장은 납치라고 우기는 바람에 보통 머리 아픈 게 아니젠. (조심스레) 일가족이랑 자기 동생 죽인 살인마가 여 있다고....

공 검사 !! (차갑게 굳어 버럭) 들었수다. 그 육지 것들이 수지 병원까지 들이닥쳐 앨 용의자로 몰았다믄서요? 가뜩이나 그 일로 스트레스 가득이던 애가 더 받아서 잠적한 거 같다게.

양 과장 그 일? (공 검사 의아하게 보면)

공 검사 (아차 싶지만 어쩔 수 없단 듯) 사실... 수지, 미국 대학교에서 컨닝하다 걸려 휴학하고 들어온 거우다. 나한테 혼날까봐 스트레스로 맹장까지 터져서 입원한 거고... 아마 지금쯤 어딘가 꼭꼭 숨어있을 거우다. 고등학교 때 빽하면 이래서 속을 어찌나 썩였... (하다 스스로에게 다짐하듯) 암튼 오늘 촌장 어르신 통해서 수지 어디 있는지만 알면 형님이 조용히 데려옵서. 그리고... (나직이 공수지 가방 들어 보이며) 이거 갖다 줘서 고맙소. 이번에 지검장 올라가면 형님 은혜 다 보답할 거우다.

양 과장 우리끼리 은혜는 무슨... (하면서도 내심 기대되는데)

공 검사 후... (한숨 내쉬고는) 들어갑세다. (숲 입구로 들어서면)

양 과장 (눈치 보듯 뒤따라가는데)

22 통과 의례. 치병, 근심이 있을 때 등 여러 경우에 하는 소낭촌의 의식

16 돌가족 마을 숲속 / N

마을 일각, 고즈넉한 숲으로 가방 든 공 검사와 양 과장 들어서면,
돌조각을 끼운 금줄 안쪽으로 오색천과 제수 등 소박하게 차려진 제단이 보인다.

공 검사 (긴장해서 옷매무새 바로잡으며 금줄 안쪽을 향해) 어르신, 저희 왔습니다!

순간 금줄 걷으며 전통 옷차림의 백발노인 동방헌엽(87세, 소낭촌 촌장), 염병철(48세, 소낭촌 아버지 대표), 곡연희(47세, 소낭촌 어머니 대표) 숲 안쪽에서 나온다.

공 검사 (고개 숙이며) 어르신. 갑자기 부탁드린 건데... 정말 감사합니다.

동방헌엽 (진심 어린 눈빛으로 공 검사 보며) 수지가 어디 자네 자식이기만 한가.
그 어린 게 무슨 죄가 있어 그런 변고를...

공 검사 (눈물 훔치고 간절하게 동방헌엽 보며) 우리 수지 죽지 않았수다.
꼭 찾게 도와주십쇼, 어르신.

동방헌엽 (진심 어린 표정으로 끄덕이며) 걱정 말게. 오늘 연희가 찾아낼 껄세.
(양 과장 보다 생각난 듯) 좀 있다 수철이가 석공품 받아가기루 했으니
밥이라도 한술 같이 뜨고 가라.

양 과장 (고개 숙이며) 아휴 사위 놈까지 챙겨주셔서 감사합서. (하는데)

동방헌엽 (옆에 선 초조한 얼굴의 공 검사 일별하고) 연희야. 어서 시작해라.
수지... 한시라도 빨리 찾아야지 않겠냔. (일동 이끌어 금줄 안으로 들어서면)

곡연희 (공 검사 향해) 넋들임 의식할 옷 가져오셨수과?

공 검사 (갖고 있던 공수지 가방 내밀며) 네. 현장에 있던 옷이우다.

곡연희 (두 손으로 공손히 가방 받아 안에 있던 공수지의 옷(겉옷)을 꺼내 든다)

동방헌엽 시작하라는 눈짓하면, 염병철 구덕북[23]을 치기 시작한다.
제수 상 앞으로 가 공수지의 옷을 앞에 내려놓고 기도를 시작하는 곡연희.

23 비모도굿을 반주할 때 쓰이는 비모도식 북

곡연희 비나이다! 비나이다! 수광대신님. 오늘 우리 불쌍한 공수지 양의 넋이 있는 곳으로 저희를 이끌어 주소서... (제상에 있던 공수지의 옷을 두 손으로 들고 팔을 뻗어 방향을 가늠하듯 묘한 춤을 추며) 성은 비모 공 씨! 24살 초넋 돌아옵서!! (절절하게 묘한 주문을 중얼거리는데)

공수지의 옷을 쥐고 방향을 바꿔 한 걸음씩 움직이는 곡연희.
순간, 누가 당기듯 공수지의 옷이 바다 쪽으로 흩날린다!

일동 !!!

공 검사 (다급하게 고개를 돌려보더니) 바다, 바다 방향 아니오!!

곡연희 !!! (순간 숨 막힌다는 듯 가슴을 쥐며 손 뻗고) 헉... 살려... 줘... 살려... (쓰러져 고통스럽게 가슴 쥐어뜯는데 비녀가 풀려 머리 길게 흐트러진다)

동방헌엽 !! (놀라) 연희야!!

일동 (놀라, 곡연희 곁으로 달려간다)

동방헌엽 (곡연희를 일으켜 품에 기대게 하고) 대신님께서 뭐라고 하시길래 이러느냐!

곡연희 (눈물을 주르륵 흘리고 공수지와 비슷한 목소리로 힘겹게 말을 이어가는) 아방... 아방 너무 추워... 바다가 뜨듯해 보여서 떨어졌는데... (끙끙 거리며) 저 물속에서 손이 갑자기 쑥 올라와 나를 붙잡고!! 내려가!! (잠시 숨 멈추다 공 검사에게) 아악!! 살려주소 아방!! 물귀신이 나를 쫓아와요!! 숨이, 숨이 안 쉬어지오!! 아방...! (숨이 차오르는 듯 헉헉대면)

공 검사 (자신도 모르게) 수지야!!! 아니지? 아니지..!! (처절하게 부정하다 다급히 곡연희 잡아 일으키며) 말해봐! 말해보라고!! 내 딸이 진짜로...(하는데)

동방헌엽 (순간 노여운 안색으로 버럭) 공 검사 뭐하는 짓이야!! (나직이) 대신님 노하시네.

양 과장 (달래듯) 그래 공 검사 진정하게 진정해.....

공 검사 (겨우 진정하고) 어르신 죄송합니다... 하지만... (답답한 마음에 눈물 떨구면)

곡연희 (동방헌엽에게 무언가 귀엣말로 속닥이는데)

동방헌엽 (표정 굳어지고 혼잣말로) 허허... 이 무슨.....

공 검사 뭐라 하는 것입니까? 어르신?? 우리 딸 좀 살려주십쇼. 네???

동방헌엽 (안타까운 표정으로 공 검사 어깨에 손 올리며) 대신님 말씀이... 밖에서 불어온 바람이 불을 지펴 어린 게 배겨낼 수 없었다고 하네.

공 검사 !! (놀란 얼굴로 보는) 그게... 무슨 말씀이십니까, 어르신?

동방헌엽 (고개 젓고) 외지에서 커다란 액운이 들어왔어. 이 섬에...
(허공을 보며) 더 크게 번질 거야... 더 크게... (걱정스러운)

공 검사 !!!

양 과장 (설마 권주와 데릭 말하나 싶어 불길한 기운에 일각으로 가 딴청으로 혼잣말하며)
장사하는 놈 시간 개념이 원... (핸드폰으로 (사위) 장수철에게 전화하고)
수철아! 빨리 안 오냔! 어르신 기다리게 하믄 쓰냐!!!

장수철 (다급한 목소리로 / E) 네네 장인어른 5분 후면 도착합서!

17 보라 아일랜드 (젠더바) 전경 / N

자막 **보라 아일랜드**

황미나 (E) 서울 젠더바 면접 보러 갔어요! 7시부터!

18 동 안 + 동 밖 / N

미러볼이 돌아가는 화려한 무대 일각, 황미나와 박중기, 데릭이 서 있다.

자막 **PM 06:15 상개동 살인 사건 제1 용의자 황미나 탐문조사**

황미나 (속상해) 하우스 오브 퀸이라고... 사람 구한대서 갔는데...
매니저가 펑크 낸 거 있죠?
두 시간 넘게 기다리다가... 빡쳐서 그냥 왔구요.

박중기 (의심스럽게 보며) 매니저 연락처 지금 갖고 있지예?

황미나 (지갑에서 명함 내밀며) 여기요.

박중기 (데릭에게) 지가 통화하지예. (명함 받아 일각으로 가 통화하면)

데릭 (무대의상 중 검은색 트렌치코트 스타일 가리키며) 저거... 입어 볼 수 있습니까?

황미나 저거요? (마지못해 트렌치코트 입고 한 바퀴 돌지만 살짝 다리 저는데)
어때요? 아직도 내가 그 살인자처럼 보여요? (데릭 눈치 보다) 벗어도 되죠?

데릭 (실루엣 살피다 코트 벗는 황미나의 종아리 수술 흔적(아직 멍과 붓기가 있는
2센티 정도 절개흉터 등)과 양 손목 위 소용돌이 문신 없는 것 확인하고
표정 흔들리며) 그 수술은... 언제 했습니까?

황미나 (멈칫) 한 오 일 됐나... 그건 왜요? (하는데)

박중기 (전화 끊고 다가와 데릭에게) 매니저 말로는 면접에 부른 것도 맞고
기다리다 간 것도 맞다 카는데... 직접 탐문 해볼까예? (하는데)

데릭 됐습니다. 확인 끝났으니 가죠. (황미나에게) 협조 감사합니다. (가면)

박중기 (놀라 뒤따라가며) 그캐도 제 1용의잔데... 이카고 갑니꺼?

데릭 (앞서 걸어가며) 종아리 축소 수술 흔적이 있어요.
범인은 아주 빠르게 달렸구요. 오 일 전에 저 수술하곤... 절대 그렇게 못 달립니다.

박중기 (혼잣말로) 모꼬? 의대라도 나왔나? 조 형사님 같이 가입시더! (쫓아가는 위로)

구광수 (E) 근데 이 마을 뭐냐? 다 똑같은 옷을 입고 다니네.

19 소낭촌 돌가족 마을 입구 + 출동차1 안 / N

구광수, 심대식 출동차1 세워두고 차 안에 앉아있다.

심대식 (무심히 일별하며) 아... 비모도 전통 옷이에요.
여긴 소낭촌이라고 전통 석공 기술로 먹고 사는 마을이거든요.
관광객도 많이 놀러오구요. 비모도에서 젤 돈 많은 할방이 갈 곳 없는
사람들 살라구 만든 곳이래요.
(웃으며) 나도 나중에 여기서 석공 기술이나 배울까 봐요. 다이버도 질려가는데.

구광수 (짠하지만 내색 않고) 대식아... 송충인 솔잎을 먹어야 산다니까...
(하는데 순간 들어오는 장수철의 "비모 바당 석공공예품" 승합차 발견하고)

장수철 차 아냐? (심대식과 날 서 눈빛 교환하고 차에서 내리면)

장수철 (아무것도 모른 채 내려서 승합차 뒤 칸에서 기념품 포장상자 등 내리는데 손등에 생긴지 얼마 안 된 물방울이 튄 듯한 화상자국 보인다)

구광수 (나직이 심대식에게) 어? 저거...! 손에 화상자국 맞지?

심대식 (끄덕이면)

구광수 범인이 LPG가스차 폭발 때 염산을 쓴 것 같다 그랬거든. 저 자식... 키도, 생긴 것도 센터장님이랑 비슷하네.

심대식 (날 서) 지금 바로 따죠! (다급히 차에서 내리는데)

구광수 (얼른 장수철에게 다가서며) 장수철 씨죠? (신분증 보이며) 비모청 골든타임팀 구광수 형사입니다. (장수철의 차 안 조수석 공구함에 염산병들 보이자 눈빛 확신에 차) 25일 저녁 서울 상개동에서...(하는데)

상개동 소리 듣자마자 표정 파랗게 질린 장수철, 구광수에게 상자 던지고는 미친 듯이 도망가는데!! 구광수가 날아오는 상자 피하는 사이 빠져나가려는 장수철에게 몸을 날려 제압하는 심대식!

장수철 (있는 힘껏 몸부림치며) 뭐야, 당신들! 이거 안 놔?! 죄 없는 시민한테 이래도 돼?!

심대식 그럼 내빼질 말았어야죠. (발버둥 치는 장수철에게 거칠게 수갑 채우며) 장수철 씨 공무집행방해죄로 체포합니다. 변호인 선임권, 진술거부권, 변명의 기회가 있습니다!

구광수 (달려와 심대식과 함께 반항하는 장수철 일으키며 출동차1을 향해 데리고 가는데)

굿에 사용된 무구를 챙겨 동방헌엽 저택 앞에 정리해 놓던 염병철, 순간 일각 출동차1에 "난 아니라게!! 살인자라니!" 라며 연행되는 장수철의 모습 멀리서 놀라 보곤 다급히 숲으로 달려가는데!!

20 도로 + 출동차2 안 / N

박중기 (아쉽단 듯 운전하며) 황미나... 제일 의심스러웠는데 아니라니. 참말로...

(순간 구광수로부터 전화 온다, 블루투스로 받으며) 어. 나다. (하는데)

구광수 (E) 형님! 지금 장수철이 체포해 비모청으로 연행 중입니다.
25일 상개동에 있었냐고 묻자마자 도망쳤는데
왜 도망쳤냐고 물어도 대답을 전혀 안 하구요. 게다가 손등에 화상흉터가 있습니다.
("난 말 못 해! 안 해!" 당당히 소리치는 장수철 목소리 어렴풋이 들리고)

데릭 !!! (날 서) 화상이라구요? 빨리 가세요! (주먹에 힘 들어가는 위로)

21 비모지방경찰청 전경 / N

권주 (긴장해 / E) 네? 체포요? 그럼 장수철이 서커스맨일지도 모른단 말인가요?

22 출동차2 안 + 112 신고센터 / N

박중기 (차 운전하며 전화하고) 아무튼 손등에 화상 자국이 있고
사건 당일 저녁에 뭐했냐 물었더니 도망치더랍니다.
황미나는 알리바이도 있고 종아리 수술도 해서 조 형사님이 아니라카구요.

권주 (**112 신고센터**에서 / **이하 교차편집**) 네. 고생하셨어요.
(전화 끊고, 범인일지 모른단 떨리는 마음 애써 누르는 위로)

양 과장 (E) 뭐?!! 그게 무슨 소리랜!! 우리 수철이를?

23 돌가족 마을 숲속 / N

양 과장과 염병철 놀란 표정으로 마주 보고 있다.

염병철 (당혹스러운 듯) 형사들이 수철이를 용의자라면서 막 끌고가더란 마씸!!
수철이가 계속 아니라 하는데...

양 과장 !! 뭐야? 내 이놈들을...!! (얼굴색 변해 다급히 차로 가면)

염병철 (그런 양 과장 걱정스레 보는 위로)

24 비모지방경찰청 전경 / N

박중기 (책상 치며 버럭 / E) 와 도망간 긴지 진짜 말 안 합니꺼!

25 진술 녹화실 / N

수갑 찬 장수철 데릭과 박중기가 마주 앉아 심문 중이다.

자막 **PM 06:50 상개동 살인 사건 제2 용의자 장수철 참고인조사**

장수철 (당당한 척) 도망을 누가 칩니까? 아무튼! 내 변호사 올 때까진 말 안 해요.
박중기 이 양반이 영화 많이 봤네! 당신, 범인이믄 이거 가중처벌 됩니더!! (하는데)
데릭 (장수철의 손등 화상 보자 분노 치밀지만 애써 참아 누르며)
장수철 씨, 당신이 지난 3월 25일 저녁에 상개동에 있었단 건 확인됐어요.
거기 왜 있었습니까! (하다 터지듯)
상개동 일가족과 (후) 조승아 씨... 살해했습니까?
장수철 !!! (화들짝 놀라, 바로 앉고) 내, 내가 사람을 왜 죽여요?!
게, 게다가 난 그 사람들 누군지도 모르는데!! (하다, 당황해)
당신들 이런 식으로 강압 수사하면 나 가만 안 있어!!
데릭 그 화상 25일에 생긴 거 맞죠? 솔직히 말해요!
장수철 (팔 걷으며 자잘한 화상 흉터 보여주며) 나 돌 만지는 사람이라고!
돌 씻을 때 염산이 튀어서 그런 거야.
데릭 (살기에 차 노려보며) 거짓말 탐지기 쓰면 당신만 더 불리해져!!
장수철 (겁나지만 애써 아무렇지 않은 척 다시 뒤로 기대 앉아 다리 달달 떨고)
데릭 (빠르게 장수철 양 손목 위 살피지만 아무 흔적 없자 눈빛 흔들리는데)

26 관찰실 / N

하프미러 마주 보고 서서 심문 중인 모습을 지켜보는 권주.

권주 (하프미러 너머의 장수철 날카롭게 바라보며 / 마음의 소리)
살인 사건에 대해 모른단 말은 진실에 가까워.
게다가 내가 들었던 음성과 성문도 다르고 청각도 발달된 거 같지 않아.
(혼란스러운 듯 보다 장수철의 손목 살피는 데릭의 시선 의아하게 보는 위로)

박중기 (E) 장수철 씨이!!! 이렇게까지 협조를 안 하믄...

27 진술 녹화실 / N

순간 분기탱천한 표정으로 부서질 듯 문 열고 들어서는 양 과장.

양 과장 (수갑을 찬 장수철 보자 박중기와 데릭 향해) 니들 지금 뭐하는 거야!!
박중기 (양 과장 못마땅하게 보며 일어나 단호하게) 지금 용의자 진술 중인 거
안 보입니까. 나가 주이소! (하는데)
양 과장 (버럭) 니들... 저놈 내 사위인 건 알고 이러는 거야?
경찰 가족 연행할라믄 적어도 나한테 언질은 줘야지!
박중기 (당황하며) 사위예?? (아차 싶지만) 허, 상개동 사건 유력 용의자라 데려온깁니다...
(애써 차분하게) 당황하신 건 알겠지마는 진술 받고 그 다음에 (하는데)
양 과장 진술은 무슨 진술, 조사해도 내가 할 테니 니들은 빠져!
(장수철 매섭게 보며) 수철이 일어나라.
장수철 (눈도 못 마주치고 눈치만 보는데)
양 과장 (버럭) 어서 일어나래도!
데릭 (양 과장 묘하게 일별하다 일어나 막아서며) 지금 수사 방해하는 겁니까?
이거 사법방해죈 거 몰라요?
양 과장 (불쾌한 듯 데릭 노려보다 박중기 일별하며) 내가 이래서...
미국 애들은 안 된다고 했지? 공권력 지멋대로 휘두르던 놈들이라.

데릭	(날 서) 면책조항 없이 여기저기 눈치나 보는 한국 경찰에 비하면 우리가 난 거 같은데 내 말, 틀렸습니까?
양 과장	이놈이..! 뚫린 게 입이라고!! 내가 사위 놈이 살인잔지 구분도 못할 거 같나? (박중기 향해) 박 팀장! 우리 수철이... 당장 수갑 풀게! (하는데)
데릭	간부란 작자가 이딴 식으로 수사를 하니 이 섬에 미친 살인마가 날뛰는 거죠.
양 과장	!! 뭐야? (자존심 상해 데릭 멱살 잡고) 지금 말 다 했나!
박중기	(놀라 양 과장 말리며) 지금 뭐하는 깁니까. 놓고 말하소.
양 과장	(박중기 밀쳐내며 격분해) 비켜!! (데릭 보며) 미국물 좀 먹었다구 작은 섬 경찰은 같잖은가 본데. 내가 너보다 범인을 잡아도 더 잡았어! 너 서울청에도 헛소리 찍찍해댔다며! 아무리 동생이 그렇게 돼도 용의자 특정까지 한 사건을 니가 왜 들쑤시는데!
데릭	(멱살 잡힌 채 자신도 모르게 나직이 툭) 하.....여전히 쓰레기네. (형형한 눈빛으로) Trash cannot be recycled. (한번 쓰레기는 영원한 쓰레기지)
양 과장	이...이 새끼가...! (주먹 올리는 순간 데릭 눈빛에 묘한 기시감 드는데)
장수철	(E / 간절하게 외치듯) 제발 그만들 하세요!!
일동	(날 서 대립하다 장수철 돌아보면)
장수철	(두려운 눈으로 양 과장 보다 넙죽 앞에 무릎 꿇는) 장인어른, 죽을 죄를 졌습니다!
양 과장	(설마!! 버럭 화내며) 너 지금 뭐 핸! 당장 안 일어난?!! (하는데)
장수철	(고개 푹 숙인 채 눈물 뚝뚝 흘리며) 솔직히 말할께요... 사실은... 제가... 그날... 상개동 마사지샵에... 아는 형님이랑 있었수다. (다급히 품에서 작은 수첩 꺼내 착착 넘기면 붙어있는 수많은 영수증들 중 ***"SS 서비스 / 시간 : PM 07:00 / 기본 서비스 : A class"*** 보여주며) 자요 여기, 영수증이우다. 딴 영수증처럼 보여도 전화해보면 알아요. (식은땀 흘리며 간절하게 보면)
박중기	(장수철의 수첩 빼앗아 영수증 확인하곤 전화하며) 비모지방경찰청인데 (사이) 25일 날 손님 하나만 확인해라. (통화 이어가면)
장수철	(용서를 구하듯 양 과장 올려다보며) 근데요, 장인어른... 정말 아무 일 없었수다. 도저히 그럴 맘이 안 들어서 (말을 잇지 못하고) 믿어줍서!

양 과장 (망신스럽고 심란한 심정으로 내려다보면)

박중기 (전화 끊고 난감한 듯 다가와) 장수철 씨 알리바이 사실로 확인됐고예.
(마침 핸드폰 문자 알람 울리자 확인하고) 구 형사가 장수철 씨 차에 있는
염산, 석공용인 거 확인했답니더. 희석작업하다 화상 입는 경우 있다고 하고예.
(부러 양 과장 들으란 듯 목소리 키워) 귀가하셔도 좋십니더.

양 과장 !!! (분노에 차 나가면)

장수철 장인어른! (외치며 겁에 질려 따라 나가고)

28 관찰실 / N

권주 !! (긴장 풀려 고개 숙이곤 혼란으로 / 마음의 소리) 이번에도 아니야...
또 뭐가 잘못된 거지?? 분명 비행기를 탄 남성 승객 중에 있을 텐데...
(실망에 차 한숨 내쉬는데, 문득 양 과장에게 적대적인 데릭 태도 떠오르고)
근데 아까 조 형사님, 양 과장님한테 지나치게 예민해 보였어... 뭐지?
(진술 녹화실 안 데릭, 의아하게 보는 위로)

29 비모지방경찰청 비상구 일각 / N

잔뜩 굳은 얼굴로 나오는 양 과장. 장수철 쫓아 나오자 발로 조인트 거칠게 찬다.

장수철 헉! (눈치 보며 비명도 크게 못 지른 채 웅크리는데)

양 과장 망할 놈아! 멀쩡한 아내 놔두고 그런 짓을 핸?

장수철 (고통 참고 애써 바로 서며) 면목 없습니다, (하는데)

양 과장 입 다물고! 자, 이제 니가 날 치라게. 사우도 자식인데 자식 잘못 품은 내 탓이니까.

장수철 (놀라 보며) 네?!

양 과장 (장수철 주먹 잡아 자신의 따귀나 배 때리며) 힘 딱 주고! 이렇게 치라게!!

장수철 (울컥해 넙죽 엎드리며) 잘못했습니다, 장인어른... 제가 잘못했어요...
사실... 저 미연이랑 지금... 별거나 마찬가집니다.
(목이 메고) 애... 아프고 나서부터 소낭촌에 거의 살다시피 하고...

양 과장 !!!! (생각보다 심각해 당황하고) 그런 일 있음 미리 말을 했어야젠!

장수철 (눈물 닦고 끄덕이며) 이런 걸 어떻게 말을 합니까...

양 과장 (심란하고) 내가 애어망 읧고... 미연이 어떻게 키웠는지 알면서!

(보기도 싫단 듯) 이제 고만 꺼지라.

장수철 (고개 깊게 숙이고 비상구 문 열고 나가면)

양 과장 그런 일이 있는 줄도 모르고... (초조한 듯 마른세수하는 위로)

데릭 *(E) 하.....여전히 쓰레기네. Trash cannot be recycled.*

양 과장 (마음의 소리) 하, 근데 그 미국 형사 놈 눈빛... 마치 날 알고 있는 것 같았는데...

어디서 봤냐게... (생각나지 않자 머리 헝클이는데

관찰실에서 나오는 권주 보이자 잘됐다 싶어 다가가는 위로)

30 진술 녹화실 / N

데릭 (일각 감정을 가라앉히듯 서 있으면)

박중기 (쎄한 분위기 깨듯) 마... 이해하이소. 한국은 가족 문제라카믄 무조건 끼고 돌아서

아메리카랑은 영 안 맞을 깁니더. (하는데)

데릭 (대꾸 없이 나가면)

박중기 큼... (머쓱하게 보는 위로)

31 동 밖 / N

터질 것 같은 분노 억누르며 성큼성큼 걸어가는 데릭.

플래쉬백 진술 녹화실 / N (시즌 4 6부 27씬)

양 과장 *(박중기 밀쳐내며 격분해) 비켜!! (데릭 보며) 미국물 좀 먹었다구*

작은 섬 경찰은 같잖은가 본데. 내가 너보다 범인을 잡아도 더 잡았어!

너 서울청에도 헛소리 찍찍해댔다며! 아무리 동생이 그렇게 돼도

용의자 특정까지 한 사건을 니가 왜 들쑤시는데!

어린 데릭 *(E) 우리 엄마 자살할 사람 아니에요. 우리 두고 안 그런다구요!!*

소용돌이 귀신이 울 엄마 끌고 가서 물에 빠뜨려 죽인 거라고요!

젊은 양 과장 *(E) 난리친다고 니 엄마 안 살아온다게!!*

니가 그렇게 우니까 니 엄마를 잡아갔나보지!

과거 형사1 *(E) 참나 죽을라면 자기 동네에서 죽젠. 와 여기까지 온다게!*

어린 데릭 *(E) 엄마!!! 엄마!!!!*

플래쉬백 *승아 문자 (서툰 한국어) / N (시즌4 2부 55씬의 인터컷)*

..(생략) 그 여자도 그 문신이 있었어.

오빠가 말한, 엄말 죽인.... 그 (소용돌이) 귀신의 문신....말야......

데릭, 과거 떠오를수록 승아 죽음과 함께 격해지는 감정 터져 나오고

겨우 억누르는데 순간 문자 알람 소리에 확인하면!

인터컷 *문자 내용 / N*

비모청에 도착했습니다! 야외 벤칩니다!! - 동방민 -

데릭 ...! (멈칫 약속한 것이 기억나 서는데)

32 휴게실 / N

낡은 테이블 몇 개 보이는 일각 권주와 양 과장이 커피 자판기 앞에 서 있다.

권주 (자판기에서 커피 뽑아 양 과장 전해주고 살피듯 보며) 괜찮으세요?

양 과장 (커피 받아들고) 면목이 없네. 수철이 그놈이 그렇게 나쁜 놈은 아닌데... 손녀딸 애가 아프고 나서... 제정신이 아닌 것 같네. 오늘 일은... 이해 좀 해줘...

권주 (예상외의 대답에 걱정스러운 표정으로) 아닙니다. 오늘은 조 형사님도 지나쳤어요.

양 과장 (권주 눈치 보다 큼) 건 그렇고. 조 형사 말야. 입양아라고 하던데... 혹시 비모도에 산 적 있나?

권주 (양 과장 멈칫 보며) 비모도에서 입양됐다는 것만 서류에서 봤습니다.

양 과장 !! (뭔가 있구나 싶고) 어 그래, 고맙네. 어여 가서 일 봐. (서둘러 걸어가며 부귀남에게 전화해) 귀남아, 내가 말하는 것 좀 찾아보는데... (가면)

권주 (그런 양 과장의 태도 의아하게 보는 위로)

데릭 (E) 3월 25일, 민에어 036 타기 전까지... 두촌동 호텔 파티장에만 있었다구요?

33 비모지방경찰청 야외 휴게실 / N

데릭, 동방민(롤업 소매한 차림)을 예민하고 날 선 표정으로 마주 보고 있다.

동방민 ...네. (난처한 듯) 오랜만에 만난 동료들이라 좀 더 있고 싶었는데... 일이 있어서 밤 비행기로 돌아왔어요.

데릭 (동방민 묘한 측으로 보다 오른쪽 손목에 소용돌이 문신 없자 왼쪽 손목에 찬 명품 한정판 시계 길게 보며) 시계가 좋아 보이네요?

동방민 (웃으며) 제가 시계 욕심이 좀 있어서요.

데릭 (동방민 왼팔과 시계 날 서 보며) 한번 봐도 될까요?

동방민 (의아한 듯) 범인이 저랑 같은 시계라도 찼나 봐요? (순순히 시계 풀어 보여주면)

데릭 (속내 드러내지 않고 시계 살피는 척하다 동방민 왼쪽 손목에도 소용돌이 문신 없는 것 확인하고) 협조 감사합니다. (시계 돌려주며) 전화로 말했다시피 상개동 살인 사건 용의자는 변장 전문갑니다. 비행기 안에서 뭔가 짚이는 일 없었습니까.

동방민 그렇지 않아도 형사님 전화 받고 계속 생각해봤는데... (고개 흔들며) 실은 아는 감독이 일하자고 꼬시는 걸 거절하느라

	샴페인을 많이... 마셔서 비행기 안에서 완전 곯아 떨어졌거든요.
	제가 알쓰라... 아 알콜쓰레기요.
	(데릭 미안해보며) 대신 뭐든 물어보세요! 최선을 다해 도와드리겠습니다!
데릭	(핸드폰으로 권주 사진 보여주며) 이 사람처럼 분장할 수 있는 방법... 뭐가 있죠?
동방민	아... (핸드폰 사진 속 권주 의문으로 보다 순간 어떤 상황인지 알겠단 표정으로)
	범인이... 이 분으로 분장했나 보죠?
	(데릭의 긍정의 눈빛에 진지하게 생각 고르며) 방법은 세 가지가 있어요.
	폼라텍스나 실리콘을 얼굴에 부착하는 방법!
	아님 마스크를 쓰거나 특수화장을 하는 거요.
	만약 남자가 여자로 분장했다면 세 가지 방법을 섞었을 거예요.
데릭	그게 실제로 가능합니까?
동방민	에이, 형사님 영화도 안 보시나 보다. 특수분장으로 외계인도
	만들어내는 세상이잖아요. 몽타주로 범인 잡는 시대, 이제 끝나요.
	경찰분들도 대비하셔야죠. (양손 깍지 낀 채 해맑은 미소로 보는데)
데릭	(권주보다 건장한 동방민의 키, 어깨 등 눈대중으로 살피며) 키를 줄이는 건요?
동방민	(어깨 으쓱하며) 그건 분장이 아니라 마술이죠.
	크게 만드는 건 몰라도 작게 만드는 건 불가능해요!
	아 아쉽네요. 장비만 안 팔았어도 한번 도전해 보고 싶은데.
데릭	(아쉬워하는 표정 읽으며) 특수분장 일은 왜 그만둔 거죠?
동방민	그게... (씩 웃으며) 가업으로 하는 작은 박물관이 있는데
	할아버지가 워낙 까다로우셔서... 큐레이터들이 다 도망갔어요.
	(으... 질려 하면서) 결국 절 부르셨죠. (하다 품에서 핸드폰 진동 울리자)
	어? 잠시만요. (양해 구하고 받으며) 할아버지!
	비모청 들렀다 가느라 늦는다고 했잖아요. 좀만 기다리세요.
	(핸드폰 품에 넣고) 어떡하죠? 실은 할아버지랑 선약이 있었거든요.
데릭	(목례하며) 협조 감사합니다.
동방민	네. 언제든 또 연락 주세요. (목례하고 가려다 서서 친절한 미소로)
	참 팁 하나 드릴까요? 특수분장이란 게
	뼈의 구조나 해부학까지 알아야 하는 섬세한 작업이거든요.

범인... 의학을 공부했을지 몰라요.
(진지한) 분장한 범인을 만나면... 반드시 눈빛으로 구분하세요.
최고의 분장사도 눈빛을 베끼진 못하니까.
(데릭 호기심 어린 눈빛으로 길게 보며) 형사님 눈빛이 진짜 것처럼요!
(자신을 날카롭게 보는 데릭 보며 머쓱한 듯) 아 또 오바했네...
암튼 이것도 인연인데 언제 돌가족 마을로 놀러오세요! (유쾌하게 인사하고 가면)

데릭 (묘한 촉에 사로잡혀 사라지는 동방민 날 서 보는 위로)

34 비모지방경찰청 건물 앞 / N

권주 (데릭 찾아 핸드폰 들고 휴게실로 걸어오는데)... (순간 옆 코너에서 다급히 튀어나오는 일반인, 소리로 감지하고 물러서다 뒤에 걸어오던 동방민과 살짝 부딪힌다) ! 미안합니다.
(하는데 순간 자료 사진에서 본 동방민 얼굴을 알아보고) !!

동방민 (권주에게 부드러운 미소로 목례하며 지나치지만 마치 여러 사람의 눈빛인 듯 번뜩이는데)

35 다시 야외 휴게실 / N

데릭 (사라진 동방민 묘하게 찜찜해 생각 고르는데)

권주 (데릭 발견해 다가서며) 조 형사님? (데릭 돌아보자)
방금 동방민 나가는 것 같던데... 뭐 좀 나왔나요?

데릭 (예민한 눈빛으로) 알리바이도 분명하고 호의적인데 이상하게 걸려요.

권주 (그런 데릭 걱정스럽게 보며) 조 형사님, 오늘 좀 예민한 거 알죠?
쉬는 게 좋을 것 같아요. (하다 조심스레)
참, 양 과장님이 아까 물어 보시더라구요. 조 형사님 입양 전에 비모도에 살았냐고.
(자신도 모르게) 혹시 그때 양 과장님 만난 건(하다 아차 싶어 말끝 흐리는데)

데릭 !!! (멈칫 표정 차갑게 굳어 보며) 지금 내 뒷조사라도 한 겁니까!

권주 그게 아니라...

데릭　(날 서) 경고하는데 선 넘지 말아요! 뿌리니 고국이니 쓸데없는 소리도 말고.

권주　(변명하려다 포기하고) 미안해요. 팀원을 보호하기 위해 파악해야 했어요.

데릭　(참았던 감정 권주에게 터지고 만다) 이봐요! 센터장!!
팀원 보호란 핑계 대지 맙시다!
입양아들한테 거창한 트라우마라도 있다고 생각하나 본데
좀 더 솔직해지지 그래? 당신이야말로 트라우마에 벌벌 떨고 있잖아!
나도 죽은 당신 파트너들처럼 될까봐!

권주　(눈빛 흔들리며) 뭐라고요? 조 형사님... 말이 지나치네요!

데릭　(아차 싶지만 부러) 이것만 명심해요. 우린 서커스맨 그놈만 잡으면 됩니다...!
그러니까... 당신이나 나나 어떻게 살아왔고 앞으로 어떻게 살든 관심 꺼요.
난, 그놈 잡고 이 나라 뜨면 다신 돌아오지 않을 꺼니까! (날 서 가면)

권주　...!! (평소와는 너무 다른 감정적인 데릭, 당혹스럽게 보는 위로)

36　비모도 호텔 전경 / N

데릭　(E) 텔레노트 쪽에서 자료 제출을 거부했다고?

37　비모도 호텔 객실 / N

사건 자료가 펼쳐진 객실 일각에서 심각하게 대화를 하는 데릭과 채드.

채드　(난감하듯) 네... 더 이상 협조는 안 된다고 합니다.

데릭　허! HSI (미국 국토안보수사국) 쪽은?

채드　그쪽도 마찬가집니다. (하다 조심스레) 그리고 좀 전에 국장님한테 전화가 왔는데
서울청에서 항의를 했답니다. 자기네들이 범인 특정해 수사 중인데
캡틴이 골타팀과 따로 수사한다구요. 외교 문제로 번질 수도 있으니
공조 기간 내 못 잡으면 한국 측에 넘기고 귀국... 하랍니다.

데릭　뭐? (날 서 이 악물고 영어로) Are you fucking kidding me?

채드 (걱정스럽게 데릭 보며) 약속한 열흘 중에 이제 일주일 남았습니다. 캡틴... 범인이 강 센터장에게 접근하기만 기다리기엔...

데릭 (초조한 듯 생각 고르고) 그럼 우리 쪽에서 먼저 사냥한다. 나가 봐.

채드 (동방민 관련 서류 내밀며) 참 이거 말씀하신 동방민 추가 서류입니다. (나가면)

데릭 (받아 들며 보다 아까 권주에게 심했다 싶어 생각 고르는데)

플래쉬백 다시 야외 휴게실 / N (시즌4 6부 35씬)

데릭 *좀 더 솔직해지지 그래? 당신이야말로 트라우마에 벌벌 떨고 있잖아! 나도 죽은 당신 파트너들처럼 될까봐!*

권주 *(눈빛 흔들리며) 뭐라고요? 조 형사님... 말이 지나치네요!*

데릭 (자신을 바라보던 권주의 눈빛, 상처 받은 듯 보였는데) ... (애써 털어내며 승아를 위한 복수를 독하게 다짐하는 위로)

38 비모지방경찰청 전경 / D / 다음 날

자막 **비모지방경찰청**

박은수 (E) 뭔가 숨기고 있는 거 같다고요? 조 형사님이?

39 휴게실 / D

권주와 박은수 심각한 표정으로 테이블에 마주 앉아있다.

권주 (생각 고르며) 응. 처음엔 여동생에 관한 거라서 그렇겠지 싶었는데... 뭔가 다른 게 있단 생각이 들어.

박은수 제가 좀 더 알아볼까요?

권주　　(고개 젓고) 아냐. 힘을 합칠 때니까 믿어야지. 서로를...
좀 더 걸리면 그때 부탁할게. (일어서면)

박은수　(끄덕이며 따라 일어서다) 참 센터장님, 드릴 말씀이 있는데...
(차마 말이 나오지 않고) ...이따 업무 끝나고 맥주 한 잔하면서 얘기 드릴께요.

권주　　(그런 박은수 의아하게 보며) 무슨 일인데 그래? 겁나게...
(박은수와 센터로 들어서는 위로)

한우주　(E) 삼촌... 아니 부 형사님! 됐다니까요!

40　　112 신고센터 / D

신고센터 내 아담한 규모로 정면엔 **"친절, 신속, 정확"** 슬로건이,
밑에는 대형 TV만 한 전광판으로 지도가 펼쳐져 있고 맨 앞줄엔 접수,
그 뒷줄 분석 지령, 맨 뒷줄 자치경찰로 섹션이 나뉘어 있다.
권주와 박은수 들어오다 일각 부귀남이 한우주 자리 만드는 모습 보고 당황하는데.

자막　　**PM 04:00 강만호 피습 사건 발생 5분 전**

박은수　(부귀남 향해) 무슨 일이죠?

부귀남　(권주, 박은수 보자 웃으며) 양 과장님이 방금 한 요원 골타팀 발령 결재하믄서
자리 만들라길래요. 이 친구가 먼 친척이라 도와주는 거니 넘 신경 쓰지 마세요.

한우주　(권주에게 변명하듯) 제가 할라구 했는데... 암튼! 근무하게 돼서 영광입니다.

권주　　(부귀남 고맙게 보다 한우주에게) 골타팀 된 거 환영하고 앞으로 잘해보자.

한우주　걱정 마십쇼! 근데 (나직이) 저, 전화 받는 건 안 해도 되죠?
안전과에서도 민원은 질리게 해서요.
솔직히 경찰의 핵심은 강력 사건이잖아요.

권주　　뭐? (어이없단 듯 보다 한마디 하려는데)

요원1　(신고 전화 받으며 조심스레) 센터장님! 소낭촌에 감금됐단 신고 전화가 왔습니다.

권주　　소낭촌? (놀라 요원1에게 다가가려는데)

부귀남 (얼른 끼어들며) 하유, 며칠 잠잠하더니. 소낭촌에 오갈 데 없는 말기 암 환자들이 있거든요. 진통제 센 거 맞고 헛 게 보이는지 전화들을 하네요. 딱한 사람들 사는 마을이라 야박하게 굴기도 그래서... 제가 받아볼까요?(권주 보면)

권주 그래 줄래요.

부귀남 (얼른 요원1에게 헤드셋 받고) 신고자분! 주변에 어머니나 아버지 계시면 바꿔줍서! (받자) 네, 내 그럴 줄 알았다니까...! (사이) 암튼 고생 많으신데 이런 전화는 좀 조심시켜 주십서. 예예! (헤드셋 벗고 옆에 선 권주에게 은근히 어필하듯) 골타팀에 토박이 형사 있음 솔찬히 도움 될 텐데... (나가는데)

권주, 박은수 (부귀남 속내 알겠고 어이없는 미소로 보는데)

요원2 (일각 심각하게 전화 받다가 다급히 일어나 권주에게) 센터장님! 코드제로 사건입니다! 신고자는 50세 강만호, 누가 칼로 위협한다고 합니다!!

권주 (날 서 센터장 자리로 가며) 전화 돌려. (박은수에게) 신고자 정보랑 위치 찾아봐.

박은수 네! (하며 위치 추적 시작하면)

권주 (센터장 자리에 서서) 신고자분, 지금 칼로 위협 당하신다구요?

강만호 (E / 다급한 목소리로) 네! 저 자식이 날 찔러 죽이려고 해요. 빨리 와 주세요!

권주 (마음의 소리) 저 자식?? (강만호에게) 가해자가 아는 사람인가요?

강만호 (E / 공포에 부들부들 떨며) 알구 말구요! 김억만 그 나쁜 새낍니다!!

41 도로와 연결된 야산 / D

인적 드문 야산, 나무 뒤에 쭈그려 앉은 채 칼을 막다 상처가 난 손으로 공포에 질려 전화하고 있는 강만호, 일각 멀리 떨어진 곳에서 김억만이 “강만호! 내가 오늘 너 죽이고 나도 죽는다!” 외치며 찾아다니는 모습 덜덜 떨며 지켜보고 있다.

42 112 신고센터 / D

권주 (긴장해 헤드셋 너머 들리는 소리에 집중하며 / 마음의 소리) 누군가 정말로 살기에 차 신고자를 찾아 다니고 있어.

박은수 (***"이름 : 강만호 주소 : 뉴질랜드 오클랜드 세이지스트리트 227 (생략)"*** 통신사 고객 정보 보며) 센터장님! 신고자 강만호 씨 핸드폰이 뉴질랜드 통신사로 나와서 확인해봤더니 4년 전 뉴질랜드로 간 영주권잡니다.
이틀 전, 비모도 입국했구요! 현재 위치, 사가 해안로 110 인근 야산입니다.

권주 (지도 보고) 신고자분, 다치진 않으셨나요??

강만호 (E) 카... 칼을 막다 손만 베였어요.

권주 (최대한 차분하게) 힘들겠지만 어떻게 된 상황인지 말씀해주시겠어요?

43 도로와 연결된 야산 / D

강만호 (숨어서 안절부절못하며) 그러니까 제가 엊그제 오클랜드에서 큰 계약 때문에 들어왔거든요. 바이어랑 낮술 한 잔하는 바람에 대리 불러서 호텔로 가는 중이었는데... (회상하는 위로)

44 사가 해안도로 / D / 이하 강만호 회상

자막 **사가 해안도로**

강만호 (E) 저기 세워주소, 대리 양반. 술 좀 깨고 들어갈라니까.

45 해안도로 + 차 안 / D

오래된 렌트카(강만호 차)를 운전하던 대리기사, 강만호의 말에 차를 세운다. 뒷좌석에 앉은 강만호, 지갑을 꺼내는데.

대리 (돌아보며) 네 사장님. 삼만 오천 원입니다.

기자1 (뉴스 나오던 라디오 채널로 / E) 경찰은 실종된 공 씨가 미국 유학 생활 중 학업 스트레스를 이기지 못해 향정신성 약물을 장기간 복용해왔다는(중략)

강만호 (돈 세며 혼잣말이지만 들으란 듯) 하여간 요즘 애들은 심지가 너무 약해! 힘들어도 버티다 보면 좋은 날 올 것을. 그걸 못 참아서 약에 의지해? 쯧쯧.

대리 (후) 저도 꿈이 있었는데 사업 실패하고 이렇게 사네요.

강만호 (지갑에서 오 만원짜리 건네며) 넘 걱정 마슈. 나도 고생 끝에 뉴질랜드서 옥장판 사업 성공해서 이제 자리 잡고 삽니다. 아 잔돈은 됐구요.

(돈 받은 대리 인사하고 사라지자 비틀거리며 차에서 내리는데)

46 언덕 위 편의점 맞은편 + 편의점 앞 / D

도로 맞은편 편의점에서 담배를 사고 나오는 강만호, 아무도 없는 빈 도로 건너는 순간 저 멀리 검은색 트럭 강만호를 향해 달려오는데!

강만호 기겁해 쓰러지며 간발의 차이로 겨우 트럭 피하고!

김억만 (멈춘 트럭에서 사시미 칼 들고 살기등등한 표정으로 내리며) 강만호 이 새끼, 내가 못 찾을 줄 알았어?

오늘 너 죽고 나 죽자! (거칠게 칼 휘두르면)

강만호 (김억만 알아보고 놀라) 형님...? ... (순간 내리꽂히는 칼 손바닥으로 막는다) 악!!! 여긴 어떻게 알고... (흐르는 피 보자 자신도 모르게 분노 터지듯) 언제까지 이럴 겁니까! 배상금에 생활비 줄 만큼 줬잖아!

김억만 뭐?! 꼴랑 그거 먹고 떨어져라?! 누굴 그지 새끼로 아나...!

니가 누구 덕분에 대박 터졌는데! (거칠게 칼 휘두르면)

강만호 !!! (놀라 온 힘을 다해 도망친다)

김억만 (살기등등해 쫓아가면)

47 도로와 연결된 야산 / D

김억만에게 간발의 차로 쫓기던 강만호, 도로 옆 가파른 내리막길로 뛰어내리면 뒤따라 뛰어내리는 김억만, 순간 발을 헛디뎌 구르는데. 그 사이 야산으로 뛰어 들어가는 강만호! 수풀에 숨어 떨리는 손으로 핸드폰 꺼내 112 신고를 한다.

강만호 (E / 가쁜 숨 몰아쉬며) 그 새끼가 넘어진 덕분에 겨우 숨은 거예요!

48 다시 도로와 연결된 야산 + 112 신고센터 / D / 이하 현실

권주 (**112 신고센터**에서 박은수에게 / **이하 교차편집**) 박 요원, 뭐 더 나온 거 없어?

박은수 (난감하게 보며) 외국 통신사라... 시간이 좀 걸릴 것 같습니다.

권주 (안되겠다 싶어 강만호에게) 신고자분, 최대한 숨어 계세요.
빨리 출동하겠습니다. (다급히 코드제로 스위치 누르려는데
누군가 다가오는 소리 들리자) ?? 신(고자분 하려는데)...!!

김억만 (어느샌가 뒤에서 사시미 칼 들이대며) 쥐새끼 같은 놈. 여기 숨었구나?

강만호 (돌아보고 공포에 차) 형님, 형님 제발 진정하세요!!
(몸부림치다 순간 김억만이 휘두르던 칼이 옆구리에 스치는데) 악!

권주 (헤드셋 너머로 상황 눈치채고 다급히 강만호에게) 강만호 씨! 괜찮으세요?

강만호 (공포와 고통으로) 악...! 카, 칼에... 찔렸...! 형님 살려주세요...!! 아악!!

49 112 신고센터 / D

권주 ! (강만호의 처절한 비명 들리자 벌떡 일어나고) 신고자분!!!
(다급히 코드제로 스위치 누르면 ***00:00:01*** 카운트와 함께 사이렌 울리고)
코드제로 상황 발생! 신고자는 50세 강만호, 사가 해안로 110 인근 야산에서
김억만에게 살해 위협을 당하고 있다는 신고가 들어왔다.
현재, 강만호 씨는 가해자 김억만의 칼에 찔린 상태로
출동팀 및 인근 사가 지구대 출동 바란다! 가해자 김억만이 매우 흥분한 상황이니
출동하는 모든 경찰은 방검복과 방검장갑 착용하고 안전에 유의 바랍니다!

자막 **PM 04:05 강만호 피습 사건 발생**

50 출동팀 사무실 / D

촌스러운 커튼이 달린 창과 가운데 공청 무전기가 놓인 책상 하나, 컴퓨터가 놓인 책상이 셋, 한쪽엔 커피포트와 믹스커피, 그리고 조왕중발이 보이는 일각 박중기, 구광수, 심대식과 예민한 표정의 데릭이 앉아있다.

박중기 (데릭 살피며) 그때 오른팔 다친 건 괘안습니꺼?

데릭 (동방민 자료 넘기며) 별 문제 없으니 신경 쓰지 마세요.

심대식 (수사자료 살펴보다가 상처 많은 데릭 팔 일별하는데)

구광수 (데릭 안쓰럽게 보며) 범인 어떻게든 잡을 테니 걱정 마세요.
우리 팀이 겉으론 다 순해 보여도 산전수전 공중전 다 겪었거든요. (하는데 공청 무전기에서 무전 울린다)

권주 (E) 코드제로 상황 발생! 신고자는 50세 강만호, 사가 해안로 110 인근 야산에서 김억만에게 살해 위협을 당하고 있다는 신고가 들어왔다.
현재, 강만호 씨는 가해자 김억만의 칼에 찔린 상태로
출동팀 및 인근 사가 지구대 출동 바란다! 가해자 김억만이 매우 흥분한 상황이니 출동하는 모든 경찰은 방검복과 방검장갑 착용하고 안전에 유의 바랍니다!

박중기 !!! (총기와 방검복, 방검장갑 챙기며 무전하고) 출동팀 전원 출동합니더!

일동 (다급히 준비해 출동하는 위로)

51 112 신고센터 / D

권주 (다급히 박은수에게) 박 요원, 당장 구조대에 연락해!
(한우주에게) 한 요원은 김억만에 대해 알아보고.

박은수, 한우주 (긴장해) 네!

52 야산 일각 / D

순간 옆구리에 칼이 스친 채로 신음하는 강만호와 경찰 신고 중인 핸드폰을 보자 이성이 돌아온 김억만, 두려움에 도로 쪽으로 다급히 도망치고!

강만호 (한손으론 핸드폰 쥐고 다른 한 손으로 옆구리를 꾹 누르며) 살려주세요...살려...주..

권주 (전화 너머로 전해지는 소리 들으며 걱정에 차 / E) 강만호 씨 괜찮으세요?

강만호 네... 칼이 다행히 스친 거 같은데... 손바닥으로 피가 안 나오게 누르고 있어요.
김억만이 그 새끼는 도망갔구요... (고통에 찬 신음 소리 내는데)

53 112 신고센터 / D

권주 (침착하게) 강만호 씨 최대한 빨리 갈 테니 조금만 참아주세요.

한우주 (김억만 신상명세 확인하고) 센터장님! 찾았습니다! 가해자 김억만,
강만호 씨와 관련된 범죄 기록이 있습니다!

권주 (다급히 다가와 모니터 화면 보는 위로)

인터컷 김억만 신상명세 / D

이름 : 김억만 주민등록번호 : 670328-1866904

주소 : 양영시 순덕읍 문덕대로 2번길 9-33

경력 : 2008년 - 2013년, '굿나잇 헬시매트' 공동대표

비고 : 2014년, '굿나잇 헬시매트' 동업 관계 해지 통보 받음.

2017년, 옥장판 사업 아이디어로 뉴질랜드 판매금지 가처분의 소.

이후 정신적 피해보상금과 병원비 및 생활비 지원을 합의로 고소 취하.

전과 : 횡령1건, 음주운전 2건, 폭행 4건, 절도 2건

인터컷 강만호 변론요지서 (2017년, 뉴질랜드 판매금지 가처분의 소) / D

"....피고 강만호는 동업자에 대한 배려로 생활비 지원을 약속했습니다.
또한, 원고 김억만의 끊임없는 정신피해 호소로 정신적 피해보상금과
지속적인 병원비 지급을 약속하였습니다.(중략)"

권주 ...!!! (다급히 무전 하며) 여기는 센터, 가해자 김억만, 현재 55세.

강만호의 동업자였는데 횡령죄로 강만호에게 고소를 당했습니다.
강만호 씨가 뉴질랜드 이민 후 옥장판 사업에 성공하자 사업 아이디어를
뺏겼단 소송을 걸었고 강만호 씨가 생활비 지원을 해주는 조건으로 취하했습니다.
하지만 그 뒤로도 계속 돈을 요구하는 등 지속적으로 협박한 기록이 있습니다!

54 도로 + 출동팀 차 안 / D

사이렌 울리며 달리는 차. 심대식 운전하면 조수석에 박중기,
뒷자리에 데릭과 구광수가 긴장한 표정으로 앉아있다.

박중기 (권주 무전에 마음 급해져 심대식 향해) 대식아! 좀만 더 밟아라!!

심대식 (거칠게 액셀 밟아 속도 내는 위로)

55 112 신고센터 + 야산 일각 / D

권주 (침착하게) 강만호 씨, 말씀 가능하세요?

강만호 (**야산 일각**에 누워 / **이하 교차편집**) ...으... 네... 괜찮습니다.

권주 (급한 마음 애써 누르며) 김억만 씨 어디로 도주했죠?

강만호 (진땀 흘리며) 타고 온 차를 타고 갔는데...

권주 차종이나 차량번호 기억나세요?

강만호 (두려움과 고통 참고 떠올려보다) 번호는 못보고... 검은색 오래된 트럭이에요!

한우주 (재빨리 김억만 등록 소유 차량 찾아보고는 다급히) 센터장님.
김억만 씨 소유 차량, 검은색 브로니 트럭입니다! 차량번호는 00도 0000!

권주 (다급히 무전 하며) 여기는 센터, 김억만 차량 검은색
브로니 트럭 00도 0000! 추적 바랍니다!
(한우주에게) 한 요원, 해안도로 과속 단속카메라 찾아보고.

한우주 넵! (다급히 단속카메라 검색 시작하는 위로)

56 야산 인근 도로 / D

파찰음과 함께 멈춰 서는 출동팀 차. 데릭과 박중기, 심대식, 구광수가 도로 옆 야산으로 달려가 강만호를 발견한다. 일각 강만호의 렌트카 세워진 도로 멀리서 사가 지구대 경찰차와 앰뷸런스 달려오는 모습 보이는데!

57 야산 일각 / D

강만호 앞으로 달려가는 데릭과 박중기, 구광수, 심대식.

데릭 (신분증 보이고 옆에 앉으며) 경찰입니다. 이제 손 떼세요.
(강만호 옷 들춰서 옆구리 부상 확인하고 옷가지로 응급처치하며)
다행히 스치기만 했습니다. 구조대 도착하는 대로 김억만 추적하죠. (하는데)

강만호 (갑작스레) 아, 안돼 (하다 얼른 입 다물고)

데릭 (의아한 듯 보는데 사가1, 2와 구조대 달려와 처치 시작한다)

박중기 (사가1에게) 가해자 추적하는 동안 강만호 씨 병원 동행 좀 해주이소.
보호자한테 연락도 좀 해주시고예. (출동팀과 사가2 돌아보며) 가입시다!

사가1 네. 알겠습니다. (다급히 강만호 쪽으로 가면)

58 112 신고센터 / D

한우주 (과속 단속카메라 확인하곤 권주에게 다급히) 센터장님!
방금 전 사가 부두 방향 도로교통 카메라에 검은색 브로니 트럭 떴습니다!
사가 해안도로를 타고... 탐서 절벽 쪽입니다!!

권주 (무전으로) 여기는 센터, 김억만의 차량 검은색 브로니 트럭 00도 0000!
사가 해안도로 탐서 절벽 방향으로 도주 중입니다.
(한우주에게) 한 요원은 계속 추적해!

한우주 넵! (다급히 모니터 화면 집중하는데)

권주 (E) 여기는 센터, 김억만의 차량 검은색 브로니 트럭 00도 0000!

사가 해안도로 탐서 절벽 방향으로 도주 중입니다.

59 출동차 안 + 사가 해안도로 / D

한쪽엔 야산, 한쪽엔 바다가 길게 펼쳐진 해안도로를 따라 달리는 출동차.
차창 밖엔 차 한대도 안 보이는 외진 도로만 펼쳐질 뿐인데.

박중기 (무전 듣고 차창 살피며) 탐서 절벽 방향이면 이쪽인데... 와 안 보이나?

구광수 (창밖으로 도로 살피다 다급히 일각 가리키며) 저기요!!

일동 (돌아보면 검은 브로니 트럭이 해안 절벽 끄트머리에 정차돼 있다) !!!

심대식 꽉 잡으세요! (트럭 옆으로 빠르게 차 세우는데)

60 탐서 절벽 일각 / D

도로 가에 멈춰선 출동차와 경찰차(사가 지구대) 다급히 내린 출동팀과 사가2.
긴장에 차 검은색 트럭을 둘러싼다. 운전석 쪽의 데릭과 조수석 쪽의
박중기가 신호 주고받고 총을 겨누며 차 문을 열지만 아무도 없는데!

박중기 (화물칸까지 살펴보고 허탈하게) 그새 토껴버렸네.
(난감해 돌아보고 무전 하며) 여기는 출 하나, 김억만은 없고 트럭만
탐서 절벽에서 발견 됐십니더!

데릭 (앞 유리 바깥쪽에 튄 작은 핏자국과 누군가 앉았던 듯한 조수석 보자 표정 굳어)
차 안엔 김억만만 있던 게 아닙니다. 누군가 조수석에 있었어요.

구광수 (놀라) 공범이 있단 말입니까?

심대식 잠깐만요! 저기 뭔가 있어요! (절벽 아래 넓은 바위 가리키면)

일동 (다급히 심대식이 가리키는 절벽 아래 바라보는데)

인터컷 탐서 절벽 아래 바위 / D

넓은 바위 위에 엎어져 죽어 있는 김억만!
함몰된 뒷머리에서 흘러나온 피가 흥건하게 고여 있는데!

박중기 !!! (절벽의 완만한 쪽으로 내려가며) 나랑 대식이가 내려갈 테니
(데릭과 구광수 보며) 두 사람은 차에 같이 탄 놈 찾아보이소!
멀리 못 갔을 깁니더!

심대식 (따라 내려가고)

61 탐서 절벽 아래 바위 / D

절벽 아래 넓은 바위로 내려선 심대식과 박중기. 김억만의 시신으로 다가가는데!

박중기 (품에서 라텍스 장갑 꺼내 김억만 시신 목의 맥 짚어보고) 실족사인 거 같은데...
(뒤통수 쪽 상처 보며) 근데 와 뒤통수가 깨졌나? 엎드려있는데....

심대식 (뒤통수 상처 일별하며) 추락하면서 생긴 상처는 아니에요.

박중기 !! (무전 하며) 여기는 출 하나,. 센터장님! 김억만 탐서 절벽 밑에서
이미 사망했고예. 도주하다 사고로 사망한 것인지 아닌지 조사해 봐야 알겠십니더!

62 탐서 절벽 일각 / D

데릭 (박중기 무전 들으며 주변 살피는 순간 피 묻은 돌 발견하자 품 안에서 꺼낸
라텍스 장갑 끼고 돌 집어 확인하며) 방금 전에 묻은 피예요.
(절벽 근처 흐트러진 풀과 족적을 보며) 여기에 차를 세우고 둘 다 내렸어요.

인터컷 탐서 절벽 일각 / D / 데릭의 추리

차에서 내리는 김억만의 뒤를 따라 내리는 누군가.
바닥에 떨어진 돌을 집어 김억만의 뒷머리를 가격한다.

데릭 김억만 머리를 돌로 때린 뒤 절벽에서 민 겁니다.
그 피가 자동차 유리에 이렇게 튄 거구요.

구광수 그럼... 이게...! (다급히 박중기 향해) 박 팀장님, 흉기 찾은 거 같은데요!

박중기 !! (아래에서 놀라 올려다보며) 뭐라꼬? (다급히 절벽 위로 올라와 숨 고르고 피 묻은 돌 보자 확신에 차 무전 하며) 여기는 출 하나!!

63 112 신고센터 / D

박중기 (E) 여기는 출 하나, 센터장님! 지금 김억만 차량에서 공범 단서와 타살 단서가 발견돼서 과수팀 조사 필요합니더! 용의자 추적도 서둘러야 되고요!

권주 !! (뜻밖의 상황에 놀라 무전 하며) 여기는 센터, 강만호 씨를 피습한 김억만이 탐서 절벽에서 사망했습니다. 현재 김억만을 살해한 용의자가 도주 중이니 과학수사팀과 인근 지구대 지원 바랍니다!
(박은수에게) 박 요원, 탐서 절벽 인근 단속카메라 확인해 봐!

박은수 네. 알겠습니다! (다급히 찾는 위로)

64 도로 일각 + 사가 지구대 경찰차 안 / D

운전석에 앉은 사가4와 조수석에 사가3, 차 안을 울리는 무전 들으며 탐시 절벽 방향 차선으로 달리고 있다.

권주 (E) 여기는 센터, 강만호 씨를 피습한 김억만이 탐서 절벽에서 사망했습니다. 현재 김억만을 살해한 용의자가 도주 중이니 과학수사팀과 인근 지구대 지원 바랍니다!

사가3 (깜짝 놀라 사가4에게) 깡촌에 대체 무슨 일이냐. 빨리 가자.

인터컷 도로 옆 갓길 / D

맨발로 정처 없이 걷는 노인, 두 손에는 피가 뚝뚝 흐른다.

사가4 (속도 올리려는데)

사가3 (순간 차창 밖 두 손에 피 묻힌 채 맨발로 걸어오는 노인보자 놀라) 잠깐! 세워봐!
(차창 열고 걱정스레) 어르신! 피가... 다치셨어요?

노인 (거의 들리지 않게 웅얼거리면) ...말여 ....마.

사가3 네? 뭐라고요? 어르신?

노인 (무표정하게) ...내가 꼬마를 죽였단 말여. 우리 꼬마. 절벽에서 죽였어.

사가4 ...뭐예요. 설마... (놀라며) 저 노인네...

사가3 (낮게) 절벽에서 사람 죽였단 노인 발견했다고 무전 넣어.
치매 같긴 한데... (애써 표정 관리하며 차에서 내리고)
할아버지 다리 아프실 텐데 태워드릴게요. (뒷좌석 문 열고 부축해 앉히는데)

사가4 (룸미러를 통해 피가 범벅인 노인의 손 일별하곤 긴장해 나직이 무전 하며)
여기는 사가 넷, 지금 불상의 노인이 절벽에서 사람을 죽였다며 헤매는 것을
발견했다. 일단 사가 지구대로 데려가 조사 예정이다.

65 112 신고센터 / D

사가4 (E) 여기는 사가 넷, 지금 불상의 노인이 절벽에서 사람을 죽였다며 헤매는
것을 발견했다. 일단 사가 지구대로 데려가 조사 예정이다.

권주 (무전 듣자 눈빛 흔들리며 / 마음의 소리) 사람을 죽인 노인이라고?
(무전 하며) 여기는 센터, 박 팀장님 지금 사가 지구대로 가셔야 할 것 같습니다!
자신이 절벽에서 사람을 죽였단 노인이 있는데
탐서 절벽 사건과 관련 있는지 확인해 주세요.

박중기 (E) 노인이요??? 알겠십니더! 저랑 조 형사님이 가 보겠십니더.

권주 (무전 하며) 도착하면 노인분과 대화, 제가 들을 수 있게 무전기
가까이 대주시구요.

66 탐서 절벽 일각 / D

박중기 (무전 하며) 네 알겠십니더.

데릭　빨리 가죠. (구광수와 심대식에게) 두 분은 여기 지키세요.

구광수, 심대식 (고개 끄덕이면)

67　112 신고센터 / D

권주　(예상치 못한 상황에 다급히 한우주에게) 한 요원은 근방 CCTV 다 뒤져서 노인이 어디서부터 왔는지 알아봐.

한우주　옛썰! (CCTV 뒤지면서 / 혼잣말로) 어르신 대체 어디서 오셨을까요??

권주　(생각 고르며 / 마음의 소리) 정말 노인이 김억만의 공범일까? 그렇다면 강만호가 봤을지도 몰라. (날 서 강만호 신상명세서 속 전화번호 보는 위로)

68　비모도 병원 전경 / D

자막　**비모도 병원**

69　동 응급실 / D

환자들 처치 기다리며 침대에 누워있고 간호사와 의사들 바쁘게 오가는데 간단한 봉합 처치를 끝낸 강만호 옆에 의사와 일각 사가1이 지키고 서 있다.

의사　(강만호에게) 다행히 상처는 깊지 않습니다만 하루 입원하는 게 좋으니 병실 준비될 때까지 기다리세요. (가면)

강만호　(몸 살짝 일으키며 사가1에게) 저 때문에 고생이 많으십니다. 제 차는...

사가1　(주머니에서 강만호 차키 꺼내며) 병원 주차장에 뒀구요. 입원 수속까지 도와 드리고 가죠.

강만호　아이고 감사합니다. (하며 차키 받는데 핸드폰이 울린다 받으면) 아 네...

권주　(E) 아까 통화했던 강권주 센터장입니다. 여쭤볼 게 있어서요.

사가1	(일각에 서 있다가 핸드폰 울리자 나가 받으며) 네 지구대장님... (멀어지면)
강만호	(나가는 사가1 흘끗 보며 흔쾌히) 네 그러십시오.
권주	(E) 실은... (조심스레) 김억만 씨가 절벽에서 사망한 채로 발견됐는데... 어떤 노인분이 절벽에서 김억만 씨를 죽였다고 연락이 와서요.
강만호	?!! 아, 아뻐.. (충격에 눈빛 흔들리지만 바로 다잡고) 아니 너무 놀라서 무슨 말씀인가 했네. 내가 경황이 없어서 말을 못했지 뭡니까. 사십, 아니 삼십대 남자가 트럭 조수석에 앉아있더라구요!
권주	(반색으로 / E) 삼십대 남자요?
강만호	(마른 입술 적시며) 그렇다니까. 삼십대! 덩치는... 컸구요 머리는... 어... 그래. 스포츠머리에 (머리를 쥐어짜며) 안경을 꼈던 것도 같고... 아, 아니다. 안경은 안 꼈어요.
권주	(E) 네. 협조 감사합니다. 다시 연락 드릴께요.
강만호	(전화 끊고 다급한 마음에 차키와 소지품 등을 챙기며 침대에서 내려선다)
사가1	(들어오는데 강만호 모습 보고 당황해) 어 움직이시면 안 됩니다.
강만호	(식은땀 닦아내며 창백한 표정으로 허둥지둥) 아 참 뭐 이깟 거 갖고 입원수속 저 혼자 해도 됩니다. (사가1 거의 밀어내듯이 보내며) 바쁘실텐데 어서 가 보십쇼!
사가1	(강만호의 재촉에 솔직히 다행이다 싶고) 네 그럼. (목례하고 가면)
강만호	(사가1 사라지자 다급히 나가는 눈빛 지금과는 다른 살기에 차는데)

70 사가 지구대 전경 / D

멀리 야산이 보이는 밭 한가운데 자리한 빛바랜 건물.

자막	**사가 지구대**

박중기	(김억만 사진 보여주며 / E) 그니까 절벽 아래 죽어있는 사람이 아들이라꼬예?

71 동안 / D

"도민이 믿고 만족하는 비모 경찰" 표어가 붙은 벽 일각 테이블에
노인 앞에서 지켜보는 박중기와 데릭, 일각 앉아서 서류 작성하는 사가3, 4 보인다.

노인 (사진보며 히죽히죽 웃고) 맞아! (박수치면서) 억만이 억만이...
우리 꼬마야... 내가 죽였지. (갑자기 박중기 퍽 때리는데) 나쁜 놈!

박중기 (맞고) 아이고 할배요! 아픕니더. (웃다 표정 굳어 데릭에게 나직이) 우짜죠.
할배 상태가 심각하네예. (킁킁거리다 노인 보며) 아구, 이 무슨 냄새고.
(데릭에게 나직이) 어르신이 실수하싰나 봅니더!

데릭 (멈칫 살피고 / 마음의 소리) 뭔가가 썩은 냄새!

노인 (언제 난폭했냐는 듯 활짝 웃으며) 유채꽃이 활짝 피었습니다!
우리 꼬마... 이거 좋아해! (꽃받침 손동작하면서) 유채꽃이 활짝 피었습니다!

데릭 (노인의 넘어져서 생긴 듯한 무릎 상처와 피 묻은 손 일별하며)
중증 치매 환자일 겁니다. 상황 인지 능력이 떨어지는.
(옷에 희게 말라붙은 소금 자국과 짙은 갈색의 얼룩 보며) 옷에 소금기가
있는 걸 보니 바닷가에서 넘어진 것 같구요.
(마음의 소리) 뭐지? 바닷가라면 여기서 상당히 먼데...

노인 (갑자기 풀죽어) 맞아... 내가 죽였어... 억만이... 내가...

박중기 (혼란스러운 듯 한숨 쉬며 무전하고) 여기는 출 하나, 센터장님 들으셨죠?
어르신 아무래도 심각한 치매 환자 같십니더.

72 112 신고센터 / D

권주 (박중기 무전 너머로 노인의 말 전해 들으며 / 마음의 소리)
음성을 들어보니 치매 환자는 맞아 (갸웃하며) 그런데 중증 환자치고는
단어의 배열이 안정적이야... 뭐지?
(하지만 다급한 마음에 무전하고) 여기는 센터!
방금 강만호 씨가 30대 스포츠머리에 건장한 체격인 공범을 목격했답니다.
빨리 탐서 절벽 인근 수색 바랍니다. (한우주에게)

탐서 절벽 인근 모든 카메라 동원해서 30대 스포츠머리 용의자 찾아!

한우주 네. 알겠습니다. (컴퓨터 화면에 탐서 절벽 주변 도로 카메라 화면 분할해 찾으면)

73 사가 지구대 / D

박중기 (사가3에게 다급히) 어르신 신원 확인될 때까지 지구대서 구금해 주이소.

사가3 네. 알겠습니다.

박중기 (노인 걱정스레 보다) 저휜 사건 현장 수색합니더.

데릭 (그러나 묘한 표정으로 노인 주시하는데)

순간 벌컥 지구대 문 열리며 비모 요양원 최 원장과 남성 물리치료사(이하 물리1) 다급히 뛰쳐 들어온다.

최 원장 (다급하고 초조한 표정으로 사가3에게) 사람 좀 찾으러...
(하다 노인 보자 안도감에 글썽이며) 불상구 씨!!
여기 있는 줄도 모르구 한참 찾았잖아요! (스스럼없이 끌어안으면)

박중기 (당황해 보며) 누굽니꺼?

최 원장 (노인 안은 팔 풀며) 비모 요양원의 최공필 원장입니다.
저녁 준비하는 동안 나가신 모양입니다.
조금 있으면 날도 어두워지고 걱정이 많았는데 정말 고맙습니다!
(익숙한 듯 품에서 서류 꺼내면 ***"이름 : 불상구(생략)"***로 시작하는 신상 카드다)

박중기, 데릭 (서류에는 큰 문제 없어 보이자 의심 푸는데)

노인 (최 원장 피하듯 테이블 밑에 숨어 자기 머리를 거세게 때리며)
싫어! 싫어! 재네들이 나 미워해! 나 죽일 거랬어!

최 원장 (다급히 테이블 밑 노인 앞에 몸 낮춰 앉으며 온화하게)
이제 안전하니까 불상구 씨 마음 내킬 때 나와요.
(일어나며 박중기와 데릭에게) 신원불상자분들은 성함을 모르니
불상일, 불상두.. 이렇게 등록합니다.

인터컷 테이블 아래 / D

노인 *(웅크린 채 창밖 살피다 무언가 보자!! 순식간에 눈 반짝이더니 갑자기 문 쪽으로 기어가기 시작한다)*

최 원장 근데 형사님들이 왜 이렇게 많이... 우리 불상구 씨가 무슨 잘못이라도 했나요?

데릭 탐서 절벽에서 살인 사건이 있었는데 이분이 꼬마를 죽였다고 해서요.

최 원장 (난감한 듯 한숨 푹 쉬고) 하... 또... 치매 노인분들 중에 똑같은 말을 반복하는 분이 많거든요. 불상구 씬 꼬마란 말에 특히 그러시구요.

박중기 (최 원장 보다 데릭에게) 이만 가입시더. 불상구 씨는 여기 원장님 따라가고예... (하는데 없다) 어? 어디 가셨나?

일동 !! (다급히 테이블 밑 보는데 없자 지구대 안 돌아보는데)

물리1 (지구대 내 책상, 테이블 밑 다 살펴보고) 안엔 없는 것 같은데요!

최 원장 (걱정에 차) 빨리 찾아보세요! 빨리!

박중기 (안타깝지만 데릭에게 슬쩍) 어서 가입시더.

데릭 (뭔가 짚인다는 듯 생각 고르며) 주변만 살펴보고 가죠. (나가면)

박중기 (의아하게 데릭보다 마지못해 따라가고)

74 112 신고센터 / D

권주 (무전에 귀 기울이며 / 마음의 소리) 요양원 원장 목소리도 뭔가 이상한데... 아니 이럴 때가 아니야...
(한우주에게) 한 요원 단속카메라 조회 결과 어떻게 됐어?

한우주 (모니터 화면 들여다보다 지친 표정으로) 근처 단속카메라가 죄다 맛이 가서 찾을 수가 없네요.

권주 후... (머리 짚다 채널2로 무전 하며) 구 형사님, 현장에 공범 단서는 나왔나요?

구광수 (채널2로 / E) 아직입니다. (하는데)

박중기 (채널1로 / E) 센터장님! 아까 그 노인분이 갑자기 없어져서 5분만 같이 찾아보고 출발 하겠십니더.

권주 (초조하지만 내색 않고 / 채널1로) 대신 서둘러 주세요!

(생각 고르며 / 마음의 소리) 뭔가 이상해...
공범이 있다면 이렇게 단서가 안 나올 수 없는데... 강만호 씨가 잘못 본 게 아닐까?
(강만호에게 다시 전화하지만 꺼져있단 안내음만 나오자 사가1에 무전 하며)
여기는 센터, 강만호 씨 핸드폰이 꺼져있는데...

75 비모도 병원 원무과 일각 / D

사가1 (원무과에 서서 강만호 입원 확인하다 당황한 음성으로 무전 받으며) 그게...
혼자 입원 수속 하신다길래 먼저 나왔는데... 강만호 씨 차가 주차장을 빠져
나가더라구요.

76 112 신고센터 / D

권주 (놀라고) 그냥 나갔다구요? (불길한 예감에 생각 고르며 / 마음의 소리)
생각할수록 강만호 씨 태도 뭔가 이상했어. (좀 전의 상황 복기하며)
조 형사님이 김억만을 추적한다니까 안 된다고 말하려 했고...

인터컷 *112 신고센터 / D (시즌4 6부 57씬의 권주 시점의 확장씬)*

데릭 *(E) 구조대 도착하는 대로 김억만 추적하죠. (하는데)*

강만호 *(E / 갑작스레) 아, 안돼.. (하다 얼른 입 다물고)*

권주 (의문이 커지며 / 마음의 소리) 병원에서도 마찬가지였어.
내가 공범에 대해 물으니까 심하게 말을 더듬었어.
대체 왜? 강만호 씬 분명 피해잔데... 뭘 숨기고 있는 거지?
(하다 눈빛 빛나며) 게다가 좀 전 불상구 씨 목소리,
강만호 씨와 유사했어. (눈 감은 채 진지하게 통화 복기하는 위로)

플래쉬백 112 신고센터 / D (시즌4 6부 40씬)

강만호 *(E / 다급한 목소리로) 네! 저 자식이 날 찔러 죽이려고 해요!*

인터컷 112 신고센터 / D (시즌4 6부 71씬의 권주 시점의 확장씬)

권주 (박중기 무전 너머로 노인의 말 **"내가 죽였어."** 전해 들으며)

저 인간이 날 찔러 죽이려고 해요!
내가 죽였어.

죽이려고
죽였어

권주 !!! (충격으로 / 마음의 소리) 음색과 성문이 거의 흡사해!
특히... "지읒" 발음이 일치하는 건 자식이 부모의 언어습관을 배웠을 때
주로 나타나는 현상이야.
(다급히 박은수에게) 박 요원, 강만호 씨 부친에 대해 찾아봐! 당장!

박은수 강만호 씨 부친이요? 잠시만요. (**"가족관계증명서"** 다급히 찾아보고)
부친 강석춘 씨 사망한 걸로 나오는데요? 여기 사망신고서요.
(권주에게 모니터 속 사망진단서와 신고서 **"이름 : 강석춘 / 주민번호 : 380627-1435219 / 사망신고 : 2019년 3월 19일 21시 27분 / (별첨) 사망진단서 : 2019년 3월 19일 21시 27분 심근경색으로 인한 뇌출혈로 사망./ 비고 : 2017년 실종신고(치매로 인한 배회증상) 1년 후 발견, 비모 요양원 보호."** 보여주면)

권주 (내용 확인하며 충격으로 / 마음의 소리) 사망했다고??
부자 관계가 아니고선 이렇게 (목소리가) 일치할 수 없는데...
분명 내가 놓친 게 있을 거야... (미간 모으며 생각 고르는 위로)

플래쉬백 동 응급실 / D / 권주의 청력으로 추측한 상황 (시즌4 6부 69씬)

강만호 *?!! 아, 아버.. (충격에 눈빛 흔들리지만 바로 다잡고) 아니 너무 놀라서*

무슨 말씀인가 했네.

아, 아버..아니 너무 놀라서...

아, 아버..아니 너무 놀라서...

아, 아버ㅈ..아니 너무 놀라서...

아, **아버지!** 아니 너무 놀라서...

권주 !!! (눈 번쩍 커지며 벌떡 일어나고 / 마음의 소리) 아... 버지...?
자기도 모르게 아버지라고 말하려 했던 거야! 설마!! (다급히 한우주, 박은수에게)
강만호 씨 부친에 대한 다른 정보 있는지 찾아봐! 빨리!

한우주, 박은수(심상치 않은 권주 표정에 긴장하며) 네! 알겠습니다. (다급히 조사하고)

한우주 (무언가 보자 생각 고르며 조심스레) 센터장님. 실은 아까부터 걸리는 게 있어서요.

권주 (한우주가 보이는 화면 표정 굳어 보는 위로)

77 강만호 차 안 / D

강만호, 살기 가득한 표정으로 비포장도로 산길을 과속해 운전하고 있다.

노인 (설레는 듯 눈 반짝이며) 정말로 우리 꼬마 만나게 해준단 거지?

강만호 (날 서) 그렇다니까.

노인 우리 꼬마 복숭아 먹이면 안 돼. 복숭아 먹이면 큰일 나.

강만호 (애써 운전에 집중하다 터지듯 버럭) 꼬마, 꼬마 지랄하고 있네!
입 닥쳐! 시끄러우니까. 좀 있으면 꼬마 만날 테니!

노인 (강만호의 갑작스런 호통에 웅얼거리다 풀 죽어 차창 밖 보고 나직이)
우리 꼬마 만나면... 일러줄꺼야...

초조하게 차창 살피던 강만호 야산 일각 오래된 공동묘지 보이자 급정거하는데!

박중기 (E / 길게 외치며) 불상구! 불상구 씨 어데 있십니꺼! 대답 좀 하이소!

78　　사가 지구대에서 떨어진 비포장도로 / D

멀리 야산이 둘러싼 일각 밭을 헤치며 노인을 찾고 있는 최 원장과 물리1,
사가 지구대 경찰들과 거리를 두고 비포장도로를 따라 걸으며
역시 노인을 찾는 박중기, 데릭.

박중기 (손 모아) 불상구 씨!! (하다 보이지 않자 데릭 향해) 우린 가야 하지 않겠십니꺼.

데릭 (주변 살피다 일각 콘크리트 바닥에 김이 오르는 오일 자국 발견하고)
이리 와 보세요. 흐른 지 얼마 안 된 차량 오일입니다!

박중기 누가 여서 불상구 씨를 차에 태워갔다 이 말입니까? 아니 왜... 치매 노인넬...

데릭 (눈빛 날 서 번뜩이며) 우리가 모르는 이유가 있겠죠. (하는데)

권주 (채널1, 3으로 / E) 박 팀장님, 조 형사님, 불상구 씨 아무래도
사망한 강만호 씨 아버지 같습니다!

데릭, 박중기 !! (놀라 서로 얼굴 보고)

79　　112 신고센터 / D

권주 (충격에 믿기지 않는단 눈빛으로 **"한천울 저수지 교통사고 사건 보고서"** 모니터에
띄워 보며) 한 요원과 박 요원이 찾은 자료에 따르면... (설명하는 위로)

인터컷　　강만호 신상명세 / D

비고 : 2016년 7월 모친 명의의 거액 보험 가입 이후 교통사고로 인해 모친 사망,
살인죄로 기소 당했으나 1심에서 고의성 증명 불가로 무죄처분.
교통사고처리특례법(치사) 위반 및 도로교통법 위반으로 벌금 5천만 원 명령
2017년 뉴질랜드로 이주, 굿나잇 헬시매트 뉴질랜드 지부 (대표)

인터컷　　한천울 저수지 교통사고 사건 보고서 / D

⊙ 사건개요 2016년 7월 22일 21시경

강원도 춘원 한죽면의 공원으로 강만호와 모친 한춘례 꽃구경 차 방문했고

저녁식사 후 집으로 돌아오다 졸음운전으로 한천울에 차가 빠지고

강만호는 헤드레스트를 이용해 창문을 깨고 탈출했지만 한춘례는... 익사한 사건.... (중략)

권주 (심각하게 보며) 2016년, 강만호의 졸음운전으로 저수지에 차가 빠져 어머니
한춘례 씨가 사망했어요. 보험금으로 십여 억 원을 지급 받았는데
그 돈으로 빚도 갚고 뉴질랜드 이민도 했던 걸로 보입니다.
강만호 씨의 부친 강석춘 씨의 사망 때도
유사한 상품으로 거액의 보험금이 지급 됐구요.
불상구 씨와 강만호 씨의 음성과 말하는 습관이 지나치게 비슷한 점,
공범에 대해 말할 때 아버지라 말할 뻔 한 점...
(긴장해 주먹에 힘 들어가며) 심상치 않습니다.

80 사가 지구대에서 떨어진 비포장도로 / D

데릭 !!! (기막히고) 그럼 두 사람이 부자 관계란 겁니까?
(순간 오일 자국과 연관해 강만호의 차량 기억해 내는 위로)

인터컷 야산 인근 도로 / D (시즌4 6부 56씬의 확장씬)

다급히 강만호 향해 달려가던 데릭, 도로의 세워진 낡은 렌트카 상태
흘끗 보며 지나가는데.

데릭 (허) 이 오일 자국... 강만호 렌트카일 겁니다.
비포장도로를 오래 달리다 보면 엔진오일이 새는 경우가 많아요.
아까 본 강만호의 렌트카도 많이 낡았더군요!
(점차 확신이 들며) 만약 강만호 렌트카가 여기서 강석춘 씨를 차에 태웠다면?
(이제야 지금까지 들던 의구심이 조금씩 풀려간단 듯) 이제 알겠어요.
강석춘 씨가 왜 김억만을 죽였는지! 그리고 강만호가 왜 강석춘 씨 빼돌렸는지!

(다급히 무전 하며) 강만호! 부친을 요양원에 감금시킨 후 사망신고를 하고 거액을 챙긴 겁니다! 그런데 김억만이 이걸 알고 강만호를 협박하려다 치매 때문에 폭력적으로 변한, 강석춘 씨에게 살해당한 겁니다! 강만호가 자기 아버질 데려간 이유는 자기 죄가 드러날까 봐 감추려는 거구요. 아직 멀리 못 갔어요! (주변 예리하게 살피는 위로)

81 112 신고센터 / D

긴장하며 무전 듣다 충격과 분노에 휩싸여 술렁이는 요원들.

권주 !! (역시 충격적인데)

82 사가 지구대에서 떨어진 비포장도로 / D

박중기 (사가4에게 차가 달려나간 방향을 가리키며) 저쪽에 뭐가 있십니꺼!

사가4 공동묘지가 있는 야산입니다.
열흘 전 폭우 때문에 묘지가 파헤쳐져서 출입금지구요.

데릭 (마음의 소리) 강만호... 그걸 봤다면 분명 차를 세웠을 거야.
(박중기에게 다급히) 그쪽으로 가죠!

박중기 (데릭과 다급히 출동차로 달려가 타며 무전하고) 여기는 출 하나, 센터장님!
강만호가 사가 지구대 뒤쪽 야산 공동묘지에 간 것으로 추정돼 가고 있습니더!

83 (사가 지구대 뒤쪽) 야산 일각 / D

수풀 우거진 을씨년스러운 야산 기슭 일각, 광기에 찬 표정의 강만호가 삽으로 얕은 구덩이를 파고 있다. 일각 풀숲에 선 노인(이하 강석춘) 보이는데.

강석춘 (선 자리에서 뱅뱅 돌며) 우리 꼬마 어딨어? 우리 꼬마 만나게 해준다면서?

강만호 (이를 악물고 구덩이 파며) 꼬마 금방 올꺼야. 그전에 나랑 놀이 하나 해.

이 앞에서 눈감고 열을 세야... 꼬마가 온대. (허리 펴며 구덩이 앞 가리키면)

강석춘 진짜?? 알았어. (기대에 차 구덩이 앞에 서 눈 감고) 하나, 둘, 셋..(세기 시작하면)

강만호 (악마 같은 표정으로 이 갈듯 강석춘 뒤에 서서 삽 움켜쥐고는)

이런 개 같은... 악연 이젠 끝이야.

가장 노릇은 하지도 않고 평생 짐만 된 인간이...

명은 또 드럽게 길어서... 이딴 짓까지 하게 만드냐구!

(벌건 눈으로 보며) 엄마 보고 싶다고 했지? 지옥에 있으니 가서 만나!!

(강석춘의 머리 향해 살기등등한 표정으로 삽을 휘두르는데)

"공동묘지요?" 무전으로 다급히 반문하는 권주의 충격에 흔들리는 눈빛,
거칠게 차를 운전하는 박중기와 데릭의 결연한 눈빛,
강석춘에게 삽을 휘두르는 강만호의 살기에 찬 눈빛 너머로
레드룸 안 의자에 앉아 권주와 데릭이 다투던 모습
(6부 35씬) 떠올리며 "두 사람 뭔가 닮았어. 나를 찢고 싶은 모양인데, 그 칼날이
서로를 향하게 해줄게."괴괴하게 중얼거리는 동방민 얼굴 선명하게 드러나는 위로.

자막 **PM 04:30 강석춘 납치사건 발생**

지나면서 보이스 시즌 4 6부 엔딩!!

tvN 금토드라마

보이스4

오프닝 및 엔딩 크레딧

기획 스튜디오드래곤

제작 이찬호 김대의 전윤지

책임프로듀서 이혜영

프로듀서 조인요 이소연 조아라

제작총괄 김호룡 김성민

촬영 성정훈 정희성 박윤민 주성민

조명 이승빈 황영식

미술 박용석 최광문

동시녹음 김수근 여철민

편집 이강희

음악 임하영

VFX 웨스트월드 | 김한준 허영탁

DI/종편 이동환

사운드믹싱 노현종

제작PD 고현서

극본 마진원 김정현

연출 신용휘 윤라영

출연

강권주 이하나

데릭 조 송승헌

동방민 이규형

박중기 김중기 **구광수** 송부건

박은수 손은서 **심대식** 백성현

한우주 강승윤 **감종숙** 길해연

양복만 이 얼 **천상필** 권재환

고원기 양주호 **채드** 한종훈

조승아 이이담 **미형2** Maurice Turner Jr

마스터 지건우 **서커스맨** 김유남

주범태 엄지성 **이현민** 차유현

문하람 나영우 **장예숙** 우미화

구업진 김중희 **고순례** 성병숙

고가은 최하윤 **공수지** 채원빈

강석춘 전무송 **강만호** 조재룡

권샛별 김시은 **장효준** 김영민

센터요원2 정하영 **센터요원3** 박은혜

센터요원4 정현재 **센터요원5** 옥수분

센터요원6 허현도 **센터요원7** 유경환

앵커여 진 서 **앵커남** 이인수

아역

어린데릭 정현준
어린권주 최명빈
어린동방민 오한결
서하 여지민
어린승아 박소을
소낭촌아이1 강규림
소낭촌아이2 김규나
넋들임여자아이1 조민청
넋들임여자아이2 이가은
넋들임여자아이3 임가영
넋들임여자아이4 김에스더
넋들임여자아이5 김유빈
넋들임여자아이6 조예영
넋들임여자아이7 이서연

STUDIO DRAGON

기획 김영규

책임프로듀서 이혜영

프로듀서 조인요 이소연 조아라

사업총괄 유봉열

콘텐츠사업 김주연 황설아

IP사업 채지탁 한상윤

콘텐츠운영 안지현 이미정 김성미 김수연

콘텐츠전략 최보연 이동은 허주미 최수정 최민영

사업전략담당 이기혁

사업전략 이혜미 김송래 정선화 박예은 이힘찬

법무 이규상 문주예

전략 커뮤니케이션 김찬혁 원설란

심의 김미리

tvN

tvN총괄기획 김제현

tvN IP사업총괄 김종훈

마케팅&디자인총괄 김재인

마케팅 최경주 이현주 임수영 박영은 김혜연

브랜드디자인 권정아 경현수 윤태웅 김혜민 손거례 곽봉규

IP운영 박정연 진종욱 강상백 이효연

드라마운영 이상화 이윤경

운행 손지영 박하린 최윤정 최서영 이예은 이송이 정유민 이형규

편성제작 유정민 최수빈

사업전략 총괄 김홍석

제작관리 김보라 정다운 한득연

심의 이신혜 박재익

제작관리 김보라 정다운 한득연

홍보총괄 장영석

홍보 안미현 이희진 김준홍

대행 더 틱톡 | 권영주 김지혜

온라인서비스 양희선 신다애 김은지 이슬

소셜콘텐츠기획제작 김진주 김금비 유지수 문지윤

법률검토 정동완 박지혜 이은진

스틸 포토바이문 | 이다래 김정중

메이킹 청춘갈피 | 김예언 홍미리

포스터 길티플래져 | 김내은

보이스
PRODUCTION

제작 김대의 전윤지

제작총괄 김호룡 김성민

제작프로듀서 고현서

라인프로듀서 김민정 고이든

촬영 성정훈 정희성 박윤민 주성민

포커스풀러 오영훈 오세윤 김정현 박성범

촬영팀

오효준 백승민 이승준 고민수 문광희 김도현

김주성 박태주 이동선 허준범 경휘선 권용성

조명 이승빈 황영식

조명1st 강경근 이주성

조명팀 박서아 고성윤 김경현 심승보 이성재 김경환 허민주 정윤재

발전차 남기준 김병호

동시 김수근 여철민

동시팀 육근식 김한별 송영찬 위재연

그립 김택선 김관수

그립팀 김진영 서사용 김만수 김경훈 이광흔

미술 CJ ENM | 박용석 최광문

미술팀 양수경 김유정

미술PM 신계용

미술행정 박예랑

세트 딱따구리 | 김창식

제작및진행 양성대 이건무 윤순청 이혜성 유재찬 김창민

세트행정 김조은

소도구 스파티움 | 최준희 전신규

소품진행 김영찬 염준서 김진헌 임초이 최예지 이건희

인테리어 이민현

소품차량 오용근

의상 스타일7

의상디자이너 양현서

의상실장 이진숙

의상팀 이가은 진선화 노양원

분장/미용 박인수아트 | 박인수

분장팀 손승지 이혜민 박지민 박수경

UI·UX / IxD 더피프티원 | 박수경 장동욱 김장현 김현미 정규용 김소연

게임제작 어메이징VR | 한봉국 전형준

편집 이강희편집실 | 이강희

서브편집 윤소현 한지윤

편집보조 이혜빈

음악 임하영 진명용

음악효과 기세인

작편곡 임하영 진명용 유종현 김달우 신민용 김지영 다니엘리 변동욱 최원준 강경철

OST 제작 뮤직그라운드 | 김재곤

믹싱 노현종

효과 문성용 노효민 김상윤

VFX

WESTWORLD | 김한준 허영탁 손승현 양영진 장진익

김수동 김태호 김지연 백현설 조종백 김태헌 이예진

홍성은 최수란 김영원 한윤석 하효정 정규영 이세민

도건우 이종선 김지훈 박예은 박재형 백지원 손찬혁

김현찬 서범희 이은지 김시윤 조민지 백미연 주정현 장평옥

테드이미지웍스 | 김도한 이선미 여인준 문경선 김류운 김윤하

THUMB | 유인식 공윤정 감나경 정현민

Undesigned Museum | 조경훈 석지나 조재연 김주형 배형욱

이든이미지웍스 | 하상훈 김세린 조은희 신세희 이은경 방희진 함동일 최아름 고수연

DI / 종합편집 / DIT DH Media Works Lab

DI 이동환

종합편집 이동환 이한슬

데이터 슈퍼바이저 김재겸 박주헌

DIT 하란희 김순형

예고편집 김주은

자막 김현민 오유니

웹페이지 김세희

무술 Ark of 2020

무술감독 양길영 권승구

무술팀 장주완 이수진

캐스팅 곽동우

아역캐스팅 티아이 | 노태민

외국인캐스팅 김윤태 권수정

보조출연 공형두 서명식

차량배차 하이원렌트카 | 신원수

연출봉고 최명식

카메라봉고 김점필 이일규

스탭버스 김창수

차량협찬 가나렌트카 | 이만호

특수차량 인아트웍 | 박민철

대본 슈퍼북

특수분장 CELL | 황효균

특수효과 no.1 crew | 구형만 이재명

로케이션 워킹뷰 | 인준혁 김태욱 임동규

자문

경찰청 대변인실 이주일 경감

경찰청 대변인실 이희목 경감

충남대학교 과학수사학과 최미정 교수

인천청 과학수사과 조민철 경위

서울청 동대문 경찰서 수사심사관실 김승철 경감

(전)서울청 양천경찰서 신월5파출소장 정찬재 경감

가야대학교 언어치료청각학과 이미숙 교수

법무법인 봄 양규응 변호사

의료스탭 이명수

유영분장 윤예령

보안 기술 업체 (주)스틸리언

특수분장 도구 창작 및 제작에 도움을 주신 양재영 감독님, 윤예령 대표님께 감사드립니다.

보조작가 김원태 이경아

SCR 남경희 박수아

FD 아이엠 | 강명수 김진솔 신중섭 유영현 김영호 어혜선 김한솔

야외조연출 사라센

극본 마진원 김정현

연출 신용휘 윤라영

보이스 4

메이킹 스토리 & 대본집

초판 인쇄	2021년 8월 9일
초판 발행	2021년 8월 27일
지은이	마진원, 김정현
펴낸이	김희연
펴낸곳	에이엠스토리(amStory)
책임 편집	정지혜
편집	박예지, 이경아, 한순호
자료 제공	스튜디오드래곤, 보이스프로덕션
홍보·마케팅	㈜에이엠피알(amPR)
디자인	studio 213ho
인쇄	㈜상지사P&B
출판 신고	2010년 1월 29일 제2011-000018호
주소	(04352) 서울특별시 용산구 한강대로 296(참빛빌딩) 602호
전화	(02) 779-6319
팩스	(02) 779-6317
전자우편	amstory11@naver.com
홈페이지	www.amstory.co.kr
ISBN	979-11-85469-18-8(03680)